North-East India Before and After Partition

Issues and Experiences

Edited by
Nirmal Bhadra
Bindu Ranjan Chakma

SHIVALIK PRAKASHAN
Delhi

DISCLAIMER

The paper contributors are solely responsible for the contents of the papers included in the volume. Neither the editors nor the publisher take (s) any responsibility for the same in any manner. Errors, if any, are purely unintentional and readers are requested to communicate for such errors, if any, to the editors or publisher to avoid discrepancies in future.

ISBN : 978-93-87195-00-4

Price : ₹ 1295

First Edition : 2018

Published by :

SHIVALIK PRAKASHAN
27/16, Shakti Nagar, New Delhi- 110007
Phone: 011- 42351161
E-mail-shivalikprakashan@gmail.com
Website : http://www. shivalikprakashan.in

Branch Office :
Plot No. 394, Sanjay Nagar Colony
Pahriya, Ramduttpur, Varansi (Uttar Pradesh)

Published in India

Published by Virendra Tiwari for **Shivalik Prakashan** , Layout Design by *Convex Publishing Solution* and Printed by *R.K. ffset Printers*, Delhi.

Contibutor's introduction

Dr. Amrendra Kumar Thakur is a Professor in the Department of History, NEHU, Shillong

Dr. Binayak Dutta is an Assistant Professor in the Department of History, NEHU, Shillong

Faith Elwin Kharbuli is a Research Scholar in the Department of History, NEHU, Shillong

Dr. Atom Sunil is a prolific writer on Northeast Issues and is associated with Manipur Research Forum

Dr. Pradeep Kumar Deepak is an Assistant Professor in the Department of History, Adwaitamalla Barman Mahavidyalaya, Amarpur, Tripura

Dr. Rajshree Dutta is Lecturer in Political Science at Fakir Mohan University, Odisha

Dr. Monoranjan Das is an Associate Professor in Philosophy at BMM College, Agartala

Dr. Md. Mojahid Rahman is an Associate Professor in History at Ramthakur College, Agartala

Dr. Prasanta Chakraborty is an Associate Professor in English at BMM College, Agartala

Dr. Karbuki Datta is a Professor in Himalayan Studies at North Bengal University, West Bengal

Dr. Keka Dutta Roy is an Associate Professor in History at Prafulla Chandra College, Kolkata

Dr. Kishore Ch. Meher is a Lecturer in History at D.P College, Dunguripali, Dist-Subarnapur, Odisha

Dr. Dipankar Chakraborti is an Associate Professor in English at Khumulwng Government Degree College, Tripura

Dr. Dipankar Biswas is an Assistant Professor in Education at Swami Vivekananda Mahavidyalaya, Mohanpur, West Tripura

Contents

प्रवासी मजदूरों की समस्या, चुनौतियाँ और समाधान

भाग – एक

सम्पादक

डॉ. मनीष वाघेला

डॉ. केतन डी. शाह

डॉ. गायत्रीदेवी लालवानी

अनुज्ञा

प्रथम संस्करण : 2021

ISBN 978-93-89341-85-0

प्रकाशक

अनुज्ञा बुक्स

1/10206, लेन नं. 1E, वेस्ट गोरख पार्क, शाहदरा, दिल्ली-110 032
e-mail : anuugyabooks@gmail.com • salesanuugyabooks@gmail.com
फोन : 011-22825424, 7291920186, 9350809192
www : anuugyabooks.com

मूल्य : 900 रुपये

आवरण
असरार 'सागरी'

PRAVASI MAZDOORON KI SAMASYAYA, CHUNOWTIYAN AVAM SAMADHAN (Vol-1) *edited by* **Dr. Manish Vaghela, Dr. Ketan Shah & Dr. Gayatridevi Lalwani**

भारतीय प्रवासी मजदूरों
को सादर
समर्पित

सम्पादकीय कलम से...

भारत प्रवासी मजदूरों का घर है। कोरोना महामारी और देश में हुई तालाबन्दी ने मजदूरों की दयनीय परिस्थिति पर से पर्दा हटाते हुए जमीनी हकीकत को उजागर किया। तालाबंदी के चलते वतन वापसी के लिये भारत-भर में प्रवासी मजदूरों का आक्रोश इस प्रकार फूट पडा की गुजरात से लेकर दिल्ली तक लाखों की तादाद में मजदूरों का सैलाब उमड़ पड़ा। रेलवे स्टेशन, सड़कों, पुल बाँध के नीचे जगह-जगह भारी माला में मजदूरों का जमावड़ा होने लगा। शासन के पाँवों तले से जमीन खिसकने लगी। हालात बिल्कुल बेकाबू हो गये। देशभर के मजदूरों ने घर लौटने की आवाज को बुलन्द किया। अपने घरे या वतन से दूर निवास करने वाले लोग, फिर वह देश में अन्य किसी प्रदेश में गये हों या फिर विदेश गये हों सभी की मनोस्थिति एक समान होती है। संकट के समय में वे अपने वतन में, अपने घरों में, अपने लोगों के साथ अधिक सुरक्षा सलामती का अनुभव करते हैं। उनको लगता है कि वे परिवार के साथ रहकर उनकी अधिक देखभाल कर सकते हैं और उनके अपने लोग ही उनका अधिक ख्याल रख सकते हैं। कोरानाग्रस्त नगरीय परिवेश से त्रस्त श्रमिक समाज अपने भूखे-प्यासे बच्चों के साथ हजारों किलोमीटर की दूरी पैदल ही नापने लगे। इसी श्रमिक दर्द ने "प्रवासी मजदूरों की समस्याएँ, चुनौतियाँ और समाधान।" जैसे विषय पर आत्म-चिन्तन करने के लिये देशभर के समाजशास्त्रियों, अर्थशास्त्रियों, साहित्यिक चिन्तकों, लेखकों, अध्यापकों एवं सुशिक्षितों को मजबूर और विवश किया। इसी साम्प्रत विषय पर श्री मालदेवजी ओडेदरा स्मारक ट्रस्ट द्वारा संचालित डॉ. विरमभाई राजाभाई गोढाणिया महिला महाविद्यालय, पोरबंदर, गुजरात के हिन्दी विभाग की ओर से एक दिवसीय अन्तरराष्ट्रीय वेबीनार का आयोजन हुआ। इस अन्तरराष्ट्रीय वेबीनार के माध्यम से कोविड-19 महामारी के दौरान भारत और विश्व के सभी मजदूरों की समस्या, उनके साथ आयी चुनौतियाँ, संघर्ष और उनका किस तरह से समाधान किया जाये, इस संदर्भ में सारस्वत प्रबुद्धजनों शिक्षाविद् तथा समाजसेवी डॉ. विरमभाई गोढाणिया (लंडन यु.के.) शिक्षाविद् एवं गाँधीवादी विचारक अर्जुनभाई

मोढवाडिया, शिक्षा एवं कृषि प्रेमी भरतभाई विसाणा, प्रो. डॉ. राममोहन पाठक (कुलपति, दक्षिण भारत हिन्दी प्रचार सभा), प्रो. डॉ. रतन प्रकाश (रांची विश्वविद्यालय), प्रोफेसर डॉ. अरुण होता (पश्चिम बंगाल राज्य विश्वविद्यालय, कलकत्ता), प्रो. डॉ. नवीनचन्द्र लोहनी (चौधरी चरणसिंह विश्वविद्यालय, मेरठ, उत्तर प्रदेश), प्रो. डॉ. विष्णु सरवडेजी (यूनिवर्सिटी ऑफ हैदराबाद, हिन्दी विभाग), डॉ. महेन्द्र प्रताप सिंह (समाजशास्त्री तथा राष्ट्रसेवी महाराष्ट्र, मुंबई), डॉ. रसालसिंह (प्रो. एवं अध्यक्ष जम्मू केन्द्रीय विश्वविद्यालय), प्रो. डॉ. धीरज वणकर (अहमदाबाद, गुजरात), डॉ. प्रोमिला (अंग्रेजी और हिन्दी भाषा विभाग, हैदराबाद), कुमारी श्रीजा वर्मा (अमरीका), श्री अर्जुन सावेदिया (साहित्यकार यू.पी., आगरा), कुमारी गीतांजली (मुंबई) ने गहन-गम्भीर चर्चा एवं विचार विमर्श किया। आपसी बातचीत के दौरान मजदूरों की मनोवृत्ति, दशा एवं दिशा के विविध स्वरूपों का गहन से गहनतम वैचारिक आधार इस समागम में खूबसूरती से निकलकर आया। देश के विभिन्न क्षेत्रों से जुड़े हुए प्रतिभागियों ने अपने मौलिक और संशोधात्मक आलेख हमें भेजकर पुस्तक प्रकाशन की ओर हमारा ध्यान अंकित किया। मुझे अपार हर्ष हो रहा है कि अब ये सभी शोध आलेख एक पुस्तक के रूप में प्रकाशित हो रहे हैं। प्रबुद्ध विद्वानों, अध्यापकों और शोधार्थियों के चुने गये आलेखों को सुविधानुसार विभिन्न शीर्षक में सम्मिलित कर कुल छः खंडों में विभाजित किया गया है। इस पुस्तक को प्रकाशित करने में अनुज्ञा बुक्स, दिल्ली का सराहनीय योगदान रहा है। आज के समय की माँग के अनुसार यह पुस्तक मजदूर अध्ययन की दशा और दिशा निर्धारित करने में तथा इसकी संभावनाओं और चुनौतियों को समझने में और मजदूर समस्या का कोई न कोई हल ढूँढ निकालने में मददगार साबित होगी। मुझे विश्वास है कि हमारा यह काम श्रमिक समस्या हल करने में समाज व सरकार को भी कहीं न कहीं दिशा-निर्देश करेगा।

– डॉ. मनीष वाघेला

Good Wishes

Dear Dr. Vaghela

I am delighted our Dr. V.R.G. College is organising a digital international seminar by our Hindi Department on 6th of June, 2020, on a very important current subject, 'problems and challenges faced by the migrants labourers in the country'. I am also happy to note that many eminent educationists, economist and social workers from various parts of the country are participating in the seminar.

We are passing through a very difficult period as a result of covid-19, pandemic situation in the country and the most effected are the MIGRANT LABOURERS. They are displaced and devastated influencing their life and livelihood. Migrant labourers plays an important role in the growth and development of a our country. They are the backbone of our economy. It becomes our moral and constitutional responsibility to take care of food, shelter and security. As a result of the shutdown, their daily earnings, on which the family depends are deprived of minimum basic requirements for decent living, not accounting the socioeconomic and psychological problems. These group as a result of their crowded unhygienic living conditions and lower immunity because of poor nutrition are more vulnerable to the diseases. Our economic life line depends somewhat on the labourers from various states and their migration (exodus) will create negative impact on the economy of the country.

This is a unprecedented human tragedy of large magnitude and needs unprecedented solution. These labourers, as we call them, need to be treated humanly, and with empathetic considerations. The welfare of this unorganised labourers cannot be compared against the economics.This is a very vulnerable exploited sector, sometimes seen as refugees in our own country. It is high time we give them social and economical protection by law. I wish all the eminent participants and everyone joining in the seminar online, a wonderful deliberation. Thanks for joining our college fraternity on the interesting National subject.

Dr. Viram Godhaniya
President
Shree Maldevji Odedra Smarak Educational Trust

दो मूठ दाने श्रमिक संवेदना की ओर...

आज बहुत ही अच्छा विषय हमें कोरोना ने दिया है। अन्यथा यह जो माइग्रेंट है, प्रवासी मजदूर है, हम शायद ही उन्हें याद करते हैं और इसलिए याद करना पड़ा कि, हमारे देश में जो लॉकडाउन किया था और उसमें प्रवासी मज़दूरों का भी ख्याल रखना था, इन लोगों को कितनी कठिनाई होगी? यह सोचना था वह नहीं सोचा। जिसकी वजह से इस विषय पर भारत में ही नहीं पूरे विश्व में इसकी चर्चा हुई और चिंता भी हुई और उनकी क्या-क्या समस्याएं हैं वह हमारे सामने आई।

भारत में जब जनसंख्या गणना होती है तब हमारे यहां अनुमान लगाया जाता है कि, 10% जो जनसंख्या है देश की, उसमें प्रवासी मजदूर भी आ जाते हैं। एक रफ अंदाज के अनुसार हमारे देश में जो लॉकडाउन हुआ, उस समय 14 करोड़ जितने लोग घर से बाहर थे। जिसमें स्टूडेंट थे, प्रवासी थे, जो रोजी-रोटी हैतू घर से बाहर थे। जिनके सर पर छत नहीं थी। ऐसे करोड़ों मजदूर जिनके पास घर नहीं था, रोजी-रोटी नहीं थी, बच्चे छोटे थे, प्रेग्नेंट महिलाएं भी थी, वह क्या करें? किसी का आशियाना 2000-3000 किलोमीटर दूर था, कोई 500 किलोमीटर दूर थे, कोई 5000 किलोमीटर दूर थे। ट्रेन नहीं थी, बस नहीं थी, प्राइवेट व्हीकल्स नहीं थे अतः वह पैदल चल पड़े। बहुत कोशिश की रोकने की लेकिन सबको अपने घर जाना था और बहुतों ने संयम रखा नहीं गए। लेकिन कई लोगों ने अपने घरों को पैदल प्रस्थान किया। उसमें रिकॉर्ड के तौर पर करीब 200 लोग एक्सीडेंट में मारे गए, प्यास से भी कुछ लोग मारे गए एवं सारी दुनिया में हम माइग्रेंट्स को अच्छी तरह ट्रीट नहीं करते हैं ऐसी भारत की तस्वीर भी बनी।

प्रधानमंत्री जी ने 22 तारीख को ताली-थाली बजवाई और 24 तारीख को लॉक डाउन का ऐलान किया। वह चाहते तो 22 तारीख को यह भी ऐलान कर सकते थे कि, 24 से लॉकडाउन होगा तो जो जहां जाना चाहते हैं, चले जाएं। पर उन्होंने ऐसा नहीं किया दो-चार दिन और भी दिए जा सकते थे।

मैं एक दूसरी बात भी करूं कि, हमारी जो मानवीय संवेदना है इन प्रवासी मजदूरों की कई लोगों ने, संस्थाओं ने, सरकार ने सेवा भी की, फिर भी वे रुके नहीं क्योंकि घर, घर होता है और हम उनको कितनी भी अच्छी तरह रखे पर....सवाल ये है कि जो समस्या सामने आई, यह आज की कोई नई समस्या नहीं है। संसार में जितनी भी इमारतें बनी; ताजमहल से लेकर लालकिले तक, रिलायंस से लेकर अदानी तक, बड़े बांध बने भाखड़ा नांगल डैम हो या वृंदावन गार्डन सब कुछ प्रवासी मजदूरों ने ही बनाया है। माइग्रेंट के बिना दुनिया कभी भी बिल्ट नहीं हुई है लेकिन हमने कभी भी माइग्रेंट की जो समस्याएं हैं उसके समाधान के बारे में सोचा है? हमने यह कभी नहीं सोचा कि हम माइग्रेंट को लाते हैं तो उसके लिए छोटा सा 10 x 12 की रूम चाहिए वह है कि नहीं है? उसके लिए शौचालय चाहिए वह है कि नहीं है? उसे खाना बराबर मिलता है या नहीं? उसकी 8 घंटे की नौकरी है या नहीं? 8 घंटे की जगह वह 12 घंटे, 15 घंटे काम करते हैं और फिर भी हम उनसे अमानवीय तरीके से व्यवहार करते हैं क्या वह ठीक है? प्रवासी मजदूरों के बिना आज पूरा देश थम गया। लॉकडाउन में देश उनके बिना चल ही नहीं सकता। भारतीय जीडीपी में सबसे अधिक योगदान प्रवासी मजदूरों का है लेकिन हमने यह नहीं सोचा।

आज मुझे खुशी है कि, हमारी संस्था ने "प्रवासी मजदूरों की समस्या चुनौतियां और समाधान" विषय पर वेबिनार रखा है। मैं आशा व्यक्त करता हूं कि, आप सब जो विद्वान है किसी न किसी क्षेत्र के, आप सभी अपनी अपनी राय रखेंगे, सुझाव देंगे, कोई उपाय निकालेंगे जिससे यह जो लर्निंग एक्सपीरियंस है, प्रवासियों की जो पीड़ा है उसे हम समझेंगे और उस को मिनिमम फैसिलिटी रहने के लिए सुविधा, मिनिमम वेजेस (मजदूरी), काम के फिक्स घंटे, भोजन व्यवस्था, उसके परिवार बच्चों के लिए पढ़ाई की व्यवस्था, आरोग्य की व्यवस्था इन सभी के बारे में आप जरूर योगदान देंगे और सरकार को भी सुझाव देंगे। इस प्रयास से उसकी कुछ पीड़ा कम करने में यदि हम सफल होंगे तो मैं मानता हूं कि, यह वेबिनार हमारा सफल होगा। डॉ मनीष वाघेला, भरत भाई विसाणा, डॉ केतन भाई सभी ने जो यह प्रयास किया है, उन्हें बधाई देता हूं। सभी को धन्यवाद।

जय हिंद।

अर्जुन मोढवाडिया
मैनेजिंग ट्रस्टी
श्री मालदेव जी ओडेदरा स्मारक एजुकेशन ट्रस्ट, पोरबंदर

अनुक्रम

खंड-1

प्रवासी मजदूरों की समस्या, चुनौतियाँ और समाधान

1

भारतीय मजदूरों की मौजूदा समस्याएँ : कारण और निदान के उपाय

अरुण होता

डॉ. वि. आर. गोढ़ाणिया गर्ल्स कॉलेज, पोरबन्दर के तत्त्वावधान में आयोजित 'प्रवासी मजदूरों की समस्या, चुनौतियाँ और समाधान' शीर्षक वेब संगोष्ठी में मुझे अपने विचार साझा करने का अवसर मिला है, इसके लिए मैं इस कॉलेज के महाप्रबन्धक डॉ. विरमभाई गोढ़ानिया और हिन्दी विभाग के अध्यक्ष डॉ. एम. एन. वाघेला तथा अन्य विभागीय अध्यापकों के प्रति हार्दिक कृतज्ञता ज्ञापित करता हूँ। सच कहूँ तो इसके पहले मेरा डॉ. वाघेला से कोई परिचय नहीं था। लेकिन पोरबन्दर का नाम सुनकर मैं उनके आग्रह को अस्वीकार नहीं कर सका। अतः बापू की इस पवित्र भूमि को शत-शत नमन करता हूँ।

सबसे पहले 'प्रवासी' शब्द पर मेरी असहमति है। 'प्रवासी' का अर्थ होता है अपना देश छोड़कर दूसरे देश में जा बसना। बिहार, उत्तर प्रदेश, पश्चिम बंगाल आदि प्रान्तों का कोई मजदूर गुजरात, महाराष्ट्र अथवा दिल्ली में जा बसता है तो उसे प्रवासी मजदूर कैसे कहा जा सकता है? भारत के किसी अंग राज्य का निवासी उसके दूसरे अंग राज्य में निवास करे या आजीविका के लिए जाये तो वह विदेशी या प्रवासी नहीं हो जाता है। वह भारतीय ही होता है और भारतीय ही रहेगा। दरअसल, सत्ता द्वारा यह शब्द जान-बूझकर प्रचलित किया गया है ताकि भेद-भाव बना रहे और जितना भेद-भाव बना रहेगा सत्ता को उतनी सहूलियत होगी। अपनी क़ौम में ही उसे परायेपन का अहसास होता रहे। जैसे इधर एक और नारा चलाया गया 'सामाजिक दूरी' –सोशल डिस्टेन्सिंग। होना चाहिए था शारीरिक दूरी यानी फ़िज़िकल डिस्टेन्सिंग। सामाजिक दूरी जितनी अधिक होगी देश में उतनी ही अधिक मात्रा में वैमनस्य फैलेगा, लोग एक-दूसरे से जुड़ेंगे नहीं, भाईचारा का अभाव होगा। जाति, धर्म, सम्प्रदायों में लोग बँटेंगे। ऐसे में शासन करना आसान होगा। इसलिए ज़रूरी यह है कि सत्ता की भाषा के पीछे छुपी मंशा, चालाकी और मक़सद से भली-भाँति समझने की ज़रूरत है।

भारतीय मजदूरों की अनन्त समस्याएँ हैं। पिछले कुछ महीनों में कोविड-19 के

कारण उनकी ये समस्याएँ विकराल रूप ले चुकी हैं। वैसे .तो आज पूरा विश्व इस महामारी से पीड़ित है लेकिन भारतीय मजदूरों के दर्द की यह कहानी हमारे जनतन्त्र के इतिहास के एक काले अध्याय के रूप में याद की जायेगी। भारत में सबसे पहले जनवरी महीने में कोविड-19 की महामारी पायी जाती है। यह वायरस विदेशी है। हवाई जहाज़ में सवार होकर भारत पहुँचा है। स्मरण आते हैं राष्ट्रपिता महात्मा गाँधी। उन्होंने 1908 में 'हिन्द स्वराज' में लिखा था कि 'रेलवे अपने साथ प्लेग के कीटाणु भी ढोता है।' इसी महत्त्वपूर्ण पुस्तक में उन्होंने यह भी कहा था कि 'हमें अपने घर की खिड़कियाँ खुली रखनी चाहिए ताकि बाहर की हवा अन्दर आ सके। लेकिन, इतनी भी खुली न रखें कि हवा हमें उड़ाकर ले जाये।' लगभग दो महीनों तक हम इस महामारी के कीटाणु की आमद करते रहे। विश्व स्वास्थ्य संगठन द्वारा महामारी घोषित किये जाने के बावजूद हमने उसका मज़ाक उड़ाया, क्योंकि हमारी प्राथमिकताएँ अलग थीं। हममें दूरदर्शिता का अभाव था और वह अभी भी कायम है। वैज्ञानिक सोच-समझ को धत्ता बताते हुए भावनात्मक खेल का प्रतिभागी बनने को हम अपना राष्ट्रधर्म मानते रहे।

अचानक एक 'शुभ घड़ी' में महज़ चार घंटे की नोटिस पर 24 मार्च, 2020 से 130 करोड़ की जनसंख्या वाले सम्पूर्ण भारत में लॉकडाउन घोषित कर दिया जाता है। यह हिदायत दी जाती है कि घर में ही रहें। जहाँ हैं वहीं रहें। मास्क पहनें, सामाजिक दूरी बनाये रखें। भारत माता के सपूतों ने जहाँ तक हो सका आदेश को शिरोधार्य किया। यह अलग बात है कि कई धाकड़ नेताओं ने आदेश की ऐसी-तैसी कर दी। अब आते हैं मजदूर भाइयों की समस्याओं पर। इस आदेश के बाद दिहाड़ी मजदूरों के पास न पैसे बचे और न खाने के लिए दाने। स्वयंसेवी संस्थाओं और उदार लोगों ने अपने सामर्थ्य के अनुसार सहायता के हाथ बढ़ाये। दूसरी ओर, सड़कों पर मजदूरों की हालत ने सरकारी दावों के खोखलेपन को उजागर कर दिया। नेशनल सैम्पल सर्वे की अगर मान लिया जाये तो देश में लगभग 32 करोड़ 60 लाख मजदूर हैं जिसमें से 12 करोड़ सीजनल माइग्रेंट लेबर्स हैं। तमाम नगरों और महानगरों में ये मजदूर संगठित से अधिक असंगठित क्षेत्रों में काम करते हैं। भवन-निर्माण, वस्त्र उद्योग, ईंट भट्टियों, घरेलू कार्यों, कृषि, परिवहन, खदान आदि में ये मजदूर काम करते हैं। इनका काम ठप्प हो गया। मकान का किराया क़हाँ से देते? बेघर हुए। जीने के लिए दो जून तो क्या एक जून का खाना भी नसीब न हुआ। ऊपर से तेज़ी से बीमारी का संक्रमण फैलता जा रहा था। पैरों में फफोले लिये तमाम मजदूरों को यह कहते सुना गया कि "कोरोना से मरें न मरें भूख से ज़रूर मर जायेंगे।" मजदूर मजबूर थे। हज़ारों किलोमीटर की दूरी नापने पैदल, ठेले, रिक्शॉ, साइकिल, ऑटो, जो भी साधन था, उसके सहारे निकल पड़े। डिजिटल इंडिया में मजदूरों ने अपना नाम पंजीकृत किया, लेकिन व्यवस्था की ओर से कोई जवाब न मिला। श्रमिक स्पेशल ट्रेनों को लेकर राज्य और केन्द्र सरकारों का जो सियासी खेल शुरू

हुआ, उसे भला कौन नहीं जानता। अपने अक्षम पिता को साइकिल पर लादे गुरुग्राम से दरभंगा तक की दूरी तय करने वाली बेटी ज्योति पासवान को लेकर भी सियासत कुछ कम नहीं हुई? मजदूरों के इस विस्थापन को केवल 'मानव स्वभाव' कह देना कहाँ का न्याय है? तेज धूप, लू, भयानक गर्मी में नंगे पाँव, सिर पर गठरी या थैला उठाये, बग़ल में शिशु को सम्हाले आत्मनिर्भर भारत के भूखे-प्यासे मजदूर राष्ट्रीय राजमार्ग पर निकल पड़ते हैं। कैसा अमानवीय दृश्य है! शर्म मगर हमें आती नहीं! राज्य सरकारों की पुलिस ने लाठियाँ चलायीं, मुर्ग़े बनाये और भी न जाने कितने अत्याचार किये! जब मजदूर रेल की पटरी पकड़कर आगे बढ़ते हैं तब आरपीएफ के जवानों ने अपनी कर्तव्यनिष्ठा का नमूना पेश कर दिया। मजदूर और उनके आत्मीय जन पटरी पर कटे, लॉरी से कुचले, श्रमिक स्पेशल में भूख-प्यास से मरे और गर्भवती महिलायें कभी रास्ते पर तो कभी ट्रेनों में भारत के भविष्य को जन्म देती रहीं। सूत्रों के अनुसार इस घर वापसी में 742 मजदूरों की मृत्यु हो चुकी है। अब तो ऐसा लगता है कि इस देश में मजदूर मरने के लिए ही जन्मे हैं। तार-तार हो गयी है हमारी मनुष्यता। राजनीति का ऐसा काला चेहरा वर्षों में एक बार दिखाई देता है। गर्भवती हथिनी की बर्बर मृत्यु पर घड़ियाली आँसू बहाने वालों के आँसुओं को जाने मजदूरों की मृत्यु पर क्या हो जाता है! जो भी हो सत्ता को कोई फ़र्क़ नहीं पड़ता। उनके लिए तो जैसे कि कुछ हुआ ही नहीं। हो भी क्यों, हमारा प्यारा भारतवर्ष जल्दी ही विश्वगुरु जो बनने वाला है!

73 दिनों की तालाबन्दी हुई ताकि हम अपने को तैयार कर सकें। महामारी से देश को बचा सकें। स्वास्थ्य सेवा को बेहतर कर सकें। कोरोना को भगा सकें। पहले तो 21 दिनों में कोरोना को भगाने का आत्मविश्वास दिखाई पड़ा था, लेकिन दुःख के साथ कहना पड़ रहा है कि हमने 73 दिनों में भी कुछ नहीं किया। सिर्फ़ नौटंकी की। राजधानी दिल्ली में जो स्वास्थ्य सेवा में अव्यवस्थाएँ दिख रही हैं, उसी के माध्यम से आप ज़िला स्तर अथवा प्रखंड स्तर की स्वास्थ्य सेवा का अनुमान कर सकते हैं। गरीब मजदूर जो अपने देश लौटे हैं, क्वारेंटिन केन्द्रों में या गाँव के स्कूलों में रखे गये, उनकी हालत भी दहला देने वाली है। पुलिया के नीचे, गाँव के बाहर पेड़ों के नीचे, बिना टेंट के पालतू जानवरों की तरह इधर-उधर भटकते हुए उन्होंने किसी तरह चौदह दिन बिताये। गाँव में न काम है और न कोई मजूरी। सरकारी आँकड़े कहेंगे कि मनरेगा की रेट बढ़ा दी गयी, पहले से प्रतिदिन 16 रुपए कुछ पैसे अधिक। जबकि वास्तविकता यह है कि गाँव में सौ दिनों के सरकारी काम के लिए पहले से श्रमिकों की तादाद अधिक थी। वे धार-उधार से कुछ ही सप्ताह-महीने अपनी जीवन रेखा को बनाये रखने में भले समर्थ हो जायें, लेकिन इसके बाद का क्या? बस राम भरोसे। इसी बीच में अगर कोरोना संक्रमित हो गये, तब तो बस काम तमाम हो जायेगा।

इस हालात के बाद भी कुछ लोग तर्क कर सकते हैं कि तालाबन्दी से हमें भारी

सफलता मिली है। स्वास्थ्य अधिकारी, मन्त्री-सन्तरी दूसरे देशों के साथ तुलना करते हुए यह दावा करते हुए आँकड़े पेश करते हैं कि हमने ज़बरदस्त लड़ाई की है, कोरोना के विरुद्ध। अच्छी बात है। बहुत-बहुत बधाई। लेकिन एक सवाल बना हुआ है कि अन्य देशों में जब कोरोना संक्रमण की संख्या घटने लगी तालाबन्दी तब हटायी गयी जबकि हमारे यहाँ जब रोज़ नये-नये रिकार्ड बनने लगे हमने तालाबन्दी तब हटायी। मुझे यह कहने में कोई संकोच नहीं है कि तालाबन्दी सम्बन्धी निर्णय ग़लत समय में लिया गया और मजदूरों के बारे में कुछ भी सोचे बगैर उसे आनन-फ़ानन में लागू किया गया। उनके प्रति असंवेदनशीलता का अभूतपूर्व नजारा पेश किया गया। पूरे निर्णय में समझ-बूझ का घोर अभाव रहा। जब मजदूरों की समस्याओं की ओर इशारा किया जाता है तब भारत सरकार के विधिवेत्ता बयान देते हैं कि नकारात्मकता फैलायी जा रही है। ऐसे प्रश्नों की ओर ध्यान दिलाने वालों को 'गिद्ध' या 'क़यामत का पैगम्बर' भी अभिहित किया जा सकता है। आप पर देशद्रोह का आरोप भी लगाया जा सकता है। लेकिन यह भूलना नहीं चाहिए कि इन सबके बाद भी तथ्य और सत्य को छिपाया नहीं जा सकता। तथ्य में भले धाँधली कर लें जनाब, लेकिन सत्य तो सत्य ही रहेगा। मुद्दे से भटकाने के लिए भले ही फ़ेक न्यूज़ चलायी जाये, चालाकी अधिक दिनों तक नहीं टिकती है। अन्तरराष्ट्रीय श्रमिक संगठन (आइ एल ओ) ने अपनी रिपोर्ट में आज के समय को दूसरे विश्वयुद्ध के बाद सबसे भयानक संकट का समय कहा है। सी.एम.आई.ई. डेटा के अनुसार मई महीने में दस करोड़ लोगों को नौकरी से हाथ धोना पड़ा। भारतीय रिज़र्व बैंक के आकलन के अनुसार अगले वर्ष हमारी सकल घरेलू उत्पाद दर ऋणात्मक रहेगी। फिर भी, कुछ लोग कहेंगे कि देश के कर्णधारों ने घोषणा की है कि हमारी आर्थिक दशा अच्छी है, चिन्ता की कोई बात नहीं। 5 ट्रिलियन वाली अर्थव्यवस्था होगी अपने देश की। ऐसे में भला क्या कहा जाये सिर्फ़ इसके अलावा कि–

"राजा बोला रात है,
मन्त्री बोला रात है,
सारे बोले रात है,
यह सुबह सुबह की बात है।" ***(गोबिन्द प्रसाद)***

अभी कल की ही खबर है कि बंगाल, बिहार, झारखंड, उत्तर प्रदेश और असम में महिलाएँ कोरोना देवी की पूजा में जुट गयी हैं ताकि देवी को सन्तुष्ट कर भगा दें। जैसे ताली, थाली, दीया बाती और 'गो कोरोना' से भी कुछ 'महान चेतना-सम्पन्न लोग' बुरे ग्रहों को भगा रहे थे। स्वास्थ्य सेवा के एक बड़े अधिकारी ने तो प्रेस कांफ्रेंस में यह भी गर्व और गौरव के साथ घोषणा कर दी थी कि मई 24 को देश में कोरोना का शून्य संक्रमण होगा।

जनतन्त्र का चौथा खम्भा मीडिया तो मजदूरों को दुश्मन ही मान बैठा है। वर्तमान

मीडिया मजदूरों की समस्याओं के समाधान के लिए दस हज़ार रुपए के ऋण के इन्तज़ाम को हेडलाइन्स में ज़रूर रखती है। ये लोग बीस लाख करोड़ रुपए के महाऋण मेला पर भी सत्ता की चापलूसी करते हैं। जनधन खाते में दो बार 500-500 रुपए डाले जाने को तवज्जो के साथ पेश करते हैं लेकिन भूख, प्यास, लू और संक्रमण से मर रहे मजदूरों पर कोई डिबेट नहीं चलाते। हिन्दू-मुस्लिम, पाकिस्तान, जमाती, जैसे मुद्दों से फ़ुरसत मिले तब न! इस प्रसंग में मुझे स्मरण आ रहा है अमेरिकी अश्वेत अधिकार आन्दोलन के नेता माल्कम एक्स का कथन जो उन्होंने अख़बार के सन्दर्भ में कहा था, लेकिन आज मुख्यधारा के तमाम माध्यमों के सन्दर्भ में समुचित प्रतीत होता है– "अगर आप सावधान नहीं रहेंगे तो अख़बार आपको उन लोगों से नफ़रत करना सिखा देंगे जिनका उत्पीड़न किया जा रहा है और उन लोगों से प्यार करना सिखा देंगे जो उत्पीड़न कर रहे हैं।"

वर्तमान स्थिति में जरूरी है कि कुछ बुनियादी चिन्ताओं पर हम गौर करें–

यदि सचमुच हमारी व्यवस्था मजदूरों की दुर्दशा और समस्याओं को सुलझा कर संकट को अवसर में तब्दील करना चाहती है तो सरकारें अपने-अपने राज्यों में रोज़गार का उचित अवसर प्रदान करें।

नये श्रमिक क़ानून में श्रमिकों के अधिकारों के हनन का जो प्रावधान है उसे निरस्त किया जाये। आठ घंटे काम का नियम चालू रहे। सरकार श्रमिकों तथा उनके परिवार के लोगों की स्वास्थ्य-सेवा पर विशेष ध्यान दे। उनके बच्चों की शिक्षा-व्यवस्था को दुरुस्त करे।

बँधुआ मजदूरी प्रणाली उन्मूलन अधिनियम, 1976 और बाल-श्रम निषेध और नियमन अधिनियम, 1986 को सख्ती से लागू किया जाये।

सारे क्षेत्रों में विदेशी प्रत्यक्ष विनियोग को बढ़ावा देना बन्द करे तथा सभी क्षेत्रों को निजी कम्पनियों के हाथ बेचना बन्द करे। यह नहीं हुआ तो आप कितना ही चिल्ला-चिल्लाकर कहें कि मैं देश को बेचने नहीं दूँगा, आप देश की जनता का भरोसा अर्जित नहीं कर सकते।

सर्वोपरि, अत्यन्त संवेदनशीलता के साथ जगह-जगह फँसे हुए देश के मजदूरों को उनके स्वास्थ्य का ध्यान रखते हुए नागरिकों के वास्तविक अधिकारों और सम्मान के साथ बचाने का प्रयास करें।

देश के नवनिर्माण में मजदूरों की सबसे बड़ी भूमिका है। मजदूर नहीं रहेंगे तो सत्ता और पूँजी का जो खेल चल रहा है वह भी समाप्त हो जायेगा। गाँधी जी ने देश के आख़िरी आदमी को आज़ादी प्रदान करने का जो स्वप्न देखा था वह आज भी अधूरा है। ध्यान रखिये, यह आख़िरी आदमी हमारा मजदूर भाई ही है। लेकिन समझ में आये तो बात बने। सही कहा गया है :

"काबा किस मुँह से जाओगे ग़ालिब।
शर्म तुमको मगर नहीं आती।"

2

श्रम-कानूनों के संरक्षण, स्किल मैपिंग और प्रवासन नीति से होगा श्रमिक कल्याण!

प्रो. रसाल सिंह

कोरोना संकट से समाज का कोई हिस्सा अप्रभावित और अछूता नहीं रहा है। इस विश्वव्यापी आपदा ने भारत में भी आबाल-वृद्ध, नारी, किसान, मजदूर, व्यापारी, कर्मचारी, उद्योगपति, नौकरशाह और राजनेता आदि–सभी वर्गों को बुरी तरह प्रभावित किया है। लेकिन इन सब तबकों में प्रवासी मजदूरों को सर्वाधिक दुःख और कष्ट झेलना पड़ा है। इस बार दिल्ली, मुम्बई, पुणे, सूरत जैसे रोटी और रोजगार के महानगरीय केन्द्रों से पैदल पलायन करते इन विवश प्रवासियों ने भारतवासियों की अन्तरात्मा को झकझोर डाला है। यह भारत-विभाजन कालीन दृश्यों की पुनरावृत्ति थी। मीडिया और सोशल मीडिया में इन दृश्यों की भरमार से सरकारें चेतीं और इन अभागे और अनाथ श्रमिकों को सुरक्षित इनके गाँव-घर पहुँचाने के लिए सक्रिय हुईं।

अब यह स्पष्ट हो गया है कि कोरोना संकट अल्पकालिक आपदा नहीं, बल्कि दीर्घकालिक संकट है। इसलिए इन सरकारों की दूसरी चिन्ता और चुनौती घर-वापसी किये हुए अपने नागरिकों के लिए रोटी और रोजगार का जुगाड़ करना है। इसलिए पूँजी निवेश कर सकने वाले पूँजीपतियों के लिए पलक-पाँवड़े बिछाये जाने की कवायद की जा रही है। नयी औद्योगिक इकाइयों की स्थापना और पुरानी बन्द पड़ी या बीमारू इकाइयों के परिचालन के लिए भी जतन किये जा रहे हैं। इसी कड़ी में उत्तर प्रदेश, मध्य प्रदेश, पंजाब, राजस्थान, गुजरात, उड़ीसा और गोवा आदि राज्यों की सरकारों ने अपने श्रम-कानूनों में संशोधन किया है। ये राज्य सरकारें चीन छोड़ने वाली तमाम बहुराष्ट्रीय कम्पनियों और औद्योगिक इकाइयों को आकर्षित करने की आड़ में ऐसा कर रही हैं। उत्तर प्रदेश सरकार ने राज्यपाल की विशेष संवैधानिक शक्तियों का प्रयोग करते हुए एक अध्यादेश पारित कराया है जिसके अन्तर्गत करार के साथ नौकरी करने वाले लोगों को हटाने, नौकरी के दौरान हादसे का शिकार होने और समय पर वेतन देने जैसे तीन नियमों को छोड़कर अन्य सभी श्रम-कानूनों को तीन वर्ष के लिए स्थगित कर दिया गया है। ये संशोधित नियम उत्तर

प्रदेश राज्य में मौजूद सभी राज्य और केन्द्रीय इकाइयों पर लागू होंगे। इन नियमों से लगभग 15000 कारखाने और 8000 मैन्युफैक्चरिंग इकाइयाँ प्रभावित होंगी।

राज्य सरकार द्वारा जारी आदेश के अनुसार कोई कर्मचारी किसी भी कारखाने में प्रतिदिन 12 घंटे और सप्ताह में 72 घंटे से ज्यादा काम नहीं करेगा। इन संशोधित नियमों से पूर्व प्रतिदिन 8 घंटे और सप्ताह में 48 घंटे काम करने की ही सीमा थी। बारह घंटे की शिफ्ट के दौरान 6 घंटे के बाद 30 मिनट का ब्रेक दिया जायेगा। बारह घंटे की शिफ्ट करने वाले कर्मचारी की मजदूरी नियत दर के अनुरूप ही होगी। अर्थात् उसे कोई बोनस या भत्ता नहीं मिलेगा। उल्लेखनीय है कि इस नियम के लागू होने से पहले 8 घंटे के बाद ओवरटाइम करने पर प्रति घंटे दोगुने वेतन का प्रावधान था। इन संशोधनों के पक्ष में राज्य सरकारों द्वारा यह तर्क दिया गया है कि लॉकडाउन के परिणामस्वरूप निर्जीव हो चुकी अर्थ-व्यवस्था में प्राण-फूँकने, बन्द पड़ी आर्थिक गतिविधियों को दोबारा शुरू करने के लिए और राज्य के सभी कामगारों को रोजगार उपलब्ध कराने के लिए श्रम कानूनों में संशोधन किया गया है। लेकिन गौरतलब यह है कि श्रम-क़ानून श्रमिकों के अधिकार-पत्र हैं। वे उनके लिए सुरक्षित और गरिमापूर्ण जीवन सुनिश्चित करने वाले दस्तावेज हैं। उन्हें संशोधित, स्थगित या निरस्त करना श्रमिक-वर्ग की सुरक्षा, सम्मान और स्वास्थ्य के साथ समझौता करना है। यह कदम प्रतिगामी है क्योंकि श्रम-कानून बहुत लम्बे लोकतान्त्रिक संघर्ष की मानवीय उपलब्धि हैं। इसीलिए भारतीय मजदूर संघ जैसे बड़े श्रमिक संगठनों ने राज्य सरकारों के इस कदम पर कड़ी आपत्ति दर्ज की है। हालाँकि, राज्य सरकारों के इस श्रमिक विरोधी निर्णय का बहुत प्रभावी, संगठित और सक्रिय विरोध लॉकडाउन के कारण नहीं हो पा रहा है।

उन्नीसवीं शताब्दी के उत्तरार्ध में धीरे-धीरे आधुनिक उद्योग शुरू हो रहे थे। उनके साथ रेलवे, पोस्ट आफिस और टेलीग्राम जैसी उपयोगी सेवाओं का भी विकास हो रहा था। इसी समय भारत में आधुनिक श्रमिक-वर्ग का उदय हुआ। इस श्रमिक-वर्ग को कम मजदूरी, लम्बी कार्यावधि, असुरक्षित, असुविधाजनक और अस्वस्थ वातावरण, बालश्रम आदि अनेक समस्याओं का सामना करना पड़ा। यह विडम्बनापूर्ण किन्तु रोचक तथ्य है कि भारत में उद्योगों में काम करने वाले श्रमिकों की दुर्दशा में सुधार की माँग भारत में कार्यरत श्रमिक-वर्ग के अन्दर से नहीं, बल्कि लंकाशायर में कपड़ा कारखानों के मालिकों की ओर से आयी। इसके पीछे मूल कारण यह था कि सस्ते श्रम के कारण कहीं भारत के उद्योग उनके प्रतिस्पर्धी न बन जायें। इस आशंका के वशीभूत उन्होंने एक श्रम आयोग की नियुक्ति की माँग की, जो भारतीय उद्योगों में काम करने वाले श्रमिकों की परिस्थितियों का अध्ययन कर सके। ऐसा प्रथम आयोग 1875 ई. में गठित किया गया और इस आयोग की सिफारिशों के आधार पर प्रथम फैक्टरी अधिनियम, 1881 ई. पारित किया गया। दूसरा फैक्टरी अधिनियम, 1891 ई. में पारित किया गया।

किन्तु कड़वा सच यह है कि भारतीय श्रमिक-वर्ग स्वतन्त्रता-पूर्व से लेकर अब तक सरकार और पूँजीपतियों के गठजोड़-स्वरूप बनने वाली अन्यायपूर्ण और शोषणकारी नीतियों का सामना कर रहा है। यह अत्यन्त दुःखद और दुर्भाग्यपूर्ण है कि स्वतन्त्रता से लेकर आज तक श्रमिक-वर्ग की स्थिति में सुधार के लिए व्यापक स्तर पर श्रम-कानूनों का सशक्तीकरण नहीं किया गया है, ताकि भारतीय श्रमिकों के आर्थिक स्तर और सामाजिक जीवन को बेहतर बनाया जा सके।

भूमंडलीकरण तथा आर्थिक उदारीकरण की प्रक्रिया समकालीन विश्व-व्यवस्था के ऊपर अत्यन्त व्यापक एवं गहरा प्रभाव डाल रही है। भारत भी इन प्रक्रियाओं से अछूता नहीं है और इन चुनौतियों का सामना कर रहा है। सन् 1991 से देश में काफी परिवर्तन हुए हैं। अधिकांश कार्यक्षेत्रों में राज्य का स्थान निजी उद्यम ले रहे हैं। भारत में 1991 के बाद अर्थव्यवस्था में कई संरचनात्मक परिवर्तनों के द्वारा उदारीकरण की प्रक्रिया का आरम्भ हुआ। तथाकथित नीतिगत सुधारों ने अर्थव्यवस्था को उदार बना दिया है। उदारीकरण की इस प्रक्रिया में अधिक निवेश आकर्षित करने की चाह में सरकारों द्वारा अपने कई कानूनों में सुधार किये गये, जिनमें श्रम-कानूनों में परिवर्तन प्रमुख है। इसके पीछे यह निजी उद्यमियों को अधिक जोखिम से बचाने और उन्हें पूँजी निवेश के लिए आकर्षित करने का तर्क दिया जाता है। लेकिन सरकारें प्रक्रियागत जटिल ढाँचे और लालफीताशाही में सुधार न करके केवल श्रम-कानूनों में बदलाव पर ही अधिक जोर डालती हैं जो कि 'गुड गवर्नेन्स' और 'रिफॉर्म्स' का सरलीकरण है। यह सही समय है जबकि सरकारों को उद्योग-धन्धे लगाने में आने वाली तमाम नीतिगत और प्रक्रियागत अड़चनों को दूर करने की दिशा में काम करना चाहिए, न कि श्रम-कानूनों में संशोधन/स्थगन करना चाहिए। किसी भी देश के श्रम-कानून कर्मचारियों और नियोक्ताओं के बीच स्पष्ट और न्यायपूर्ण सम्बन्धों को स्थापित करने पर जोर देते हैं। इन कानूनों द्वारा श्रमिकों और कारखाना मालिकों के सम्बन्धों को 'चैक एंड बैलेन्स' करते हुए श्रमिक-वर्ग का संरक्षण सुनिश्चित किया जाता है। श्रम-कानूनों का मुख्य उद्देश्य श्रमिकों के आर्थिक और सामाजिक हितों की रक्षा करना है ताकि उन्हें जीवन-निर्वाह हेतु उचित मजदूरी, काम के तय घंटे, जोखिमों से सुरक्षा, स्वस्थ एवं अनुकूल वातावरण, बोनस, भत्ते इत्यादि उपलब्ध कराये जा सकें। सरप्लस उत्पादन से प्राप्त लाभ पर सिर्फ पूँजीपति का अधिकार नहीं होना चाहिए बल्कि उसमें श्रमिक की भी आनुपातिक हिस्सेदारी होनी चाहिए। इस लाभ के न्यायपूर्ण वितरण का उत्तरदायित्व राज्य का है। राज्य इस उत्तरदायित्व से आँखें चुराता रहा है। इसीलिए समाज में इतनी असमानता और अन्याय है और साधन, संसाधन और सुविधाओं पर मुट्ठी-भर लोगों का एकाधिकार है।

भारतीय संविधान द्वारा लोकतन्त्रात्मक शासन-प्रणाली के रूप में संसदीय व्यवस्था को स्वीकार किया गया है। प्रत्येक लोकतन्त्रीय शासन का मुख्य उद्देश्य एक कल्याणकारी राज्य

की स्थापना होता है। किसी भी कल्याणकारी राज्य का लक्ष्य वर्ग विशेष का हित-साधन नहीं, बल्कि राजनीतिक, आर्थिक और सामाजिक विषमताओं को दूर करना एवं सर्वजन हिताय काम करना होता है। हालिया श्रम-कानूनों में बदलाव राज्य सरकारों की पूँजीपतियों के प्रति सहानुभूति या उनके दबाव में काम करने की प्रवृत्ति को प्रदर्शित करते हैं। इस बात से इनकार नहीं किया जा सकता है कि औद्योगिक इकाइयाँ सरकारी उपक्रमों की तुलना में लोगों को रोजगार उपलब्ध कराने में अधिक सक्षम और सहायक सिद्ध होती हैं और इन औद्योगिक इकाइयों को सुचारु रूप से चलायमान रखने के लिए शासन द्वारा इनके अनुरूप उचित नियम-कानून बनाये जाने चाहिए। परन्तु इसके लिए श्रमिकों के मानवीय हितों एवं गरिमापूर्ण जीवन के साथ समझौता नहीं किया जाना चाहिए। अत: विभिन्न राज्य सरकारों द्वारा पूँजीपतियों के दबाव में आकर श्रम-कानूनों को कमजोर करना उचित नहीं जान पड़ता है क्योंकि भारतीय संविधान के अनुच्छेद 21 में प्रत्येक व्यक्ति को न केवल जीवन जीने का अधिकार प्रदान किया गया है, बल्कि इसमें गरिमापूर्ण जीवन का अधिकार भी शामिल है। यह अधिकार एक संवैधानिक गारंटी के रूप में राज्य के विरुद्ध प्रदान किया गया है जिसे चाहकर भी राज्य द्वारा ख़ारिज नहीं किया जा सकता है। इससे स्पष्ट होता है कि भारत के संविधान निर्माताओं ने औद्योगिक कर्मकारों के जीवन को बेहतर बनाने की जिम्मेदारी सरकारों को प्रदान की है। इसीलिए राज्य का यह कर्तव्य है कि इन लोगों के जीवन को बेहतर बनाने के लिए उचित एवं उपयोगी नीति का निर्माण करे।

विकास के वर्तमान वैश्विक मापदंडों में जीडीपी वृद्धि-दर सर्वप्रमुख है। दुःखद पहलू यह है कि भारत भी इसी दौड़ का हिस्सा बन गया है। देश के लगभग चालीस करोड़ कामगारों की सुरक्षा और मानवीय गरिमा को संकट में डालकर जीडीपी वृद्धि-दर को बढ़ाना सुखद नहीं है क्योंकि सरकारों की प्राथमिकता में कामगारों की खुशहाली होनी चाहिए। इस तथ्य को अनदेखा करना श्रमिकों को पूँजीपतियों की दया पर छोड़ने जैसा है। शोचनीय है कि भारत में पहले से ही श्रम-कानूनों का नियोक्ताओं द्वारा ठीक से पालन नहीं किया जाता है और आये दिन होने वाली औद्योगिक दुर्घटनाओं में इन श्रम मानकों के उल्लंघन की पोल खुलती नजर आती है। वहीं, श्रम-कानूनों में दी जाने वाली छूट औद्योगिक निवेश आकर्षित करने के बावजूद कामगारों को सामाजिक और आर्थिक असुरक्षा के अन्धकूप में धकेलने जा रही है। इसके लिए सरकारों को एक मध्य-मार्ग निकालने की आवश्यकता है ताकि पूँजीपतियों/निवेशकों और कामगारों के हितों के बीच उचित सन्तुलन बनाया जा सके। यूनियनबाजी और हड़ताल जैसी गतिविधियों पर तो रोक लगायी जा सकती है, किन्तु उनके श्रम-अधिकारों और शासन-प्रशासन या न्यायालय द्वारा इन अधिकारों के संरक्षण पर कोई रोक नहीं लगानी चाहिए।

वर्तमान समय में अमीर और गरीब के बीच की खाई लगातार बढ़ती जा रही है। एक तरफ जहाँ अमीर लगातार अमीर होता जा रहा है, वहीं, दूसरी ओर गरीब लगातार गरीब

होता जा रहा है। इस सन्दर्भ में संविधान-शिल्पी डॉ. भीमराव अम्बेडकर का यह कथन बहुत महत्त्वपूर्ण है कि "26 जनवरी, 1950 को हम विरोधी भावनाओं से परिपूर्ण जीवन में प्रवेश कर रहे हैं। राजनीतिक जीवन में हम समता का व्यवहार करेंगे और सामाजिक तथा आर्थिक जीवन में असमता का। इन विरोधी भावनाओं से परिपूर्ण जीवन को हम कब तक बिताते चले जायेंगे? यदि हम इसका बहुत काल तक मंडन करते रहेंगे तो हम अपने राजनीतिक लोकतन्त्र को संकट में डाल देंगे। हमें इस विरोध को यथासम्भव शीघ्र ही मिटा देना चाहिए, अन्यथा जो असमता से पीड़ित हैं, वे लोग इस राजनीतिक लोकतन्त्र की उस रचना का विध्वंस कर देंगे, जिसका निर्माण इस सभा ने इतने परिश्रम के साथ किया है।" सामाजिक और आर्थिक असमानता की यह खाई भयावह रूप से बढ़ती जा रही है। इसके त्वरित निदान की आवश्यकता है। संविधान में प्रस्तावित समतामूलक और न्यायपूर्ण समाज की नीति का उल्लंघन करके भारत के संविधान निर्माताओं की आत्मा को अनवरत चोट पहुँचायी जा रही है। साथ ही, भारत का एक जनकल्याणकारी राज्य बनने का ध्येय भी बाधित हो रहा है। जनकल्याणकारी राज्य की प्रासंगिकता अपने नागरिकों को सामाजिक-आर्थिक सुरक्षा प्रदान करने में है। अब समय आ गया है कि सरकारें अपने सभी नागरिकों को गरिमापूर्ण जीवन का अधिकार, भोजन का अधिकार, स्वास्थ्य का अधिकार, शिक्षा का अधिकार प्रदान करने के साथ-साथ रोजगार का अधिकार भी सुनिश्चित करें। रोजगार का अधिकार सुनिश्चित करते समय नियोक्ता या पूँजीपति की मनमानी पर अंकुश लगाना भी सरकारों का प्राथमिक कर्तव्य है। अर्थ-व्यवस्था के विकास के लिए हलकान अर्थशास्त्रियों को समझना चाहिए कि श्रमिक अर्थ-व्यवस्था के पहिए हैं। उन्हीं के कन्धों पर चलकर अर्थ-व्यवस्था गतिशील होती है।

कोरोना संकट के बीच ही उत्तर प्रदेश के मुख्यमन्त्री योगी आदित्यनाथ ने रास्ता दिखाया है। उन्होंने 27-28 मार्च को दिल्ली से पैदल पलायन कर रहे लाखों प्रवासी मजदूरों को हजारों बसों से उनके गाँव-घर भिजवाया। इसके बाद उन्होंने कोचिंग सिटी कोटा में फँसे लाखों छात्र-छात्राओं की सुरक्षित घर-वापसी सुनिश्चित की। उनके इन प्रयासों की देखा-देखी अन्य सरकारें भी हरकत में आयीं। योगी आदित्यनाथ ने एक बार फिर बड़ी पहल करते हुए विभिन्न राज्यों और महानगरों से अपने गृह राज्य वापस लौट रहे उत्तर प्रदेश के प्रवासी मजदूरों की 'स्किल मैपिंग' का महत्त्वाकांक्षी अभियान शुरू किया है। उत्तर प्रदेश में घरवापसी कर रहे लाखों भूखे-दूखे श्रमिकों के दुःख-दर्द निवारण और रोटी-रोजगार के प्रबन्ध के लिए प्रवासी आयोग का भी गठन किया जा रहा है। इन श्रमिकों का पुनर्वास और सेवायोजन करने वाले इस आयोग का नाम 'कामगार श्रमिक (सेवायोजन एवं रोजगार) कल्याण आयोग' होगा। यह आयोग श्रमिकों की स्किल मैपिंग, कौशल विकास, रोजगार और सेवायोजन आदि आवश्यकताओं की चिन्ता एवं व्यवस्था करेगा। यह आयोग उत्तर प्रदेश की सम्पूर्ण श्रम-शक्ति की सामाजिक

और आर्थिक सुरक्षा सुनिश्चित करेगा। इसके लिए उत्तर प्रदेश सरकार उन्हें दुर्घटना, बीमारी और बेरोजगारी से बचाने के लिए मुफ्त और प्रभावी बीमा कवच प्रदान करेगी। नवगठित 'कामगार श्रमिक (सेवायोजन एवं रोजगार) कल्याण आयोग' उत्तर प्रदेश की सम्पूर्ण श्रम-शक्ति का कौशल आधारित ब्यौरा इकट्ठा (डेटाबेस तैयार) करेगा। साथ ही, अकुशल या अर्ध-कुशल श्रमिकों के लिए अल्पकालिक प्रशिक्षण का प्रबन्धन करते हुए उन्हें न सिर्फ रोजगारक्षम बनायेगा बल्कि उन्हें विभिन्न औद्योगिक इकाइयों में सेवायोजित भी करायेगा। उत्तर प्रदेश में ही नहीं बल्कि उत्तर प्रदेश के बाहर भी उनकी सामाजिक सुरक्षा और गरिमापूर्ण जीवन की गारंटी सुनिश्चित की जायेगी। अब श्रमिक स्वयं विभिन्न औद्योगिक इकाइयों के स्वामियों और पूँजीपतियों के सामने रोजगार के लिए नहीं गिड़गिड़ायेंगे बल्कि उनकी ओर से राज्य सरकार सशर्त सेवायोजन करेगी ताकि उनका शोषण और उत्पीड़न न हो और उन्हें अमानवीय हालात में काम करने के लिए विवश न होना पड़े। उल्लेखनीय है कि चीन में श्रम-शक्ति की स्किल मैपिंग करते हुए डेटाबेस तैयार करने और विभिन्न औद्योगिक इकाइयों और स्थानों में आवश्यकतानुसार श्रम-शक्ति उपलब्ध कराने की ऐसी ही व्यवस्था है। यह व्यवस्था श्रम-शक्ति की माँग और आपूर्ति में सन्तुलन रखती है और शोषण की सम्भावना को न्यूनतम कर देती है।

इन्हीं प्रयासों की सुखद परिणति है कि मुख्यमन्त्री योगी आदित्यनाथ ने इंडियन इंडस्ट्रीज एसोसिएशन, फिक्की, लघु उद्योग भारती, नेशनल रीयल एस्टेट डेवलपमेंट काउंसिल (नारडेको) आदि के साथ समझौता पत्र (एम ओ यू) हस्ताक्षरित किया है। इससे साढ़े ग्यारह लाख से अधिक प्रवासी मजदूरों को रोजगार मिलेगा और उनका पुनर्वास हो सकेगा।

उल्लेखनीय है कि प्रवासी श्रमिकों के दु:खों से द्रवित होकर और उत्तर प्रदेश सरकार की उपर्युक्त पहल से प्रभावित होकर केन्द्रीय श्रम मन्त्रालय ने भी असंगठित क्षेत्र के सभी कामगारों को सामाजिक सुरक्षा कवच प्रदान करने का संकल्प व्यक्त किया है। घरेलू सहायकों अर्थात कामवालियों आदि को भी इसमें शामिल किया जायेगा। इनका न सिर्फ मुफ्त बीमा कराया जायेगा बल्कि न्यूनतम वेतन और साल में एक बार घर जाने का यात्रा-व्यय भी प्रदान किया जायेगा। असंगठित क्षेत्र में काम कर रहे सभी कामगारों को 'अनऑर्गेनाइज्ड वर्कर आइडेंटिफिकेशन नम्बर (यू-विन) देकर पंजीकृत किया जायेगा। उन्हें राज्य के इन्श्योरेंश कारपोरेशन में रजिस्टर किया जायेगा तथा ई. एस़ आई़ सी़ की भी सुविधा दी जायेगी। अब समय आ गया है कि केन्द्रीय स्तर पर एक संवेदनशील, सुविचारित और प्रभावी प्रवासन नीति (माइग्रेशन पॉलिसी) बनायी जाये और प्रवासियों और उनके परिजनों को सामाजिक सुरक्षा प्रदान की जाये। अगर यह सब धरातल पर हो पाता है तो श्रमिकों की जीवन-स्थिति के गुणात्मक सुधार में कोरोना संकट की निर्णायक भूमिका मानी जायेगी।

3

प्रवासी मजदूरों की समस्यायें और समाधान

डॉ. धीरजभाई वणकर

इक्कीसवीं शताब्दी वैज्ञानिक प्रगति एवं तकनीकी प्रगति की शताब्दी है। आज भूमंडलीकरण का बोलबाला है। टेक्नोलॉजी, संचारक्रान्ति के कारण दुनिया हमारी मुट्ठी में आ गयी है। वैज्ञानिक परीक्षणों की अत्यधिक सफलता में एक ओर ईश्वर सम्बन्धी आस्था को समाप्त कर दिया है। भारत जैसा विशाल राष्ट्र प्रगति कर रहा है। दरअसल देश के विकास में जितना महत्त्व उद्योगपतियों, पूँजीपतियों का रहा है, उतना ही महत्त्व श्रमिकों-मजदूरों का भी रहा है। आज-कल बड़े-बड़े नगरों में भी मजदूरों की अहम् भूमिका रही है। भारत में मुख्यत: दो वर्ग है– अमीर वर्ग एवं गरीब वर्ग। यहाँ ध्यानाकर्षक बात यह है कि, धनिक दिन-प्रतिदिन और धनिक होता जा रहा है और गरीब दिन-प्रतिदिन और गरीब होता जा रहा है। यह विषमता बढ़ती ही जा रही है। अमीरों के घरों में छप्पन भोग पकते हैं और गरीब-मजदूरों के घर सुबह चूल्हा जला तो शाम को नहीं जलता। पसीना बहाने वाले श्रमिक रोटी, कपड़ा, मकान जैसी बुनियादी आवश्यकता से वंचित हैं, यह कटु सत्य हमें स्वीकारना पड़ेगा।

गौरतलब है कि, मजदूरों के हिमायती कालमार्क्स ने जिस मालिक एवं मजदूर की बात की तथा उनके संघर्ष को महत्त्वपूर्ण बताया और पूँजीवाद को इन वर्ग सिद्धान्तों के आधार पर परिभाषित किया, किन्तु इन सिद्धान्तों को उसी वर्ग के आधार पर भारत के परिप्रेक्ष्य में लागू करना कहीं-न-कहीं जल्दबाजी करने जैसा रहा है। जैसा रिश्ता यूरोप में मालिक एवं मजदूर के बीच रहा है। वैसा रिश्ता भारत में अमीर एवं गरीब के बीच कभी भी नहीं रहा है। भारत में इन वर्गों के बीच जातीय संरचना भी है जो मालिक एवं नौकर के सिद्धान्त पर नहीं चलती। जहाँ एक ओर यूरोप में पूँजीवाद के गर्भ में श्रमिक-वर्ग का जन्म हुआ वहीं भारत में श्रमिक-वर्ग माँ के गर्भ से पैदा होता है। हमारे देश में वर्ग की जगह, वर्ण-संघर्ष हो रहा है। जिसे मार्क्स ने भी स्वीकार करते हुए कहा था कि, भारत में वर्ण-संघर्ष ही सम्भव है और उसके बाद ही वर्ग-संघर्ष हो सकता है। इसे ई.एम.एस. नम्बूदरीपाद ने भी स्वीकार किया, जिनके नेतृत्व में केरल में पहली बार कम्युनिस्ट पार्टी की सरकार बनी थी।

बी. टी. रणदीपे ने स्वीकार किया, भारत में सत्ता-सम्पत्ति पर सवर्ण का ही कब्जा रहा है।

आज पूरा विश्व कोरोना महामारी के संकट से त्रस्त है। कोरोना का संकट वैश्विक बदलाव का नया प्रस्थान बिन्दु बन चुका है। इसका उत्तर मानव-जीवन पर उनके रूपों में पड़ने वाला है। कुछ संकेत अब स्पष्ट रूप से दिखने लगे हैं। यह हमारी पढ़ने-लिखने की आदतों पर भी अपनी छाप छोड़ेगा, ऐसा लग रहा है। प्रवासी मजदूर शब्द कोविड-19 एवं लॉकडाउन के चलते अकादमिक डिस्कोर्स से उठकर लोक परिचर्चा में शामिल हुआ है। प्रवासी मजदूर से मतलब है– जब अपना गाँव, घर छोड़कर दूसरी जगह चले गये हो और वहाँ मजदूरी करते हो। प्रवासी मजदूर अन्तर्देशीय, अन्तरप्रान्तीय तथा एक ही प्रान्त, राज्य को छोड़कर रोजगार को ढूँढ़ने दूसरे मुल्कों, राज्यों या प्रान्तों में जाकर रहते हैं उन्हें प्रवासी मजदूर कहते हैं। प्रवासी मजदूर दो प्रकार के होते हैं, पहला है–वो प्रवासी मजदूर अपने गाँव, घर छोड़कर भारत के दूसरे राज्यों में, शहरों में काम करने चले जाते हैं जैसे पूर्वांचल, बिहार के मजदूर दिल्ली, बैंगलूरू, मुम्बई, अहमदाबाद, सूरत, राजकोट में काम करते हैं। अन्तरराज्य के मजदूर कहलाते हैं। दूसरे प्रकार के प्रवासी मजदूर वो हैं–जो मूलत: भारत के हैं किन्तु विदेशों में– सऊदी अरबिया आदि विदेशी प्रवासी मजदूर। प्रवासी विषम परिस्थितियों में शहरों से जा रहे हैं जितने युद्धों या आन्तरिक युद्धों के चलते रिफ्यूजी बनते हैं। शायद यही कारण है। प्रवासी के बदतर जीने के हालात, निम्नतर वेतन, नगण्य सेवा-शर्तों, शून्य सामाजिक सुरक्षा के बावजूद काम करने के लिए तैयार हो जाते हैं।

प्रवासी मजदूरों को कई परेशानियाँ-मुसीबतों से जूझना पड़ता है। अमरीकी, कनाडाई कैब ड्राइवर, ढाबा चालक से लेकर अफ्रीकी रहेड़ी-पटरी चालक या अरब मुल्कों के आलीशान भवन निर्माण से लेकर दूसरे कार्य करने वाले प्रवासी हों या भारत के अलग-अलग शहरों में गाँवों से आने वाले प्रवासी मजदूर। इनमें से ज्यादातर लोग उन्हीं देशों या शहरों के कच्ची कॉलोनियों, पुनर्वास बस्तियों या झुग्गी पट्टियों में बस जाते हैं तथा उसी शहर की नागरिकता प्राप्त कर लेते हैं और धीरे-धीरे उनका गाँवों से रिश्ता खत्म होता जाता है। वस्तुत्त: प्रवासी उन्हें माना जा सकता है। जिनका शहरों में अपना घर न हो और उनके पास शहर का राशन कार्ड, नागरिकता आदि हो, जो किराये के फ्लैटों या कोठियों में रहते हैं उसे आम लोग, मीडिया प्रवासी शब्द का अर्थ ग्रहण कर पा रहे हैं।

भारत में लॉकडाउन के कारण लाखों मजदूर अपने वतन जाने के लिए बीच में फँस चुके हैं। करीबन 50 दिन तक ये जिस शहर में मजदूरी करते थे वहाँ रहे किन्तु कम्पनी, ईंट के भट्टे, दिहाड़ी मजदूरी आदि बन्द हो जाने से वे लोग भूखे-प्यासे, दाने-दाने के लिए तरस रहे थे, कम्पनी बन्द हो गयी। सेठ-मालिक ने पैसा देने से मना किया। घर में दाने नहीं थे, ऐसी स्थिति में वतन में जाने के सिवाय कोई चारा नहीं था। उनके जाने की समय पर व्यवस्था नहीं की गयी। फलस्वरूप मजदूर पैदल जाने को मजबूर हो गये। कुछ मजदूर रास्ते में भूख से मर गये, कुछ रेल की पटरी पर मर गये। लॉकडाउन के

दौरान श्रमिकों के लिए अगर भोजन की एवं पैसे की विशेष व्यवस्था की गयी होती तो श्रमिकों की ये नौबत नहीं होती। रोजी-रोटी खो चुके भूखे एवं निराश श्रमिकों को वतन वापसी के लिए पैदल चलने की राह अपनानी पड़ी। श्रमिकों की मुसीबतें दूर करने में जितनी मात्रा में प्रशासन को कदम उठाना चाहिए, शायद नहीं उठा पाये। श्रमिक ट्रेनों को चलाने में देरी क्यों की गयी? वतन वापसी की भाग-दौड़ में कई मजदूर मर गये। प्रवासी श्रमिक मजदूर बिहार, उत्तर प्रदेश, मध्यप्रदेश आदि राज्य में वापस जाने लगे तब रेलवे स्टेशन के बाहर के दृश्य देखने जैसे थे–इन मजदूरों के खाने-पीने की, सोने की, स्नान की, शौचालय की कुछ भी व्यवस्था नहीं थी। सरकार ने कई लोगों को भोजन देने की व्यवस्था की, किन्तु करोड़ों लोगों के सामने तन्त्र भी क्या कर सकता है? खलिल धनतेजवी की एक गजल का यह शेर बिल्कुल प्रासंगिक है–

> "अब मैं राशन की कतारों में नजर आता हूँ।
> अपने खेतों से बिछड़ने की सजा पाता हूँ।"[1]
>
> *(निरीक्षक गुजराती पाक्षिक, पृ. 7, 21 मई, 2020)*

हालाँकि सरकार ने दो महीने के बाद उद्योग शुरू करने की छूट दी। कोरोना महामारी के कारण एक ओर बड़े हिस्से में ज्यादातर रोजगार बन्द हो चुका था। अधिकांश प्रवासी श्रमिक अपने वतन लौट चुके हैं तब ऐसी परिस्थिति में उद्योग, फैक्ट्री या यूनिट शुरू करने के लिए श्रमिक नहीं मिल रहे हैं। अपने गाँव-शहर जाने को मजबूर मजदूर अनजाने में ही कोरोना के वाहक बन गये हैं। इसका अन्दाजा दिल्ली, मुम्बई, अहमदाबाद या अन्य शहरों से बिहार लौटे प्रवासियों की कोरोना जाँच से लगाया जा सकता है। कोरोना वायरस थमने का नाम ही नहीं लेता।

कोरोना महामारी के कारण जिस तरह के हालात भारत में प्रवासियों एवं श्रमिकों के हैं, कमोबेश वैसे ही हर देश में है। दूसरे देशों का पता नहीं, किन्तु भारत में तो परिवर्तन का एक बड़ा दौर आता दिखाई पड़ रहा है। सत्ता की लूट, शिक्षित बेरोजगार एवं प्रवासी श्रमिकों का सत्ता से मोहभंग कुछ नया रंग लाता दिखाई पड़ रहा है। वोटों की राजनीति ने पहले ही देश को खंड-खंड कर दिया, बचा-खुचा कोरोना के बाद समझ में आयेगा। इतने उग्र रूप को लेकर श्रमिक वतन गये, जो आसानी से लौटने वाले नहीं हैं। आज पुन: भारतवासी गाँव की ओर मुड़ा है। फिर से ताजा होगा। विकास के नाम जो कृषि और पशुपालन आज जहर उगल रहा है, अब फिर से अमृत वर्षा करेगा। नया भारत उभर रहा है। नया अर्थ-शास्त्र बनेगा। शहरों एवं अट्टालिकाओं से उसका मोह भंग हो गया। वैराग्य छा गया है उसके मन में, मायावी मुखौटों की चकाचौंध से। अब मजदूर नये सिरे से गाँव की मिट्टी की गन्ध सूँघेगा। हमें इसका स्वागत करना चाहिए। जाहिर-सी बात है कि, 50 दिनों का लॉकडाउन एवं सामाजिक दूरी इन प्रवासी मजदूरों के लिए आफत

साबित हुई है। शायद पैदल चलकर जाने वाले प्रवासियों के लिए अब "लौ लासानी अब न लसैहो" जैसी चीज जहर बन जायेंगे। वस्तुत: शहर में पूँजीपति, अमीर, उच्च मध्यवर्ग एवं मध्यवर्ग को हर प्रकार सुविधा एवं सम्पन्नता का एहसास कराने वाले प्रवासी मजदूर होते हैं। सस्ता वेतन कमर तोड़ काम रही है प्रवासी मजदूरों की पहचान और ऊपर से शून्य सम्मान। देश में पूँजी-पति सामन्ती लोगों ने प्रवासी मजदूरों के श्रम का दोहन तो किया ही है, साथ में उन्हें सम्मान की जिन्दगी भी शहरों में नसीब होने नहीं दिया है।

गौरतलब है कि, सन् 2011 की जनगणना के आँकड़ों के मुताबिक सीजनल माइग्रेशन प्रवासियों की संख्या 5 करोड़ की है। उच्च तकनीकीय उद्योग में लगे कर्मियों को सामाजिक दूरी का ध्यान रखते हुए कार्य में संलग्न किया रहता तो भी लॉकडाउन पर कोई असर नहीं पड़ता। औद्योगिक क्षेत्रों के इर्द-गिर्द बहुमंजली इमारतें हमारी योजना का हिस्सा होते तो उद्योग भी चल रहे होते और कोरोना से लड़ाई लड़ते और उत्पादन भी होता, किन्तु ऐसा नहीं हुआ। मालिकों ने उन्हें मजदूर की बजाय इस्तेमाल की वस्तु समझा। सच में प्रवासी मजदूरों की विभीषिका का चित्रण कोई कर पायेगा!

दरअसल मजदूर-श्रमिक-वर्ग विशाल भारत के हाथ एवं पैर हैं। आपके भवन की नींव से लेकर रंग-रोगन और फर्नीचर आदि में उनके पसीने की गन्ध समायी होती है। मजदूरों की समस्याएँ इस प्रकार हैं–

आवास की समस्या– रोजगार के लिए महानगरों, शहरों में गये प्रवासी मजदूरों की प्रमुख समस्या आवास की है। जहाँ निम्न-मध्यवर्गीय लोग छोटी-छोटी झोपड़ियों एवं गन्दी बस्तियों में आजीविका तलाशते हुए आँख मूँद लेते हैं। मजदूर एक छोटे-से कमरे में दस-दस मजदूर मिलकर रहने को मजबूर हैं। कुछ मजदूर कम्पनी-कारखाने में हो रहते हैं। एक ही कमरे में रहने की विवशता से उत्पन्न कठिनाइयों से जूझना पड़ता है। आवास हीन मजदूर जहाँ एक ओर असुरक्षित होने के कारण मानसिक विकृतियों का शिकार होता है वहीं अपनी कार्य क्षमता से भी हाथ धो बैठता है। दर-ब-दर भटकने से उसका सामाजिक सम्मान तो गिरता ही है जिसे चाहते हुए भी वह नहीं खोल पाता। आवास समस्या मजदूरों के जीवन की मुख्य समस्या है। सरकार मजदूरों की अलग कॉलोनी बनाये तो इस समस्या का समाधान हो जाय।

आर्थिक शोषण की समस्या– आजादी के सात दशक बाद भी गरीब मजदूरों[1] की स्थिति ज्यों-की-त्यों है। सदियों से पूँजीवादी-अमीर मजदूरों का भरपूर शोषण करते हैं। ज्यादा-से-ज्यादा काम करवाते हैं और पैसे कम देते हैं। यह कैसी विडम्बना है कि, शहरों को सुन्दर बनाने वाले, खून-पसीना बहाने वाले मजदूर भव्य भवन बनाकर सौंप देते हैं और खुद गन्दे नाले के किनारे जीवन बिताया करते हैं। शहर में मजदूरों को लूटने पर हर कोई तुला है। शोषण को झपट रहा है। चालाक, स्वार्थी, शोषक लोग उनकी चालों में कामयाब होते रहे हैं। सिर्फ अपना स्वार्थ देखने वालों ने कभी राष्ट्रीयता की परवाह नहीं

की। मजदूर पसीना बहाते हैं पर दो वक्त की रोटी के लाले होते हैं। और उद्योगपति-पूँजीपति आराम के सारे सुख-साधनों का उपभोग करके आरामतलब जिन्दगी का मजा ले रहे हैं। संविधान में जो बाबा साहब के प्रयास से सुविधा मिली वह उन्हें नसीब नहीं जबकि उपदेश दिये जाते हैं–"दया धर्म का मूल है पाप मूल अभिमान" यह कैसा दोमुहाँपन है, यह कौन-सी सामाजिकता है, कौन-सी मानवता है?

यह विडम्बना है कि, हाड़-तोड़ मेहनत करने वाले इस कर्मठ मजदूरों को जीवित रहने के लिए पहली जरूरत (रोटी, कपड़ा और मकान) भी पूरी नहीं कर पाती। जाने-माने दलित साहित्यकार एवं प्रोफेसर श्योराज सिंह बेचैन "प्रभाती का बिगुल" शीर्षक कविता में कहते हैं–

"देश की दरिद्रता को विवश मजदूर लोग
आधी नींद सोते और आधे पेट खाते हैं।
सुख-सुविधाओं पर अदलितों का साम्राज्य
जिजीविषा के दीप हृदय रक्त से जलाते हैं।"[2]

दिन-रात पसीना बहाने वाले मजदूरों के साथ उद्योगपति, अमीर घृणा की नजर से देखते हैं। असल में मनुष्य की नजर से देखना चाहिए। डॉ. सोहनपाल सुमन "सिन्धु घाटी बोल उठी" में मजदूरों की दरिद्रता की ओर संकेत करते हैं कि–

"तुम पुराने कपड़े पहनकर
टूटे-फूटे छप्पर में रहकर
सच्चे मन से
जुटे हो
करने देश का निर्माण
पर फिर भी वे सभ्यजन पुकारते हैं तुम्हें
गन्दे इन्सान।"[3]

स्वास्थ्य की समस्या– प्रवासी मजदूरों की यह एक महत्त्वपूर्ण समस्या है। लगातार श्रम के कारण तथा पौष्टिक खाद्य न मिलने के कारण मजदूरों का स्वास्थ्य ठीक नहीं रहता। मनुष्य का शरीर अच्छा होगा तो उसका मन काम में लगेगा। यहाँ एक बात यह भी स्वीकारनी पड़ेगी कि, मजदूरों में अधिकतर मजदूर व्यसन करते हैं। इसलिए उनको किसी-न-किसी बीमारी का शिकार होना पड़ता है। महँगी दवाइयों के कारण इलाज कराने में मुसीबत खड़ी होती है।

पुनर्वास की समस्या– कभी-कभी कुदरती आपदाओं के कारण मजदूरों को शहर-कस्बा छोड़कर जाना पड़ता है। जिस प्रकार आदिवासी विस्थापन के कारण पुनर्वास

की समस्या पैदा हुई है वैसे ही मजदूरों के पुनर्वास की समस्या भी विकराल है। सरकार इसके समाधान के लिए पुनर्वास की व्यवस्था करे तो समस्या का समाधान हो सकता है। सरकार मजदूर-श्रमिकों के लिए योजनाएँ तो बनाती है किन्तु वह योजनाएँ– पैसे उन तक नहीं पहुँचते। यानी बर्फ की तरह ये योजनायें मजदूरों तक पहुँचते-पहुँचते पिघल जाती हैं। सरकारी बाबू मिलीभगत से खा जाते हैं।

इन समस्याओं के अतिरिक्त परिवार की समस्या, दाम्पत्य-सुख की समस्या समाज में अपने अस्तित्व और अधिकार की समस्या, जीवन जीने की समस्या, कर्जा-ऋण की समस्या आदि का जिक्र किया जा सकता है। अधिकतर प्रवासी मजदूर श्रमिक भवन निर्माण में, घरेलू कार्यों में, ईंट-भट्टों पर, ट्रांसपोर्ट खदानों और कृषि क्षेत्रों में कार्यरत हैं। पिछली जनवरी की रिपोर्ट लगभग यही कहती है कि, इनमें सर्वाधिक मजदूर उत्तर प्रदेश, आसाम, उड़ीसा एवं बिहार के होते हैं। कोरोना के करण बेरोजगार हो गये, मजदूरों की सहायता के लिए धनराशि फंड दिया जाये।

किसी भी देश की अर्थ-व्यवस्था या अर्थ-तन्त्र की नींव मजदूर होते हैं। बड़ी- बड़ी मंजिलें बनाना, रोड-सड़कें बनाना उनमें मजदूरों की अहम् भूमिका होती है। श्रमिकों के लिए श्रम-शृंगार होता है। देश में कई काले कारनामे, भ्रष्टाचार हुए इसमें कहीं भी मजदूर शामिल नहीं है। वह तो मेहनत की रोटी खाने को मानने वाले हैं। कोरोना की महामारी के बाद प्रवासी मजदूरों की स्थिति दयनीय हो गयी, वे जायें तो कहाँ जायें, क्या खायें, क्या पीयें। उनके मालिक ने पैसे देने से साफ़ मना कर दिया। इसको मैंने अपनी "ऐसे भी दिन देखने पड़े" कविता में बखूबी चित्रित किया है–

"इन्हें ठीक से जान लीजिये।
इन्हें ठीक से पहचान लीजिये।
यही है हमारी कम्पनी-कारखानों के सेठ-मालिक
जिनके यहाँ शहर में मजबूरी में मजदूरी करते रहे।
दो-जून की रोटी के खातिर तन-मन लगा के।
किन्तु कोरोना काल में पैसा माँगा तो ठेंगा दिखा दिया।
और कहने लगे चले जाइये तुम्हारे गाँव।
लुटेरे सेठ को तो काम से मतलब होता है
हमसे या हमारे दुख-दर्द से कतई नहीं।
विदेश गये को विमान से लाये
मजदूर-श्रमिक वतन पैदल जाये।
भूखे-प्यासे भटकते, लड़खड़ाते
बयालीस डिग्री धूप में तपते

भाग्य को कोसते हुए कि-
ऐसे भी दिन देखने पड़े।

समग्रत: कहा जा सकता है कि, प्रवासी मजदूरों के प्रति सहानुभूति ही नहीं हमारा नजरिया, बर्ताव बदलना पड़ेगा।

सन्दर्भ

1. निरीक्षक (पाक्षिक गुजराती), 21 मई, 2020 पृ. 7, तन्त्री- प्रकाश न. शाह।
2. दक्षिण भारत (मासिक पत्रिका), सम्पा- जी.वी. कृष्णराय, अप्रैल-जून-2017, पृ. 23।
3. वही, पृ. 24।

4

श्रममन्त्री के रूप में डॉ. भीमराव अम्बेडकर की भूमिका

डॉ. सूरज भान सागर

भारतरत्न ही नहीं बल्कि विश्वरत्न बहुआयामीय प्रतिभा के धनी डॉ. भीमराव अम्बेडकर को कौन नहीं जानता है। भारत ही नहीं विश्व का कोई ऐसा देश नहीं है, जो कि डॉ. बाबा साहेब भीमराव अम्बेडकर को नहीं जानता है, अर्थात् विश्वभर के सारे देश इस बहुआयामीय प्रतिभावान व्यक्तित्व के नाम और काम दोनों रूपों से भली–भाँति परिचित हैं। डॉ. बाबा साहेब भीमराव अम्बेडकर को कोई यूँ ही नहीं जानता, डॉ. बाबा साहेब भीमराव ने केवल एक वर्ग-विशेष या समाज के लिए कार्य नहीं किया है बल्कि उन्होंने सम्पूर्ण भारतीय समाजों, सम्प्रदायों, धर्मों तथा राष्ट्र के लिए कार्य किया है। उनके कृत कार्यों की वजह से ही भारत ही नहीं बल्कि पूरा विश्व उन्हें विश्वरत्न के रूप में देखता है। भारत में तो वह पैदा हुए हैं, भारत उनकी जन्मस्थली है, लेकिन अमेरिका, रूस, चीन, फ्रांस, कम्बोडिया इत्यादि अनेक देश उनके कृत कार्यों के कायल ही नहीं बल्कि उनके व्यक्तित्व को एक उभरते हुए चाँद की तरह देखते हैं। उन्होंने भारत में ऐसे समय जन्म लिया, जब भारत में जातिपाँत, छुआछात, अस्पृश्यता, रूढ़िवाद, अन्धविश्वास, असमानता का वातावरण पूरे यौवन पर था। जहाँ भारत में मानव–मानव के बीच में असमानता, भेदभाव, छुआछात, नीच-ऊँच की खाई अधिक गहरी थी। यहाँ एक वर्ग दूसरे वर्ग से जाति के नाम पर असमानता का व्यवहार करता था। उसे अस्पृश्य समझा जाता था। उसके साथ भेदभाव किया जाता था। उसे वह मानवीय अधिकार नहीं थे, जो कि एक-दूसरे वर्ग (उच्च वर्ग) के थे, अर्थात् उसका जीवन नारकीय जीवन था। उसकी जिन्दगी पशुओं से भी बदहत्तर थी। उसे सार्वजनिक स्थलों (कुँआ, मन्दिर, धर्मशाला, पाठशाला, आम रास्ता इत्यादि) के प्रयोग की स्वतन्त्रता नहीं थी। इनका प्रयोग एक उच्च वर्ग के रहमोकरम पर ही था। अत: इस प्रकार के वातावरण में डॉ. बाबा साहेब भीमराव अम्बेडकर का जन्म 14 अप्रैल, 1891 को महू छावनी जिले में हुआ था। इनके पिता का नाम मालो जी सकपाल (अँग्रेज फौज के सूबेदार थे) तथा माता का नाम भीमा बाई था। इनकी प्रारम्भिक शिक्षा ऐसे असमानता भरे वातावरण में सतारा के प्राथमिक विद्यालय

में हुई। डॉ. अम्बेडकर की बाकी की उच्च शिक्षा दूसरे देशों में हुई, क्योंकि भारत के अस्पृश्य और ऊँच-नीच, जातिवादी मानसिकता भरे वातावरण में डॉ. अम्बेडकर को यहाँ उच्च शिक्षा से वंचित होना पड़ा, इसलिए उन्हें आगे की शिक्षा के लिए बाहर जाना पड़ा और वहाँ के समतापूर्ण वातावरण में उन्होंने पी-एच. डी. बार-एट लॉ, डी-एस.सी. जैसी उपाधियाँ प्राप्त कीं और अस्पृश्य समाज में उच्च शिक्षा हासिल कर समाज का ही नहीं बल्कि भारत का नाम रोशन किया। (यहाँ यह कटु सत्य है कि उस समय उच्च शिक्षा के क्षेत्र में डॉ. बाबा साहेब भीमराव अम्बेडकर के समान अन्य कोई शिक्षित व्यक्ति किसी भी समाज में नहीं था।)

"डॉ. अम्बेडकर का जन्म भारत में अवश्य हुआ, लेकिन उनकी उच्च शिक्षा मुल्क से बाहर के देशों में हुई, क्योंकि उस समय भारत में जातिवाद, ऊँच-नीच तथा अस्पृश्यता की खाई अधिक थी और मानव से मानव में असमानता का व्यवहार अपने चरम पर था।"[1]

यूँ तो डॉ. बाबा साहेब भीमराव अम्बेडकर ने प्रत्येक क्षेत्र में काम किया है। चाहे वह सामाजिक हो, चाहे वह राजनीतिक हो, चाहे वह आर्थिक हो, चाहे वह धार्मिक हो, चाहे वह शैक्षिक व सांस्कृतिक हो। प्रत्येक क्षेत्र में डॉ. बाबा साहेब भीमराव अम्बेडकर ने अनुकरणीय कार्य किये हैं। इसी प्रकार डॉ. बाबा साहेब भीमराव अम्बेडकर ने विभिन्न आन्दोलन कर समाज व राष्ट्रहित में अनेकोंनेक कार्य कर अपना लोहा मनवाया है। उनके द्वारा किये गये आन्दोलन में चाहे कालाराम मन्दिर में प्रवेश का मामला हो, चाहे महाड़ तालाब से पानी पीने का मामला हो, चाहे नारियों को सम्मान दिलाने का मामला हो, अर्थात् किसी समस्या के लिए डॉ. अम्बेडकर ने आन्दोलन किया हो, प्रत्येक में उन्हें सफलता मिली है। कहने का आशय यह है कि प्रत्येक काम को शुरू करने के पश्चात उन्होंने उसे तभी छोड़ा है, तब उसे पूर्ण कर उसे अंजाम तक पहुँचा दिया है। यह उनकी कार्यशैली, कार्य निपुणता, साहस और बेहिचक अच्छी सूझ-बूझ का नतीजा रहा है कि उन्होंने प्रत्येक कार्य में सफलता प्राप्त की है।

"डॉ. अम्बेडकर ने श्रमिकों के अधिकार की लड़ाई लड़ने के लिए हड़ताल का आह्वान किया तथा 20000 किसानों के साथ एक ही दिन ठाणे, कोलाबा, रत्नागिरि, सतारा तथा नासिक में जबरदस्त प्रदर्शन किया। उन्होंने प्रदर्शन में किसानों तथा श्रमिकों को सम्बोधित करते हुए कहा कि यह हड़ताल एक मौलिक स्वतन्त्रता है। जिस पर किसी भी सूरत पर अंकुश नहीं लगने देंगे। उन्होंने आगे कहा कि यदि स्वतन्त्रता काँग्रेसी नेताओं का अधिकार है तो हड़ताल भी श्रमिकों का पवित्र अधिकार है।"[2] इस प्रकार डॉ. अम्बेडकर ने किसानों और श्रमिकों के अधिकारों के लिए तत्कालीन सरकार और काँग्रेसी नेताओं के सामने जोर–शोर से किसानों और श्रमिकों के हक के लिए आन्दोलन किया और सरकार को किसानों तथा श्रमिकों की समस्याओं को हल करने के लिए बाध्य

किया। यह आन्दोलन डॉ. अम्बेडकर का श्रमिकों के हित में एक बहुत बड़ा सशक्त कदम था, जिसका परिणाम तत्कालीन ही नहीं, बल्कि वर्तमान परिवेश में महत्त्वपूर्ण है, जिसकी उपादेयता आज कोविड-19 महामारी के समय भी देखी जा रही है।

यह बात तो डॉ. बाबा साहेब भीमराव अम्बेडकर द्वारा वे कार्य थे, जो कि उनकी अद्भुत कार्य क्षमता, दक्षता, कार्य-शैली के कुछ उदाहरण हैं, लेकिन इनके साथ ही बहुत ऐसे कार्य डॉ. बाबा साहेब भीमराव अम्बेडकर से जुड़े हैं जो कि एक वर्ग-विशेष या समाज से सम्बन्धित नहीं हैं। वे सम्पूर्ण समाज के हित के लिए है और ये कार्य ऐसे हैं, जिनके लिए पूरा समाज संघर्षशील रहता है। इसी प्रकार के कार्यों में उनका एक अथक प्रयास या कार्य रहा है, वह है श्रमिक वर्ग के लिए उनके अधिकारों को दिलाने के लिए श्रमिक संघर्ष या श्रमिक आन्दोलन, जो कि उन्होंने देश आजाद होने से पूर्व अँग्रेज सरकार में श्रम मन्त्री के रूप में किया। उस समय की तत्कालीन अँग्रेज सरकार को श्रमिक हित में अपनी बात मनवाने के लिए मजबूर ही नहीं बल्कि बाध्य कर दिया। उन्होंने उस समय श्रमिकों के हित को सर्वोच्च प्राथमिकता देते हुए उनके लिए दैनिक वेतन, काम के घंटे, बीमा, सुरक्षा-व्यवस्था इत्यादि का बन्दोबस्त किया।

"बहुत कम लोग इससे परिचित हैं कि डॉ. अम्बेडकर ने श्रमिक हितों के लिए 'इंडिपेंडेंट लेवर पार्टी' की 15 अगस्त, 1936 को स्थापना की और इस पार्टी के टिकट पर निर्वाचित होकर मजदूरों के हित में 12 जनवरी, 1938 को पार्टी के बैनर तले किसानों के संघर्ष का नेतृत्व किया और हड़ताल करने को श्रमिकों, किसानों का मौलिक अधिकार घोषित कराया।"[3]

उस समय जमींदार लोग 'वतन प्रथा' चलाते थे। वतन प्रथा के तहत थोड़ी-सी जमीन के बदले पूरे गाँव को बँधुआ मजदूर बनाके रखते थे, साथ ही पूरे गाँव के लोगों को श्रम भी करना पड़ता था, जिसके कारण लोगों को आर्थिक हानि तो उठानी ही पड़ती थी, साथ ही शारीरिक हानि भी उठानी पड़ती थी, जिसके कारण सारे लोग डरे व दबे रहते थे। इस प्रथा को डॉ. अम्बेडकर ने समाप्त कराया। "17 सितम्बर, 1937 को उन्होंने महारों की अधीनता की स्थिति में रखने के लिए चली आ रही 'वतन प्रथा' खत्म करने के लिए एक विधेयक पेश किया था। वतन प्रथा के तहत थोड़ी-सी जमीन के बदले महारों को पूरे गाँव के लिए श्रम करना पड़ता था और अन्य सेवायें देनी पड़ती थीं। इस तरह पूरे गाँव के लोग बँधुआ मजदूर होते थे।"[4]

डॉ. अम्बेडकर ने महाराष्ट्र में महारों को जमीन से बेदखल करने की जो 'वतनदारी' प्रथा थी, जिसके तहत सवर्ण लोग महार लोगों की जमीन हड़प या जब्त कर उनसे गुलामों जैसा व्यवहार करते थे, साथ ही गुलामी भी कराते थे। उस प्रथा को डॉ. अम्बेडकर ने खत्म कराया। इस व्यवस्था को समाप्त कराने की दिशा में डॉ. अम्बेडकर ने एक विधेयक पास कराया। "इस विधेयक में यह प्रावधान था कि महारों को उस जमीन से बेदखल न

किया जाय, जो गाँव की सेवा के बदले में भुगतान के तौर में उन्हें मिली है। क्योंकि इससे पूर्व शाहू जी महाराज ने अपने कोल्हापुर राज्य में सन् 1918 में कानून बनाकर 'वतन प्रथा' का अन्त कर दिया था तथा भूमि सुधार लागू कर महारों को भू-स्वामी बनने का हक दिलाया। इस आदेश से महारों की आर्थिक गुलामी काफी हद तक दूर हो गयी।"[5] इस प्रकार पूर्व आदेश को नजीर बनाते हुए डॉ. अम्बेडकर ने महाराष्ट्र के महारों के हक में एक सशक्त कदम उठाया और एक विधेयक पास कराते हुए उन्हें स्वाबलम्बी बनाया, जो उनका ऐतिहासिक कदम था।

इसी क्रम में डॉ. अम्बेडकर ने बिचौलिया या खोट व्यवस्था को समाप्त कराया। खोट व्यवस्था के तहत स्थानीय सवर्ण लोग राजा की तरह से निम्न वर्ग के लोगों से व्यवहार करते थे, और राजस्व का एक बड़ा हिस्सा अपने पास रख लेते थे, जिसके कारण निम्न वर्ग से राजस्व के रूप में वसूला गया पैसा पूरी तरह सरकारी खजाने में जमा नहीं हो पाता था और उन्हें पुन: राजस्व चुकाना पड़ता था। इस व्यवस्था को समाप्त करने की दिशा भी उन्होंने विधेयक पास गराया। "डॉ. अम्बेडकर ने खोटी व्यवस्था को खत्म करने के लिए एक विधेयक प्रस्तुत किया। इस व्यवस्था के तहत एक बिचौलिया अधिकारी लगान वसूल करता था। इस बिचौलियो को खोट कहा जाता था। यह खोट स्थानीय राजा की तरह व्यवहार करते थे तथा राजस्व का एक बड़ा हिस्सा अपने पास रख लेते थे। ये खोट अक्सर सवर्ण जातियों से ही होते थे।"[6] इस प्रकार खोट व्यवस्था का प्रतिरोध करते हुए डॉ. अम्बेडकर ने उसका खात्मा कराया, जो वहाँ के स्थानीय निवासियों के लिए राहत भरा कदम था। वे अब सीधे जाकर लगान जमा कर सकते थे।

आर्थिक एवं औद्योगिक नीति के सम्बन्ध में डॉ. अम्बेडकर का कहना था कि आर्थिक पक्ष मजबूत करने के लिए हमें उद्योगों की आवश्यकता होती है। उद्योग चलाने के लिए पूँजी और मशीनों की आवश्यकता होती है, ठीक इसी प्रकार पूँजी और मशीनों के साथ-साथ हमें उद्योगों से उत्पादन के लिए श्रमिकों की नितान्त आवश्यकता है। श्रमिकों के बिना हम कोई भी उद्योग (चाहे छोटा हो या बड़ा हो) उसमें उत्पादन बिना श्रमिकों के नहीं हो सकता है, अर्थात् श्रमिकों के बिना कोई भी औद्योगिक नीति का क्रियान्वयन होना असम्भव है। अत: उद्योगों के लिए पूँजी और मशीनों के साथ-साथ श्रमिकों का काफी बड़ा महत्त्व ही नहीं योगदान है। डॉ. अम्बेडकर के शब्दों में–"किसी भी उद्योग को चलाने या उत्पादन के लिए श्रमिकों का बड़ा योगदान है। श्रमिकों के बिना उत्पादन की कोशिश करना बेमानी है, इसलिए हमें श्रमिकों के हितों का पूरा ख्याल रखना चाहिए। श्रमिकों का हित सर्वोपरि है।"[7]

डॉ. धनंजयकीर ने अपनी पुस्तक 'डॉ. अम्बेडकर एक युगपुरुष' में लिखा है कि– "श्रम मन्त्री के रूप में उन्होंने अपने पूरे कार्यकाल में श्रमिकों के हित को सर्वोपरि माना तथा श्रमिकों के हितों के लिए समय-समय पर आन्दोलन ही नहीं किये बल्कि विधान

सभा में श्रमिकों के हितों की लड़ाई लड़ते हुए कई महत्त्वपूर्ण अध्यादेश पास कराये, भले ही इस कार्य के लिए उन्होंने कई परेशानियों का सामना किया। चाहे काँग्रेसी नेताओं की नाराजगी हो या पूँजीपतियों का विरोध हो, लेकिन उन्होंने हार नहीं मानी और श्रमिकों को उनके वाजिब हक दिलवाए।"[8]

डॉ. बी.आर. अम्बेडकर श्रमिकों के लिए एक आइकन रहे हैं। डॉ. बी.आर. अम्बेडकर ने गोलमेज सम्मेलन में कमजोर एवं असहाय वर्गों के प्रतिनिधि के रूप में जीवित मजदूरी, सभ्य कार्य और क्रूर मकान मालिकों के उत्पीड़न तथा किसानों की स्वतन्त्रता के लिए तत्कालीन सरकार के सामने मजबूती से अपना पक्ष रखा और श्रमिक वर्गों के हित के लिए उन्हें लागू करने का अनुरोध किया। डॉ. बी.आर. अम्बेडकर ने सामाजिक बुराइयों को हटाने के लिए विभिन्न आन्दोलन किये और जीवन-भर उन बुराइयों से लड़ते रहे। "श्रमिक हितों को ध्यान में रखते हुए सन् 1936 में 'स्वतन्त्र श्रम पार्टी' की स्थापना की और उसे आगे बढ़ाने के लिए विभिन्न कार्यक्रम बनाए। उनके इस व्यापक कार्यक्रम में भूमिहीन, गरीब किराएदार, कृषक और श्रमिकों की विभिन्न आवश्यकताओं के अनुरूप कार्यक्रम अधिक थे। उन्होंने श्रमिकों की आवश्यकताओं की पूर्ति के उद्देश्य से अपनी 'स्वतन्त्र लेबर पार्टी' के बैनर तले सन् 1937 में चुनाव लड़ा। इस चुनाव में 17 उम्मीदवारों में से 15 उम्मीदवार चुनाव जीतकर आये। इस प्रकार पहली बार नें ही डॉ. अम्बेडकर को राजनीति में अच्छी सफलता मिली। इसी तारतम्य में 17 सितम्बर, 1937 को बोम्बे विधान सभा में पूना सत्र के दौरान कोकन में भूमि कार्यकाल की खोटी प्रणाली को समाप्त करने का बिल पेश किया और सफलता प्राप्त की।"[9]

यही नहीं उन्होंने सन् 1937 की शुरुआत में औद्योगिक विवाद विधेयक का पुरजोर विरोध किया, क्योंकि इस विधेयक में श्रमिकों को अपने अधिकार प्राप्त करने के लिए हड़ताल करने का हक नहीं था। इस प्रकार डॉ. अम्बेडकर ने श्रमिकों को अपना हक प्राप्त करने के लिए हड़ताल को वैध कराया।

जब द्वितीय विश्व युद्ध के दौरान विश्व की व्यवस्था में प्रवाह था, तब ऐसे समय में डॉ. अम्बेडकर श्रमिकों के आन्दोलन का नेतृत्व कर रहे थे। इस प्रकार डॉ. अम्बेडकर भारतीय श्रम-व्यवस्था का मार्ग दर्शन कर रहे थे। एक प्रकार से उद्यमी और प्रबन्धक समृद्धि के लिए श्रमिकों से आशा तो करते थे, लेकिन श्रमिकों को उनका शेयर नहीं देते थे। इस नीति का डॉ. अम्बेडकर ने विरोध किया। डॉ. अम्बेडकर ने सरकार की श्रम नीति के लिए बुनियादी संरचना के लिए नींव रखकर श्रम कल्याण के लिए उपायों को पायलट किया और पेश किया। उन्होंने नौटी की समस्याओं का सामना किया और कर्मचारियों और नियोक्ताओं से सम्मान प्राप्त किया। इसी शृंखला में 18 नवम्बर, 1943 को डॉ. अम्बेडकर ने विधान सभा में भारतीय ट्रेड यूनियन संशोधन विधेयक प्रस्तुत किया और बहस करने के बाद नियोक्ताओं को ट्रेड यूनियनों की माँगों को स्वीकार करने के लिए

मजबूर किया, जो ट्रेड यूनियनों के लिए एक सफलता का रास्ता था।"[10]

"मजदूरों और किसानों के इस संघर्ष का नेतृत्व करते हुए डॉ. अम्बेडकर ने सोशलिस्टों और कम्युनिस्टों का भी सहयोग लिया, लेकिन यह सहयोग ज्यादा दिन नहीं चल पाय, क्योंकि कम्युनिस्ट और सोशलिस्ट पूँजीवाद को तो दुश्मन मानते थे, लेकिन वो ब्राह्मणवाद के खिलाफ संघर्ष करने को बिल्कुल तैयार नहीं थे। जबकि डॉ. अम्बेडकर ब्राह्मणवाद और पूँजीवाद दोनों को भारत के मेहनतकशों का दुश्मन मानते थे। 12-13 फरवरी, 1938 को मनमाड़ में अस्पृश्य रेलवे कामगार परिषद की अध्यक्षता करते हुए डॉ. अम्बेडकर ने कहा कि "भारतीय मजदूर-वर्ग ब्राह्मणवाद और पूँजीवाद दोनों का शिकार है और इन दोनों व्यवस्थाओं पर एक ही सामाजिक समूह का वर्चस्व है।" उन्होंने उपस्थित कामगारों से कहा कि काँग्रेस, सोशलिस्ट और वामपंथी तीनों अस्पृश्य कामगारों के विशेष दुश्मन ब्राह्मणवाद से संघर्ष करने को तैयार नहीं है। उन्होंने अस्पृश्यों, कामगारों यूनियन से अपनी पार्टी इंडिपेंडेंट लेबर पार्टी का समर्थन करने का आह्वान किया।"[11]

महिला श्रमिकों के हित को ध्यान में रखते हुए डॉ. अम्बेडकर ने सन् 1943 में माइन्स मातृत्व लाभ संशोधन विधेयक प्रस्तुत किया, जिसका उद्देश्य यह था कि महिला श्रमिकों को मातृत्व लाभ के साथ सशक्त बनाना। इसी क्रम में श्रमिक महिलाओं के हितों को ध्यान में रखते हुए उन्होंने 8 फरवरी, 1944 को कोयला खानों में भूमिगत काम पर महिलाओं के रोजगार प्रतिबन्ध लगाने पर बहस के दौरान विधान सभा में बोलते हुए कहा कि–"यह पहली बार है कि मुझे लगता है कि किसी उद्योग में सिद्धान्त समान कार्य के लिए समान वेतन के बराबर वेतन की व्यवस्था की गयी है।"[12] यह उनके द्वारा कृत का ऐतिहासिक क्षण था। इसी क्रम में 26 नवम्बर, 1945 को नयी दिल्ली में आयोजित भारतीय श्रम सम्मेलन को सम्बोधित करते हुए डॉ. बी.आर. अम्बेडकर ने प्रगतिशील श्रम कल्याण कानून लाने की तत्काल आवश्यकता पर बल दिया और कहा कि–"श्रमिक अच्छी तरह से कह सकता है कि ब्रिटिश सरकार ने 100 साल का श्रम कानून का उचित कोड लिया है, कोई तर्क नहीं है कि इतिहास हमेशा एक उदाहरण नहीं है। यह अधिक बार की एक चेतावनी है।"[13] इस प्रकार तर्क प्रस्तुत करते हुए उन्होंने श्रमिक हितों के लिए ब्रिटिश सरकार को कानून बनाने के लिए बाध्य किया।

अत: इस प्रकार हम देखते हैं कि डॉ. बी.आर. अम्बेडकर ने समाज में सामाजिक, राजनीतिक, धार्मिक व आर्थिक लड़ाई लड़ने के साथ समाज के श्रमिक वर्ग के हितों के लिए समय-समय पर विभिन्न आन्दोलन ही नहीं किये बल्कि उन आन्दोलनों का नेतृत्व भी किया। इसके साथ-साथ जन प्रतिनिधि के रूप में समय-समय पर तत्कालीन सरकार के सामने विभिन्न मुद्दों पर विधेयक प्रस्तुत किये। विधेयक प्रस्तुत ही नहीं किये बल्कि उन पर गम्भीर बहस और तर्क देते हुए उन्हें पास भी कराया और सरकार को श्रमिकों के हित को ध्यान में रखते हुए कानून बनाने पर मजबूर किया।

"भारत के वायसराय की कार्यकारी कौंसिल में लेबर मेम्बर के पद पर रहते हुए बाबा साहब डॉ. भीमराव अम्बेडकर ने मजदूर संगठन और उनकी भलाई के लिए बहुत-सी उपलब्धियाँ व सुविधा अँग्रेजों से हासिल करके मजदूरों को दी। इनके द्वारा हासिल कुछ उपलब्धियों में से बहुत-सी उपलब्धियाँ जारी भी मजदूरों के हित में लागू हैं, जिन्हें केन्द्र व राज्य सरकार लागू किये हुए है। ये उपलब्धियाँ निम्नांकित हैं–

1. न्यूनतम मजदूरी अधिनियम बाबा साहेब ने विधान सभा में 1916 में पेश किया और पास कराया।
2. बाबा साहेब ने ट्रेड यूनियन कानून में संशोधन करके सभी रजिस्टर्ड यूनियनों को मान्यता दिलाई।
3. मजदूरों के लिए अनिवार्य बीमा योजना की शुरुआत की।
4. मजदूरों के लिए चिकित्सा सुविधा प्रदान करवाई।
5. स्त्री मजदूरों को वेतन के साथ प्रसूति छुट्टियों की सुविधा उपलब्ध कराई।
6. यदि सफाई कर्मचारी अपनी माँगे मनवाने के लिए हड़ताल पर चले जाते या एक सप्ताह काम पर नहीं जाते, तो उन्हें 15 दिन के लिए जेल भेजा जा सकता था। ऐसा नियम दिल्ली नगर पालिका में प्रचलित था, ऐसे नियम को बाबा साहेब डॉ. भीमराव अम्बेडकर ने समाप्त कराया। दिल्ली का सर्वप्रथम सफाई मजदूर संगठन और नगर पालिका कामगार संगठन बाबा साहेब के नेतृत्व में स्थापित हुआ।
7. काम करते हुए मजदूर को चोट लगने, अंग कटने या मृत्यु होने पर उचित मुआवजे का कानून भी बाबा साहेब ने पास कराया।
8. अपनी माँगें मनवाने के लिए हड़ताल करने के अधिकार को बाबा साहेब ने उचित ठहराया।
9. बाबा साहेब ने लेबर मेम्बर रहते हुए पूरे देश में रोजगार कार्यालय स्थापित कराए।"[14]

अत: इस प्रकार डॉ. बाबा साहेब भीमराव अम्बेडकर ने तत्कालीन सरकार में श्रम मन्त्री रहते हुए श्रमिकों के हित में अनेक विधेयक, बिल प्रस्तुत किये और पास कराए। उन्होंने श्रममन्त्री के रूप में अधिक-से-अधिक कार्य श्रमिक हित में किये। उन्हीं के द्वारा प्रदत्त अधिकारों की देन है कि वर्तमान राज्य व केन्द्र सरकार श्रमिक हित में कार्य कर रही है। इस प्रकार डॉ. अम्बेडकर की श्रममन्त्री के रूप में श्रमिक हित में बहुत बड़ी भूमिका है, जिसे कभी भुलाया नहीं जा सकता है।

वर्तमान परिवेश में कोविड-19 महामारी (राष्ट्रीय आपदा) के समय में देश की वर्तमान स्थिति पर चर्चा करते हुए वर्तमान श्रम एवं कल्याण मन्त्री ने डॉ. बाबा साहेब

भीमराव अम्बेडकर के श्रमिक हित सम्बन्धी विचारों, कार्यों के महत्त्व एवं प्रासंगिकता को समझते हुए तथा इस महामारी के दौर में उनकी उपादेयता को सार्थकता समझते हुए अपने सम्बोधन में कहा कि–"डॉ. अम्बेडकर के श्रमिक विचारों से प्रेरित होकर मौजूदा सरकार ने श्रमिकों के जीवन की गुणवत्ता में सुधार के लिए अनेक कदम उठाए हैं। उदाहरण के लिए प्रधानमन्त्री श्रम योगी मान–धान योजना को फरवरी 2019 में लागू किया गया। इस योजना के उद्देश्य के तहत श्रमिकों को अपने बुढ़ापे में असंगठित सुरक्षा को सुनिश्चित करना है, अर्थात् किया गया है। इसके अतिरिक्त श्रम कानून के प्रवर्तन में श्रम सुविधा पोर्टल, पारदर्शिता और उत्तरदायित्व जैसे तकनीकी हस्तक्षेप के माध्यम से उन्हें सुनिश्चित किया गया है। इसके अतिरिक्त मौजूदा सरकार ने केन्द्रीय श्रम कानूनों के प्रावधानों को चार श्रमिक कोडों में विभक्त किया है। मजदूरी पर श्रम संहिता, सामाजिक सुरक्षा और कल्याण, व्यावसायिक सुरक्षा, स्वास्थ्य और कार्य की परिस्थितियाँ इत्यादि को सरल और तर्कसंगत बनाने के लिए कार्य कर रही है। उन्होंने आगे कहा कि कोविड महामारी द्वारा लाए गये असाधारण परिस्थितियों में श्रम बिरादरी का विशेष महत्त्व है और सलाम का हकदार है। इसी शृंखला में श्रममन्त्री ने कहा कि श्रमिकों के लिए अनेक नेताओं ने कार्य किये हैं, लेकिन उन नेताओं में डॉ. अम्बेडकर का स्थान अतुलनीय व सबसे श्रेष्ठ है। श्रम बिरादरी के हकों की लड़ाई लड़ने का सच्चा श्रेय डॉ. अम्बेडकर को जाता है। चूँकि हम राष्ट्र-निर्माण में अनगिनत मजदूरों के अनगिनत योगदान को याद करते है। जिसमें श्रमेव जयते की लगातार बढ़ती भावना होती है। इस सबका श्रेय डॉ. अम्बेडकर को है। आज हम मजदूर दिवस पर तहेदिल से अम्बेडकर को याद करते हैं। उनका योगदान भारत के श्रमिक और भारत के लिए सदा अविस्मरणीय रहेगा। श्रमिक कानूनों के सन्दर्भ में सदैव हम (सरकार) ऋणी रहेंगे। आज अन्तरराष्ट्रीय मजदूर दिवस पर बाबा साहेब डॉ. अम्बेडकर को देश उनके कई योगदान के लिए याद करता है, लेकिन उनका एक महत्त्वपूर्ण कार्य मजदूर और किसानों को संगठित करने और उनके आन्दोलन का नेतृत्व करने का भी था। अत: हमें डॉ. अम्बेडकर के योगदान को याद रखना चाहिए।"[15]

मजदूर दिवस के उपलक्ष्य पर 01 मई, 2020–09:36 पूर्वाह्न को केन्द्रीय श्रममन्त्री अर्जुन राम मेघावल का सम्बोधन

उपर्युक्त विवेचन एवं अनेक उदाहरणों के माध्यम से कहा जा सकता है कि डॉ. बाबा साहब भीमराव अम्बेडकर ने जिस प्रकार समाज एवं राष्ट्र के विभिन्न पक्षों में जीवन-भर कार्य किये हैं, जिनके द्वारा समाज और राष्ट्र के सामने विभिन्न आयाम प्रस्तुत किये हैं, चाहे वह समाज में अस्पृश्यता, छुआछात, ऊँच-नीच का मामला हो, चाहे शिक्षा-रोजगार की बात हो, चाहे अर्थ-व्यवस्था की समस्या हो, चाहे राष्ट्रनीति बनाने का मामला

हो, चाहे विदेशी कम्पनियों का या निजीकरण का मामला हो, चाहे नारी-सशक्तीकरण का मामला हो। प्रत्येक क्षेत्र में डॉ. अम्बेडकर का योगदान अविस्मरणीय है। ठीक इसी प्रकार डॉ. अम्बेडकर ने श्रममन्त्री रहते हुए तत्कालीन ब्रिटिश सरकार के सामने श्रमिकों के हितों की रक्षा के लिए सामाजिक व कानूनी कई कदम (विधेयक) उठाए और उन्हें श्रमिक हित में लागू कराया। कई बार तो उन्होंने श्रमिक आन्दोलनों का स्वयं नेतृत्व भी किया, जो एक ऐतिहासिक कार्य था। आज हम वर्तमान परिवेश में श्रमिक हितों में डॉ. अम्बेडकर द्वारा कृत कार्यों (योगदान) के ऋणी रहेंगे।

सन्दर्भ

1. देशभक्त और संविधान शिल्पी डॉ. अम्बेडकर, भिक्षु विमल कीर्ति, पूठ. 22।
2. अम्बेडकर का महाड़ मार्च बनाम गान्धी का दांडी मार्च, के.एम. सन्त, पृ. 12।
3. इन्डिपेन्डेंट लेबर पार्टी, डॉ. भीमराव अम्बेडकर, पृ. 28।
4. अम्बेडकर का महाड़ मार्च बनाम गाँधी का दाण्डी मार्च, के.एम. सन्त, पृ. 12।
5. वही, पृ. 18।
6. वही, पृ. 28।
7. डॉ. अम्बेडकर का आर्थिक एवं सामाजिक दर्शन, डॉ. डी.आर. अम्बेडकर, पृ. 50।
8. डॉ. अम्बेडकर एक युग पुरुष, डॉ. धनंजय कीर, पृ. 25।
9. इंडिपेंडेंट लेबर पार्टी, डॉ. भीमराव अम्बेडकर, पृ. 35।
10. वही, पृ. 40।
11. वही, पृ. 42।
12. 8 फरवरी, 1944 को विधान सभा में महिलाओं के पक्ष में दिया गया ऐतिहासिक भाषण का अंश, डॉ. अम्बेडकर का पूना ऐतिहासिक भाषण, एल.आर. बाली।
13. 26 नवम्बर, 1945 को नई दिल्ली में आयोजित भारतीय श्रम सम्मेलन में डॉ. अम्बेडकर के ऐतिहासिक भाषण का अंश, डॉ. अम्बेडकर का पूना ऐतिहासिक भाषण, एल.आर. बाली।
14. संविधान निर्माता बाबा साहब डॉ. भीमराव अम्बेडकर एक परिचय, चन्द्रप्रकाश आशारानी पृ. 35-36।
15. 01 मई, 2020 को मजदूर दिवस के उपलक्ष्य में केन्द्रीय श्रममन्त्री अर्जुन राम मेघवाल का लिखित एवं मौखिक (सम्बोधन) बयान।

5

मजदूर नेता डॉ. अम्बेडकर और श्रमिक अधिकार

अर्जुन सावेदिया

बात उन दिनों की है। बाबा साहेब डॉ. भीमराव अम्बेडकर श्रमिक मन्त्री थे। उन्होंने अपने बरामदे को ही अपनी बैठक बना रखा था। वे बँगले के गेट की तरफ मुँह करके बैठते थे। इससे किसी भी आगन्तुक को उनके समीप पहुँचने में कठिनाई नहीं होती थी। एक बार मैले-कुचैले कपड़े पहने एक साधारण-सा आदमी उनके पास आकर खड़ा हो गया और वहाँ बैठे लोगों से इशारे में पूछने लगा कि यह बाबा साहब ही हैं क्या। इशारे में बता देने पर वह उनके पैर छूकर आँखों में आँसू लिये पैरों में ही बैठ गया। बाबा साहब ने बड़े स्नेह से उसे उठाया तथा कभी भी पैर न छूने को कह, उसकी समस्या पूछी। उन्होंने बड़े ध्यान से उसकी समस्या सुनी और उसका समाधान किया। वह साधारण-सा मजदूर, जो रोता हुआ आया था, हँसता हुआ अपने गाँव वापस लौट गया।

14 अप्रैल, 1891 को महू छावनी में अम्बेडकर का जन्म सूबेदार रामजी सकपाल की चौदहवीं सन्तान के रूप में हुआ था। वे ढाई साल के थे, तभी उनके पिता सेना की नौकरी से सेवानिवृत्त हो गये और वे सतारा आकर बस गये। भीमराव जब पाँच बरस के थे, तभी उनकी माँ भीमाबाई का देहान्त हो गया। भीमराव बचपन से ही बड़े मेधावी थे। बड़े होकर उच्च शिक्षा प्राप्त कर उन्होंने अपनी बात आम जनमानस तक पहुँचाने के लिए कई पत्रिकाओं मूकनायक, बहिष्कृत भारत, जनता, प्रबुद्ध भारत आदि का सम्पादन किया। इस तरह बाबा साहब के मूकनायक ने बहिष्कृत भारत की जनता को प्रबुद्ध भारत का परिचय कराया। डॉ. अम्बेडकर के श्रमिक पहलू को लेकर हमारे भारतीय इतिहासकार व मजदूरों के समर्थक लोग न जाने क्यों नकारते आये हैं। जबकि मजदूर-वर्ग के लिए की गयी उनकी कई पहलकदमियाँ भारत के मजदूर आन्दोलन के लिए बेमिशाल हैं। उन्होंने अपने काम की शुरुआत मजदूरों के लिए काम करने से की और अम्बेडकर ने 1936 में "इंडिपेंडेंट लेबर पार्टी" की स्थापना की। इस पार्टी का घोषणा-पत्र मजदूरों, किसानों, दलितों और निम्न-मध्यम वर्ग के अधिकारों की हिमायत करने वाला घोषणा-पत्र है। मनमाड़ में रेलवे के मजदूरों की सभा में बाबा साहब ने कहा

था कि "ब्राह्मणवाद व पूँजीवाद, ये दो मजदूरों के दुश्मन हैं। क्योंकि ये दोनों समता, स्वतन्त्रता तथा बन्धुता के विरुद्ध हैं।"

डॉ. अम्बेडकर का मानना था कि भारत में मजदूर-वर्ग में दलित बड़ी तादाद में शामिल हैं। इस वजह से मजदूरों के बीच भेद-भाव की खाई मौजूद है। मजदूर-वर्ग के संघर्ष और जाति के खात्मे के सम्बन्ध में जाति आधारित भारतीय समाज की संरचना के बारे में उन्होंने कहा था कि वर्ण-व्यवस्था केवल श्रम का ही विभाजन नहीं है. यह श्रमिकों का भी विभाजन है। उनका मानना था कि दलितों को भी मजदूर-वर्ग के रूप में एकत्रित होना चाहिए। मगर यह एकता मजदूरों के बीच मौजूद जाति की खाई को पाटकर ही हो सकती है। डॉ. अम्बेडकर ही वो पहले व्यक्ति थे, जिन्होंने मजदूरों के हड़ताल करने के अधिकार को स्वतन्त्रता का अधिकार माना था। अम्बेडकर ने 1946 में श्रम सदस्य की हैसियत से सेंट्रल असेम्बली में न्यूनतम मजदूरी निर्धारण सम्बन्धी एक बिल पेश किया, जो 1948 में जाकर "न्यूनतम मजदूरी कानून" बना। बहुत कम लोग इस बात से परिचित हैं कि डॉ. भीमराव अम्बेडकर भारत में सफाई कामगारों के संगठित आन्दोलन के जनक थे।

यूँ तो अम्बेडकर को हम सब जानते हैं। लेकिन जिस अम्बेडकर को हम जानते हैं, वो असली अम्बेडकर नहीं हैं। जैसे गौतम बुद्ध को जिस तरह हम जानते हैं, वैसे गौतम खुद कभी नहीं थे। भगवान को न मानने वाले भगवान हो गये गौतम बुद्ध। डॉ. अम्बेडकर को भी उनके मरने के बाद लगातार वैसा बनाया गया, जैसे वो खुद कभी नहीं थे। आज भी अम्बेडकर को एक जाति, एक समुदाय के मसीहा के रूप में जाना जाता है। वे एक विशेष जाति, समुदाय में जन्मे जरूर, उन्होंने अपने संघर्ष की शुरुआत भी उसी जाति और समुदाय के अधिकारों के लिए लड़ने से की। मगर वो कभी भी वहीं तक सीमित नहीं रहे और धीरे-धीरे अपने दौर के सभी चिन्तकों व नेताओं से आगे निकल गये। अपने संघर्ष में मन्दिर-प्रवेश की माँग से वो पानी की माँग तक पहुँचे। मजदूरों के अधिकार से जाति उन्मूलन व सामाजिक बराबरी तक पहुँचे। एक जाति समुदाय के विकास की लड़ाई से सम्पूर्ण भारत के चहुँमुखी विकास की अवधारणा तक पहुँचे। शायद यही वो बात है, जिस बात से लोग बाबा साहब डॉ. भीमराव अम्बेडकर को कम जानते हैं। जो लोग संविधान निर्माण तक ही बाबा साहब के विचारों और उनके कामों की इति मानते हैं, वे लोग अम्बेडकर को सीमित करने के दोषी हैं। डॉ. अम्बेडकर और उनके विचारों की ऊर्जा को संविधान के वृत्त के भीतर कैद नहीं किया जा सकता। संविधान का निर्माण तो अम्बेडकर के विचारों व सोच का एक पड़ाव मात्र है।

अत: डॉ. अम्बेडकर की चिन्ता केवल दलितों, वंचितों व मजदूरों की मुक्ति के सवाल तक ही सीमित नहीं है। बल्कि इस देश के बच्चों, नौजवानों, कामगारों और महिलाओं के विकास के सवाल भी उनकी चिन्ता के केन्द्र में है। इसके लिए उन्होंने एक

ऐसी व्यवस्था का सपना देखा, जिसमें सबकी मुक्ति हो सके। यही बात डॉ. अम्बेडकर व अम्बेडकरवाद की व्यापकता और प्रासंगिकता का मुख्य आधार है। उनकी यही व्यापकता व प्रासंगिकता साबित करती है कि बाबा साहब डॉ. अम्बेडकर ही भारतीय इतिहास के वास्तविक नायक हैं।

श्रमिक अधिकार और प्रवासी मजदूर

माइग्रेशन या प्रवसन के सम्बन्ध में कई भ्रम हैं, पूर्वाग्रह हैं। इस विषय में बहुत कन्फ्यूजन है। माइग्रेशन का अर्थ प्रवसन है न कि पलायन। प्रवसन मनुष्य का जन्मसिद्ध अधिकार है। हम सब कभी-न-कभी प्रवासी रहे हैं। जब एक आदमी मजदूरी कर पैसा कमाने के लिए, अच्छी नौकरी या व्यापार के लिए अथवा शोषण से बचने के लिए सुरक्षा हेतु अपना घर, गाँव, जिला, राज्य या देश छोड़कर दूसरी जगह, नगर, राज्य या देश में जाता है तब वह प्रवासी होता है। प्रवासी मजदूरों के कई अधिकार भी होते हैं। कहने को हमारे राज्य विकास तो ऐसा चाहते हैं कि उनके नगर पश्चिमी देशों जैसे दिखें, टोक्यो और लन्दन जैसे हों। परन्तु पश्चिमी देशों, टोक्यो व लन्दन के स्तर के अधिकार श्रमिकों को न दिये जायें। जबकि बिना प्रवासियों के योगदान के यह विकास हो ही नहीं सकता है। फिर भी उनके मानवीय और श्रमिक अधिकारों को अनदेखा किया जाता रहा है। क्या इसलिए कि वे उस नगर के वोटर नहीं हैं या स्थानीय राजनीति के विरोध के कारण या सामन्ती प्रवृत्ति के कारण या फिर कोई अलग ही कारण है। आखिर क्यों होता है, एक प्रवासी मजदूर सस्ता, बँधुआ व शोषण योग्य। प्रवासी श्रमिक महिलाओं को देह-व्यापार के लिए क्यों विवश किया जाता है। ऐसे बहुत सवाल हैं, जिनके उत्तर केवल मजदूरों के श्रमिक अधिकारों की रक्षा करके ही दिये जा सकते हैं। तभी अम्बेडकर के मूकनायक श्रमिक को मुक्ति मिलेगी। समाधान का एक रास्ता प्रवासी मजदूरों के संघ के निर्माण की तरफ से होकर जाता है और दूसरा गुलजार की कविता की पंक्तियों से–

> अब तो वतन आजाद है मेरा......
> चिनगारियाँ दो..., चिनगारियाँ दो...,
> मैं फिर से बोऊँ बीज और उगाऊँ धूप के पौधे
> रोशनी छिड़कूँ जाकर अपने लोगों पर
> मिल के फिर आवाज लगायें...।
> इंकलाब... इंकलाब... इंकलाब...॥

6

प्रवास, विकास और स्त्री मजदूर : अन्तःसम्बन्धों पर विचार

डॉ. प्रोमिला

'वह तोड़ती पत्थर/ देखा उसे मैंने इलाहाबाद के पथ पर-/ वह तोड़ती पत्थर।/ कोई न छायादार/ पेड़ वह जिसके तले बैठी हुई स्वीकार/ ...... कर्म-रत मन/ गुरु हथौड़ा हाथ/ करती बार-बार प्रहार/ सामने तरु-मालिका अट्टालिका, प्राकार।/ चढ़ रही थी धूप/ गर्मियों के दिन/ दिवा का तमतमाता रूप/' (वह तोड़ती पत्थर, सूर्यकान्त त्रिपाठी 'निराला')

'मैं मजदूर हूँ मुझे देवों की बस्ती से क्या!/ ... मेरे पुरखों ने धरती का रूप सँवारा/ धरती को सुन्दर करने की ममता में/ बीत चुका है कई पीढ़ियाँ वंश हमारा/ अपने नहीं अभाव मिटा पाये जीवन-भर/ पर औरों के सभी अभाव मिटा सकता हूँ/' (मजदूर–कविता, रामधारी सिंह 'दिनकर')

'वह कब से रखे जा रहा है/ ईंट पर ईंट/ लोहे पर लोहा/ इन्द्रधनुष पर इन्द्रधनुष/ और भई वाह/ कैसा जादू है/ कि ईंट धीरे-धीरे/ बड़ी होती जा रही है/ धीरे-धीरे ईंट से भी/ छोटा होता जा रहा है/ वह!' (बनता हुआ घर, केदारनाथ सिंह)

मानव-सभ्यता के इतिहास में प्रत्येक मनुष्य का सपना रहा है कि वह एक स्वतन्त्र, सुरक्षित और दबाव रहित जीवन जिये किन्तु उपर्युक्त तीनों कवितायें इंगित करती हैं कि वस्तुजगत में इसका अवतरण कभी सहज नहीं रहा। मनुष्य जिस भौगोलिक परिवेश और सामाजिक, सांस्कृतिक पर्यावरण में पैदा होता है उसके जीवन के लगभग सभी मसले वहीं से तय होते आये हैं। जिस किसी ने भी अपने सपने को जीने की कवायद की है उसका जीना कभी आसान नहीं रहा। टकराव, दबाव, विस्थापन और प्रवास उसके अनुभव के हिस्से बने हैं।

विश्व समाज, विशेषकर भारतीय समाज में प्रवास से उत्पन्न प्रश्नाकुलता पर पिछले कुछ दिनों से जोरदार बहस जारी है, जिसे विकास, पूँजीवाद तथा कोरोना-महामारी की जटिलताओं ने और पेंचदार बना दिया है। प्रत्येक व्यक्ति विकास का पुर्जा व्याख्यायित हुआ है। विकास व्यक्ति से अलग एक स्वतन्त्र-अस्तित्व जैसा बन गया है, क्योंकि यदि

ऐसा न होता तो शहरी विकास के साथ-साथ उस श्रमिक की भी उन्नति दिखती, जिसके लिए कवि केदारनाथ अग्रवाल ने कहा है, मैंने उसको/ जब-जब देखा/ लोहा देखा/ लोहा जैसा–/ तपते देखा/ गलते देखा/ ढलते देखा।' (पचास कवितायें नयी सदी के लिए, पृ. 56)

इस संकटकाल में हर व्यवस्था, नैतिकता और मूल्य-दृष्टि पुन:परिभाषित होने की माँग कर रहे हैं। शहरों में रोजगार का ढाँचा लड़खड़ाने के बाद निम्न-मध्यम वर्ग, मजदूर-वर्ग वापस गाँव लौट रहा है। 'विकास' और 'प्रगति' के लिए एक ही दिशा की दौड़ का हिस्सा बने बुद्धिजीवियों के चिन्तन के सभी शस्त्र और शास्त्र कुन्द हो गये हैं। शत्रु का रूप और बोध अस्पष्ट-सा है क्योंकि, जैसा कि मंगलेश डबराल ने कहा है, 'हमारा शत्रु किसी एक जगह नहीं रहता/ लेकिन हम जहाँ भी जाते हैं पता चलता है वह और कहीं रह रहा है/ अपनी पहचान को उसने हर जगह अधिक घुला-मिला दिया है।' (नये युग में शत्रु, पृ.14-15) विस्थापन से लेकर निर्वासन तक की पीड़ा प्रवास में एकाकार हो गयी है। कवि लिखता है, 'कोई नहीं सुनता/ कोई नहीं सुनता साला पर मेरी बात/ हमारे समय का सबसे बड़ा/ दुख है निर्वासन।' (घर की याद, राजेश जोशी, दो पंक्तियों के बीच, पृ. 62)

सदियों से जनांकिकी गतिकी के महत्त्वपूर्ण घटक प्रवास के पीछे कोई एक निश्चित कारक नहीं रहा है। क्रियाओं, प्रतिक्रियाओं से उभरे कई 'पुल' और 'पुश' फैक्टरों ने इसमें भूमिका निभायी है। 'पुल फैक्टर' प्रवासी के लिए आकर्षण का सबब बने हैं और 'पुश फैक्टर' ने उसे विवश किया है। पहले में भविष्य का स्वप्न, आकांक्षा और दिशा छुपे रहे हैं। दूसरे में वर्तमान की लाचारी, बेचारगी और दशा। भारत में उभरी तीन प्रवासीय प्रसार की लहरों में पहली के पीछे गिरमिट एक्ट अनुबन्ध का 'पुश फैक्टर' जिम्मेदार बना था। उत्तर प्रदेश, बिहार, गोवा, दमन, दीव से लाखों श्रमिकों को दासों की तरह मॉरीशस, फिजी, सूरीनाम, अंगोला आदि इलाकों में भेजा गया था। दूसरी लहर में व्यवसायी, शिल्पी, व्यापारी, फैक्ट्री मजदूर बेहतर आर्थिक अवसरों की तलाश में थाईलैंड, मलेशिया, सिंगापुर, इंडोनेशिया आदि देशों में गये। तीसरी लहर के तहत 1970, 1990 के दशक में उच्च शिक्षित डॉक्टरों, अभियन्ताओं, सॉफ्टवेयर इंजीनियरों, वित्तीय विशेषज्ञों ने धन कमाने के लक्ष्य से प्रवास किया। यानी बाद की दो लहरों का संचालक 'पुल फैक्टर' बना। साथ ही, इसके समानान्तर कुछ प्रदेशों के अन्यों से अधिक समृद्ध होने से भारत में आन्तरिक प्रवास भी लगातार पुष्ट हुआ, जिसमें अन्य वर्गों से इतर मजदूर-वर्ग सबसे बड़ी संख्या में प्रवासित हुए। एक ओर, खेती योग्य भूमि के अभाव, रोजगार के अवसरों के ना होने, अर्थाभाव, पारिवारिक कलह, जातिगत कठोरता, सामाजिक-आर्थिक सुविधाओं के वंचन से उपजी विरक्ति, दूसरी ओर पारिवारिक जीवन-स्तर ऊँचा उठाने की अभिलाषा ने लाखों-लाख मजदूरों को

अपने घर, गाँव की परिधि त्याग नगरों, शहरों, दूसरे राज्यों में जाने को विवश किया।

किन्तु यहाँ गौरतलब है कि प्रवास सम्बन्धी इन परिवर्तनों में शामिल जेंडर-आयान कभी भी गहनता से चिह्नित नहीं हुआ। यहाँ तक कि जब प्रवासियों को उनकी उम्र, क्षेत्र, जातीय स्रोत के आधार पर बाँटकर देखा गया तो भी आरम्भ में उसमें जेंडर की कोई चर्चा नहीं उभरी। 1970-80 के बाद प्रवासी अध्ययन में जेंडर और महिलाओं के सवाल जरूर शामिल हुए, पर ध्यान पुरुषों की स्थिति, संवेदना और उनकी चुनौतियों पर ही अधिक रहा। प्रवासी स्त्री को समस्या की तरह देखा गया। पुरुष रोजगार के लिए प्रवासी होता है और महिलायें आश्रित रूप में, के पीछे पितृसत्तात्मक विचारधारा के सपाट और एकतरफा विवेचनात्मक दबाव लगातार कायम रहे। अतः आज प्रवासी स्त्री और विशेष रूप से प्रवासी स्त्री-मजदूर को केन्द्र में रखकर गाँव-शहर, स्त्री-पुरुष, उच्च-निम्न, अमीर-गरीब के मध्य से उठते कई सवालों को समग्रता में परखने की आवश्यकता है। प्रवासी स्त्री मजदूर के अन्तर्बाह्य जीवन के भीषण द्वन्द्वों के रेखांकन की जरूरत है ताकि 21वीं सदी की दहलीज पर उभरे प्रवास के इस यक्ष प्रश्न को ठोस रूप में देखा जा सके। समाधानों और सम्भावनाओं को पूर्णता में प्रस्तुत किया जा सके।

निःसन्देह व्यापक धरातल पर प्रवास में बहुत से लोगों की उम्मीदों की अन्तर्ध्वनियाँ तलाशी जाती हैं। विकास की सैद्धान्तिकी में प्रवास सामान्य जन के लिए एक सशक्त, उर्ध्वगामी लक्षण बनता है। पर स्त्री मजदूर की चेतना और चिन्तन के स्तर पर यह एक साथ आकर्षण और विकर्षण का कारक बनता है। एक ओर, संवृद्धि वाले परिवर्तन या क्षमतानुकूल वृद्धि की आस बँधाता है दूसरी ओर, विस्थापन भाव से जुड़कर स्त्री मजदूर, उसकी भूमि, उसके स्व के बीच विखंडन भी पैदा करता है। प्रवास एक भरोसा बनता है और विस्थापन घाव। कमल कुमार लिखती हैं, 'बाढ़, भूकम्प, सूखे, दंगों और युद्ध के बिना भी/ स्त्रियाँ होती हैं विस्थापित/ कहीं दर्ज नहीं होता उनका नाम/ न लगते हैं कैम्प, न राशन/ पानी, डॉक्टरी सुविधा/ झेलती हैं औरतें बेदखल होने की पीड़ा/ घरों के भीतर और बाहर।' (कहती हैं औरतें, पृ. 65)

एक स्त्री के लिए पहले प्रवास की बानगी विवाह में निश्चित रही है। उसका कोई स्थायी घर नहीं है। वह वस्तु की तरह पिता से पति के यहाँ प्रवासित होती है। सात फेरों और कन्यादान के कर्मकांड से प्रवास उसके जीवन का अभिप्राय बनता है। किन्तु आज तक पारिवारिक प्रवास या पुनर्वास में स्त्री-जीवन पूर्णता का केवल एकवचन ही सम्भाषित हुआ है। उसमें स्त्री-जीवन विडम्बना के बहुवचन नहीं खँगाले गये हैं। जबकि वैवाहिक संस्था में छिपे प्रवास भाव ने स्त्री को जिस अपरिहार्य स्थिति में डाला है, उससे उसकी सचेतना प्रत्यक्ष और परोक्ष ढंग से कई स्तरों पर प्रभावित है–

1. विवाह आधारित प्रवास ने स्त्री की दोयम स्थिति को निर्धारित किया है। इससे स्त्री में जीवनगत अनिश्चितता की भावना अंकुरित और पल्लवित हुई है।

2. यह प्रवास स्त्री के लिए सांस्कृतिक संकट का जन्मदाता बना है।
3. इससे स्त्री की निर्णय लेने की क्षमता पर नकारात्मक प्रभाव पड़ा है। स्त्री के लिए विवाह की मूल्यपरकता और सन्दर्भ जनितता में गहरा द्वन्द्वात्मक सम्बन्ध है।
4. विवाह जनित प्रवास स्त्री की मानसिक असहजता का भी कारण बना है। परिवार के सदस्यों से तालमेल बैठाने के दबाव पैदा हुए हैं, जिससे विशेषकर स्त्रियों में पारस्परिक प्रतिस्पर्धा उभरी है।
5. विवाह निर्धारित प्रवास ने स्त्री पर आदर्श स्त्री बनने का दबाव बनाया है।

हालाँकि इससे इनकार नहीं किया जा सकता कि उच्च या मध्यम वर्गीय स्त्री पर ये दबाव कमोबेश कुछ कम रहे हैं पर एक स्त्री-मजदूर की सचेतना के निर्माण में विवाह निर्धारित प्रवास की भूमिका सदैव अहम् साबित हुई है। वह स्त्री मजदूर के मन में गहरे पैठकर पितृसत्तात्मक मूल्यों की रूढ़ छवियों तथा सत्ता-समीकरणों के सहज आत्मसातीकरण का आधार बनता आया है। 'सबको बस एक फिक्र रात-दिन सुबह-शाम/ लड़की सयानी हुई, शादी का इन्तजाम/ एक रस्म जल्दी-से-जल्दी निबाह दो/ लड़की का मतलब है किसी तरह ब्याह दो।' (कोई दूसरा नहीं, कुँवर नारायण, पृ. 150) और यदि यह कहा जाये कि विवाह-प्रवास या पुनर्वास केवल एक सामान्य घटना रही है तो भी सवाल उठता है कि ऐसे में स्त्री के वापस लौट आने की पीड़ा इतनी मार्मिक क्यों बनी है, 'वह घर लौटी है/ घर से लौट गया है बसन्त/ वह लौटी है/ बाहर ठहर गयी है धूप। ठहर गये/ सहेलियों के ठहाके।' (घर लौटी लड़की, कमल कुमार, स्त्री : मुक्ति का सपना, पृ. 152-153) क्यों स्त्री-जीवन की अस्थिरता उसकी पहचान के संकट की निर्धारक साबित हुई है, जैसा कि सविता सिंह लिखती हैं, 'वह जा रही है रेलगाड़ी से एक ऐसी यात्रा पर/ जिसमें कहीं नहीं आता उसका अपना घर/ मन-ही-मन इसलिए वह मनाती है/ हे ईश्वर हों जीवन में मेरे ऐसी यात्रायें अब कम/ हो मेरा एक ही जीवन/एक अपना घर।' (विमला की यात्रा, अपने जैसा जीवन, पृ. 38) यानी स्त्री मजदूर के परिप्रेक्ष्य में प्रवास और विवाह का मर्म उसके सीधे-सादे भौगोलिक प्रत्यक्षार्थ से कहीं अधिक जटिल रहा है। वह सांस्कृतिक, मनोवैज्ञानिक आदि कई क्षेत्रों के अनुभवों का निर्माता बना है। उसमें निहित अनिश्चितता और वेदना की द्वन्द्वात्मकता को पहचाना नहीं गया है।

विवाह के अतिरिक्त पिछले कई दशकों में स्थितिजन्य समस्याओं से जूझती स्त्री मजदूर विकास को प्रगति का एकमात्र आधार मान अपनी जगह से उखड़कर अन्य प्रदेशों में प्रवासित हुई है। समतामूलक समाज के नाम पर गढ़े गये लुभावने स्वप्न के पीछे वह अन्य गाँवों, कस्बों में पहुँची है। समरूप और सर्वांगीण विकास के अभाव में अपनी जगह से उखड़कर दूर-दूराज के गाँव में जाकर दिहाड़ी मजदूर बनी है। गौरव पांडेय कहते हैं, 'मजदूर औरतें/ आती हैं दूर-सुदूर के गाँवों से/ दिन-दिन-भर खेतों में काम

करती हैं/ रोपती हैं धान खर-पतवार साफ़ करती हैं...... कुछ रुपया मुट्ठी में दबाये, आँचर में गठियाये/ कल कहीं और रोपनी की बात करते हुए/ लौट जाती हैं/ ये मजदूर औरतें।' (मजदूर औरतें लौट जाती हैं, कविता कोश डॉट कॉम)

पर मामला इतने तक सीमित नहीं। असल में, औद्योगीकरण और नगरीकरण ने उसके प्रवास की जटिल गोलबन्दियाँ तैयार की हैं। रोजगार के नये-नये अवसर प्रचारित हुए हैं और वह बिना नस्ल, धर्म या जाति की परिधि में बँधे गठरी-मुठरी समेत कभी पतियों के पीछे और कभी रोजगार की तलाश में निरी अकेली ही निकल पड़ी हैं। बेशक यह प्रवास वैवाहिक प्रवास से भिन्न रहा है, इसमें स्त्रियों के वर्गानुसार ही उनकी चुनौतियाँ रही हैं। अनस्किल्ड लेबर के रूप में स्त्री मजदूर विकास की आँधी की सबसे बड़ी आखेट बनी है। वह मुख्यधारा के बीच हाशिए का जीवन जीने को विवश हुई है। उसकी चेतना और स्मृति एक 'अपरूटेड' प्रवासी की चेतना और स्मृति रूप में ढली है। जड़ों से कटकर असहाय दुःख, पीड़ा, दमन, श्रम-शोषण तथा यौन-शोषण की यातना उसके दैनिक जीवन के अभिन्न अंग बने हैं। 'मुनिया अपना गाँव छोड़ आयी।.../ कुल तेरह की थी/ मुनिया/ जब ठेकेदार संग अपने टोले की लड़कियों और जवान औरतों संग/ आयी थी शहर/ ईंट के भट्ठे पर/ कमाने/...पूरे दिन चलती है, फोड़ती है मिट्टी के ढेले/ सानती है, माड़ती है/ थापती हैं ईंटें और जल्दी-जल्दी समेटकर छोटे, / पुराने बक्से में रुपये/ भाग जाना चाहती है/वापस अपने गाँव, सिवान/...ठेकेदार मुस्कुराता है/ पुरानी मजूरनियों को कनखी से समझाता है/ आये दिन-रात को शराब परोशने के एवज में पचास की नोट पकड़ाता है/ मुनिया फँसती गयी वैसे ही जैसे चारे के लालच में फँसती है मछली और अन्ततः/ बिक जाती है मनुष्यों के बाजार में।' (विस्थापित औरतें, सोनी पांडेय, पृ. 123) भूख को मात देने और कुछ बेहतर पाने की चाह ने उसके दोहन को सरल बना दिया है। जंगल, जमीन, गाँव, संस्कृति से कटी स्त्री मजदूर को नयी जगह जड़ें जमाने में न केवल शारीरिक बल्कि मानसिक कष्टों से भी गुजरना पड़ा है। आदिवासी स्त्रियों के हवाले से निर्मला पुतुल लिखती हैं, 'दिल्ली के किस कोने में हो तुम?/ मयूर विहार, पंजाबी बाग या शाहदरा में?/ कनॉट प्लेस की किसी दुकान में/ सेल्स गर्ल हो/ या किसी हर्बल कम्पनी में पैकर?/... या किसी घरेलू कामगार महिला संगठन से/ जुड़कर / बन गयी हो किसी घर की आया?/... कहाँ हो तुम माया?/ कहाँ हो?/ कहीं हो भी सही-सलामत या/ दिल्ली निगल गयी तुम्हें?' (तुम कहाँ हो माया?, अपने घर की तलाश में, पृ. 31-32) और सोने पे सुहागा। तमाम असुविधाओं के बीच अगली पीढ़ी को सँभालने का दायित्व भी उसी पर है। 'एक औरत/ पेड़ की रस्सी का झूला डाल, झुला रही है बच्चे को/ साथ-साथ बच्चे के-औरत भी जी रही है धीरे-धीरे नींद में' (इस समय, पानी का स्वाद, निलेश रघुवंशी, पृ. 6) यह नींद में जीना दिन-रात हाड़-तोड़ मेहनत के बावजूद आने वाले कल का कोई जुगाड़ न होने और चारों ओर की

विद्रूपताओं का बोधक है। इस समय में जागृत अवस्था का जीवन-मरण समान है तथा नींद कुछ पल रूपी सुखों का आधार।

विडम्बनात्मक है कि ऐसे में लैंगिक असमानता के साथ वर्ग-विभाजित समाज में स्त्री-सम्बन्धी किसी सामूहिक समानता या स्वतन्त्रता की कोई उम्मीद नहीं जगती है। वैचारिक धरातल पर बहुवचनात्मक और व्यावहारिक धरातल पर जनतान्त्रिक मानवीय स्थिति की समग्रता का बोध उत्पन्न करते संवाद की स्थिति पूर्णतः ओझल है। व्यक्ति की चेतना से सामाजिक चिन्ता और नैतिक दायित्व की भावना का लोप-सा है। पहचान की बहुलता के नकार में अलग-अलग ध्रुवों पर ठहरे स्त्री-समाज की फाँक का चित्र उभरा है। कवयित्री कहती है, 'कामवाली बाई, कान मत दो बातों पर हमारी/ बुहारो ठीक से, चमकाओ बर्तन/ सिर पर तगाड़ी लिये दसवें माले की ओर जाती/ जो कामगार स्त्री/ देखती हो कभी आसमान, कभी जमीन/ निपटाओ बखूबी अपने सारे कामकाज/ होने दो मुक्त अभी समृद्ध संसार की औरतों को/ फिलहाल सम्भव नहीं मुक्ति सबकी!' (स्त्री-विमर्श, पानी का स्वाद, निलेश रघुवंशी, पृ. 42)

स्त्री मजदूर के जीवन की वास्तविकता के द्वन्द्व में सवर्ण स्त्री की भूमिका भी उतनी ही निर्धारित होती लगती है जितना कि पुरुष-सत्ता के गलियारे की जटिल रणनीति या विकास के नाम पर प्रवास के भूमंडलीय खेल। दूसरे शब्दों में, यह निःसंकोच कहा जा सकता है कि प्रत्येक सवर्ण स्त्री का आरामपस्त जीवन किसी कामवाली बाई के घरेलू श्रम-शोषण पर टिका है। अधिकांशतः कामकाजी मध्यवर्गीय स्त्री की अनुपस्थिति में उसके परिवार का बोझ किसी गरीब स्त्री के सिर पर है। सविता भार्गव लिखती हैं, 'कम्बल तानकर लेटी हूँ/ ड्राइंग-रूम में टी.वी. देखते हुए/ और कामवाली का भी काम देख रही हूँ/ काम कराना एक बड़ा काम है।... वह सिलबट्टे पर चटनी पीस रही थी/ बहुत धीमी लय से/ और मुस्करा भी रही थी/ मैंने उसे नाम से पुकारा/ और मैं मुस्करायी/ जैसे मैं गरीबों के प्रति बहुत दयावान हूँ।' (आलोचना पत्रिका, अप्रैल-मई-2013, पृ. 66) परिवेश सम्बन्धी इस जटिलता से स्त्री, स्त्री के आपसी सम्बन्धों में एक दुर्भावना-सी व्याप्त होती है जो बहुत बार द्वन्द्वात्मकता तथा तनाव की निकष भी बनती है। आर्थिक शक्तियों के समीकरणों ने एक स्त्री (सवर्ण) को दूसरी स्त्री (मजदूर) के श्रम का सही मूल्य देने से रोका है। स्त्री-समाज की भीतरी निश्चेष्टता और हृदयहीनता साफ प्रकट हुई है। 'तो बीबी जी बोलिये कब आवें/ जिस वक्त हुक्म कीजिये/ सिलाई? बाहर से आधे पर तो/ सीती हूँ बीबी जी, छुपाना क्या है/ ... जी? इससे कम? गुजारा नहीं होगा बीबी जी/ सोचिये कितना काम है/ टाँकते-टाँकते उँगली फट जायेगी/' (दरजिन, अपनी केवल धार, अरुण कमल, पृ. 41) और एक मेहनतकश स्त्री का शरीर दिन-भर के श्रम से सायंकाल तक इतना निढाल हो जाता है कि 'सहसा मेरे कन्धे से/ लग गया/ उस युवती का माथा/ लगता है बहुत थकी थी/ वह कामगार औरत/ काम से वापस घर

लौट रही थी/ एक डेली पैसेंजर।' ('डेली पैसेंजर' अपनी केवल धार, अरुण कमल, पृ. 85) ऊपरी तौर पर एक अनजान व्यक्ति के कन्धे पर सहारे की यह क्रिया कितनी ही सामान्य भले हो पर इसमें मजबूर, गरीब स्त्री मजदूर की विवशता और संरचनात्मक ढाँचे की क्रूरता का कटु बयान मिलता है। गरीबी केवल नींद के अभाव रूप में स्त्री मजदूर के जीवन में प्रवेश नहीं करती बल्कि वाया भोजन की कमी कुपोषण और स्वास्थ्य सम्बन्धी अन्य अनेकानेक बीमारियों को साथ लाती है। स्पष्ट पता चलता है कि खेत-खलिहानों के स्थान पर औद्योगिक कारखानों के विस्तार से आज निर्माण का आधार तो बने हैं–प्रवासी मजदूर, प्रवासी स्त्री मजदूर किन्तु निर्माण समृद्धि की कुंजी साबित हुआ है–पूँजीपतियों के लिए।

बहरहाल हर सवाल के उठने का एक सामाजिक समय होता है। आज समय कोरोना काल के जरिए विकास और प्रवास पर पुनर्चर्चा का है तथा इसकी सार्थकता इसी में है कि यह समय हाशिए पर छूटे लोगों की चुनौतियों, उनके सवालों को उठाये जाने का सामाजिक आधार तैयार करे। स्त्री मजदूर की ओर से जवाब तलाशे कि क्या सचमुच उसके लिए चुनाव केवल प्रवास और मजदूरी के बीच सीमित है और रहेगा? तथा सभ्यताओं, संस्कृतियों के मध्य विकास के फिलहाल सुलभ और स्वीकृत अर्थों के पुनर्लेखन का समय बने।

7

प्रवासी मजदूर : दशा और दिशा

प्रो.(डॉ.) अनुसुइया अग्रवाल

आज समूचा विश्व युग-परिवर्तन के मुहाने पर खड़ा अपने भविष्य और जिन्दगी को लेकर चिन्तित है। कोरोना संकट ने जन-जन के मन को भयातुर कर रखा है। इस कोरोना संक्रमण के चलते जहाँ नवरात्रि के पावन पर्व पर मन्दिर सूने रहे वहीं ईद के मुबारक मौके पर ईदगाह में भी सन्नाटा पसरा रहा। इस संक्रमण काल में कहीं तो संवेदनशील मानव की संवेदना के तार झंकृत होते दिख रहे हैं तो कहीं मानवता सिसक भी रही है।

बहरहाल सुखद बात करें तो इस संकट के समय दूर-दराज से लौटने वाले प्रवासी मजदूरों के भोजन और रोजगार को लेकर सरकार, शासन-प्रशासन सहिंत जागरूक अमला और स्वयं मजदूर बहुत चिन्तित हैं। शासन का पहला प्रयास तो प्रवासी मजदूरों को उनके गन्तव्य तक पहुँचाना है; बाद उसके उनके भोजन की व्यवस्था करना और फिर कुशल-अकुशल श्रमिकों की सूची बनाकर स्थानीय उद्योगों में रोजगार दिलाना है।

इस हेतु सरकार; जिलाधीशों को राज्य आपदा निधि से करोड़ों रुपये मुसीबत में फँसे मजदूरों की मदद के लिए उपलब्ध करा रही है। सरकार के द्वारा कोरोना वायरस की जाँच, इलाज और रोकथाम के लिए स्वास्थ्य विभाग को प्राथमिकता से जरूरत के अनुसार राशि उपलब्ध करायी जा रही है। सरकार की मंशा के अनुरूप बाहरी क्षेत्रों से बेहतर प्रबन्धन के साथ गाँव के लोगों को जागरूक करने के लिए शासन-प्रशासन मुस्तैदी से कार्य कर रहा है।

क्वारेंटाइन सेंटर में रखे गये मजदूरों को तनाव से दूर रखने के लिए टीवी और रेडियो तो उपलब्ध कराये ही जा रहे हैं; साथ ही मनोवैज्ञानिकों की सेवायें देने योग्य एवं अन्य प्रेरक गतिविधियाँ भी संचालित की जा रही हैं। सरकार द्वारा दूसरे राज्यों में रह रहे प्रवासी मजदूरों के बैंकखाते में निर्धारित रकम डाली जा रही है। सरकार प्रवासी मजदूरों के बच्चों को गाँव के ही सरकारी स्कूलों में नियमित शिक्षा दिलाने की व्यवस्था भी कर रही है।

वहीं 04 जून, 2020 के दैनिक भास्कर समाचार-पत्र के अनुसार छत्तीसगढ़ के

180 मजदूर जो बैंगलोर में फँसे थे उन्हें लॉ विश्वविद्यालय के पूर्व छात्रों ने विमान से रायपुर भेजने का इन्तजाम किया। 05 जून, 2020 को विशेष विमान से 174 मजदूरों को रायपुर लाया गया। जमीन पर चलने वालों के लिए आसमान में उड़ना किसी सपने से कम नहीं। किन्तु इस लॉकडाउन पीरियड में विमान में बैठने का उनका सपना सच हुआ।

इन सुखद समाचारों और दायित्व निर्वहनों के साथ कहीं-कहीं दुःखद समाचार भी पढ़ने को मिले। यूँ तो मई का महीना मजदूरों का माना जाता है किन्तु इसी मई में मजदूरों का जो हाल हुआ है उसे सुनें तो कलेजा फट जाये, देखें तो रूह काँप जाये। इनकी आँखों से आँसू की जगह खून बह रहे हैं। ...अपने घर लौट रहे मजदूरों को मौत अपने घर ले जा रही है। हालात यह है कि कुछ श्रमिक पुलिस के भय से आड़े रास्तों से अपने घर के लिए निकले; कभी पटरी-पटरी तो कभी गाँव-गाँव। जो गाँवों से निकले, सड़कों से गुजरे उन्हें तो कल्याणकारी संस्थाओं और व्यक्तियों ने भोजन-पानी उपलब्ध करा दिया किन्तु पटरी पर कौन समाज भोजन देता भला इन्हें? बच्चों को गले में बाँधकर, माँ को कन्धे में उठाकर पैदल अपने घर के लिए चल पड़े मजदूरों में कुछ तो चलते-चलते मर गये तो कुछ-कुछ सोते-सोते। कोई मंजिल पर पहुँचकर अधमरा हो गया। लुहुराचट्टी चेकप्वाइंट पर स्थिति तब बदतर हो गयी थी जब छत्तीसगढ़ और महाराष्ट्र सरकार हजारों प्रवासियों को राज्य की सीमा पर छोड़कर चले गये। स्थिति यह थी कि सैकड़ों की संख्या में वहाँ पहुँचे बेचारे मजदूर 44 डिग्री तापमान में भूखे-प्यासे घर लौटने की जद्दोजहद करनी पड़ी थी।

लाइव हिन्दुस्तान, नयी दिल्ली 09 मई, 2020 के अनुसार सफर के लिए अपनी रोटियों को साथ लेकर औरंगाबाद रेलवे स्टेशन के लिए जालना से निकले 16 मजदूर करीब 35 किलोमीटर पैदल चलने के बाद थककर रेलवे ट्रैक पर ही सो गये। तब उन्हें नहीं पता था कि यह उनका आखिरी सफर है और यह नींद अन्तिम नींद। मौत जैसे उनकी प्रतीक्षा कर रही थी... 08 मई, 2020 सुबह 5.15 बजे ट्रेन की पटरी पर सोये इन 16 प्रवासी मजदूरों को एक ट्रेन रौंदती हुई चली गयी। सुबह का मंजर ऐसा भयानक हो चला कि दिल दहल गया। पटरी पर ही इनकी रोटियाँ और सामान बिखरा पड़ा था। इतना भयानक मंजर था कि कोई पास जाने की हिम्मत नहीं जुटा पा रहा था। वहीं 16 मई, 2020 के 'आजतक' और 'एनबीटी' समाचार पोर्टल के अनुसार औरैया उत्तर प्रदेश के भीषण सड़क हादसे में 24 मजदूरों की मौत हो गयी। जबकि 35 से ज्यादा मजदूर घायल हुए, जिन्हें इलाज के लिए जिला अस्पताल रेफर किया गया। मृत और घायल मजदूरों के सड़क पर बिखरे पड़े बैग देखकर लग रहा था मानो वे बैग नहीं उनके कुछ सपने हैं जो बिखरे पड़े हैं। एक-एक झोला उन मजदूरों के अरमानों का बचा-खुचा दस्तावेज था।

कुछ दिन पहले मुजफ्फरपुर-सहारनपुर स्टेट हाइवे पर पंजाब से लौट रहे मजदूरों

को एक रोडवेज बस ने कुचल दिया। इस दुर्घटना में 06 मजदूर मारे गये, चार गम्भीर रूप से घायल थे। मध्य प्रदेश के गुना जिले में हुए सड़क दुर्घटना में तीन लोगों की मौत हो गयी। वहीं समाचार-पत्र दैनिक भास्कर के 28 मई, 2020 के समाचार के अनुसार 'हिफजुल रहमान' नामक 29 वर्षीय मजदूर ईद के दिन मुम्बई से अपने घर हावड़ा जाने के लिए बस में बैठकर निकला तो था किन्तु 44-45 डिग्री पारा में बस के इस सफर ने उसकी ताकत इतनी छीन ली कि जब वो रायपुर पहुँचा तो सड़क के किनारे पहले बैठ गया, फिर सिर पकड़ा और फिर लेट गया; तो फिर कभी न उठ सका। उसकी जिन्दगी एक कहानी बनकर रह गयी। दारुण यह कि इस दौरान अपने साथियों से बार-बार कहता रहा, "भाई, घर कब पहुँचेंगे?" उसके साथियों ने उसके लाश हो जाने की खबर उसके घर तक पहुँचायी होगी। एक और समाचार के अनुसार 'मकसूद आलम' नाम का एक मजदूर दिल्ली में अपना सारा सामान बेचकर परिवार सहित स्पेशल ट्रेन से सीतामढ़ी लौट रहा था कि भीषण गर्मी की वजह से उसका बेटा रास्ते में ही बीमार पड़ गया। बिहार के मुजफ्फरपुर पहुँचते- पहुँचते उसकी हालत बेहद बिगड़ गयी। मजदूर पिता दूध के लिए स्टेशन पर भटकता रहा और उधर उसका साढ़े चार साल का बेटा तड़प-तड़पकर चल बसा। उत्तर प्रदेश के चन्दौली में पटरी पर सो रहे चार श्रमिकों की श्रमिक स्पेशल ट्रेन से कटकर मौत हुई। तो श्रमिक स्पेशल ट्रेन से अहमदाबाद से मधुबनी जा रही एक्सप्रेस में 25 मई, 2020 की भीषण गर्मी में अरवीना नामक की महिला ने दम तोड़ दिया और उसका डेढ़ साल का बेटा 'रहमत' माँ के कफन को आँचल समझकर खेलता रहा।

सम्भव है मेरा यह शोध-पत्र आपको किसी समाचार-पत्र की भाँति लगे किन्तु आज जब सोशल मीडिया पर इनके प्रति सिर्फ संवेदनायें व्यक्त की जा रही हैं अथवा सोशल डिस्टेसिंग का पालन कर खड़े होकर गपियाने वाले लोग 'समय बिताने के लिए करना है कुछ काम' की तर्ज पर इस गम्भीर विषय को मात्र समय बिताने के लिए की जाने चर्चा के रूप में ले रहे हैं; तब मुझे लगा; कलम उसकी बात करे जो मानवता को जीवित रखे हुए है अथवा वास्तविक स्थिति से रूबरू होकर मानवता के विकास का प्रयास करे।

संकट के इस दौर में माटी से जुड़ा हर हिन्दुस्तानी अपने घर जाना चाहता है फिर वहाँ भले ही रूखा-सूखा खाने को मिले। परमात्मा ने साँसें लिखी हों तो जियेंगे अन्यथा आज नहीं तो कल; मौत की नींद तो सोना ही है। पर अपने गाँव तो जाना ही है; यहाँ भला कौन अपना है? फैक्ट्री मालिकों और बड़े-बड़े भवन बनाने वालों ने मजदूरों को मेहनताना तो दिया पर यह भरोसा कभी नहीं दिया कि आप हमारे हो। यदि इस आपातकालीन संकट के बाद रोजी-रोटी का भरोसा उन पूँजीपतियों से मिल जाता तो यूँ आज सड़कों पर मजदूरों का ये सैलाब नहीं दिखता। ये घबराहट नहीं दिखती।

8

श्रमिक संवेदना और अभिव्यक्ति...

प्रा. डॉ. मनीष वाघेला

हिन्दी कवि गजानन माधव मुक्तिबोध ने कई साल पहले अपने समकालीन साहित्यकारों को आह्वान करते हुए कहा था–"अब अभिव्यक्ति के सारे खतरे उठाने ही होंगे/तोड़ने ही होंगे मठ और गढ़ सभी।" यदि ऐसा करने में आज का कवि-साहित्यकार सफल होता है तो वह अपनी जमीन से अधिक जुड़ाव महसूस करता है। कविता केवल वाह-वाही के लिए नहीं हुआ करती। हम समाज में बदलाव की बात करें और साहित्य की चर्चा न करें ये सम्भव नहीं। सन् 1957 में बी. आर. चोपड़ा निर्मित बनी हिन्दी फिल्म 'नया दौर' का एक गीत है। यह गीत साहिर लुधियानवी द्वारा लिखा गया गीत है जो हमें मजदूरों की फौलादी ताकत और उसके जज्बा का ऐहसास करवाता है–"माटी से हम लाल निकले/ मोती लाये जल से/ जो कुछ इस दुनिया में बना है/बना हमारे बल से/कब तक मेहनत के पैरों में/ दौलत की जंजीरें/हाथ बढ़ाकर छीन लो/अपने सपनों की ताबिरें।" आज का दौर अपनी दशा और दिशा समजने का दौर है। हम जितना ही उसे समझ पाये, उतना ही वह हमारे लिए अधिक मूल्यवान होगा। हमें जटिल और चुनौतीपूर्ण दौर से तैयार होना है। कवि मंगलेश डबराल की काव्य-पंक्ति में कहु तो–'हमें माफ कर दो। हमने झूठ कहा था कि जीवन एक युद्ध स्थल है।' एक समय में ऋतुराज ने एक कविता लिखी थी 'गरीब लोग' जिसमें लिखा था–"गरीब लोगों की आत्माओं से भाप निकलती है/जिसमें चलती हैं रेलें दौड़ते हैं स्टीमर/ उनके पसीने से बनता है पैट्रोल/उनके खून से बनते हैं दुनिया के सारे रंग।"–(सुरत निरत, पृष्ठ-26)

भारत और समग्र विश्व कोरोना महामारी की वजह से संकट के दौर से गुजर रहा है। शायद ही दुनिया का कोई ऐसा देश हो जो इस महामारी से प्रभावित न हुआ हो। कोविड-19 का प्रभाव मानव-जीवन पर बड़े लम्बे अर्से तक रहेगा इसमें कोई सन्देह नहीं। बच्चों के कुपोषण, श्रमिकों की रोजी-रोटी और रोजगारी से लेकर बाजार में उपभोक्ताओं का विश्वास, ग्राहक सुरक्षा, सामाजिक सुरक्षा जैसी अनेकानेक भयावह असरकारकता देखी जा सकती है। इसने देश-विदेश की सारी गणितीय फॉर्मूला को पलटकर रख दिया है।

उन्नति की ट्रेन में सवार देशों को एक तरह से मुँह की खानी पड़ी है। चारों ओर आर्थिक मन्दी का घंटानाद बज रहा है। भारत अपने नागरिकों को आत्मनिर्भरता का सन्देश दे रहा है। हर नगर महानगरों से वतन वापसी के लिए गाँव की ओर मजदूरों का जनसैलाब उमड़ा है। यहाँ बीमारी से मरेंगे वहाँ भूख से, फिर भी अपनों के साथ होने का सुकून मिलेगा। रोजी-रोटी के लिए शहर की ओर रुख करने वाला श्रमिक अपनी जिन्दगी तो गाँव में ही बोकर आता है। वह एकड़ दो एकड़ जमीन, खेत-खलिहान, कटाई-बुआई, गेहूँ, बाजरे, जवारी, धान, मक्की की फसलें, चचेरे-ममेरे भाइयों का आपस में बँटवारा, लड़ाई-झगड़े, नानी, दादी-दादू के मुकदमे, पारिवारिक शादियाँ, घरेलू उत्सव, सूखा हो या हरा, हर बार बादल बरसे या न बरसे... मरेंगे तो वही जाकर जहाँ पर जिन्दगी है। गुलजार साहब ने अपने फेसबुक अकाउंट पर हिजरती मजदूरों के प्रति गहरी संवेदना अभिव्यक्त करते हुए गजलाना अन्दाज में श्रमशक्ति की साधना और मजदूरों के निजी जीवन को रेखांकित किया–"महामारी लगी थी घरों को भाग लिये थे/सभी मजदूर कारीगर/मशीनें बन्द होने लग गयी थीं शहर की/सारी उन्हीं से हाथ पाँव/चलते रहते थे वर्ना जिन्दगी तो/गाँव ही में बो के आये थे/वो एकड़ और दो एकड़ जमीं/और पाँच एकड़ कटाई और बुआई/सब वही तो थी, जवारी, धान, मक्की, बाजरे सब/वो बटवारे, चचेरे और ममेरे भाइयों/से फसाद नाले पे, परनालों पे/झगड़े लठैत अपने, कभी उनके/वो नानी, दादी और दादू के मुकदमे/सगाई, शादियाँ खलियान, सुखा, बाढ़/हर बार आसमाँ बरसे न बरसे/मरेंगे तो वही जाकर जहाँ पर जिन्दगी है/यहाँ तो जिस्म लाकर प्लग लगाये थे।/निकाले प्लग सभी ने, 'चलो अब घर चलें'/और चल दिये सब/मरेंगे तो वहीं जाकर जहाँ पर जिन्दगी है/गर लौट सका तो जरूर लौटूँगा/तेरा शहर बसाने को/पर आज मत रोको मुझको/बस मुझे अब जाने दो।"

अपने घर से या वतन से दूर निवास करने वाले लोग, फिर वह देश में अन्य किस प्रदेश में गये हों या फिर विदेश गये हों सभी की मनःस्थिति एक समान होती है। संकट के समय में वे अपने वतन में, अपने घरों में, अपने लोगों के साथ अधिक सुरक्षा सलामती का अनुभव करते हैं। उनको लगता है कि वे परिवार के साथ रहकर उनकी अधिक देखभाल कर सकते हैं और उनके अपने लोग भी उनका अधिक ख्याल रख सकते हैं।

दो महिने भी मजदूरों को शहर सँभाल नहीं सका। जो सबसे ज्यादा काम करता है वह सबसे कम कमाता है। जिसने शहरों को बनाया उसी ने उसे नकारा। दस करोड़ लोग सड़क पर थे। दो करोड़ बच्चे। चार करोड़ स्त्रियाँ। चार करोड़ पुरुष मजदूर थे। मजदूरों के लिए महानगरीय जीवन का संवेदनहीन और खोखलापन उभर आया। अब गाँव में भी इनकी मार्केटिंग कम होने लगी है। मालिक उसे खरीदता है। वह बेचे जाते हैं। मजदूरों पर काम की जगह राजनीति अधिक होती है। अपना गाँव अपना प्रदेश होने के बावजूद वह प्रवेश पाबन्दी का शिकार बनता है। अपने घर जाकर भी कैसे बेहाल है

मजदूर? अपने ही देश में पर प्रान्तीय बने मजदूरों की दिल दहला देने वाली व्यथा-कथा से कैसे शासन आँखें मूँद लेता है। मुझे यहाँ कवि रामधारी सिंह दिनकर की पंक्तियाँ अधिक सन्दर्भपूर्ण लगती हैं–"उठ भूषण की भाव रंगिणी/लेनिन के दिल की चिनगारी/युग मर्दित यौवन की ज्वाला/जाग जाग ओ क्रान्ति कुमारी/लाखों क्रोंच कराह रहे हैं/जाग आदि कवि की कल्याणी/फूट-फूट तू मुख कंठ से/बन व्यापक निज युग की वाणी।"

कोरोना महामारी के बीच तालाबन्दी के चलते हुए भारत में 80 प्रतिशत आबादी ने अपने खान-पान में कटौती की। इस दौरान सबसे खराब स्थिति ग्रामीण क्षेत्रों की रही। सिविल ऑर्गेनाइजेशन के साथ देश के बड़े 10 एनजीओ ने जुड़कर जो संशोधन किया उसके अनुसार देश की 50 प्रतिशत जनता ने अपने भोजन में कटौती की। देश की 50 प्रतिशत जनता को तालाबन्दी के चलते अपने खान-पान में कटौती करनी पड़ी। इस संशोधन के अन्तर्गत देश के 12 प्रदेशों के 47 जिलों में से पाँच हजार घरों में जाकर लोगों को अपनी स्थिति के बारे में सवाल करके सेम्पल लिये गये थे। जिससे पता चला कि 50 प्रतिशत लोग ऐसे हैं जिसने अपने दैनिक जीवन के दौरान भोजन में कटौती की है। 24 प्रतिशत लोग ऐसे थे जिसने अपने सिर पर कर्ज लेकर भोजन की प्राथमिक चीजों को प्राप्त किया। 84 प्रतिशत लोगों को पीडीएस के द्वारा राशन मिला। वास्तव में देश का बहुत बड़ा ग्रामीण आबादी का वर्ग है जिसने अपने दैनिक जीवन में भोजन जैसी अति संवेदनशील प्राथमिक चीजों में कटौती की। आजादी के 73 साला के बाद भी यही हमारे देश की असली तस्वीर है।

महासत्ता बनने की प्राथमिकता यही है कि देश के अन्तिम छोर पर रहने वाला मनुष्य भी अच्छा जीवन जीने लगे। किसी भी प्रकार की जीवन जरूरी चीज-वस्तुओं से वंचित न रहे। करोड़ों मजदूरों का पैदल ही हजारों किलोमीटर की दूरी नापकर घर वापसी करना हुकूमत की सबसे बड़ी विफलता है। भारत जैसे बृहद देश में प्रत्येक राज्य या प्रदेश में अन्य प्रदेशों के प्रतिनिधि होते तो शायद वे अपने प्रदेशों के श्रमिकों तथा लोगों का ख्याल रखते जिससे ऐसी अव्यवस्था खड़ी न होती। मजदूरों का आक्रोश भी ज्वालामुखी का रूप धारण न करता। जगह-जगह पुलिस-मजदूर घर्षण, पथरावबाजी की घटनाएँ कम होतीं। घर जाने की मजबूरी, भूले दो गज की दूरी। गुजरात, महाराष्ट्र, दिल्ली, हरियाणा, पंजाब के सभी बड़े-बड़े महानगरों में लाखों की संख्या में श्रमिक जमावड़ा हुआ। अव्यवस्था और आयोजन का अभाव प्रादेशिकता पर भारी पड़ा। तनावग्रस्त वातावरण के साथ पैदल चलने वाले अनेकानेक मजदूर रेल अकस्मात अकस्मात और सड़क हादसों में बेमौत मारे गये। मजदूर मौत का सिलसिला लगातार चलता रहा। महाराष्ट्र औरंगाबाद रेल दुर्घटना में अकस्मात 16 श्रमिकों ने कटकर अपनी जान गँवायीं। पटरियों पर चलकर बेबस मजदूर जा रहे थे। लम्बी दूरी नापने में थके-हारे मजदूर रेल की पटरी पर ही सो जाते हैं। मालगाड़ी ने कुचलकर वहीं पर ही उसकी कब्र का भी इन्तजाम

कर दिया। मालगाड़ी बन गयी मजदूरों के मौत का आखिरी सफर। हादसे की तस्वीरें देख पूरा देश रोया। चारों ओर लाशें बिखरी हुई पड़ी थीं। ऐसे ही सड़क हादसों में भी कई श्रमिकों ने घर पहुँचने से पहले ही अपने-आपको यमराज के हवाले किया। वह भी 'जान है तो जहान है' जैसे नारों की बीच। मजदूरों के साथ राजनीति और उसके जीवन के साथ खिलवाड़ सरेआम होने लगा। मजदूरों के लिए रेल सुविधा तो खड़ी की गयी। भूखे-प्यासे मजदूर टिकट को लेकर तरह-तरह के राजनीतिक दावपेंच खेले गये। सरेआम श्रमिक रेल टिकट की काला बाजारी होने लगी। मजदूरों के साथ बड़ी माला में धोखाधड़ी की जा रही थी। फर्जी टिकट बनाकर श्रमिक शोषितों के साथ खुलमखुल्ला लूट होने लगी। मौजूदा सरकारों में संकलन का भारी अभाव रहा। मुम्बई बान्द्रा में, गाजियाबाद रामलीला मैदान में देखते-ही-देखते हजारों की तादाद में मजदूरों की भीड़ जमा हो, मजदूरों से भर गया। गाजियाबाद में लग गया मजदूरों का रेला। भीड़ का रेला एक-दूसरे पर चढ़ता रहा। इतनी बड़ी तादाद में मजदूरों के पहुँचने से प्रशासन का भी पसीना छूट गया। हालात बिल्कुल बिगड़ गये। मजदूरों को भरकर दिल्ली-नोयड़ा उत्तर प्रदेश के लिए चली बसों को बीच में ही रोक दिया गया। राजनीतिक सियासत के कारण तकरीबन तीन दिन तक एक हजार के करीब बसें एक स्थान पर ही पड़ी रहीं। ऐसे में यथार्थ की भूमि पर खड़े होकर मजदूरों के दुःख-दर्द को बाँटने वाला, उसके समर्थन में आवाज बुलन्द करने वाला कवि-साहित्यकार भी दूर-दूर तक नजर नहीं आया। भारत की पलायन करने वाली अर्थव्यवस्था को रोकना भी किसी ने मुनासिब नहीं समझा? भारतीय समाचार चैनलों ने श्रमिकों की पक्षधर बनकर अपना उत्तरदायित्व निभाने का भरपूर प्रयत्न किया। प्रादेशिक सरकारों को आड़े हाथों लेते हुए श्रमिक संवेदना की सशक्त अभिव्यक्ति की। 'गाँव लौटे मजदूर रोजगार कैसे पायेंगे', 'मजदूरों का संकट समुद्र... सिस्टम नाकाम', 'घर वापसी के लिए बेबसी कब तक?', 'मजबूर मजबूर... लासदी भरपूर', 'जिनके लिए जिन्दा भी मुर्दा है, उनको जगाना है', 'संवेदनहीन सिस्टम के चेहरे पर सच्चाई के छिंटे', 'सड़क हादसे में मजदूर की नहीं, संवेदनहीन सिस्टम की मौत', 'शहर में हम बे सहारे, गाँव में न घर हमारे' जैसे अनेकानेक सूत्रात्मक कार्यक्रमों के साथ लगातार महीने-भर तक मजदूरों पर ही डिबेट, चर्चा-विचार-विमर्श होता रहा।

क्या कारण है कि साल-भर कठिन परिश्रम करने के बावजूद श्रमिकों के पास दो महीने के राशन तक का भी अभाव रहता है? यह समाजशास्त्रीय अध्ययन का विषय है। हालाँकि ऐसी स्थिति में राष्ट्रीय कोष भी अपनी रिक्तता की पूर्ति के लिए जनता के आगे झोली फैलाता है फिर श्रमिकों की तो बात ही कहाँ रही। सदियों से उसका बेशुमार शोषण हो रहा है। देश ने देखा कि बद-से-बदतर हालात यदि किसी का है तो वह श्रमजीवियों का है। देश का श्रमिक अभावग्रस्त, भूख-प्यास से पीड़ित है। काम करते-करते वे अपना सौन्दर्य भी खो बैठे हैं। अब उनकी आकृति भी भद्दी हो गयी है। उनकी

आँखों में घोर निराशा उसके जीवन की स्पष्ट कथा कहती है। सभ्य समाज उसे पशु से भी बदतर मानकर उससे घृणा करता है। जिसके श्रमबिन्दुओं से सभ्य समाज सिंचित है उसे ही वह समाज गहरी चोट पहुँचाता है। श्रमिकों की दयनीय स्थिति देखते हुए हिन्दी कवि सुमित्रानन्दन पन्त ने 'युगवाणी' के अन्तर्गत लिखी उनकी 'श्रमजीवी' कविता का स्मरण हो आता है–"भूख-प्यास से पीड़ित उसकी भद्दी आकृति/स्पष्ट कथा कहती–कैसी इस युग की संस्कृति/वह पशु से भी घृणित मनुज-मानव की है कृति/जिसके श्रम से सिंची समृद्धों की पृथु सम्पति।" पन्त जी अपने अन्तिम पड़ाव में श्रमिकों को जागृत करने की कोशिश में लगे रहे। उन्होंने भूख-प्यास से पीड़ित मजदूरों में क्रान्ति के बीज देखे। उनकी दृष्टि में मजदूर नव्य सभ्यता के उन्नायक हैं। यदि आज प्रेमचन्द, दिनकर और पन्त होते तो साहित्य की तस्वीर श्रमजीवी के अधिनायकत्व के रूप में अधिक उभर आती।

समाज की मानसिकता नहीं कि श्रमिक समृद्ध हो। उसका आर्थिक स्तर ऊपर उठे। वे शिक्षित बने। उसका परचेज पावर बढ़े। यदि श्रमिक सुखी होगा तो समाज सुखी होगा। श्रमिक वेलनोन होगा तो राष्ट्र का कल्याण होगा। मजदूर यदि शिक्षित होगा तो वह अधिक उत्तम काम देगा। उसके रहन-सहन, जीवन-शैली में परिवर्तन होगा। भारतीय मजदूरों में भारी मात्रा में शिक्षा का अभाव है। आजादी के 73 साल के बावजूद हम श्रमिकों के बच्चों को शिक्षित करने में विफल रहे हैं। यूरोपीय देशों में मजदूर भी शिक्षित हैं। सभी के बीमा कवच हुआ करते हैं। संवैधानिक रूप से उन्हें न केवल वेतन मिलता है बल्कि उसके अधिकारों की सम्पूर्ण सुरक्षा की जिम्मेवारी प्रायवेट कम्पनियों के अलावा वहाँ की सरकारें वहन किया करती हैं। पूँजीपति समझते हैं कि मजदूर शिक्षित होगा तो उसका दासत्व कौन करेगा? उसके कारखानों, उद्योगों में काम कौन करेगा? पढ़ा-लिखा मजदूर श्रम समय के लिए आवाज उठायेगा। अपने वेतन के लिए आवाज उठायेगा। अपने निवास स्थानों के लिए आवाज उठायेगा। अपने संवैधानिक अधिकारों को लेकर आवाज उठायेगा। काल मार्क्स और एंगेल्स के अनुसार–"अभी तक आविर्भूत समस्त समाज का इतिहास वर्ग-संघर्षों का इतिहास रहा।" कम्युनिस्ट घोषणा-पत्र में आगे कहा गया है, "स्वतन्त्र मनुष्य और दास, आभिजात वर्ग और साधारण प्रजा, सामन्ती प्रभु और भूदास, शिल्प-संघ के मालिक और मजदूर-कारीगर, संक्षेप में, उत्पीड़क और उत्पीड़ित बराबर एक-दूसरे से लड़ते रहे हैं, जिस लड़ाई का अन्त हर बार या तो पूरे समाज के क्रान्तिकारी पुनर्गठन में, या संघर्षरत वर्गों की बर्बादी में हुआ है।" वर्ग-संघर्ष के इस अवधारणा के आधार पर ही काल मार्क्स, अपने दर्शन में सर्वहारावर्ग के अधिनायकत्व की बात करते हैं। उनके अनुसार पूँजीवादी व्यवस्था में ही उसके विनाश के बीज विद्यमान है। पूँजीपति वर्ग अपने शोषण तन्त्र और अधिकारी की सुरक्षा के लिए हर सम्भव साधनों का इस्तेमाल करता है। किन्तु उसने ऐसे हथियारों को ही नहीं गढ़ा है जो उसका अन्त कर देंगे, बल्कि उसने ऐसे आदमियों को भी पैदा किया है जो इन हथियारों का इस्तेमाल करेंगे, यानी, आधुनिक

मजदूर-वर्ग या सर्वहारा वर्ग। सोशल मीडिया में फिरती दिल को छू लेने वाली श्रमिक संवेदनायुक्त कविता को यहाँ प्रस्तुत करना अधिक मुनासिब होगा–"मैं खुद जलता था तेरे कारखाने की भट्टियाँ जलाने को/मैं तपता था धूप में तेरी अट्टालिकाएँ बनाने को/मैंने अँधेरे में खुद को रखा, तेरे चिराग जलाने को/मैंने हर जुल्म सहे भारत को आत्मनिर्भर बनाने को/मैं टूट गया हूँ समाज की बन्दिशों से/मैं बिखर गया हूँ जीवन की दुश्वारियों से/ मैंने भी एक सपना देखा था भर पेट खाना खाने को/ पर पानी भी नसीब नहीं हुआ दो बूँद आँसू बहाने को/मुझे भी दु:ख में मेरी माटी बुलाती है/मेरे भी बूढ़े माँ-बाप मेरी राह देखते हैं/मुझे भी अपनी माटी का कर्ज चुकाना है/मुझे माँ-बाप को वृद्धाश्रम नहीं पहुँचाना है/मैं नाप लूँगा सौ योजन पाँव के छालों पर/मैं चल लूँगा मुन्ना को रखकर काँधों पर/पर अब मैं नहीं रुकूँगा जेठ के तपते सूरज में/मैं चल पड़ा हूँ अपनी मंजिल की ओर...।"

मेहनतकश इन्सान होने के नाते वह दिन-रात, श्रम-साधना में रत रहता है। पूँजीपतियों की फैक्टरियों और कारखानों की भट्टियों में उसका बदन झुलसता है। बड़े-बड़े प्रासाद खड़े करने के लिए धूप-छाँव की परवाह किये बिना वह निरन्तर अपने कर्म में कर्मरत रहते हैं। गाँधी ने कहा था–'हमारा स्वराज्य राजधानियों में अटका पड़ा है। ग्राम स्वराज्य आज हमारे देश की सबसे बड़ी आवश्यकता है। जब तक गाँव आजाद नहीं होते तब तक देश की आजादी का कोई अर्थ नहीं है।' आज भारत के गाँव टूटे हुए हैं। ग्रामीण उद्योग समाप्त हो रहे हैं। ग्रामीण श्रमिक समाज सरकार की सहायता और सहारे पर निर्भर है। मजदूर सुख के सब उपकरणों का सृजनकर्ता पर वह स्वयं उससे वंचित है। वह अन्नदाता है पर भूखा है। राष्ट्र कवि दिनकर का क्रान्ति स्वर अधिक हृदयद्रावक बन पड़ा है–"ओ मजदूर! ओ मजदूर!! तू सब चीजों का कर्ता, तू ही सब चीजों से दूर, इस खलकत का खालिक तू है, तू चाहे तो पल में कर दे, इस दुनिया को चकनाचूर, ओ मजदूर! ओ मजदूर!!" इसी प्रकार महाप्राण निराला की श्रमजीवी पर लिखी कविता 'वह तोड़ती पत्थर' समग्र हिन्दी काव्य-जगत् में माइल स्टोन मानी जाती है। यह कविता श्रमजीवी काव्यों में श्रमिक संवेदना की सर्वोच्च अभिव्यक्ति का चरमसीमा रूपी उदाहरण है। श्रमिक संवेदना की अभिव्यक्ति हमें सच्चाई और खुद्दारी से जोड़ती है। हमारी रूह को भीतर से हिलाने का काम करती है। हमें यथार्थ की भूमि पर लाकर खड़ा कर देती है। हममें निडरता और निर्भयता का संचार करती है। कपोल कल्पित बातों से परहेज रखते हुए जमीनी हकीकत को उजागर करती है। कला कला के लिए नहीं, कला जीवन के लिए है का एहसास करवाती है। रचनाकार की रचनाधर्मिता को और अधिक भरोसेमन्द तथा बलवत्तर बनाती है। भारतीय साहित्य और विशेषकर हिन्दी काव्यधारा तथा कथा-साहित्य में व्यक्त केन्द्रीय श्रमिक संवेदना अभिव्यक्ति का पुन:-पुन: मूल्यांकन आज के समय की सबसे बड़ी माँग है। हिन्दी पाठक और अध्येताओं के लिए इसे अब श्रमिक काव्यधारा और श्रमिक कथा-साहित्य के रूप में भिन्न प्रकृतिभाव से देखने का समय आ गया है।

खंड-2

मजदूर और रोजगार

9

गाँव लौटे मजदूर कैसे पायेंगे रोज़गार

डॉ. सुनीता

सार– आज देश के सम्मुख करोना महामारी के भय के कारण गाँव को पलायन हुए लाखों मजदूरों की रोज़गार एक बड़ी समस्या है, जिसका निदान भी मात्र सोचने- विचारने का विषय नहीं है। जिस पर आज राष्ट्र व राज्य सरकारों को शीघ्र निर्णय लेने की भी जरूरत है, गाँव लौटे श्रमिकों के लिए रोज़गार कैसे उपलब्ध करवाना है, यह आज प्रश्न अवश्य है, परन्तु असम्भव समस्या नहीं है, क्योंकि अपने देश में संसाधनों की कमी नहीं है, अपने गाँवों में रोज़गार के भरपूर विकल्प हैं, और सरकार के अनेक कार्यक्रम हैं, जो श्रमिकों की समस्याओं का समाधान करने की क्षमता रखती है, ग्रामीण लघु व कुटीर उद्योग, जो हमारे ग्रामीण संसाधनों से गाँवों की समस्या का समाधान करेंगे। बस एक सार्थक कदम सरकार को उठाने की आवश्यकता है। जिससे मजदूरों की समस्या का निदान सहज ही हो सके।

संकेत शब्द–मजदूर, पलायन, समाधान, रोज़गार।

पद्धति व उद्देश्य– प्रस्तुत आलेख में व्याख्यात्मक पद्धति का प्रयोग किया गया है। आलेख का उदेश्य है, मजदूरों की समस्याओं का समाधान, ग्रामीण संसाधनों से कैसे हो सकेगा।

भूमिका

भारत गाँवों का देश है, और भारत के गाँवों में प्राकृतिक संसाधनों की कमी नहीं है। हमारे गाँवों में रोज़गार के नये आयाम स्थापित करने की भरपूर क्षमता है। जिसका अभी तक पूरी तरह से हम उपयोग नहीं कर पाये हैं। जब हमारे शहरों का औद्योगिकीकरण हुआ, औद्योगिक विकास हुआ, तो गाँवों की जनसंख्या रोज़गार की तलाश में शहरों की तरफ पलायन करते गये, जिस कारण गाँवों के विकास की तरफ लम्बे समय तक ध्यान नहीं दिया गया। जहाँ शहरी जीवन व शहरी विकास की गति दौड़ने लगी, वहीं ग्रामीण जीवन लगभग अचल-सा रहा। आज भी देश के बहुत से गाँव यातायात व संचार के साधनों से जुड़ नहीं पाये हैं। शहरी उद्योग-धन्धों की तरफ गाँवों का पलायन

अपनी मिट्टी, स्वावलम्बन व आत्मनिर्भरता से हमारे गाँवों को दूर करता गया, शहर विकसित होते गये।

विषय–अपनी मिट्टी की खुशबू व अपनापन हमें अपनों की तरफ खींचती है, आज covid-19 के कारण सही परन्तु लोग अपने घर-गाँव लौट रहे हैं। यह एक संकेत व अवसर बन सकता है कि अब हमारे गाँव आत्मनिर्भर बनें, विकसित बनें, गाँवों के संसाधनों का सदुपयोग हो, हमारे ग्रामीण युवाओं व शहरों से गाँव लौटे श्रमिकों के हुनर से हमारे गाँव समृद्ध व विकसित हों, तो जहाँ एक ओर गाँव लौटे मजदूरों को रोज़गार मिलेगा, वहीं दूसरी ओर आत्मनिर्भर भारत बनाने का लक्ष्य भी प्राप्त कर पायेंगे। जब राष्ट्र आत्मनिर्भरता के माध्यम से समृद्धि की पराकाष्ठा को छूता है, तभी सही अर्थों में राष्ट्र उन्नति की ओर अग्रसर होता है, किसी और राष्ट्र के संसाधनों से राष्ट्र आगे तो बढ़ सकता है, लेकिन वो महज क्षणिक होगा, इस सन्दर्भ में दीनदयाल जी अपने लेख में उल्लेख करते हैं, "राष्ट्र का परम् वैभव, लक्ष्य अवश्य है किन्तु किसी भी कोटि का वैभव नहीं कहला सकता। उधार माँगी हुई सम्पन्नता अथवा परिस्थितियों के दबाब में उठाये गये क़दमों की प्रगति को हम यदि वैभव पूर्ण स्थिति समझ बैठे तो परिणाम दुःखदायी ही होंगे।"[1]

शहरी विकास गाँव के लोगों के लिए पराश्रित विकास के पायदान जैसा था जो स्वभावतः क्षणिक ही होता है। विपरीत परिस्थितियों में डगमगाता है। पंडित दीनदयाल जी ने कहा था, जिस प्रकार एक राष्ट्र के रूप में राष्ट्र उन्नति व गौरव का जब हम विचार करते हैं तो हम कहते हैं कि राष्ट्र की सच्ची स्वतन्त्रता उसके सांस्कृतिक उन्नति में निहित है, "जिस देश की संस्कृति खतरे में हो, वह देश चाहकर भी स्वतन्त्र नहीं रह सकता। इसी तरह दीनदयाल जी का मत था, कि जिस प्रकार देश सांस्कृतिक रूप से स्वतन्त्र हो, उसी प्रकार आर्थिक रूप से भी स्वतन्त्र होना चाहिए। उन्होंने कहा था, "जब तक भारतवर्ष आर्थिक दृष्टि से परमुखापेक्षी है तथा भारत की तीस कोटि सन्तान को आर्थिक उन्नति का समान अवसर प्राप्त नहीं होता, तब तक उन्नति के द्वार खुले नहीं हैं, तथा उसके साधन प्रस्तुत नहीं हैं, तब तक भारतवर्ष विश्व की प्रगति में कदापि सहायक नहीं हो सकता, न तो वह जीवन के सत्य का साक्षात्कार कर सकेगा और न मानव स्वतन्त्रता का ही।"[2]

गाँवों में जहाँ समय आज अचल है, माता-पिता अपने बच्चों के भविष्य को बनाने में असमर्थ हैं। वहाँ जब तक हम आशा और पुरुषार्थ का सन्देश नहीं पहुँचा पायेंगे, तब तक हम राष्ट्र के चैतन्य को जागृत नहीं कर पायेंगे। "कोरोना महामारी की आँधी में हमने देखा कि शहरी विकास के यह महल कितने सशक्त हैं, पिछले चन्द महीनों में ही ध्वस्त होते नज़र आये। लोग शहरों से गाँवों की तरफ पलायन होते नज़र आये। जिसके हम सब प्रत्यक्षदर्शी हैं। निश्चित रूप में संकट के समय अपना घर, अपना गाँव याद आता है। और ऐसा ही हुआ, जो स्वाभाविक है। यह भारत के लिए एक सुअवसर है कि अब

गाँव आत्मनिर्भर बने। गाँव के संसाधनों व मानव शक्ति की कुशलता को तराशकर एक नया आयाम देश अब स्थापित करे, देश आत्मनिर्भर बने, समृद्ध व सशक्त बने।

देश के प्रधानमन्त्री श्री नरेन्द्र मोदी जी ने 12 मई, 2020 को देश के नाम अपने सम्बोधन में कहा कि हम पिछली शताब्दी में लगातार सुनते आये हैं कि 21वीं सदी हिन्दुस्तान की है। उन्होंने कहा 21वीं सदी भारत की हो, यह हमारा सपना नहीं, हम सब की जिम्मेदारी है। लेकिन इसका मार्ग क्या होगा? साथ ही उन्होंने स्वयं इस प्रश्न का उत्तर देते हुए कहा, एक ही रास्ता है, आत्मनिर्भर भारत।[3]

निश्चित रूप में आज हमें इस महामारी के कारण मिले संकेत को समझना होगा, इस अवसर का लाभ उठाकर अपनी सम्पूर्ण व्यवस्था को दुरुस्त करने के बारे में विचार करना होगा कि जब हम आत्मनिर्भर भारत का लक्ष्य तय करने जा रहे हैं, तो एक सशक्त आर्थिक ढाँचा तय करें, जिसमें अपने घर-द्वार पर हर हाथ को काम मिले, आवश्यकता की हर वस्तु का विकल्प स्थानीय स्तर पर स्थानीय संसाधनों से तैयार करे, विपरीत परिस्थितियों में अपनी आवश्यकताओं के लिए परराष्ट्रों पर आश्रित न रहना पड़े। स्वावलम्बन व स्वाभिमान राष्ट्र का ध्येय हो।

अन्तरराष्ट्रीय श्रम संगठन के अनुसार, कोविड-19 की वजह से इस साल 19 करोड़ से ज्यादा fulltime नौकरियाँ चली जायेंगी। असंगठित क्षेत्र में काम करने वाले लगभग 40 करोड़ श्रमिकों के गरीबी में धँस जाने का खतरा है। कोरोना महामारी के बाद की तस्वीर कैसी होगी, इस सन्दर्भ में अन्तरराष्ट्रीय श्रम संगठन ने एक रिपोर्ट जारी की है। भारत में लगभग 90% कामगार असंगठित क्षेत्र में ही काम करते हैं। अर्थशास्त्री अमीर उल्लाह खान ने डॉयचे वेले से बातचीत में बताया कि भारत में 49 करोड़ से ज्यादा श्रमिक असंगठित क्षेत्र में होने का अनुमान है।[4] अब देश के सामने यह एक बड़ी चुनौती है कि किस प्रकार इस अचानक आयी चुनौती का सामना करे। कहते हैं न जब चुनौती आती है तो हल भी निकल आता है। गाँव लौटे मजदूरों को प्रशिक्षण देकर स्थानीय स्तर पर रोज़गार उपलब्ध कराने की सिफारिश मन्त्रियों के समूहों ने की है। इसमें कौशल विकास मन्त्रालय की भूमिका महत्त्वपूर्ण रह सकती है। वर्तमान समय में भी कौशल विकास के माध्यम से देश के 27 राज्यों व 3 केन्द्रशासित प्रदेशों के 52 क्षेत्रों में 526 पेशों का प्रशिक्षण दिया जा रहा है। कौशल विकास मन्त्रालय की तरफ से तैयार की नयी सिफारिशों में राष्ट्रीय स्तर पर एक पोर्टल तैयार करने की सिफारिश की गयी है, जिसमें बेरोजगार श्रमिकों को पंजीकृत किया जाये, तथा उद्योग जगत को पोर्टल से जोड़ा जाये, ताकि वह जरूरत के हिसाब से श्रमिकों को ले सके। श्रमिकों के कल्याण के लिए विभिन्न मन्त्रालयों के सुझावों के आधार पर कहा गया है कि जो श्रमिक अपने गाँव लौट आये हैं और वहीं रहना चाहते हैं, उन्हें इस प्रकार का कौशल विकास का प्रशिक्षण दिया जाये कि स्थानीय स्तर पर ही रोजगार उपलब्ध हो सके।[5]

उत्तर प्रदेश के मुख्यमन्त्री योगी आदित्यनाथ ने प्रवासी कामगारों /श्रमिकों के लिए रोजगार की व्यापक कार्य-योजना तैयार करने के लिए निर्देश दिये हैं, उन्होंने प्रवासी मजदूरों की जिलेवार सूची माँगी है। गाँव लौटे प्रत्येक नागरिक का होम कवारेंटीन पूरा होते ही स्कील्ल के आधार पर उत्तर प्रदेश के अन्दर रोज़गार दिलाने की तैयारी है।[6]

सुझाव– अब सभी राज्य सरकारों को इस पर अध्ययन व मन्थन शुरू कर देना चाहिए, जो मजदूर काम पर वापिस जाना चाहते हैं, उनको पंजीकृत करने तथा जो वापिस नहीं जाना चाहते उनके लिए कौशल प्रशिक्षण की व्यवस्था कर गाँव में ही रोजगार उपलब्ध करवाने सम्बन्धी निति भी तय करना होगा। गाँव लौट मजदूर अपने रोजगार जिन क्षेत्रों में आसानी से पा सकते हैं, उनके मुख्य बिन्दु हैं–

1. कृषि व कृषि आधारित क्षेत्र जैसे, फल, सब्जियाँ, अनाज, दुग्ध उत्पादन आदि ऐसे अनेकों क्षेत्र रोज़गार के केन्द्र बन सकते हैं।
2. मछली पालन, मधुमखी पालन, पोल्ट्रीफार्म, मशरूम की खेती जैसे क्षेत्र भी रोजगार के अच्छे आयाम स्थापित कर सकते हैं या स्थापित किये जा सकते हैं।
3. स्वयं सहायता समूहों के माध्यम से महिलायें भी आत्मनिर्भर बन सकती हैं वे आचार, मुरब्बा, टोकरियाँ, खिलौने, बेकरी आदि का काम बना सकती हैं।
4. बाँस से बनने वाले साजो-सामान भी रोज़गार का सृजन कर सकते हैं।

सन्दर्भ

1. अमरजीत सिंह, “एकात्ममानववाद के प्रणेता दीनदयाल उपाध्याय,” प्रभात पेपर बैक्स नयी दिल्ली, 110002, संस्करण 2019, पृ. 270
2. वही, पृ. 267.

www.dw.com 9 april 2020
www.livehindustan.com 29 may 2020
Zeenews.india.com may 2020

10

गाँव लौटे मजदूर कैसे पायेंगे रोजगार

पुरुषोत्तम शाकद्वीपी

जिस प्रकार कोरोना ने पूरी दुनिया को अपने शिकंजे में जकड़ लिया है और लगभग हर देश की अर्थव्यवस्था को डावाँडोल कर दिया है, कोरोना के प्रसार और उसके गहराते संकट से उभर रही नयी वैश्विक अर्थव्यवस्था के परिणामों को लेकर हर छोटे-बड़े देशों में बड़ी-बड़ी सेमिनारों का आयोजन किया जा रहा है और इस मुद्दे पर गम्भीरता के साथ चर्चायें की जा रही हैं। कोरोना ने दुनिया की सभी प्रमुख अर्थव्यवस्थाओं को प्रभावित किया है। हमारे देश की अर्थव्यवस्था भी उससे अछूती नहीं रही है, हमारे देश की अर्थव्यवस्था को भी बहुत ही ज्यादा मुश्किल हालात के दौर से गुजरना पड़ रहा है। कोरोना की वजह से देश में लाखों-करोड़ों लोग बेरोजगार हो गये हैं। भारत के ग्रामीण क्षेत्रों में कल-कारखानों की कमी और रोजगार की अनुपलब्धता ने ग्रामीण युवाओं और अन्य ग्रामीण लोगों को शहरों की ओर आकर्षित किया। एक राज्य से दूसरे राज्यों में भी ग्रामीणों ने रोजगार के लिए पलायन किया। इसका दुष्परिणाम यह रहा कि गाँवों में परिवार टूट गये। परम्परागत रूप से जो लोग खेती का कार्य कर अन्न उत्पादित कर रहे थे, वह उत्पादन भी प्रभावित हुआ।

कोरोना का आक्रमण जब इस देश में हुआ तो उस वक्त लाखों की तादाद में प्रवासी मजदूर देश के विभिन्न राज्यों में काम कर रहे थे। देश को महामारी से बचाने के लिए प्रधानमन्त्री जी ने देश में लॉकडाउन की घोषणा कर दी थी। धीरे-धीरे सभी कल-कारखाने, निर्माण-कार्य आदि सब बन्द हो गये। धुआँ उगलती फैक्ट्रियों की चिमनियाँ शान्त हो गयीं। मजदूरों का रोजगार छिन जाने से खाने व रहने की समस्याएँ बढ़ गयीं। ये लोग जो सपने सँजोये अपने गाँवों को छोड़कर शहर आये थे वो सपने एक झटके में चकनाचूर हो गये। कुछ दिन ठीक रहा, पर अब प्रवासी मजदूर अपने घरों को लौटने पर मजबूर हो गये। जेब में पैसा नहीं और खाने को भोजन नहीं। सरकारी घोषणाओं के बाद भी जब प्रवासी मजदूरों को कोई राहत नहीं मिली तो उनके सब्र का बाँध टूट गया। प्रवासी मजदूर अपने छोटे-छोटे मासूम बच्चों और जरूरी सामान लेकर जिसे जो साधन

मिला उससे नहीं तो पैदल ही जत्थों के रूप में निकल पड़े। उनका एक ही मकसद था कि कैसे भी करके बस अपने गाँव-घर पहुँच जायें। उनके दिमाग में बैठ गया था कि यहाँ पराये शहर में रहकर मरने की अपेक्षा अपने घर-गाँव पहुँच जायें, चाहे वहीं मर जायें पर अपने घरवालों का साथ तो मिलेगा। हमने टी.वी., अखबार में देखा कि किस तरह मजदूरों के जत्थे हाई-वे पर, रेल की पटरियों के साथ-साथ अपने परिवार व सामान को उठाये गर्मी, भूख प्यास की चिन्ता किये बगैर पैदल ही हजारों किलोमीटर का सफ़र तय करने चले जा रहे थे। बहुत ही दारुण व हृदयस्पर्शी दृश्य देखने को मिल रहे थे। इन प्रवासी मजदूरों के पलायन की तुलना 1947 के भारत-विभाजन से की जाने लगी। ऐसे में राष्ट्र कवि प्रदीप जी की ये पंक्तियाँ कि “देख तेरे संसार की हालत क्या हो गयी भगवान, कितना बदल गया इन्सान” बिल्कुल वर्तमान हालात को बयाँ करती हैं। सरकार से यही चूक हुई, न तो वो मजदूरों के रोजगार को बचा पायी और न ही मजदूरों को रोकने के लिए नियोक्ताओं को पाबन्द कर पायी। इससे मजदूरों का विश्वास टूट गया और वो पलायन को मजबूर हो गये। सरकारों ने देर से ही सही किन्तु बसों व ट्रेनों द्वारा प्रवासीय मजदूरों को अपने गाँव तक पहुँचाने की व्यवस्थायें कीं। कोरोना का सबसे बड़ा प्रभाव यही नजर आया जो लोग अपने गाँवों से शहरों की ओर पलायन कर चुके थे वे येन-केन-प्रकारेण वापस अपनी जड़ों की ओर लौटने लगे और यही मौका है जब भारत के ग्रामीण क्षेत्रों की तस्वीर बदल जायेगी सूने पड़े गाँवों की धरा अब पुनः महकने लगेगी।

यह मजदूर जो हकीकत में अधिकांशतः किसान ही थे, वापस अपने गाँव जाकर अपना पारम्परिक व्यवसाय खेती ही करेंगे। इनमें भी अगर खेती में आधुनिक तकनीकि का उपयोग किया जायेगा तो फसलों का उत्पादन अच्छे और प्रभावी तरीके से होने लगेगा। नये घरेलू कुटीर उद्योगों को बढ़ावा मिलेगा। प्रधानमन्त्री जी ने भी “लोकल” को काम में लिये जाने का समस्त देशवासियों से आह्वान किया है तभी देश आत्मनिर्भर बनेगा, स्वदेशी को बढ़ावा मिलेगा। सरकार ने आवश्यक वस्तु अधिनियम में संशोधन, ए.पी.एम.सी. एक्ट और एग्रीकल्चर प्रोडूस प्राइस एंड क्वालिटी एश्योरेन्स जैसे बड़े सुधारों को हरी झंडी देकर न सिर्फ अन्नदाता की झोली भरने की राह बना दी बल्कि इससे भारत दुनिया का प्रमुख खाद्यान्न आपूर्ति का केन्द्र बनने की ओर अग्रसर होगा। गाँवों में पशुपालन, डेयरी, मत्स्य, खाद्य प्रसंस्करण, जड़ी-बूटी, शहद उत्पादन और ओपरेशन ग्रीन की कमजोर कड़ियाँ अब सुघड़ होने लगेंगी। कृषि क्षेत्र में सरकार ने क़ानूनी सुधार की लम्बे समय से अटकी गाड़ी को एक झटके में पटरी पर ला दिया है। इससे किसान अब “कभी भी और कहीं भी” अपनी उपज बेफिक्र होकर ले जाने व बेचने के लिए स्वतन्त्र हो जायेगा। अभी तक किसान राज्यों के एग्रीकल्चरल प्रोडूस मार्केटिंग कमेटी एक्ट के दायरे में आते थे। उस कानून के तहत किसान अपनी उपज निश्चित मंडी के लाइसेन्सधारी आढ़तिये को बेचने के लिए बाध्य था। अब नयी घोषणा से किसानों को

अन्तरराज्यीय कारोबार करने की छूट मिल गयी है। इससे ऐसे क्षेत्र में जहाँ निवेश बढ़ेगा, वहीं किसानों को उनकी उपज का बेहतर प्रतिस्पर्धी मूल्य भी प्राप्त होगा। कुछ कृषि उत्पादों पर स्टाक सीमा को भी हटा दिया गया है। इस तरह की स्टाक सीमा प्रोसेसर, वैल्यू चेन वालों पर लागू नहीं होगा। इससे ग्रामीण क्षेत्रों में निवेश बढ़ेगा व रोजगार के नये अवसर सृजित होंगे। किसान निश्चित आमदनी के लिए जोखिम रहित खेती में मानक युक्त गुणवत्ता वाली फसलें उगाने के लिए प्रेरित होंगे। इससे किसानों से सीधे प्रोसेसर, निर्यातक, बड़े खरीददार जुड़ जायेंगे और खाद्यान के मामले में देश आत्मनिर्भर ही नहीं होगा बल्कि अन्तरराष्ट्रीय जिन्स बाजार में भी भारत का दबदबा बढ़ेगा। इसी के साथ गाँवों में कोल्ड स्टोरेज, कोल्ड चेन, पोस्ट हार्वेस्ट प्रबन्धन के लिए जरूरी ढाँचा विकसित होगा तथा गाँवों में इन क्षेत्रों में आने वाले स्टार्टअप को भी प्रोत्साहन मिलेगा। लोकल उत्पाद के प्रति वोकल होने के साथ-साथ उसे ग्लोबल बनाने का भी प्रधानमन्त्री जी ने आह्वान किया है जिससे क्लस्टर आधारित विकास होगा। इसके तहत जिन राज्यों में जिस फसल की अच्छी व गुणवत्ता वाली पैदावार होती है, उसे वहीं बढ़ावा मिलेगा। कृषि क्षेत्र का अभिन्न हिस्सा मछली पालन है जिसके माध्यम से सिर्फ किसान ही खुशहाल नहीं होगा, बल्कि देश की अर्थव्यवस्था को नयी ऊँचाइयों पर पहुँचाना सम्भव होगा। कोविड-19 के इस दौर में अन्तरराष्ट्रीय बाजार में जड़ी-बूटियों की जबरदस्त माँग होगी। इससे किसान इन जड़ी-बूटियों की व्यवस्थित तरीके से खेती करने की ओर अग्रसर होगा, परिणामस्वरूप किसान समृद्धशाली होगा व रोजगार भी बढ़ेगा। सरकार द्वारा विभिन्न योजनायें लायी गयी हैं जिनके माध्यम से वे नये व्यवसाय कर सकेंगे।

कोरोना की वजह से लगभग 91 लाख प्रवासी मजदूरों ने पलायन किया। यदि मजदूर जल्दी काम पर वापस नहीं लौटे तो कई उद्योग हमेशा के लिए बैठ जायेंगे। पिछड़े राज्यों में (जहाँ से मजदूर औद्योगिक राज्यों में जाते हैं) यह क्षमता नहीं है कि वे अपने मजदूरों को ज्यादा दिन रख सकें। अतः इन मजदूरों को फिर से शहरों की ओर लाने का प्रयास करना होगा। अभी एक जानकारी मिली है कि बहुत से प्रवासी मजदूर वापस उन्हीं शहरों को लौटना चाहते हैं क्योंकि उनके नियोक्ता उन्हें वापस बुलाकर रोजगार देना चाहते हैं। यह तो स्पष्ट है कि शहरों का विकास इन्हीं प्रवासी मजदूरों के पसीने के बल पर हुआ है और भविष्य में भी लॉकडाउन खुलने से वापस कारखाने-फैक्ट्रियाँ, पगार व निर्माण-कार्य व उत्पादन कार्य प्रारम्भ होंगे और मजदूरों के बिना यह सम्भव नहीं है। अतः प्रवासी मजदूरों को अब ज्यादा पगार व सुविधाओं के साथ पुनः रोजगार मिलेगा। सरकार को भी चाहिए कि प्रवासी मजदूर कानून को मजबूत बनाये तथा इनका रिकार्ड तैयार करावे और जिससे पलायन भी रुक जाये और मजदूर का रोजगार भी बचा रहे।

यह बात भी सही है कि कोरोना के कारण जो भारतीय अर्थव्यवस्था पटरी से उतर गयी है वो एकदम से वापस पटरी पर रातों-रात नहीं आ सकती है, इसमें समय लगेगा।

परन्तु हम भारतीयों की यही खासियत है कि हम झुझारू हैं, चाहे कैसी भी राष्ट्रीय आपदा आये, उसका मिलकर सामना करते हैं और देश को पुनः दुनिया में प्रतिष्ठा दिलाकर ही मानते हैं। भारतीय संस्कृति अनेकता में एकता की है। इसलिए हमें आशान्वित होना चाहिए कि देश के ग्रामीण क्षेत्रों में कुटीर उद्योग लगेंगे, स्वदेशी माल बनने लगेगा और काफी हद तक बेरोजगारी ख़त्म होगी और यह सब इन्हीं प्रवासी मजदूरों की बदौलत होगा।

इस समय सरकार को यह कदम उठाना चाहिए कि मनरेगा योजना को मोटी रकम दी जाये और साथ ही मजदूरों की मजदूरी भी बढ़ाई जानी चाहिए। वित्त मन्त्री जी ने घोषणा की है कि आठ करोड़ बिना राशन कार्ड वाले प्रवासी मजदूरों को अगले दो माह तक पर्याप्त खाद्य सामग्री दी जायेगी तथा 67 करोड़ लोगों को ऐसे राशन कार्ड दिये जायेंगे जो सम्पूर्ण देश में मान्य होंगे। सरकार प्रवासी मजदूरों के रहने के लिए रियायती किराये के मकान भी तैयार करने का प्रयास कर रही है। कोरोना के कारण देशव्यापी लॉकडाउन से उपजी आर्थिक महामन्दी के बीच देश की प्रमुख मानव संसाधन कम्पनी टीमलीज की हालिया रिपोर्ट के अनुसार देश के चार महानगरों को छोड़कर मेट्रो के रूप में उभरते शहरों में रोजगार के अवसर तेजी के साथ बढ़ेंगे। कार्पोरेट घराने भी अब इन मेट्रो शहरों में अपने कारोबार ले जाने की तैयारी में हैं जिससे यहाँ रोजगार के अवसर बढ़ेंगे। वर्तमान परिस्थितियों में देश की अर्थव्यवस्था व रोजगार को हुए नुकसान की चुनौती को अवसर में बदलने का अवसर अब ग्रामीण क्षेत्रों में ही है ताकि देश को पूर्ण रोजगार युक्त व समृद्धि की राह पर ला सकें और यही देश की आवश्यकता भी है।

11

गाँव लौटे मजदूर कैसे पायेंगे रोजगार

सहा. प्रा. शेवाले राजाराम गमन

सम्पूर्ण ब्रह्मांड में चेतन जगत् के श्रम का अनमोल योगदान है। श्रम का मूल्य ही सर्वश्रेष्ठ मूल्य है। सारी दुनिया का सौन्दर्य श्रम की बदौलत ही अजरामर है। 'श्रम 'चेतन जगत् के जीवन की सबसे बड़ी खासियत है। दुनिया ने आज तक जो कुछ भी हासिल किया है, वह श्रम की ही गौरव गाथा है। श्रम के दो भेद हैं– एक बौद्धिक श्रम और दूसरा शारीरिक श्रम। संसार में बौद्धिक श्रम को अधिक श्रेष्ठ माना गया है और शारीरिक श्रम को गौण माना गया है। हालाँकि बौद्धिक श्रम जीवन को पोषित नहीं कर सकता। बौद्धिक श्रम के लिए सबसे पहले जीवनी-शक्ति को परिपोषित करने वाली जीवनात्मक चीज़ें शारीरिक श्रम से ही प्राप्त होती हैं।

शारीरिक श्रम का मूल्य, शारीरिक श्रम का महत्त्व, शारीरिक श्रम की कीमत, शारीरिक श्रम की उपयोगिता, शारीरिक श्रम का सहयोग एवं योगदान, शारीरिक श्रम का साफल्य और शारीरिक श्रम श्रेष्ठता और मान्यता आदि को आधुनिक युग में नकारा गया है। इसीलिए किसान, मजदूर और गरीब आदि को और उनके जीवन को गौण माना जाता है। जीव-सृष्टि में श्रम के बिना कुछ भी सम्भव नहीं है। श्रम ही कर्म है और सबसे बड़ा धर्म है।

मानव समाज में दो प्रकार के लोग हैं, अमीर और गरीब अर्थात् धनवान और निर्धन या शोषक और शोषित। अमीर या धनवान या शोषक होने के कारण गरीब, निर्धन या शोषित कृषक, मजदूर आदि पर अन्याय, अत्याचार करते हैं। ये मजदूर- वर्ग अपनी मजबूरी, कमजोरी और सबसे बड़ी पेट की भूख के लिए तड़पते रहते हैं। जीवनावश्यक चीज़ें पाने की जद्दोजहद में जीवन गुजारते रहते हैं। विश्व-भर में मजदूरों की संख्या सबसे अधिक है। दरअसल किसान और मजदूरों द्वारा किया जाने वाला श्रम ही सारी दुनिया को जीवन की अत्यधिक आवश्यक चीज़ों का उत्पादन करते हैं। जिससे जीवन फलता-फूलता है। प्राण-वायु, जल तो प्रकृति की ओर से प्राप्त हो जाते हैं परन्तु अन्न किसान और मजदूरों के द्वारा पैदा किया जाता है। अन्न या अनाज़ के बिना जीवन चल नहीं

सकता है। अन्न ही हमारी जीवनी-शक्ति को परिपोषित करता है। जीवन की प्राथमिक आवश्यकताओं में सर्वोच्च स्थान पर अन्न, वस्त्र और निवास निर्माण करने का काम सिर्फ किसान और मजदूरों द्वारा ही होता है। कोरोना एवं कोविड-19 के भयानक तांडव के दौर में किसान और मजदूरों की 'कीमत और आवश्यकता' का महत्त्व सामने आया। दुनिया अमीर, व्यावसायिक, कारखानेदार या बौद्धिक श्रम करने वाले नहीं चलाते, सिद्ध हो गया हैं। दुनिया चलती है किसान, मजदूर, गरीब जो शारीरिक श्रम करते हैं, उनके खून, पसीने के बल पर। किसी भी योजना, परियोजना और नीति को साक्षात् रूप में आकार देने के काम न बुद्धि करती है, न पैसा करता है बल्कि शारीरिक श्रम अर्थात् मजदूर ही उसे अंजाम तक ले जाते हैं।

'विषमता' इसका सबसे बड़ा कारण है। विषमता भी दो प्रकार की हो सकती हैं– प्राकृतिक और मानवीय। विश्व में प्राकृतिक विषमता अपवादात्मक दृष्टिगोचर होती है। प्राकृतिक विषमता पर मानव मात करता है वरन् मानव निर्मित विषमता पर कोई इलाज नहीं है। भारतवर्ष में कुछ प्रान्तों या राज्यों में जमींदार, सेठ-साहुकार, बाहुबली, दबंगी, गुंडे और सबसे खास राजनेता आदि की बदौलत अन्याय-अत्याचार की वजह से और समतल भूमि, बिज़ली, पानी, सड़क और कल-कारखानों की कमी आदि की वजह से रोजगार उपलब्ध नहीं होता। इन लोगों ने शिक्षा का भी प्रबन्ध बहुत सीमित मात्रा में किया है, जो है, वह जन-साधारण की क्षमता के बाहर है। इसीलिए जीवन में पेट की भूख आदमी को कहीं भी ले जाती है। इसी पेट की भूख को मिटाने के लिए बिहार, झारखंड, छत्तीसगढ़, उत्तर प्रदेश, मध्य प्रदेश और पूर्वोत्तर राज्य के मजदूर महाराष्ट्र, गुजरात, दिल्ली और भारतवर्ष के महानगरों, नगरों में मजदूरी करके अपने जीवन-यापन के लिए आये हुए थे। क्योंकि पेट की भूख ही इस जीवन में शाश्वत है, इसी से जीवन में ऊर्जा प्राप्त होती है। जीने के लिए और परिवार को जीवन जीने के लिए अन्न की प्राप्ति के लिए गाँव, बीवी, बच्चों के लिए सब कुछ छोड़कर ये लोग हजारों किलोमीटर दूर पैसा कमाने आते हैं, मोल-मजदूरी के लिए आते हैं। डॉ. गिरिराजशरण अग्रवाल ने 'अक्षर हूँ मैं' काव्य-संग्रह में 'सुम्मेरा कुरमी' नामक कविता में इसका सुन्दर शब्दों में काव्यबद्ध किया है–

"अपने गाँव, बच्चों और
बीवी से दूर
वो पेट की आग बुझाने आया है।
प्यार और शरीर की आग को
ठंडा किया जा सकता है
किन्तु पेट की आग

कितनी शातिर है
बुझाने पर और बढ़ती है
समझाओं तो लड़ती है।"[1]

पापी पेट का सवाल है। पेट के लिए मनुष्य कहीं भी जा सकता है और कुछ भी कर सकता है। जीवन जीने के लिए पेट की भूख की व्यवस्था के लिए अर्थात् रोटी के लिए वह अपनी बोटी-बोटी को दाँव पर लगाकर लड़ता है। रोटी नहीं मिली तो न उसका जीवन चलेगा, न उसका परिवार चलता है रोटी पाने के लिए। रोटी बनाने वाला और रोटी खाने वाला ही महत्त्वपूर्ण होते हैं। अपितु आजकल रोटी के साथ खेलने वाला तीसरा आदमी ज्यादा ताकतवर हो गया है। इसीलिए जनकवि सुदामा प्रसाद पांडे 'धूमिल' आजीवन मेहनत और संघर्षरत जीवन में कई संकटों का मुकाबला करते हुए रोटी पाने वालों की जिजीविषा को बहुत ही मर्मस्पर्शी शब्दों में काव्यात्मक रूप में लिखते हैं, जो बहुत ही यथार्थ और वास्तव चित्र है, उन्होंने 'रोटी और संसद' शीर्षक से लिखा है–

"एक आदमी
रोटी बेलता है
एक आदमी रोटी खाता है
एक तीसरा आदमी भी है,
जो न रोटी बेलता है, न रोटी खाता है
वह सिर्फ रोटी से खेलता है
मैं पूछता हूँ–
यह तीसरा आदमी कौन है?
मेरे देश की संसद मौन है।"[2]

रोटी बेलने वाला और रोटी खाने वाला रोटी सिर्फ अपने लिए ही नहीं अपितु सबके लिए हासिल करता है। फिर भी रोटी के साथ खेलने वाले उन्हें रोटी के लिए तड़पाते हैं, सताते हैं। कोरोना या कोविड-19 महामारी के तांडव ने सारी दुनिया हिल गयी है। भारतवर्ष में 130 करोड़ जनसंख्या में सौ करोड़ से अधिक लोग रोजगार अर्थात् मजदूरी करते हैं। इसमें 60 करोड़ लोग अपने जीवन जिजीविषा की भयंकर पद्धति से लाले देखने को मज़बूर है। सामान्य स्थिति में रोज भूख से मरने वाले हैं। इस महामारी ने संचारबन्दी लागू की अर्थात् लॉकडाउन करने की नौबत आ गयी। कोरोना या कोविड-19 बीमारी संसर्ग से फैलती है। इसलिए सारे काम-काज बन्द किये गये हैं। कोई काम नहीं देता, तो आमदनी नहीं है तो खाना कहाँ से मिलेगा? इसीलिए मजदूर जहाँ से आये थे वहाँ लौटने के लिए मज़बूर हो गये। लॉकडाउन में रेल, बस, टैक्सी अर्थात् यातायात के सारे साधन ठप्प पड़े हैं। इससे ये मजदूर एक हजार या डेढ़ हजार किलोमीटर पैदल भूखे-

प्यासे नंगे पाव, धूप आदि को सहते हुए और प्रशासन के प्रबन्ध के बावजूद अपने गाँव के तरफ चल पड़े। रास्ते में जो मिला उसे खा-पीकर आगे बढ़ते रहे। इसमें उनके साथ उनकी बीवी, बच्चे, बूढ़े माता-पिता, भूखे-प्यासे चलते रहे। किसी का बच्चा इस यात्रा में भूख से दम तोड़ चुका तो किसी की बीवी ने, माँ ने तो किसी के पिता ने। अपने बच्चों को गोद में, बैग पर बिठ़ाकर, तो किसी ने अपने बूढ़े पिता को कन्धे पर बिठ़ाकर यात्रा की है। इस यात्रा का सीधा प्रसारण कई चैनलों ने किया तथा उनकी समस्याओं को भी उन्हीं के शब्दों में साझा की है। सभी समस्याओं का सामना करते हुए ये सारे मजदूर अपने-अपने घर पहुँचे हैं। इस यात्रा के दौरान उन्होंने जो सहा है, वह हृदय दहलाने वाला था। इस पर कई कलाकारों ने चित्र, शब्दचित्र बनाये हैं। ये चित्र बहुत करुण, दर्दभरे और मानव-मन और हृदय को हिलाकर रखने वाले हैं। इसमें से एक शब्दचित्र जो मैंने सुना है, वह इस प्रकार है–

> "खाली पेट नंगे पाँव
> कैसे पहुँचा अपने गाँव
> हम सब याद रखेंगे, हम सब याद रखेंगे।
> पायी-पायी तेरे ज़ुल्मों का
> हिसाब रखेंगे
> हम सब याद रखेंगे, हम सब याद रखेंगे।
> कहाँ रुका और कहाँ पर सोया
> क्या-क्या सोचा, कितना रोया
> आत्मनिर्भर हुई आँख पे
> आग रखेंगे,
> हम सब याद रखेंगे, हम सब याद रखेंगे।"[3]

मानवीय संवेदनाओं को ध्वस्त करने वाले प्रसंग ना सिर्फ मानव बल्कि पूरा देश इसे कभी नहीं भूला सकता। यह समाज और इस प्रसंग से सारी दुनिया एक बहुत ही भयानक स्थिति से गुजर रही है। स्वतन्त्रता के बाद इतना बड़ा विस्थापन इतिहास बन गया है। अचानक आयी इस महामारी की वज़ह से मानव, देश और मानव-समाज को एक अलग ही मोड़ पर लाकर खड़ा कर दिया है। इसमें सबसे अधिक दु:ख-दर्द, पीड़ा, तकलीफ, परेशानियाँ, भूख-प्यास आदि का सामना मजदूरों को करना पड़ा है। सम्पूर्ण भारतवर्ष के लोगों की उनके प्रति आत्मीयता है। सम्पूर्ण विश्व में अनगिन प्रश्न हैं, समस्याएँ हैं। इसमें जीवन का प्रश्न सर्वोपरि है। जीवन चलने का नाम है। आम आदमी इससे भली-भाँति परिचित है। चलते रहने से ही जीवन चलता है और अपने जीवन के प्रश्नों के हल को प्राप्त करने लगता है। इसी बात को डॉ. गिरिराजशरण अग्रवाल जी ने अपनी 'प्रश्न' नामक कविता में अंकित किया है–

"मन कहता है मुझसे–
चरैवेति ... चरैवेति ... चरैवेति
बस, याद रख इस कर्म-मन्त्र को,
तब–
अनुत्तरित नहीं रहेगा मन
कोई भी प्रश्न।"[4]

संसार में सब कुछ रुक सकता है बहरहाल आम आदमी या मजदूर कभी भी नहीं रुकता है। किंबहुना कोरोना या कोविड-19 महामारी से मजदूरों के रोजगार को ही रोक दिया है। क्योंकि लॉकडाउन में सब कुछ बन्द हुआ है। इसीलिए गाँव लौट मजदूर कैसे पायेंगे रोजगार ये सबसे बड़ा प्रश्न है। प्रस्तुत प्रश्न अचानक हल नहीं हो सकता। इसके लिए राज्य शासनों में पहले से ही बुनियादी बातों को निर्माण करने में ध्यान नहीं दिया है। उन्होंने बिजली, सड़क, पानी आदि की समस्याओं की कोई ठोस नीति नहीं अपनायी ताकि अपने राज्यों में औद्योगीकरण को बढ़ावा मिल सके। आज राजनीति सेवा नहीं वरन् मेवा खाने का उद्योग हो गया है। आरम्भ में सेवा के लिए राजनीति की तरफ देखा गया है। यद्यपि आज ये स्वार्थ का अखाड़ा हो गया है। वास्तव में जनता सरकार होती है और राजनेता शासन के प्रबन्धन का काम करते हैं लेकिन वह जनता को हाशिए पर रखकर अपना स्वार्थ साध लेते हैं। जिससे जनता को खासकर मजदूर, गरीब जनता को बहुत बड़ी समस्याओं का सामना करना पड़ता है। खासकर जीवन का प्रश्न अर्थात जीने का प्रश्न सताता है। प्राकृतिक आपदा, शासकीय नीति का अभाव, भ्रष्टाचार, अत्याचार, विषमता, धोखाधड़ी आदि कारणों से मजदूरों को अपना रोजगार कहाँ से प्राप्त होगा? आम आदमी जीवन जीने के लिए परेशान होता है, उसमें समाज, देश, राजनेता और राजनीति उसमें सहयोग करने के बजाय उन्हें अधिक परेशानी में डालता जाता है। इसलिए उनके तन-मन को पहुँचाती ठेस, टीस, घाव के दु:ख-दर्द को कैसे स्पष्ट कर सकता है। डॉ. गिरिराजशरण अग्रवाल ने 'कोई क्षण बीत पाये' कविता में रेखांकित किया है--

"घाव सारे टींसते हैं
और सिहरन
हो रही
हर ओर तन में
कौन-सा
दु:ख-दर्द का काँटा
चुभा है आज

किस ओर मन में,
किस तरह
जग को बताऊँ
और अपने दर्द का
इतिहास गाऊँ।"[5]

राजनेता, राजनीति, आर्थिक दबंगों ने आम आदमी या मजदूरों का शोषण सदियों से किया है। आज ये लोग अधिक ताकतवर बन गये हैं। अपने-आपको महानगरों में बसाकर मजदूरों के बल पर उच्च वर्ग के बनकर 'लोग' कहलवाते हैं और आम, साधारण जनता को निम्न समझकर 'लोक' कहते हैं। यह उनकी स्वार्थ मानसिकता का द्योतक है। ये लोक आम जनता को भेड़-बकरियों की तरह समझकर जनता, शासन और अन्य क्षेत्रों को चरवाहा समझकर चरते रहते हैं। शासकीय कानून-कायदे की लाठी लेकर जनता के रेवड़ को हाँकने का काम कर चाहे उधर ले जाते हैं। इसे डॉ. गिरीशरण अग्रवाल 'हम असहाय' कविता में स्पष्ट कहते हैं–

"हम
भेड़-बकरियाँ हैं
और तुम चरवाहे
क्योंकि तुम्हारे हाथ में
व्यवस्था की लाठी है
सच है
हमारा रेवड़
उसी दिशा में जायेगा
जिधर ले जाना चाहोगे
तुम।"[6]

गाँव लौटे मजदूर रोजगार पाने के लिए तिलमिया रहे हैं। बहरहाल उनके अपने राज्यों में दिक्कत होने के कारण ही वह अन्य राज्यों में रोजगार के लिए पलायन करते हैं। जहाँ उन्हें रोजगार की शाश्वत उपलब्धता हो। उन्हें अपने राज्यों में या गाँवों में रोज़गार प्राप्त हो तो उन्होंने बुनियादी बातें सड़क, बिज़ली, पानी और उद्योग निर्माण करने के लिए शासन को बाध्य करना चाहिए। तभी उन्हें अपने राज्यों में रोजगार प्राप्त हो सकता है।

अब केन्द्र सरकार ने आत्मनिर्भर भारत का नारा लगाया है, उसके लिए उन्होंने बड़ा पैकेज भी घोषित किया है। जो चीजें हम आयात करते हैं, वो सारी चीजें भारत में निर्माण करने के लिए प्रोत्साहित किया जा रहा है, उसका आधिकारिक लाभ उठाना

चाहिए। सड़क, पानी और बिज़ली के लिए जन सहभागिता के आधार पर काम करना होगा। जन-प्रतिनिधियों का सही चुनाव करना आवश्यक है। जनसंख्या पर प्रतिबन्ध लगाना आवश्यक है। शिक्षा को बढ़ावा देना अत्यन्त जरूरी है। शासन की सुविधा, नीति-योजना, परियोजनाओं का लाभ लेना और उपयुक्त कदम उठाकर अपना विकास करना चाहिए। जैसे हम अधिकारों के लिए आन्दोलन करते हैं तो विकास के लिए भी आन्दोलन छेड़ना चाहिए।

गाँव लौटे मजदूरों को रोजगार प्राप्त करना है तो उन्हें अपनी पंचायत से लेकर तहसील, जिला, राज्य और देश-स्तर पर निःस्वार्थ नेताओं को प्रतिनिधित्व प्रदान कर अपना विकास कैसे हो आदि पर अपना मन, मानसिकता बनाकर काम करना चाहिए, न कि स्वार्थ, भ्रष्टाचारी, घोटालेबाज, गुंडे-लुटारुओं को जन-प्रतिनिधि बनाना होगा। अपने ही यहाँ रोज़गार को पाना होगा तो जमीनी स्तर पर काम करके जन, जल, जमीन, जंगल और खासकर जन-संख्या पर अधिक ध्यान देना होगा। सारी बातें शासन ही नहीं कर पाता उन्हें जनता का सहयोग प्राप्त होना जरूरी है।

स्वावलम्बी, स्वाभिमानी बनकर अपने-आपको सभी बातों से परिपूर्ण का प्रयास विकास की धारा बनती है। गृह, सूक्ष्म, लघु उद्योग ही बड़े उद्योग के मार्ग प्रशस्त करते हैं तो अपने शासन द्वारा ऋण प्राप्त कर गृह, सूक्ष्म, लघु उद्योग शुरू कर सकते हैं। बड़े उद्योगों को आवश्यक संसाधनों की पूर्ति उन्हें उनके आस-पास होती है तो बड़े उद्योग आपके राज्यों में आ सकते हैं। पानी और बिज़ली का सदुपयोग किया गया तो आधुनिक खेती से भी रोजगार निर्माण होते हैं। आत्मविश्वास, आत्मबल और आत्मसंयम हो तो हम यकिनन आत्मनिर्भर बन सकते हैं और आत्मनिर्भरता हमें बड़े पैमाने में रोजगार निर्माण कर सकता है। इस प्रकार गाँव लौटे मजदूर रोजगार पा सकते हैं।

सन्दर्भ

1. गिरिराजशरण अग्रवाल, रचनावली, सम्पा. डॉ. कमलकिशोर गोयनका, डॉ. मीना अग्रवाल - प्रकाशक हिन्दी साहित्य निकेतन, बिज़नौर, उत्तर प्रदेश, प्रथम संस्करण, 2016, पृ. 122।
2. साहित्य विविधा, सम्पा. हिन्दी अध्ययन मंडल, सावित्रीबाई फुले पुणे विश्वविद्यालय, पुणे - प्रकाशक परिदृश्य प्रकाशन, मुम्बई, प्रथम संस्करण, 2019, पृ. 106।
3. सोशल मीडिया से।
4. गिरिराजशरण अग्रवाल, रचनावली, सम्पा. डॉ. कमलकिशोर गोयनका, डॉ. मीना अग्रवाल - प्रकाशक हिन्दी साहित्य निकेतन, बिज़नौर, उत्तर प्रदेश, प्रथम संस्करण, 2016, पृ. 103।
5. वही, पृ. 106।
6. वही, पृ. 142।

12

गाँव लौटे मजदूर कैसे पायें रोजगार

डॉ. अनीता रानी

प्रवासी मजदूरों की समस्याओं को समझने से पहले 'प्रवासी' शब्द को समझना होगा। 'प्रवासी' शब्द उसके लिए प्रयुक्त होता है जो अपना देश छोड़कर किसी अन्य देश में किसी भी कारण चाहे वह शिक्षा, व्यवसाय या रोजगार इत्यादि के कारण चला जाये तो वह नागरिक दूसरे देश में जाकर प्रवासी कहलाता है। जहाँ हम भारत में प्रवासी मजदूरों की बात कर रहे हैं, तो ये भारत के ही एक कोने से दूसरे कोने, एक राज्य से दूसरे राज्य, एक शहर से दूसरे शहर में जाकर अपनी रोजी-रोटी के लिए मजदूरी करने के लिए रहने लगे हैं। लेकिन वास्तव में जो अपने देश में कहीं भी रहता हो, वह देशवासी कहलायेगा, 'प्रवासी' नहीं कहलायेगा। यह एक दुर्भाग्यपूर्ण स्थिति है, भारत देश के वासी ये मजदूर अपने ही देश में प्रवासी कहलाने के लिए विवश हैं।

यह 'प्रवासी' शब्द मजदूरों के मन में एक टीस उत्पन्न करता है। एक सामाजिक दूरी पैदा करता है। उनके मन में हर वक्त यह अहसास करवाता है कि वे यहाँ के रहने वाले नहीं, उनका देश, गाँव, शहर कोई दूसरा है। चाहे उन्हें अपने आजीविका वाले शहर में रहते हुए वर्षों बीत गये हों, फिर भी वे प्रवासी कहलाते हैं।

यदि हम सकारात्मक दृष्टि से देखें तो प्रवास की प्राचीन परम्परा रही है। महात्मा गाँधी को प्रथम प्रवासी के रूप में मान्यता प्राप्त है। प्रवासी तो विश्वकर्मा के स्वरूप हैं। प्रवास भी हमारी भारतीय संस्कृति का एक अभिन्न हिस्सा रहा है। भगवान राम भी प्रवास पर गये थे। आज अमेरिका, कैनेडा, आस्ट्रेलिया इत्यादि देशों में भारतीयों की धूम है। अनेक भारतीय आजीविका के लिए विभिन्न देशों में जाकर स्थायी रूप से रह रहे हैं।

प्रवासी मजदूर उन्हें कहा जाता है जो मजदूरी करने या रोजगार के लिए अपना गाँव, शहर या राज्य छोड़कर दूसरे स्थानों पर काम करने के लिए जाते हैं। किन्तु जहाँ वे काम करते हैं, उन शहरों में उनका अपना घर नहीं होता, राशन कार्ड नहीं होता एवं उस जगह की कोई प्रामाणिक पहचान नहीं होती। ये मजदूर प्रायः किराए के कमरों या कारखानों इत्यादि में रहकर अपना समय व्यतीत करते हैं। हमारे देश में प्रवासी मजदूर

उत्तर प्रदेश से लेकर पंजाब, हरियाणा, गुजरात तथा राजस्थान इत्यादि राज्यों में हैं। मोटे अनुमान के अनुसार लगभग 12 करोड़ प्रवासी मजदूर माने जाते हैं। कोरोना बीमारी के कारण लॉकडाउन के चलते ये मजदूर अपने कार्यस्थल पर ही सिमटकर रह गये तथा बेरोजगार हो गये। भुखमरी के कगार पर आये इन मजदूरों की कुल संख्या का कुछ भाग अपने-अपने घरों को लौटने के लिए तैयार हो गया, क्योंकि इनकी सोच यह बन गयी कि पता नहीं कोरोना से तो कब मरेंगे किन्तु भूख से मरना लगभग तय है। इसी प्रकार के विचार इनके घरवालों या परिवारवालों के थे। जो उन्हें वापिस अपने घर बुलाने के लिए उतावले थे। कुछ ने किसी-न-किसी तरह पैसों का प्रबन्ध किया। किसी ने जमीन का कुछ हिस्सा बेचा। किसी ने पत्नी के गहने बेचकर पैसे उनको भेजे ताकि वे घर लौट सकें। यहाँ पर एक उदाहरण पूर्णतया सटीक बैठता है। लगभग सौ साल से भी अधिक समय पहले भिखारी ठाकुर ने एक नाटक 'बिदेसिया' में एक प्रवासी मजदूर का वर्णन किया है जिसे बिदेशी नाम दिया गया है। उसकी पत्नी का नाम प्यारी सुन्दरी है। जो जिस स्थान पर रहती है उसे वह देस कहती है तथा अपने पति के लिए परेशान रहती है। उस समय के समाज में मजदूरों की स्थिति और पलायन को आधार बनाकर रचा गया यह नाटक आज की स्थिति में भी खरा उतरता है। जिस प्रकार भिखारी ठाकुर के नाटक की नायिका प्यारी सुन्दरी चाहती है कि उसका बिदेशिया घर आ जाये, उसी प्रकार प्रवासी मजदूरों की पत्नियाँ, जो अपने पति के साथ नहीं गयी थीं, वे भी लगभग इसी प्रकार की भावनायें रखती होंगी कि उनके पति देश लौट आयें। वे ये नहीं सोचतीं कि आखिर रोजगार के अभाव में उनका गुजारा कैसे चलेगा? बेरोजगारी की अवस्था में भावात्मक सम्बन्ध शिथिल पड़ने लगते हैं और पुनः रोजगार की तलाश हावी होने लगती है। यदि इन प्रवासी मजदूरों के गाँवों में ही पर्याप्त रोजगार के साधन उपलब्ध होते तो उन्हें बाहर जाना ही क्यों पड़ता? इस नाटक का नायक बिदेशिया जैसे विकट परिस्थितियों में अपने घर (देश) लौटकर जिन कठिनाइयों का सामना करता है, लगभग उसी प्रकार की कठिनाइयों का सामना अपने घर (देश) लौट रहे प्रवासी मजदूरों को करना पड़ रहा है। बेरोजगारी और भुखमरी से तंग इन प्रवासी मजदूरों को मुश्किल से जुटाये पैसे खर्च करने पड़ते हैं। वहीं घर पहुँचकर भी वे घर नहीं पहुँच पाते, क्योंकि उन्हें इस कोरोना महामारी के दौरान लगभग 21 दिनों के लिए क्वारंटीन कर लिया जाता है।

विकट परिस्थितियों का सामना करके घर लौटे इन मजदूरों के सामने फिर बेरोजगारी और भुखमरी के हालात पैदा हो जाते हैं। आरम्भ में ये मजदूर कहते हैं कि चाहे कुछ हो जाये वे अपना गाँव छोड़कर नहीं जायेंगे, किन्तु परिस्थितियों को भाँपकर फिर वह कह देते हैं यदि यहाँ कोई काम नहीं मिला तो फिर लौटना पड़ेगा। इस बात से उनका बेरोजगारी का दर्द साफ तौर पर छलकता हुआ दिखाई देता है। बड़े-बड़े शहरों में कोई कारखाने में काम करता रहा है तो कोई आवश्यक वस्तुओं को पैक करने में लगा रहा है।

15 से 20 वर्षों तक एक ही स्थान पर एक ही प्रकार का काम करते हुए उन्हें उस काम का जो अनुभव हो जाता है, उसका प्रयोग वे अपने गाँव में नहीं कर सकते। अपने घर लौटे इन मजदूरों में से कुछ खेती करने लगते हैं, किन्तु खेती योग्य जमीन की कमी है। कुछ अपने परिवार के साथ पैतृक कार्य करने का प्रयास करते हैं किन्तु परिवारों में पहले से ही काम कम और परिवार के सदस्य अधिक हैं। ऐसी परिस्थितियों में वे लम्बे समय तक अपना तथा अपने परिवारों का गुजारा नहीं चला सकते। सरकार को चाहिए कि वे इन मजदूरों पर विशेष रूप से परिवार नियोजन के नियम को लागू करे। इन्हें चिकित्सा सेवा सहज रूप से उपलब्ध करवाये। इन्हें स्कूली शिक्षा का लाभ मिलना चाहिए ताकि इनके बच्चे आसानी से व मुफ्त शिक्षा ग्रहण कर सकें। प्रत्येक का दो या तीन किलोमीटर की दूरी पर स्कूल होना चाहिए। प्रशिक्षित मजदूरों को उनकी योग्यता के अनुसार काम दिलवाना भी सरकार का कर्तव्य बनता है।

राज्य सरकारों ने मजदूरों को मनरेगा के अन्तर्गत रोजगार देने की बात कही है। उनके जॉब कार्ड बनाये गये हैं। परन्तु यहाँ भी दुर्भाग्य उनके आड़े आ रहा है। उनके बीच में बड़े-बड़े ठेकेदार आ जाते हैं तथा उनके जॉब कार्ड को दिखाकर मशीनों द्वारा काम करवा लेते हैं और उन्हें थोड़ा-बहुत कमीशन देकर कहते हैं कि घर बैठे जितना भी दे रहे हैं वो क्या कम है? किन्तु इस थोड़ी-सी राशि से वे अपने परिवार का गुजारा नहीं चला सकते। सरकारी योजनाओं का लाभ यथार्थ रूप से उन तक नहीं पहुँच पाता, क्योंकि सरकारें राजनीतिक लाभ भी लेना चाहती हैं। जहाँ घोषणायें अधिक होती हैं और वास्तविकता इसके विपरीत, अर्थात् अपने देश लौटे इन प्रवासी मजदूरों को इन योजनाओं का पूरा लाभ नहीं मिल पा रहा। यह भी ओछी राजनीति की देन है कि दूसरे राज्यों में नजदूरों का शोषण किया जा रहा है तथा उन्हें उकसाकर अपने देश लौटने को प्रेरित किया जाता है।

लाखों की भीड़ अपने घरों को जाने के लिए इकट्ठी हो जाती है तथा कोरोना जैसी महामारी की आशंका बनी रहती है। गनीमत है कि कुल प्रवासी मजदूरों का बहुत कम प्रतिशत ही अपने घरों को लौट पा रहा है, क्योंकि उन्हें ज्ञात है कि घर (देश) जाकर भी उनकी कठिनाइयों का अन्त नहीं होगा और यह सच्चाई भी है, क्योंकि घर लौटकर भी उन्हें बेरोजगारी का सामना करना पड़ेगा। घर लौटे प्रवासी मजदूरों को काम तो मिल नहीं रहा अपितु बचाकर रखी गयी पूँजी भी खत्म होने लगती है। प्रश्न यही उत्पन्न होता है कि गाँव लौटे मजदूर कैसे पायेंगे रोजगार तथा करेंगे क्या? क्योंकि गाँव में रोजगार न होने की स्थिति में ही ये लोग दूसरे राज्यों अथवा बड़े शहरों में गये थे। उस समय से लेकर आज तक तो बेरोजगारी की समस्या और भी भयावह हो चुकी है। यदि सरकारें इन प्रवासी मजदूरों की सहायता करती और जहाँ वे थे वहीं उनके रहने तथा खाने का प्रबन्ध किया जाता तो ये प्रवासी मजदूर अपने गाँवों को लौटने के लिए उतावले न होते। वहाँ जाकर भी उन्हें भुखमरी का सामना करना पड़ रहा है। कोरोना जैसी महामारी ने

केवल प्रवासी मजदूरों का रोजगार ही नहीं छीना अपितु बड़े-बड़े कारखानों को चलाने वाले उद्योगपतियों तथा अन्य व्यवसाय करने वालों की कमाई को भी कुप्रभावित किया है। सभी लोग चाहे वे उद्योगपति हों या प्रवासी मजदूर, इस महामारी के दौर से शीघ्र निकलकर अपना कामकाज दुबारा शुरू करने का प्रयास कर रहे हैं तथा देर-सवेर प्रवासी मजदूरों को भी काम मिलना तय है। जो लोग अपने गाँवों को लौट चुके हैं, सम्भव है कि उनमें से कुछ को वहाँ काम-काज मिल जाये, किन्तु प्रवासी मजदूरों की अधिक संख्या को रोजगार प्राप्त होने की सम्भावना काफी कम है। केन्द्र सरकार तथा राज्य सरकारों को राजनीति से ऊपर उठकर इन प्रवासी मजदूरों के रोजगार के प्रयास करने चाहिए। जो मजदूर अपने गाँवों में लौट तो आये हैं किन्तु बेरोजगारी के कारण भुखमरी का शिकार हो रहे हैं, उन्हें दुबारा उनकी इच्छानुसार काम-काज के लिए भेजा जाना चाहिए।

अब लॉकडाउन खुलने के बाद स्थिति कुछ सामान्य होने लगी है। विभिन्न प्रान्तों के उद्योग और कल-कारखाने लॉकडाउन के कारण बन्द हो गये थे, वे अब पुन: गति पकड़ने लगे हैं तथा जो लोग विपरीत परिस्थितियों में भी अपने कार्यस्थल छोड़कर नहीं गये थे, उन्हें आसानी से काम मिल रहा है। उदाहरण के रूप में हरियाणा राज्य के सिरसा जिले को लिया जा सकता है। जिला प्रशासन सिरसा द्वारा जारी उपलब्ध आँकड़ों के अनुसार इस समय सिरसा में छोटे-बड़े कुल मिलाकर 1500 उद्योग-धन्धे उपलब्ध हैं जिनमें लगभग 15,000 मजदूरों की जरूरत है। लगभग यही अनुपात थोड़े-बहुत अन्तर से अन्य राज्यों का भी हो सकता है। अपने घरों को लौटे प्रवासी मजदूर पुन: जिन राज्यों या शहरों में लौटने लगेंगे क्योंकि जिन उद्योगपतियों ने संकट की घड़ी में इन प्रवासी मजदूरों की सहायता नहीं की थी वे अब विभिन्न प्रकार के लालच देकर उन्हें वापिस बुलाने का प्रयास कर रहे हैं।

गाँव लौटे मजदूरों के समक्ष बेरोजगारी की समस्या है, इसमें कोई शंका नहीं है तथा अपने बलबूते पर वे रोजगार पा भी नहीं सकते। सुखद पहलू यह है कि केन्द्र सरकार के निर्देशानुसार केन्द्र व राज्य सरकारों के संयुक्त प्रयासों से अनेक योजनायें बनाकर गाँव लौटे इन प्रवासी मजदूरों को रोजी-रोटी दिलवाने के प्रयास हो रहे हैं। जो मजदूर वापिस अपने कार्यस्थल पर नहीं लौटना चाहते उनके लिए यही विकल्प सहायक हो सकता है, अन्यथा वे अपना और अपने परिवार का निर्वाह नहीं कर पायेंगे। उद्योगों, कारखानों, खेतों-खलिहानों इत्यादि की उन्नति में इन प्रवासी मजदूरों का बहुत योगदान रहा है, इस तथ्य को कभी भूलना नहीं चाहिए। इस कोरोना महामारी के दौरान प्रवासी मजदूरों की निराशा को समझने की जरूरत है, उसे आशा में बदलने की जरूरत है। यदि सरकारें पूरे संसाधनों और मनोयोग से प्रवासी मजदूरों की सहायता करने का संकल्प ले तो घर लौटे मजदूरों को पुन: रोजगार प्राप्त हो सकता है। हर समस्या का समाधान होता है। संकट आते हैं और टल भी जाते हैं। मजदूरों की सभी कठिनाइयों के समाधान के

लिए कुछ वक्त लग सकता है लेकिन यदि केन्द्र सरकार व राज्य सरकारें इन मजदूरों की समस्याओं को दूर करने का पूरे मनोयोग से प्रत्यन करे तो इनकी कठिनाइयों का समाधान हो सकता है।

इसी बीच सरकार की ओर से कुछ सकारात्मक संकेत मिलने शुरू हो गये हैं जैसे बिहार, उत्तर प्रदेश, मध्य प्रदेश, राजस्थान, झारखंड और ओड़िशा के 116 जिलों में 125 दिनों के अभियान का लक्ष्य रखा गया है। जिसमें इन प्रवासी मजदूरों को रोजगार उपलब्ध करवाया जायेगा। इन सभी जिलों में लॉकडाउन के दौरान 25,000 से अधिक प्रवासी मजदूर घर लौटे हैं। सरकार की इस योजना में लगभग 50,000 करोड़ रुपये खर्च किये जाने का अनुमान है। जिसमें रोजगार प्रदान करने और बुनियादी ढाँचे के निर्माण के लिए 25 विभिन्न प्रकार के कार्यों पर ध्यान केन्द्रित किये जाने का लक्ष्य रखा गया है। सरकार का यह भी प्रयास है कि प्रवासी मजदूरों के आत्मसम्मान की रक्षा की जायेगी और उन्हें आत्मनिर्भर बनाया जायेगा ताकि वे भविष्य में बेरोजगारी की चिन्ता से मुक्त हो सकें और गरीबों के कल्याण हेतु कार्य किये जा सकें। इस सम्बन्ध में केन्द्र सरकार, राज्य सरकारों से सुझाव लेते हुए गम्भीरता से प्रयास कर रही है। प्रवासी मजदूरों को गरीब कल्याण रोजगार अभियान के अन्तर्गत विभिन्न मन्त्रालयों की योजनाओं में काम दिया जायेगा, क्योंकि सरकार समझती है कि इन प्रवासी मजदूरों में काफी टेलेंट है जिसका प्रयोग वे अपने गाँवों में कर पायेंगे। प्रसन्नता की बात है कि हमारे माननीय प्रधानमन्त्री श्री नरेन्द्र मोदी प्रवासी मजदूरों की कठिनाइयों को लेकर काफी संजीदा हैं तथा वे भी उनकी कठिनाइयों को जानने के लिए उनसे सम्पर्क भी साध रहे हैं। यद्यपि घर लौटे प्रवासी मजदूरों के समक्ष बेरोजगारी एक कठिन समस्या है किन्तु जिस देश की सरकार और उसके प्रधानमन्त्री जब इन लोगों का ध्यान रख रहे हैं तो कोई कारण नहीं कि इन प्रवासी मजदूरों की कठिनाइयों का समाधान न हो।

सन्दर्भ

1. गिरिजा राजकिशोर, गिरमिटिया मजदूर (उपन्यास)।
2. भिखारी ठाकुर, बिदेशिया (नाटक)।
3. 'पीड़ा समझते हैं आप?' सिद्धेश्वर प्रसाद शुक्ल जी द्वारा लिखित आलेख।
4. दैनिक जागरण, राष्ट्रीय समाचार-पत्र।
5. दैनिक भास्कर, राष्ट्रीय समाचार-पत्र।
6. 'सिरसा' जिला (हरियाणा) द्वारा उपलब्ध मजदूरों के आँकड़े।
7. 'पल-पल', समाचार-पत्र, दिनांक 20.06.2020, पृ. 4।

13

प्रवासी मजदूरों को रोजगार एवं मनरेगा

डॉ. विद्यानन्द चौधरी

वैश्विक महामारी COVID-19 के कारण भारत ही नहीं विश्व के अधिकांश देशों में लॉकडाउन के विकल्प को अपनाना मज़बूरी हो गया। ऐसे समय में लॉकडाउन के दौरान श्रमिकों का रिवर्स माइग्रेशन जैसी गम्भीर समस्या से दो-चार होना पड़ रहा है। रिवर्स माइग्रेशन सामान्य दिनों में होने वाले पलायन से एकदम उलट है। सामान्यत: रोजगार पाने व बेहतर जीवन जीने की आशा में गाँवों और कस्बों से महानगरों की ओर पलायन होते देखा गया है, परन्तु इस समय महानगरों से गाँवों की ओर पलायन नि:सन्देह चिन्ताजनक स्थिति को उत्पन कर रहा है। इस स्थिति को ही जानकारों ने रिवर्स माइग्रेशन की संज्ञा दी है। लॉकडाउन के कुछ दिनों बाद असंगठित क्षेत्र के श्रमिक काम-धन्धा बन्द होने के कारण हजारों किलोमीटर दूर तक अपने घर जाने के लिए पैदल ही सड़कों पर उतर पड़े। इस प्रवासी संकट को दूर करने के लिए सरकार ने आत्मनिर्भर भारत योजना के तहत आर्थिक पैकेज की घोषणा की जिसका मूल्य 20 लाख करोड़ रुपया है। इस आर्थिक पैकेज में मनरेगा के लिए 40 हजार करोड़ रुपये का अतिरिक्त फंड आबंटित किया है।

श्रमिकों के गाँवों की और प्रवासन ससे देश के बड़े औद्योगिक केन्द्रों में चिन्ता व्याप्त है। वर्तमान में भले ही उद्योगों में काम कम हो गया है या रुक गया है, परन्तु लॉकडाउन समाप्त होते ही श्रमिकों की माँग में तीव्र वृद्धि होगी। और श्रमिकों की पूर्ति न हो पाने से औद्योगिक उत्पादन प्रभावित होगी। अध्ययन से पता चलता है कि प्रवासी श्रमिक में से 30 प्रतिशत की पुनः काम के लिए शहरों की और लौटने की आशंका कम है, क्यूँकि जिस तरह से इस वैश्विक महामारी के दौरान उन्हें परेशानी झेलनी पड़ी है। दूसरी और पिछड़े राज्यों जैसे उत्तर प्रदेश, बिहार, छत्तीसगढ़, झारखंड, ओड़िशा जैसे राज्यों में अपेक्षाकृत रूप से औद्योगिकरण में पिछड़े हुए हैं। प्रवासन के परिणामस्वरुप इन राज्यों में रोजगार का संकट भीषण रूप ले रहा है। रोजगार के अभाव में इन राज्यों में सामाजिक अपराधों जैसे-लूट, डकैती, भिक्षावृत्ति और देह व्यापार की घटनाओं में

वृद्धि हो सकती है, जिससे राज्य की कानून-व्यवस्था और छवि दोनों खराब हो सकती है।

प्रवासी नागरिकों के रोजगार में मनरेगा की भूमिका

देश की अर्थव्यवस्था में प्रवासी श्रमिकों का योगदान बहुत ही महत्त्वपूर्ण है। भारत में आन्तरिक प्रवासन के तहत एक राज्य से दूसरे राज्य में जाने वाले श्रमिकों की आय देश की सकल घरेलू उत्पाद का लगभग 6 प्रतिशत है। इसकी महत्ता इस बात से लगायी जा सकती है कि माननीय प्रधानमन्त्री द्वारा COVID-19 महामारी के पश्चात् उत्पन्न आर्थिक स्थिति को पटरी में लाने के लिए आत्मनिर्भर भारत योजना के तहत जिस आर्थिक पैकेज की घोषणा की गयी है वह देश की सकल घरेलू उत्पाद का लगभग 10 प्रतिशत है। यदि इस पैकेज में बैंकों द्वारा मिलने वाली छूट या लाभ को हटा दिया जाये तो यह आर्थिक पैकेज प्रवासित श्रमिकों की आय के बराबर हो जायेगा। ये सभी श्रमिक अपनी आय का एक-तिहाई अर्थात लगभग 2 प्रतिशत अपने घर भेजते हैं, जो मौजूदा सकल घरेलू उत्पाद के हिसाब से लगभग 4 करोड़ है। यहाँ एक बात महत्त्वपूर्ण है कि इससे दोनों राज्यों को लाभ होता है। एक तो ओरिजिन स्टेट और दूसरा डेस्टिनेशन स्टेट। दोनों ही राज्यों में अर्थव्यवस्था में ये लोग माँग बढ़ाने में ये सहायक होते हैं। इससे अर्थव्यवस्था में तेजी की स्थिति बनी रहती है। कुछ विकसित राज्यों जैसे आन्ध्र प्रदेश, पंजाब, दिल्ली, तमिलनाडु आदि राज्यों में श्रमिक की माँग अत्यधिक है। ऐसे में अविकसित या पिछड़े राज्यों से श्रमिक उन राज्यों में काम के लिए जाते हैं और इससे दोनों ही राज्यों को लाभ मिलता है। प्रवासी श्रमिक उद्योग-धन्धों में श्रमिक की आवश्यकता की पूर्ति करते हैं तो साथ ही बेरोजगारी की समस्या का समाधान भी हो पाता है।

लेकिन ऐसे समय में जब पूरा भारत वैश्विक महामारी COVID-19 से जूझ रहा है और नियन्त्रण के लिए लॉकडाउन किया गया है। ऐसे में रिवर्स माइग्रेशन के कारण प्रवासी श्रमिकों के समक्ष बेरोजगारी की समस्या आन पड़ी है। और सरकार के सामने भी उन्हें रोजगार उपलब्ध कराने की समस्या है। ग्रामीण क्षेत्रों में रोजगार सृजन हेतु मनरेगा एक विकल्प के रूप में कारगर साबित हो सकता है।

महात्मा गाँधी राष्ट्रीय ग्रामीण रोजगार गारंटी अधिनियम अर्थात मनरेगा को भारत सरकार द्वारा वर्ष 2005 में राष्ट्रीय ग्रामीण रोजगार गारंटी अधिनियम, 2005 के रूप में लागू किया गया था। ग्रामीण भारत को श्रम की गरिमा से परिचित कराने वाला मनरेगा रोजगार की क़ानूनी स्तर पर गारंटी देने वाला विश्व का सबसे बड़ा सामाजिक कल्याणकार्र कार्यक्रम है। मनरेगा कार्यक्रम के तहत प्रत्येक परिवार के अकुशल श्रम करने के इच्छुक वयस्क सदस्यों के लिए 100 दिन का गारंटीयुक्त रोजगार, दैनिक बेरोजगारी भत्ता और परिवहन भत्ता (5 किलोमीटर से अधिक दूरी की दशा में) का प्रावधान है। मनरेगा एक राष्ट्रव्यापी कार्यक्रम है। वर्तमान में यह कार्यक्रम पूर्णरूप से

शहरों की श्रेणी में आने वाले कुछ जिलों को छोड़कर पूर्ण रूप से सभी जिलों में लागू है। पूर्व में रोजगार गारंटी योजनाओं के विपरीत मनरेगा की कुछ खास विशेषताएँ हैं जो इसके पूर्व की योजनाओं से एक अलग पहचान बनाती है, वे कुछ इस प्रकार हैं–

(a) यह ग्रामीण परिवारों के वयस्क युवाओं को रोजगार का क़ानूनी अधिकार प्रदान करती है।

(b) इसमें लाभार्थियों में एक-तिहाई महिलाओं का होना अनिवार्य है, साथ ही विकलांग एवं अकेली महिलाओं की भागीदारी को बढ़ाने का प्रावधान किया गया है।

(c) प्रावधान के अनुसार आवेदन जमा करने के 15 दिनों के भीतर या जिस दिन से काम की माँग की जाती है, आवेदक को रोजगार प्रदान किया जायेगा। यदि काम नहीं उपलब्ध कराया जाता है तो बेरोजगारी भत्ता दिया जायेगा।

(d) पंचायत राज संस्थानों को मनरेगा के तहत किये जा रहे कार्यों के नियोजन, कार्यान्वयन और निगरानी हेतु उत्तरदायी बनाया गया है।

(e) इसके तहत कार्यस्थल पर बुनियादी सुविधाओं जैसे-पीने का पानी और प्राथमिक चिकित्सा आदि का प्रावधान करना अनिवार्य है।

(f) मनरेगा के तहत आर्थिक बोझ केन्द्र और राज्य सरकार द्वारा साझा किया जाता है। इस कार्यक्रम के तहत कुल तीन क्षेत्रों पर धन व्यय किया जाता है। पहला अकुशल, अर्धकुशल और कुशल श्रमिकों की मजदूरी, दूसरा आवश्यक सामग्री और तीसरा प्रशासनिक लागत। केन्द्र सरकार अकुशल श्रम लागत का 100 प्रतिशत, अर्धकुशल और कुशल श्रम की लागत का 75 प्रतिशत, सामग्री लागत का 75 प्रतिशत और प्रशासनिक लागत का 6 प्रतिशत वहन करती है, वहीं शेष लागत का वहन राज्य सरकार द्वारा किया जाता है।

मनरेगा दुनिया का सबसे बड़ा सामाजिक कल्याण कार्यक्रम है, जिसने ग्रामीण श्रम में एक सकारात्मक बदलाव को प्रेरित किया है। ग्रामीण गरीबी को कम करने के अपने उद्देश्य की पूर्ति करते हुए यक़ीनन इस कार्यक्रम के द्वारा ग्रामीण क्षेत्र के लाखों लोगों को गरीबी से बाहर निकालने में कामयाबी हासिल की है। आजीविका और सामाजिक सुरक्षा की दृष्टि से मनरेगा ग्रामीण गरीब महिलाओं के सशक्तीकरण हेतु एक सशक्त साधन के रूप में सामने आया है। आँकड़ों के अनुसार वित्तीय वर्ष 2015-16 में मनरेगा के माध्यम से उत्पन्न कुल रोजगार में से 56 प्रतिशत महिलाओं के लिए था। 2018-19 में मनरेगा के तहत कुल 7.76 करोड़ व्यक्ति को रोजगार उपलब्ध कराया गया था। इसके द्वारा आजीविका के अवसरों के सृजन के माध्यम से अनुसूचित जाति और अनुसूचित जनजातियों के उत्थान में भी मदद की है। इसी कारण विश्व बैंक ने 2015 में इसे विश्व के

सबसे बड़े लोक-निर्माण कार्यक्रमों के रूप में इसे मान्यता दी थी। नेशनल कौंसिल ऑफ अप्लाइड इकोनोमिक रिसर्च (NCAER) की रिपोर्ट के मुताबिक गरीब व सामाजिक रूप से कमजोर वर्गों जैसे–मजदूर, आदिवासी, दलित एवं छोटे सीमान्त कृषकों के बीच गरीबी कम करने में मनरेगा की महत्त्वपूर्ण भूमिका रही है।

ऊपर लिखित उपलब्धियों के बावजूद COVID-19 के समय प्रवासी मजदूरों के घर वापसी के समय मनरेगा रोजगार के रूप में ग्रामीण बेरोजगारी के समस्या का समाधान कर सकता है। परन्तु एक समस्या यह है कि पहले से पिछड़े राज्यों जैसे झारखंड, उत्तर प्रदेश, छत्तीसगढ़, ओड़िसा में बेरोजगारी व्याप्त है। औद्योगीकरण एवं रोजगार के वैकल्पिक स्रोतों की कमी के कारण मनरेगा में रोजगार का दवाब बढ़ जायेगा। मजदूरी भुगतान में देरी एवं मजदूरी दर का कम होना मनरेगा के समक्ष पहले ही एक चुनौती है। भ्रस्टाचार से सम्बन्धित चुनौतियाँ भी इसके समक्ष व्याप्त हैं। फर्जी मनरेगा कार्ड सम्बन्धी समाचार आये दिनों समाचार-पत्रों में दिखाई पड़ते हैं। ऐसे में इस समय जब आर्थिक मन्दी सम्पूर्ण राष्ट्र की समस्या है, और अर्थव्यवस्था में माँग में वृद्धि के लिए लोगों के हाथों में क्रयशक्ति का प्रसार करना है, मनरेगा के समक्ष विकराल चुनौती है। लेकिन मनरेगा की ऊपर लिखित उपलब्धियों को ध्यान में रखते हुए अल्पकालिक उपायों और दीर्घकालिक उपायों का सहारा लिया जाये तो मनरेगा प्रवासी श्रमिकों को काम उपलब्ध करा सकता है और "हर हाथ को काम" का नारा सफल हो सकता है।

अल्पकालिक उपाय– राज्य सरकारों को तुरन्त सार्वजनिक कार्यों को शुरू करना चाहिए। स्थानीय निकायों को भी वापस लौटे प्रवासी श्रमिकों की खोज करनी चाहिए और उनका जॉब कार्ड बनाकर काम देना चाहिए। श्रमिकों के लिए साबुन, पानी, और मास्क जैसी प्रर्याप्त बुनियादी सुविधाएँ निःशुल्क प्रदान की जानी चाहिए। शुरुआत के तीन महीनों तक श्रमिकों को उनके खातों में मासिक 6,000 रुपये डाल देना चाहिए (मनरेगा के प्रतिदिन के 202 रुपए के हिसाब से) चाहे उन्हें काम मिले या न मिले। इससे अर्थव्यवस्था में माँग बढ़ेगी और उत्पादन इकाइयाँ कार्य करना शुरु करेंगे। इससे मनरेगा पर रोजगार का दवाब भी कम होगा और रोजगार के वैकल्पिक उपाय सृजित हो सकेंगे।

दीर्घकालिक उपाय– ग्राम पंचायतों को कार्य स्वीकृति देने, माँग पर काम प्रदान करने और भुगतानों में किसी भी प्रकार की देरी से बचने के लिए वेतन भुगतान को अधिकृत करने हेतु प्रयाप्त संसाधन शक्तियाँ और जिम्मेदारियाँ प्रदान करने की आवश्यकता है। अर्थात विकेन्द्रीकृत शासन-प्रणाली को महत्त्व देना होगा। मनरेगा को अन्य योजनाओं के साथ जोड़ना होगा जैसे–ग्रीन इंडिया पहल, स्वच्छ भारत अभियान आदि। निष्कर्ष के रूप में कहा जा सकता है कि ग्रामीण क्षेत्रों में मनरेगा वर्तमान परिवेश में प्रवासी श्रमिकों के लिए रोजगार का एक विकल्प है, और COVID-19 के फलस्वरूप उत्पन्न विकट समस्या के समाधान में यह प्रभावी साबित होगा।

14

गाँव लौटे मजदूरों की रोजगार समस्यायें

डॉ. विनीता त्यागी

लॉकडाउन के दौरान लाखों प्रवासी मजदूरों की वापसी पर केन्द्र और राज्य सरकार के बीच रार मची हुई है, जबकि मजदूर अभी भी पैदल और चोरी-छिपे घर आने को मजबूर हैं। एक बड़ा सवाल यह भी है कि इन मजदूरों का आगे का जीवन कैसे चलेगा?

लॉकडाउन की वजह से अलग-अलग राज्यों में फँसे प्रवासी मजदूरों की घर वापसी के लिए राज्य सरकारों ने अपनी ओर से पहल की है तो तमाम हील-हवाले और राज्यों के अनुरोध पर रेल मन्त्रालय ने भी इन मजदूरों को घर पहुँचाने के लिए श्रमिक स्पेशल ट्रेनें चलायी हैं। एक ओर ट्रेन के किराये पर जमकर विवाद हो रहा है तो इन श्रमिक स्पेशल ट्रेनों से आने वाले ज्यादातर मजदूरों की शिकायत है कि उनसे न सिर्फ किराया वसूला गया बल्कि कई घंटों की यात्रा के दौरान वो भूखे-प्यासे रहे। वहीं दूसरी ओर बड़ी संख्या में मजदूरों के लौटने से पंजाब, हरियाणा और कर्नाटक जैसे कई राज्यों की चिन्तायें भी बढ़ गयी हैं।

आज महानगरों की चौहद्दियों से लेकर राज्यों की सीमाओं और गाँवों के ब्लॉक व पाठशालाओं तक लाखों मजदूर अटके पड़े हैं। ये प्रवासी मजदूर अपने गाँवों को कूच कर चुके हैं। जो नहीं निकल पाये हैं, वे माकूल मौके व साधन के इन्तजार में हैं। उन्हें अपने मुलुक पहुँचने की बेचैनी है। एक बार गाँव पहुँच गये तो शायद कोरोना का कहर खत्म होने के बाद भी वापस शहरों का रुख न करें। कोरोना महामारी के चलते पाँच करोड़ से ज्यादा प्रवासी मजदूर गाँव वापसी कर रहे हैं। कठिन चुनौती है कि जो कृषि देश की अर्थव्यवस्था में 16.5 प्रतिशत योगदान के बावजूद लगभग 45 प्रतिशत श्रम-शक्ति को खपाए हुये हो, वह बाहर से लौटे इन मजदूरों को कैसे जज्ब कर पायेगी? फिर भी 10.07 करोड़ परिवारों के 49.51 करोड़ लोगों का भार ढो रही कृषि को कम-से-कम और पाँच करोड़ लोगों को टिकाने लायक बनाना होगा। नहीं तो देश भयंकर सामाजिक अशान्ति का शिकार हो सकता है।

समस्या अभी की नहीं है कि खेतों से गेहूँ की खड़ी फसल को घर लाना है या फल-

सब्जियाँ बरबाद होती चली जा रही हैं और दो-तीन महीने पहले तक 50 रुपये किग्रा में बिकते दूध को अब 25-20 रुपये किग्रा में निकालना पड़ रहा है। यह सब मुश्किल तो कोरोना की विदाई के बाद माँग बढ़ने पर दूर हो जायेगी। समस्या बाद की है। गाँवों में लौटे मजदूर अभी तक बाहर से धन भेजकर खेती-किसानी के लिए कैश का इन्तजाम कर देते थे। लेकिन अब यह स्रोत सूख गया है।

दूसरे, इन मजदूरों के भरण-पोषण का बोझ भी अब खेती पर आ गया है। इसलिए समस्या का तात्कालिक नहीं, स्थायी समाधान निकालना होगा। क्या हो सकता है यह समाधान? सीधा समाधान यही है कि ग्रामीण इलाकों में कृषि आधारित छोटे-छोटे उद्योग लगाये जायें और खेती को गेहूँ-धान, चना-मटर व गन्ने जैसी पारम्परिक फसलों के दायरे से निकालकर व्यापक बनाया जाये। किसान हेल्थफूड माने जा रहे अलसी या सावाँ-कोदो की खेती फिर से क्यों नहीं शुरू कर सकता? समग्र समाधान के लिए ग्रामीण इलाकों में जरूरी इंफास्ट्रक्चर व मार्केटिंग तन्त्र पर भारी निवेश करना पड़ेगा। यह निवेश सरकार को ही करना होगा। इसे लगातार मुनाफा बढ़ाने के चक्कर में लगे निजी क्षेत्र पर नहीं छोड़ा जा सकता।

आखिर इसके लिए धन कहाँ से आयेगा तो इसका सीधा-सा जवाब है कि इस समय सरकार खाद्य सुरक्षा के नाम पर एफसीआई को सालाना लगभग 3.5 लाख करोड़ रुपये की सब्सिडी देती है। यह वो निगम है जहाँ टनों अनाज खुले में भीगने से सड़ या सड़ा दिया जाता है तो उसे औने-पौने दाम पर शराब निर्माता इकाइयों को दे दिया जाता है। इस सब्सिडी को तर्कसंगत बनाकर ग्रामीण इंफ्रास्ट्रक्चर के लिए बड़ी रकम निकाली जा सकती है। साथ ही केन्द्र से ग्रामीण विकास विभाग को सालाना मिल रहे लगभग 1.20 लाख करोड़ रुपये का सही लेखा-जोखा किया जाना चाहिए।

अगर ब्लॉक नहीं तो तहसील स्तर पर स्पेशल इकोनॉमिक जोन की तरह फूड प्रोसेगिंग जोन बना दिये जायें। इनमें इकाइयाँ लगाने के लिए किसानों के फार्मर्स प्रोड्यूसर ऑर्गेनाइजेशन्स (एफपीओ), सहकारी समितियों और कम्पनियों को प्रोत्साहित किया जाये। देश में इस वक्त भारतीय कृषि अनुसन्धान परिषद के 102 संस्थान, 71 राज्य कृषि विश्वविद्यालय और 716 कृषि विज्ञान केन्द्र हैं। इनके जरिए किसानों तक अत्याधुनिक टेक्नोलॉजी पहुँचायी जाये।

असल में सरकार गाँवों से शहरों में पलायन करते मजदूरों की समस्या से सालों-साल से वाकिफ है। इसीलिए पहले 100 स्मार्ट शहर बनाने का मिशन बनाया गया ताकि मजदूरों को नजदीक में ही काम मिल जाये। बाद में इस मिशन का लक्ष्य 4000 शहरों का कर दिया गया। दिक्कत यह है कि अभी तक स्मार्ट सिटी के नाम पर पुराने शहरों को ही रंग-रोगन किया जा रहा है। जरूरत है कि हर तहसील या ज़िला मुख्यालय को स्मार्ट शहर के रूप में विकसित किया जाये ताकि गाँव लौट चुके मजदूर स्थानीय अर्थव्यवस्था

को बढ़ाने में योगदान कर सकें।

ऐसी परिस्थिति में उल्लेखनीय बात यह है कि अगर जिला प्रशासन को अत्यधिक संवेदनशील बना दिया जाये तो वह ग्रामीण अंचलों में स्वत:स्फूर्त तरीके से उभर रही उद्यमशीलता को मॉडल बनाकर विकसित कर सकता है। मसलन, उत्तर प्रदेश के आजमगढ़ जिले में कुछ साल पहले एक किसान ने केला प्रोसेसिंग यूनिट लगा ली। आज उस यूनिट में तमिलनाडु तक से केले प्रोसेस होने के लिए गाड़ी में भरकर आते और चले जाते हैं। मध्य प्रदेश में सागर जिले में एक नौजवान तीन एकड़ खेती से मल्टी-लेयर फार्मिंग से साल-भर में 15 लाख रुपए बना रहा है, वो भी बिना किसी रासायनिक उर्वरक के इस्तेमाल के। हर ग्रामीण इलाके में इतने औषधीय पौधे झाड़-झंखाड़ के रूप में उगते हैं कि उनकी प्रोसेसिंग से सारा इलाका आबाद हो सकता है। कहने का मतलब यह कि समाधान हर तरफ बिखरे पड़े हैं। बस, जरूरत है तो खोजने की सही नीयत और साफ नजर की।

15

मुसीबत पड़ते ही पूँजी ने श्रम को किया पराया

डॉ. रश्मि शुक्ला

कोरोना वैश्विक महामारी ने जिन मुद्दों और समस्याओं की तरफ सरकारों और लोगों का सर्वाधिक ध्यान आकर्षित किया है, उनमें से प्रवासी कामगारों की समस्या सबसे गम्भीर है। भारतीय मानव विकास सर्वेक्षण के अनुसार प्रवासी मजदूरों की अधिकांश जनसंख्या पिछड़े क्षेत्रों, राज्यों, आर्थिक एवं सामाजिक रूप से पिछड़े वर्गों से सम्बन्धित है।

कोरोना वायरस संकट ने हमारा ध्यान उन समस्याओं की ओर आकर्षित किया है, जिनका सामना इन प्रवासी श्रमिकों को आये दिन करना पड़ता है। क्या अपने ही देश में संविधान प्रदत्त अधिकारों के बावजूद कामगारों को प्रवासी कहना, उनके साथ परायों जैसा व्यवहार करना उचित है? प्रवासी शब्द मात्र ही उन्हें, बेघर, मेजबान राज्य पर निर्भर और आत्म-स्वाभिमान से वंचित करता है।

अब्राहम लिंकन ने कहा था, "श्रम पूँजी से पहले और स्वतन्त्र है। पूँजी केवल श्रम का फल है और पूँजी कभी भी अस्तित्व में नहीं आ सकती थी, यदि श्रम का अस्तित्व नहीं होता। अत: श्रम पूँजी से श्रेष्ठ है और यह अधिक महत्त्व का हकदार है।" श्रम भारत का एक आकर्षण है, लेकिन तब भी श्रमिक को उचित स्थान और अधिकार प्राप्त नहीं है। जहाँ एक ओर कामगारों की समस्या को मानवीय दृष्टिकोण से देखने की ज़रूरत है। काम और श्रम को उचित महत्त्व व सम्मान देने की ज़रूरत है। वहीं दूसरी ओर, मजदूरों की समस्याओं के दूरगामी समाधान के लिए सरकारी प्रयासों को और व्यवस्थित करने की ज़रूरत है। इस प्रयास में कुछ बिन्दुओं पर ध्यान दिया जा सकता है। पहला, आवास और शहरी गरीबी उपशमन मन्त्रालय द्वारा 2015 में पार्थ मुखोपाध्याय की अध्यक्षता में 18 सदस्यीय कार्यकारी समूह बनाया गया था, जिसने प्रवासी कामगारों की समस्या पर जो सिफारिशें की थीं, उन्हें लागू करने की जरूरत है। दूसरा, असंगठित क्षेत्रों के मजदूरों के लिए एक व्यापक नीति बनानी चाहिए, ताकि उन्हें काम करने की उचित परिस्थितियाँ, समय पर मजदूरी, उचित वेतन, अवकाश एवं कार्य-स्थल पर सुरक्षा मिले। तीसरा, सभी प्रवासी मजदूरों को कार्यस्थल पर ही खाद्य सुरक्षा सुनिश्चित करने के लिए 'वन नेशन-

वन राशन कार्ड स्कीम' को प्रभावी बनाया जाये, ताकि कोई मजदूर किसी भी राज्य में सार्वजनिक वितरण प्रणाली (पी. डी. एस.) का लाभ उठा सके।

चौथा, राष्ट्रीय खाद्य सुरक्षा एवं जन वितरण प्रणाली के अन्तर्गत मोटा अनाज, दाल, तेल जैसी ज़रूरी सामग्रियों को शामिल किया जा सकता है। इससे श्रमिकों को पोषण भी सही मिलेगा। पाँवचाँ, श्रमिकों के बच्चों की शिक्षा के लिए कार्य-स्थल पर ही श्रमिक स्कूल खोले जा सकते हैं जो दूसरे कार्यस्थलों पर चल रहे ऐसे ही श्रमिक स्थलों से जुड़े हों, ताकि जब मजदूर एक जगह से दूसरी जगह जायें, तो उनके बच्चों की शिक्षा बाधित या प्रभावित न हो।

छठा, मनरेगा के अन्तर्गत कार्य-दिवसों की संख्या 100 से बढ़ाकर 200 की जा सकती है।

"कामगारों की समस्या को मानवीय दृष्टि से देखने की ज़रूरत है। श्रम को उचित महत्त्व व सम्मान देने की आवश्यकता है।"

सातवीं, अत्यधिक गरीब लोगों की न्यूनतम आय सुनिश्चित करने के लिए यूनिवर्सल बेसिक इनकम जैसी किसी योजना पर विचार किया जा सकता है। सरकारें सुनिश्चित करें कि उनके पास प्रवासी श्रमिकों का पर्याप्त डाटा रहे, ताकि कोई फैसला लेने में आसानी हो। योजनाओं के जरिये मजदूरों को नामांकन के लिए प्रेरित करना चाहिए।

हमें प्रवासियों की समस्या को सम्पूर्णता में देखना होगा। तात्कालिक के साथ-साथ दीर्घकालिक रणनीति बनाने की ज़रूरत है। शहरों के साथ-साथ गाँवों में भी लाभदायक रोजगार सृजित करने होंगे। इसके लिए ग्रामीण विकास पर विशेष ध्यान देना होगा। हम अपनी विशाल आबादी का फायदा तभी उठा सकेंगे, जब हम अपने युवाओं को प्रशिक्षित कर रोजगार देंगे। इस दिशा में सामूहिक प्रयासों की जरूरत है, ताकि मेहनतकश समाज को गरिमामय जीवन दिया जा सके।

"श्रमिकों के शारीरिक योगदान से ही अर्थव्यवस्था में रोजगार और उत्पादन सम्भव है। श्रमिक अर्थव्यवस्था की रीढ़ हैं।"

खंड-3

ग्रामीण विकास योजनायें

16

Truth of Rural Development Projects

Surendra Pratap

ABSTRACT– Rural development has traditionally centered on the exploitation of land-intensive natural resources such as agriculture and forestry. However, changes in global production networks and increased urbanization have changed the character of rural areas. Increasingly tourism, niche manufacturers, and recreation have replaced resource extraction and agriculture as dominant economic drivers. NEED was promoting health awareness, education, consciousness about environmental issues, sanitation and hygiene. Woman practiced family planning and the desired number of children, they went for hysterectomy operations performed in government hospitals. Pulse polio immunisation camps had been held in the village and due to the awareness created by NEED it was well received. The Shakti Project of the Government financially supported by the World Bank. They were also aware of other government programmes such as :

1. **Indira Awas Yojana:** under which two people received Rs. 17000 each. They were aware that the bank officials and block development officials have usurped Rs. 3000 each, as the entitlement under the programme was Rs. 20000.
2. **Pregnant Women Scheme (Maitritv Labh Yojana):** under which two women from below poverty line families have benefited by receiving Rs. 500 each on the birth of their children.
3. **Baalika Samridhi Yojana:** the village women were aware that under this programme below poverty line families were entitled to receive Rs. 500 each for the first and the second girl child born to them. However, there were no beneficiaries under this scheme in the village so far.
4. **Antodaya:** under which there were three beneficiaries.
5. **Annapoorna:** under which there were two beneficiaries.

6. **Swarnajayanti Gram Swarajya Yojana:** Under which a mud road construction had been initiated in 2002. Apart from the benefits of the road, the villagers were benefitting from working as labourers and receiving Rs. 28 in cash and Rs. 30 worth of wheat per day as labour charges. Only men went to work as labourers. It is well known that weather induced fluctuations are a normal feature in agricultural production and the rate of growth in the agriculture sector is influenced by these fluctuations.

The thrust areas for the clean and green village development programme are the following :

1. **Democratising the villages:** By far the projects implemented through the self-help groups or Swajal or any other group approach seems to have a better impact on the project and the intended beneficiaries. Therefore, the future projects shall have the approaches of building groups and implementing through them.
2. **Nested institutions:** The village level groups thus formed shall be strengthened through a nested institutional approach by continuous training and capacity building. This would provide a lasting support and result in sustained functioning of the civil society groups in the villages.
3. **Massive programmes required:** Programmes of a bigger scale implemented through the local organisations rather than the government need to be planned.
4. Implementation of the village infrastructure projects shall be at best done through the beneficiaries or through their groups. It is found in almost all cases that the implementation through these civic society groups is better than through the contractors or the middlemen.

Government Programmes: The Ministry of Rural Development is implementing a number of programmes with the support of the GoI aimed at sustainable development of rural areas with focus on the disadvantaged sections. A strategic pro-poor policy has been adopted under which the rural poor are treated as a net resource with their own ideas and experiences in tune with the local conditions. A number of new initiatives have been introduced in the course of the last two years. While some of these are based on the experience gained over the years, others are in response to the needs, which had yet to be effectively addressed.

Centrally sponsored scheme:.The construction work is managed by Public Works Department (PWD) and Rural Engineering services as per specifications laid down by the GoI. The zilla parishad/village panchayat makes annual work plans and recommendations. This scheme if of prime importance due to the importance of rural roads for economic growth and poverty alleviation. In April 2000, GoI launched the Pradhaan Mantri Gramodaya Yojana comprising five programmes relating to rural drinking water, rural housing, primary health, primary education and nutrition. A separate department for drinking water supply in the Ministry of Rural Development, GoI was created to expedite the availability of safe drinking water to people in rural areas. The department had been mandated to provide safe drinking water in all rural habitations by 2004.

Jawahar Gram Samriddhi Yojana (JGSY): The programme was started on April 1, 1999 to ensure development of rural infrastructure at the village level. This programme is sponsored by the Central Government with 75 percent budgetary allocation and 25 percent by the state government. It is a wage employment programme. The Scheme aims to provide employment opportunity to the rural unemployed. It responds to creation of demand-driven community village infrastructures—durable assets at the village level and the assets to enable the rural poor to increase the opportunities for sustained employment. Implementation of JGSY is done entirely by the village panchayat.

Swarnjayanti Gram Swarozgar Yojana (SGSY): A new programme known as 'Swarnjayanti Gram Swarozgar Yojana' (SGSY) was launched in April 1999. This is a holistic programme covering all aspects of. There are two main aspects of SGSY, namely activity clusters and the group approach. Each block has to concentrate on 4 to 5 key activities based on local resources, occupational skills of the people and availability of markets so that the swarozgaris can draw sustainable income from their investments.

Sampoorna Grameen Rozgaar Yojana (SGRY): In November 2001, the Sampoorna Grameen Rozgaar Yojana (SGRY) was launched by merging Jawahar Gram Samriddhi Yojana and Employment Assurance Scheme (EAS). Gainful employment, food security and strengthening of community, social and economic infrastructure in rural areas are the objectives of this important scheme. This will be available to all rural poor (BPL/APL) who are in need of wage employment and willing to take up manual unskilled work. In order to ensure people's participation, the programme is being implemented through the Panchayati Raj Institutions.

Indira Awas Yojana (IAY): This scheme targets the poor people without proper houses. The beneficiaries are selected in open meetings of the panchayats which prevents allocation to non-eligible beneficiaries and prevents corruption. The poorest of the beneficiaries who live without a house or live in huts without a door are given pucca houses free of cost. There are two parts to the scheme: one for new houses, where Rs. 20000 is provided and the other for repairing houses for which Rs. 10000 is provided.

Conclusion

Yet a number of projects provide to village but the development is equal to nothing. Main problem is corruption is spread their peak position. We can developed rural areas to eradicate corruption. Now a days we are suffering from COVID-19 all over the world. Migratory people move from one place to another place towards rural areas from urban. Thus we can say that villages are the main ares which provides shelters food and other suppliments etc. Gov. provide a number of plans and project but development are very less amount due to corruption and many more factors.

17

ग्रामीण विकास परियोजनाओं का सच

भुवाल चौहान

भारत में स्वतन्त्रता के पश्चात देश के सम्पूर्ण विकास के लिए जब पंचवर्षीय योजनायें प्रारम्भ की गयीं तब पहली बार यह अनुभव किया गया कि ग्रामीण विकास के द्वारा ही देश का वास्तविक विकास सम्भव है।

जब तक गाँवों से निर्धनता, बेकारी भुखमरी, अशिक्षा तथा अनेक दूसरी समस्याओं को दूर नहीं किया जायेगा तब तक सच्चे अर्थों में देश का सामाजिक और आर्थिक विकास नहीं किया जा सकता। इस लक्ष्य को पाने के लिए समय-समय पर अनेक विकास कार्यक्रम आरम्भ किये गये जिनमें सामुदायिक विकास कार्यक्रम जमींदारी उन्मूलन सहकारिता अन्त्योदय कार्यक्रम, काम के बदले अनाज कार्यक्रम, महात्मा गाँधी राष्ट्रीय ग्रामीण रोजगार गारंटी योजना, राष्ट्रीय ग्रामीण आजीविका मिशन, प्रधानमन्त्री ग्राम सड़क योजना, स्वरोजगार के लिए ग्रामीण युवाओं को प्रशिक्षण, अन्त्योदय अन्न योजना, राष्ट्रीय ग्रामीण स्वास्थ्य मिशन, दीनदयाल उपाध्याय ग्रामीण कौशल योजना आदि कार्यक्रम प्रमुख हैं।

इन सभी कार्यक्रम के बाद भी यह महसूस किया गया कि इन कार्यक्रमों पर जितना अधिक धन व्यय किया गया उसके अनुपात में न तो छोटे किसानों की समस्यायें दूर हुईं और न ही कुल मिलाकर ग्रामीण निर्धनता और बेरोजगारी में उल्लेखनीय सुधार हो सका। इस दृष्टिकोण से विभिन्न कार्यक्रम की कमियों को दूर करने तथा अत्यधिक निर्धन ग्रामीणों की दशा में सुधार करने के लिए सन् 1978-79 से एक व्यापक कार्यक्रम आरम्भ किया गया। ग्रामीण विकास कार्यक्रम ग्रामीण का वह व्यापक कार्यक्रम है जो ग्रामों के विकास से सम्बन्धित अनेक छोटे-बड़े कार्यक्रमों को मिलाकर आरम्भ किया गया। इस कार्यक्रम से पहले गाँव के छोटे किसानों, सूखाग्रस्त क्षेत्रों तथा ग्रामीण रोजगार से सम्बन्धित अनेक योजनायें प्रारम्भ की गयी थीं लेकिन उनमें से किसी भी योजना का विस्तार सम्पूर्ण भारत में समान रूप से नहीं था। विभिन्न कार्यक्रमों में कृषकों को जो भी सुविधायें प्रदान की गयी थीं, उनका लाभ गाँव के बड़े और सम्पन्न किसान ही प्राप्त

कर लेते थे जबकि छोटे और गरीब किसानों को उन कार्यक्रमों की जानकारी भी नहीं हो पाती थी। इन कार्यक्रमों से देश को कुछ लाभ अवश्य मिला, लेकिन गाँवों में रहने वाले अत्यधिक निर्धन लोगों की दशा में सुधार नहीं हो सका। इस स्थिति में यह निर्णय लिया गया कि एक ऐसा कार्यक्रम प्रारम्भ किया जाय जिसकी सहायता से ग्रामीण क्षेत्रों में उन किसानों की दशा में सुधार किया जा सके जो निर्धनता की सीमा से भी नीचे रहकर जीवन व्यतीत कर रहे हैं। यह कार्यक्रम तभी सम्भव था जब अत्यधिक निर्धन किसानों तथा भूमिहीन श्रमिकों को रोजगार के अधिक-से-अधिक अवसर देकर उनकी आर्थिक स्थिति में सुधार किया जाता।

हमारे देश में कोई सही आँकड़े उपलब्ध नहीं हैं जिससे हम यह जान सकें कि भारत में विकलांगों, भिखारियों, असमर्थ लोगों, निराश्रित व्यक्तियों, साधनहीन लोगों संख्या कितनी है तथा उनके लिए किस तरह की सुविधाओं की आवश्यकता है। इसी तरह स्वच्छता, पीने का पानी, आवास, और श्रमिकों की दशाओं से सम्बन्धित केवल वे ही जानकारियाँ सरकार के पास उपलब्ध रहती हैं जो स्थानीय स्तर से बहुत चढ़ा-बढ़ा कर सरकार को भेजी जाती हैं। इसके फलस्वरूप जो भी योजनायें बनायी जाती हैं वे सैद्धान्तिक अधिक होती हैं, व्यावहारिक कम।

विभिन्न अध्ययनों से यह स्पष्ट हो चुका है कि कल्याणकारी योजनाओं के द्वारा जिन लोगों की दशा में सुधार करने का प्रयत्न किया जाता है, सरकारी विभागों के भ्रष्टाचार के कारण उन्हें उनका कोई वास्तविक लाभ नहीं मिल पाता।

उदाहरण के लिए– गाँवों में बहुत निर्धन किसानों को अपनी आर्थिक दशा में सुधार करने के लिए जो ऋण तथा अनुदान देने की योजना बनायी जाती है, उसका एक बड़ा हिस्सा सम्बन्धित विभागों के कर्मचारी हड़प लेते हैं।

सच्चाई यह है कि गाँव का प्रधान जॉबकार्ड बनवाने के लिए 50 रुपये तक का घूस लेते हैं तथा अपने गाँव के लोगों का जॉबकार्ड न बनाकर दूसरे गाँव के लोगों का जाबकार्ड बनाते हैं तथा बैंक मैनेजर से मिलकर फर्जी तरीके से मनरेगा का पैसा उतारते रहते हैं। गाँव में जो भी योजनायें आती हैं उसका लगभग 10 प्रतिशत ही काम हो पाता है बाकी पैसे ग्राम के प्रधान व कर्मचारी मिलकर खा जाते हैं। सरकार मनरेगा के अन्तर्गत 100 दिन का काम देने की बात तो करती है लेकिन गाँव की गरीब व्यक्तियों को एक या दो महीने ही काम मिल पाता है। वास्तविक मूल्यांकन इसी बात से हो सकता है कि असहाय और पिछड़े वर्गों की समस्याओं का किस सीमा तक समाधान हुआ और विभिन्न कार्यक्रमों सम्बन्धित वर्गों की सहभाग की सीमा क्या है?

भारत के ग्रामीण क्षेत्रों में निर्धनता को कम करने में बहुत अधिक सहायता मिल सकती है। आवश्यकता केवल इस बात की है कि इस कार्यक्रम को सही ढंग से लागू किया जाय तथा गलत सूचनायें देकर लाभ प्राप्त करने वाले लोगों को किसी-न-किसी

रूप में दंडित किया जाय।

नेपोलियन बोनापार्ट ने कहा था कि– “अपनी महानता को बनाये रखने के लिए काम करने के अपने तरीकों में बदलाव करते रहें।...बड़ी कामयाबी के लिए असाधारण उपाय किये ही जाने चाहिए।”

खंड-4

श्रमिक ट्रेन और सियासत

18

श्रमिक ट्रेन और सियासत के चक्रव्यूह में उलझा प्रवासी मजदूर

डॉ. रवीन्द्र अमीन

अमीर और गरीब, मालिक और मजदूर, ज़मींदार और श्रमिक के बीच सदियों से भेदभाव प्रवर्तित है, युगों से उनके मध्य संघर्ष चला आ रहा है। मालिक और मजदूर के बीच के नाज़ुक सम्बन्ध, तनाव, संघर्ष को समाजशास्त्रियों, अर्थशास्त्रियों के साथ साहित्यकारों ने भी संवेदनशील होकर अपनी रचनाओं का वर्ण्य-विषय बनाया है। एक दौर था जब भारतीय उपखंड से गरीब, निर्धन, अशिक्षित लोगों को जबरन गुलाम बनाकर अनजानी ज़मीन पर कठिन शारीरिक श्रम करने के लिए ले जाने की प्रवृत्ति बहुत ज़ोर-शोर से चली। विश्व के अनेक देशों में अनजाने स्थानों पर भारतीय उपखंड के लोग जबरन ले जाये गये। दो वक्त की रोटी के जुगाड़ में उन बेबस लोगों को यह भी पता नहीं था कि कौन-से दलदल में वे फँसते जा रहे हैं। गुलाम बनाकर ले जाये गये वे लोग एक बार यहाँ से उखड़े, फिर कभी वापस लौटकर ना आ पाये। जिन्होंने आने की कोशिश की, विद्रोह किया, वे समन्दर में या ज़मीन के नीचे गाड़ दिये गये थे। ऐसे प्रवासी मजदूर जो अपनी सरज़मीं से कटकर जिन्दगी जीने के लिए बाध्य रहे, उनकी कठिनाइयाँ, वेदना-व्यथा से हिन्दी साहित्य-जगत् अपरिचित नहीं। लेकिन इक्कीसवीं शताब्दी के तीसरे दशक में प्रवासी मजदूर की जो चर्चा चल रही है, वह भारतीय समाज और साहित्य के लिए सर्वथा नवीन है।

नवम्बर-दिसम्बर, 2019 में चीन के वुहान शहर में दिखाई दिये और 2020 के प्रारम्भ के साथ विश्व में संचरण करने वाले कोरोना (कोविड-19) ने अपना आतंक फैला दिया। जब विश्व के अनेक देश इस महामारी से भयाक्रान्त थे, देश की जनता को सुरक्षित रखने के उपाय ढूँढ़ने में व्यस्त थे, तब भारत अमेरिका के राष्ट्रपति डोनाल्ड ट्रम्प के अहमदाबाद (24 फरवरी, 2020) में भव्य स्वागत के लिए जी-जान से जुटा हुआ था। अहमदाबाद में मोटेरा स्टेडियम और रोड-शो में लाखों की भीड़ इकट्ठा कर 'नमस्ते ट्रम्प' कार्यक्रम के द्वारा विश्व को चकाचौंध कर देने के बेतुके प्रयत्न किये गये। (इस तमाशे

का कोई प्रत्यक्ष लाभ देश की 130 करोड़ जनता को अभी तक मिला नहीं!) वह समय कदाचित् बहुत पर्याप्त था, सम्भावित तालाबन्दी के समय मध्य व निम्न वर्ग को सुरक्षित स्थान पर रखने का आयोजन कर भारत को कम-से-कम आर्थिक हानि हो तथा देश में महामारी का संक्रमण अधिक फैले नहीं उसके उपाय ढूँढ़ने के लिए! लेकिन ख़तरों के समय शासकों का मूर्खतापूर्ण प्रदर्शन कोई नयी बात नहीं है। विश्व के इतिहास में इसके अनेकों उदाहरण मिल जाते हैं। भारत में भी इतिहास दोहराया गया और परिणामतः जून के प्रथम सप्ताह के अन्त में इस महामारी से प्रभावित विश्व के देशों में अमेरिका प्रथम स्थान पर और भारत 'विकास' करते हुए चौथे-पाँचवें स्थान पर पहुँच रहा है और शीर्षस्थ स्थान पर जाने की सम्भावना नकारी नहीं जा सकती, क्योंकि संशोधनकर्ता और सम्बन्धित वैज्ञानिकों का अनुमान है कि भारत में अभी और भी अधिक भयावह रूप देखना बाकी है। कहने तात्पर्य यह है कि अधिक आत्मविश्वास और दूरन्देशी के अभाव में देश की जनता को जो पीड़ा भुगतनी पड़ी है, उसमें सियासत कम जिम्मेदार नहीं!

22 मार्च को जनता कर्फ्यू और उसके बाद 21 दिन का तालाबन्दी का निर्णय, जो रात में एकाएक लगाया गया, के कारण सबसे अधिक कोई प्रभावित हुआ है तो वह मजदूर-वर्ग था। प्रारम्भ में मजदूरों के लिए खाने का प्रबन्ध दयालु व्यक्तियों, स्वयंसेवी संस्थाओं आदि द्वारा किया गया। लेकिन निश्चित रूप से यह पर्याप्त व्यवस्था नहीं थी। जाहिर है कि कठिन शारीरिक श्रम करने वाले मजदूर को भरपेट खाना चाहिए। 10-12 रोटी खाने वाले को 2-4 रोटी मिले तो वह कैसे गुजारा कर सके? भूख से बिलखते बच्चे, दवाई के अभाव में तड़पते माँ-बाप और बिना श्रम के छोटे-छोटे कमरों में बैठे भय, असुरक्षा के साये तले उनको वक्त काटना मुश्किल लगे ही! आवश्यकताएँ पूरी न होने से तथा शासन द्वारा ठोस कदम ना उठाये जाने से संशयग्रस्त स्थिति में वे विचलित हो उठे और पैदल ही अपने गाँव जाने का कठिन निर्णय लेने को बाध्य हुए। सैकड़ों की संख्या में मजदूर अनजानी राहों पर, बिना किसी व्यवस्था या आयोजन के अपने गाँव की ओर चल पड़े। दिन-रात भूखे-प्यासे बिना थके, बिना हारे चलते ही रहे। बीमार, अशक्त व्यक्तियों को अपने कन्धों पर उठा कर चलते हुए भी दिखाई दिये। फिर भी उनकी पीड़ा की ओर अधिक ध्यान नहीं दिया गया। जब तालाबन्दी का दूसरा दौर आया तो उनका धैर्य जवाब दे चुका था और देश के अनेक स्थानों पर अपनी पीड़ा बयाँ करने रास्तों पर उतरने को विवश हुए। इस दौरान उनका हिंसक होना निस्सन्देह निन्दनीय कार्य था। लेकिन जब मजदूरों के इस विरोध-प्रदर्शन की निन्दा-भर्त्सना करें तब यह ध्यान में रखना ही पड़ेगा कि यह उस शासन-प्रशासन के खिलाफ आक्रोश था जिसने उनके अस्तित्व, उनकी संवेदनाओं, उनकी मानवीय अपेक्षाओं की कहीं-न-कहीं अवहेलना की थी। लोकतान्त्रिक देश में उनकी अपनी आवाज़ अनसुनी की जा रही थी। जैसे यह देश उनका न हो, उस तरह 'पर-प्रान्तीय' का ठप्पा लगाकर उन्हें एक अलग पहचान दी जा

रही थी। ऊपर से जिनके वहाँ काम करते थे, उनमें से कई स्वार्थी, धन-लोलुप मालिकों ने वेतन देने से इनकार कर दिया। आजीविका बन्द थी, लेकिन जहाँ रहते थे वहाँ किराया तो देना था, बिजली-पानी, दवाई आदि अन्य खर्चों की व्यवस्था भी करनी थी। इन सारे तथ्यों की उपेक्षा करते हुए उन्हें एक तरह से कैद कर दिया गया।

विरोध-प्रदर्शनों से प्रवासी मजदूर की ओर ध्यान गया, लेकिन किसी भी रज्य ने यह घोषणा नहीं की कि वे भारतीय नागरिक हैं और इस नाते उनकी सुरक्षा व सुविधा की जिम्मेदारी राज्य सरकार की है। मजदूर चाहे जिस किसी भी प्रान्त का हो, आखिर वह भारतीय है और इस वजह से उसकी तमाम आवश्यकताओं की पूर्ति करने का दायित्व राज्य सरकार का है। देश का एक भी राज्य मजदूर को यह विश्वास न दिला पाया कि हड़बड़ाहट में आने की या असुरक्षा से पीड़ित होने की कोई आवश्यकता नहीं। प्रवासी मजदूर अपने ही देश में एकाएक बेघर हो गये। रोजगारी की तलाश में घर-गाँव छोड़कर दूर-सुदूर नगरों में आये थे, अब सब कुछ छोड़कर वापस जहाँ रोजगार नहीं है ऐसे अपने गाँव जाने को बेचैन हो उठे। किन्तु जाने के लिए भी कोई व्यवस्था नहीं थी। न रोजगार की कोई उम्मीद, ना खाने-पीने की समुचित व्यवस्था और न अन्य आवश्यकताओं की पूर्ति का कोई जरिया! फिर कब तक सहते या इन्तज़ार करते रहते? आखिर जब देश-भर में पथराव होने लगे तब अचानक सत्ता की आँखें खुलीं!

शासकों की आँखों से पर्दा हटा तो 1 मई से प्रतिदिन 100 श्रमिक ट्रेन चलाने की घोषणा बड़े जोर-शोर से की गयी। राजनैतिक पार्टी का परचम लहरा कर श्रमिक ट्रेन को विदा करने के फूहड़ प्रयत्न भी कहीं-कहीं दिखाई पड़े। विशेष श्रमिक ट्रेन चलाने में राज्य-राज्य के बीच परस्पर सहमति बने, अनुमति मिले तब मजदूर या फँसे हुए अन्य व्यक्ति अपने घर जा सके, ऐसा प्रावधान रहा। जब कोरोना का कहर फैल रहा था तब मजदूरों को उनके घर पहुँचाने का निर्णय लिया गया। आवश्यकता तो थी, तालाबन्दी से पहले उनके बारे में गम्भीर रूप से सोचे जाने की। खैर, देर से ही सही, आखिर उनके बारे में सोचा तो गया! लेकिन अशिक्षित मजदूर (जिनमें से हजारों की संख्या तो ऐसे मजदूर की थी, जिनके पास कोई सुविधा ही नहीं थी) को ऑनलाइन आरक्षण कराने के आदेश ने बहुत त्रस्त किया। बेबस मजदूर जैसे-तैसे जुगाड़ कर जब रेलवे स्टेशन पहुँचते थे तो घंटों तक ट्रेन का कोई अता-पता ना हो, की घटना साधारण-सी बन गयी। इन्तजार नें ही कई बार तो रातें गुजार देनी पड़ीं। बैसाख-जेठ की तपती दोपहरी में भूखे-प्यासे दर-दर भटकना पड़ा। इन सबमें महिला, बच्चे, बूढ़ों की अधिक करुण स्थिति हुई।

रेल-प्रशासन और शासकों के बीच स्पष्ट संवाद के अभाव में श्रमिकों के किराये की बात पर सियासत की जाने लगी। ट्विटर पर, मीडिया में आरोप-प्रत्यारोप किये जाने लगे। एक भी पक्ष, चाहे वह सत्ता में हो, चाहे सत्ता से बाहर विपक्ष की भूमिका अदा कर रहे हों; हर किसी ने इसमें सियासी लाभ चाहा। मजदूर की विवश, करुण दुर्दशा से

उन्हें जैसे कोई लगाव नहीं था। विपक्ष के द्वारा यह घोषणा अवश्य की गयी कि देश में श्रमिकों के लिए किराया देंगे! लेकिन उसका सफल क्रियान्वयन देखने को नहीं मिला।

श्रमिक ट्रेनें प्रवासियों को लेकर चलीं अवश्य, पर जहाँ पहुँचना था, उसकी जगह कहीं और भी पहुँच गयीं। जैसे मजदूरों को तीर्थाटन लेकर चली हो! 4-6 से लेकर 8-10 दिन ट्रेन के डिब्बों में कैदी की तरह बिना भोजन आदि की सुविधा के प्रवासी मजदूरों की स्थिति क्या रही होगी उसकी कल्पना भी दिल दहला देती है। 'दैनिक भास्कर', 'पत्रिका', 'टेलिग्राफ' और अन्य माध्यमों से प्राप्त खबरों के अनुसार महीने-भर में लगभग 50 से अधिक ट्रेनें राह भटक गयीं। रेल-प्रशासन अपने बचाव में यह घोषणा करता रहा कि रूट की व्यस्तताओं के कारण राह बदलने का निर्णय लिया गया था। पर उत्तर प्रदेश के गोरखपुर जाने निकली ट्रेन ओड़िशा के किसी स्टेशन पर पहुँच जाये तब सहज रूप से ऐसी सफाई हास्यास्पद बन जाये! राह भटकी ट्रेनों में डर, इलाज, भोजनादि का अभाव इत्यादि के कारण अनेकों ने अपनी जान गँवायी।

श्रमिक ट्रेन का भले देर से लिया गया निर्णय हो, एक प्रशंसनीय निर्णय अवश्य कहा जाना चाहिए। लेकिन उसका जिस तरीके से संचालन होना चाहिए, जैसा कार्यान्वयन होना चाहिए था, वैसा दिखाई नहीं दिया। राज्यों-राज्यों के बीच एवं रेल-प्रशासन के बीच समन्वय का अभाव खुली आँखों से दिखाई पड़ा। फलस्वरूप 60-70 दिनों के बाद भी मजदूरों की बेबस स्थिति के करुण दृश्य दिखाई पड़ रहे हैं। राज्य-राज्य के बीच सियासत चलती रही और किसी-किसी राज्य ने तो दूसरे राज्य से आये हुए प्रवासियों को स्वीकारने से इनकार भी कर दिया। आखिर उन्हें वापस लौटने बाध्य होना पड़ा। ऐसे वापस लौटे मजदूर को बिना किसी सुविधाओं के बस अड्डों, रेलवे स्टेशन पर, फुटपाथ पर खुले आसमान के नीचे रहने के लिए मजबूर होना पड़ा।

देश के आर्थिक विकास में मजदूर का योगदान कम नहीं है। अगर मजदूर ना हो तो देश का आर्थिक विकास धरा-का-धरा रह जाये यह सर्वविदित है। फिर उसके ही प्रति इतनी संवेदनहीनता, ऐसी अमानवीयता क्यों? कठोर शारीरिक श्रम करते हैं तो इसका तात्पर्य यह नहीं कि जहाँ कहीं भी उन्हें रातें काटने को विवश किया जाये। स्वतन्त्रता के पश्चात् इस रूप का विस्थापन पहले कभी नहीं देखा गया। वर्तमान समय में मजदूरों ने जो भीषण यातनायें झेली हैं उसकी कल्पना भी थरथरा देती है। बच्चों के मानसिक स्वास्थ्य पर जो विघातक प्रभाव पड़े हैं, उसका असर निस्सन्देह भविष्य के लिए हानिकारक सिद्ध होगा। मजदूर को पुनः स्थापित करने की चिन्ता के बजाय क्रमशः तालाबन्दी के दौर का चौथा चरण आते-आते केन्द्र सरकार ने मानो अपने हाथ ही हटा लिये। केन्द्रीय सियासत ने अब सारा दायित्व राज्य सरकारों पर डालने की पूरी मंशा बना ली है, ताकि जब संक्रामक बीमारी हद से ज्यादा बढ़ जाये तो उसका दोष राज्य सरकारों के सर पर मढ़ देने का अवकाश बचा रहे। यानी इसमें भी सियासती दावपेंच का बखूबी इस्तेमाल

किया जा रहा है।

मजदूर के मन में उपजे भय, असुरक्षा की भावना को देश की प्रशासनिक नीतियाँ क्यों दूर नहीं कर पा रहीं? उनके मन में उठी परायेपन की भावना से सियासत कब उन्हें मुक्त करा पायेगी, यह सुलगता हुआ प्रश्न है। उन्हें रोजगार के अवसर पुनः कब उपलब्ध होंगे अथवा जिस स्थान से उखड़कर गाँव लौटने को विवश हुए हैं, उन शहरों की ओर आने के लिए वे कितने जल्द तैयार होंगे, यह भी एक प्रश्न है। साथ ही राज्य-राज्य के बीच प्रवासी मजदूर को लेकर सियासत चल ही रही है, ऐसे समय में श्रमिक ट्रेन और अधिक कितने समय तक, किस रूप में सेवायें प्रदान करती रहेगी यह देखना बाकी है। इसके अतिरिक्त कुछ राज्यों द्वारा जोर-शोर से यह प्रचारित किया जा रहा है कि प्रवासी मजदूर के कारण कोरोना संक्रमित व्यक्तियों की तादाद में वृद्धि हो रही है। ऐसे समय में सम्भव है कि कुछ दिनों के पश्चात् प्रवासी मजदूर को स्वीकारने से कुछ राज्य सरकारें मना भी कर दें। ऐसे विकट समय में आवश्यक है कि मजदूर को लेकर देश का हर राजनैतिक पक्ष सियासत करना छोड़ एकजुट होकर उन्हें पुनः स्थापित करने का प्रयत्न करे। उम्मीद है कि चाहे राज्य सरकार हो या केन्द्र सरकार, प्रवासी मजदूर को इस देश का नागरिक समझकर उनकी आवश्यकताओं की पूर्ति के लिए, उनकी गरिमा, अस्तित्व, निजी व्यक्तित्व की रक्षा करते हुए उन्हें यह विश्वास दिलाये कि शासन-प्रशासन इन बुरे दिनों में उनके साथ है।

19

प्रवासी मजदूर श्रमिक ट्रेन व सियासत

सन्दीप कुमार शर्मा

कठिन है यहाँ किसी को भी, अपनी पीड़ा समझाना,
दर्द उठे तो, सूने पथ पर, पाँव बढ़ाना, चलते जाना!!

(सर्वेश्वर दयाल सक्सेना)

बदलते वर्तमान परिदृश्य में अगर ये कहें की आज छुआछूत को अपना लिया गया है तो असत्य नहीं होगा! कल तक जो छुआछूत अपराध की श्रेणी में आता था आज के छुआछूत में जीवन नजर आता है और इसका कारण है कोरोना जैसी वैश्विक महामारी जिसने पूरे विश्व को अपने आगोश में ले रखा है! चीन के वुहान से चले इस कीटाणु ने वर्तमान तक सारी दुनिया नाप ली है और पूरे विश्व में अपने पैर पसार लिये है और सारी वैश्विक आबादी को अपने आगोश में ले लिया है! यहाँ एक और इस संक्रमण ने सारी दुनिया नाप ली है जैवमंडल का कोई ऐसा कोना नहीं है जो इस से अछूता हो वहीं अगर भारतवर्ष में इस महामारी की दोहरी चोट देखने को मिली है भारत जैसे व्यापक व घनी आबादी एवं विविधता प्रधान देश में इस कीटाणु का प्रभाव अलग-अलग देखने को मिला है! भारत-वर्ष में एक वर्ग ऐसा है जो आत्मविश्वास से ओत-प्रोत है व जिस पर कोरोना नामक संक्रमण का भय नहीं देखने को मिला, अगर मिला तो ताली-थाली-घंटी बजाकर इस वायरस से लड़ने का जज्बा देखने को मिला और प्राथमिक रूप से इसका इलाज और इस पर आक्रमण ताली-थाली से उस वर्ग द्वारा किया गया, यह वर्ग आराम से घर पर रहकर इस संक्रमण से लड़ सकता है वहीं दूसरा वर्ग मध्यम वर्ग जिसके हौसले हिम्मत उम्मीदों व योजनाओं को इस संक्रमण ने बिखेरकर रख दिया है इसके अलावा एक ऐसा वर्ग जो भारत में बँटवारे के बाद पुनः इस संक्रमण के दौर में देखने को मिला जिसने बँटवारे की स्मृतियाँ मानसिक पटल पर लाकर खड़ी कर दी जिसे प्रवासी वर्ग वर्तमान परिदृश्य को देखकर हम कह सकते हैं। रईसजादों के द्वारा परोसी गयी बीमारी की सजा मजदूर व गरीब बेसहारा लोगों को उठानी पड़ी। अपने पेट के कारण घर से

बेघर हुए और वापिस घर पहुँचने की उम्मीद से उन्होंने सारा देश अपने से कदमों में समेट दिया या यूँ कहें की नाप दिया मगर वो सरकार से हार गये क्योंकि वो थाली नहीं बजा पाये और न चलते-चलते प्रवासिन की पाजेब ने शोर किया क्योंकि वो तो शायद बच्चों के भूखे पेट के शोर को शान्त करने हेतु चन्द निवालों के लिए आधे-अधूरे रास्ते ही बिक गयी होंगी। यहाँ एक और घर की तालाबन्दी का शोर मचाया, मन की बातों के माध्यम से पहुँचाया गया मगर दुर्भाग्य उस माँ का जिसने प्लेटफॉर्म पे भूख से तड़प-तड़पकर दम तोड़ दिया मगर उससे अपने मन का हाल न सुनाया गया और बैंक खातों में पैसा डालने का शोर-शराबा करने वालों से एक निवाला उसके पेट तक न पहुँचाया गया, और वहीं उसका पास खड़ा नवजात बेटा उसका पल्लू हिला-हिला के अपनी माँ को कोस रहा है कि कैसी माँ है आराम से सो रही है और मुझ भूखे को एक निवाला न तुझसे खिलाया गया! यह सिर्फ एक दृश्य है और ऐसे लाखों दृश्य कोरोना के कृतित्व की बदौलत व पस्त सरकारी तन्त्र की वजह से सड़कों पर देखने को मिले हैं व मिल रहे हैं। इस महामारी ने देश में प्रवासी शब्द की परिभाषा को बदलकर रख दिया है। इस दौर में यहाँ एक वर्ग जीवन-यापन के लिए घर की कैद से बाहर निकलना चाहता है तो वहीं एक वर्ग ऐसा है जो अपनी जान बचाने के लिए घर पहुँचना चाहता है।

वर्तमान परिदृश्य में प्रवासी शब्द का अर्थ बदल चुका है, एक समय जो व्यक्ति अपने परिवार व वतन से दूर प्रदेश में चला जाता था तो उसे प्रवासी की संज्ञा दी जाती थी लेकिन आज के सोशल मीडिया समय में वो दूरी दूरी प्रतीत नहीं होती है और व्यक्ति सदैव अपने परिवार से परोक्ष रूप में जुड़ा रहता है, लेकिन इस महामारी के दौर में प्रवासी व्यक्ति का जो हश्र उसके अपने ही मुल्क में देखने को मिला है वो यातना कभी विदेश में भी देखने को न मिली! इस महामारी में प्रदेश से प्रवासी यहाँ सलीके से लाये जा रहे हैं वहीं स्वदेश के प्रवासी को उन रास्तों पर चलने की अनुमति नहीं है जिन रास्तों को उसने अपना पसीना बहा कर निर्मित किया था। वो तो शुक्रगुजार है सत्ताधीश काले अँग्रेजों का जिन्होंने पैदल चलने का टोल-टैक्स नहीं लगाया। प्रवासी शब्द उस व्यक्ति के लिए प्रयोग होता है जो अपने घर से दूर यहाँ उसके माँ-बाप का वास है वहाँ से दूर अपने व परिवार के जीवन-यापन हेतु रोजी-रोटी के लिए जाता है वह प्रवासी कहलाता है। पूरे भारतवर्ष में कश्मीर से कन्याकुमारी तक करोड़ों की संख्या में भारतीय प्रवास में जीवन व्यतीत कर रहे थे, जिनको एक शब्द लॉकडाउन के कारण प्रवास व वास के मध्य की पीड़ा में लाकर खड़ा कर दिया है घर जाने की आशा में उसे अपनी शारीरिक पीड़ा नजर ही नहीं आ रही है हजारों किलोमीटर का सफर उसके कदमों के आगे नतमस्तक हो गया है!

इस अन्धकार में भी सियासत को स्वार्थ का उजाला नजर आ रहा है, जिसने घर जाना है, जिसका परिवार भूख से मर रहा है, जो पीड़ा से व्यथित है उससे बिना पूछे ही

सियासत तय कर रही है कि वह ऑटो में नहीं जायेगा वह टैम्पो में नहीं जायेगा और बिना कागज के वाहन से उसकी जान को जोखिम में सरकार नहीं डाल सकती, मगर हाँ अगर भूख से जान चली जाये, बीच रास्ते में अगर मजदूर दम तोड़ दे तो स्वार्थी नेता ट्विटर पर उसकी शहादत पर घड़ियाली आँसू दिखाकर अपना कर्म प्रेषित कर देंगे। जिसकी आत्मा इस मिट्टी से जुड़ी है उसे घर पहुँचाने के लिए सियासत कागज माँगती है यहाँ बिना कागज की कार ने पुलवामा नासूर देश को दे दिया उसके कागज अगर माँगे होते तो उस माँ की कोख न उजड़ती!

आज हम निर्भया ट्रेन से श्रमिक ट्रेन तक पहुँच चुके हैं मगर ये बात अलग है कि ट्रेन रास्ता भटक रही है और सियासत खुश है कि ट्रेन चल तो रही है! आज सियासत हर शाम इलक्ट्रॉनिक मीडिया के माध्यम से यह गुणगान करती है कि 10 लाख 12 लाख लोगों को खाना खिलाया और पूरे विश्व को गरीबी की गाथा गा-गाकर बता रहे हैं और ये भूल रहे हैं कि वोट लेने के समय विज्ञापन दिया जाता है कि वोट देना प्रत्येक नागरिक का कर्तव्य है, तो आज सियासत भी अपने कर्तव्य का निर्वहन ही कर रही है, यह कोई उपकार नहीं है। काश के देश में चुनाव होता तो यकीनन सड़कें सुनसान होतीं और कोई मजदूर बेसहारा न होता और सड़कों पर भूखे पेट रात काटने की बजाय वह भी अपने परिवार के साथ कुछ दिन तो भरपेट खाकर सोता, अगर अगर आज चुनाव होता! इस समय मीडिया की भूमिका भी निष्पक्ष नहीं है। प्रथम पृष्ठ पर छपता है के भारतीय बेटी ने श्रवण पुत्री के रूप में अपने पिता को 1200 किलोमीटर साइकिल चलाकर घर पहुँचाया और उसी अख़बार के दूसरे पृष्ठ पर छपता है कि दो दलित लड़कियों के साथ बलात्कार, पहले पृष्ठ की दलित लड़की भारतीय हो जाती है और दूसरे पृष्ठ की दलित लड़कियाँ दलित ही रह जाती हैं जो पत्रकारिता व पत्रकार की तुच्छ मानसिकता को दर्शाता है। यहाँ सूडान के एक फोटोग्राफर का किस्सा जिसमें एक फोटोग्राफर एक बुखी लड़की जिसे गृद्ध खाने को आतुर है और उसके मरने का इन्तजार कर रहा होता है, इस दृश्य को केविन पीटर नाम का फोटोग्राफर अपने कैमरे में कैद करता है, जिस हेतु उसे पत्रकारिता का सर्वश्रेष्ठ पुलिजर पुरस्कार प्राप्त होता है और उसके बाद उसके पास एक फोन आता है और फ़ोन करने वाला व्यक्ति उससे पूछता है कि उस फोटो लेने के बाद वहाँ क्या हुआ तो फोटोग्राफर जवाब देता है कि मैं वहाँ से चला आया था मुझे उसके बाद का नहीं पता, तो फ़ोन करने वाला व्यक्ति कहता है कि असल में वहाँ एक गृद्ध नहीं था वहाँ दो गृद्ध थे, इतना कहकर वह फ़ोन काट देता है और जिसके तीस दिन बाद पत्रकार आत्महत्या कर लेता है, क्योंकि दो गृद्ध की बात उसके जमीर पर दस्तक देती है। वर्तमान में हजारों किलोमीटर दूर पदल चल रहे श्रमिक से एक पत्रकार अपनी गाड़ी रोककर और अपना कैमरा सैट कर श्रमिक से पूछता है कि आपको पैदल चलने में परेशानी तो नहीं हो रही, पत्रकार का ये सवाल अपने-आप में कई सवाल खड़े करता है! इस समय

सर्वोपरि धर्म मानवता का धर्म है और मानव धर्म के वहन हेतु सामने वाले हमें जागरूक करना नहीं अपितु जागरूक होना है क्योंकि हम में मानवता आयेगी तो देश में मानवता की महक दिखेगी क्योंकि हम ही देश है। आज पत्रकारिता में विचार आगे आ गया है और समाचार पीछे रह गया है जबकि समाचार हमेशा पहले होना चाहिए और विचार बाद में। तब वास्तविकता का अनुभव आम जन को हो पायेगा। आज की इस भयावह परिस्थिति में इन्सान को इन्सान का हो जाना चाहिए और यह भी जान लेना चाहिए कि ये सियासत है साहब, ये किसी की नहीं होती सिवाय मतलब के, ये ही दुर्भाग्य है इस देश का कि आज उड़नखटोलों व मर्सडीज़ बसों से चलती सरकार गिरायी जा सकती है, गिरती सरकार बचायी जा सकती है मगर एक गरीब की जान बचाना मुश्किल का काम है क्योंकि वो तो इन्सान ही एक आम है जिससे सियासत को पाँच साल में एक बार पड़ता काम है। सियासत मतलब की है ये जानने के लिए इतना ही काफी है कि हमारे देश में जान से महत्त्वपूर्ण जाम है। संसद से सड़क तक सब मजदूर के पसीने ने बनाया मगर जरूरत के समय उसे कच्चे रास्ते ने उसकी मंजिल तक पहुँचाया है! इस त्रासदी के समय में जो अदृश्य वर्ग प्रवासी के रूप में सामने है और लगभग 6 करोड़ श्रमिकों ने इस लॉकडाउन के समय में पलायन किया है इस पलायन के दौरान जो श्रमिक ट्रेन इनके लिए चलीं भी तो रास्ता भटक गयीं मगर, जब ये बेसहारा हो कर पटरी पर पैदल चल रहे थे तो इनको रौंदने वाली ट्रेन अपना रास्ता नहीं भटकी! हाल ही में सुप्रीम कोर्ट ने सरकार को कहा है कि 15 दिन में प्रवासी लोगों को उनके घर पहुँचाने का इन्तजाम करे और ये तब कहा है जब प्रवासियों को लगभग 70 दिन हो चुके हैं भटकते हुए। इन 70 दिनों में सैकड़ों मजदूर व श्रमिक भूख के कारण व पैदल चलते-चलते अपनी जान गँवा चुके हैं उनके नवजात बच्चे अनाथ हो चुके हैं।आज उद्योग-धन्धे खुलने के आसार में एक उद्योगपति ने अपने श्रमिकों को वापिस लाने हेतु हेलीकॉप्टर का इन्तजाम किया है, स्वार्थ का एक उदाहरण मात्र है! दुष्यन्त कुमार की पंक्तियाँ “हिमालय से एक गंगा और निकलनी चाहिए, सिर्फ हंगामा खड़ा करना मेरा मकसद नहीं हो कुछ भी ये सूरत बदलनी चाहिए, मेरे सीने में नहीं, तेरे सीने में सही, हो कहीं भी आग, मगर आग जलनी चाहिए” इन्सानियत रूपी आग हमेशा हमारे अन्तर्मन में जलनी आवश्यक है जिस दिन ये आग बुझ गयी उस दिन की त्रासदी कोरोना से भी घातक होगी!

20

प्रवासी मजदूर, श्रमिक ट्रेन और सियासत

डॉक्टर अंजुला अशोक कुमार शर्मा

आदिकाल में मानव जब भोजन और सुरक्षित स्थान की तलाश में इधर-उधर भटक कर फल इकट्ठे करके और शिकार करके अपना पेट भरता था। धीरे-धीरे जब जनसंख्या बढ़ती गयी या जब कोई प्राकृतिक विपदा आ गयी तो उन्हें कहीं दूसरी जगह जाकर बसना पड़ा। उसी प्रकार मानव ही के समान पशु-पक्षी भी सही मौसम और भोजन की तलाश में दूसरे स्थान पर प्रवास करने चले जाते हैं। इस प्रकार प्रवास का अर्थ है कि अपने घर से कुछ समय या हमेशा के लिए चले जाना और उस स्थान पर जाकर कठोर श्रम करके अपना और अपने परिवार का पालन करते हैं। अर्थात ऐसा व्यक्ति जो अपने श्रम-शक्ति को बेचकर रोजगार प्राप्त करके अपना जीवन-यापन करता है, तो वह एक मजदूर है। प्रत्येक वर्ष अन्तरराष्ट्रीय मजदूर दिवस मई महीने की 1 तारीख को मनाया जाता है। यह दिवस लाखों मजदूरों के परिश्रम, दृढ़ निश्चय और निष्ठा का दिवस है। लेकिन वर्तमान में कोविड-19 एवं लॉकडाउन के चलते इन दिनों प्रवासी मजदूर लगातार गुजरते हुए दिखाई देते हैं। हम उनके मानसिक व शारीरिक सभी समस्याओं से पूर्ण रूप से अवगत हैं।

कोविड-19 की महामारी ने इन प्रवासी मजदूरों की रोजी-रोटी पर सबसे पहले प्रहार किया। दूसरा इनके आवास तथा सुख-चैन सब छीन लिया। यह सभी अपने गाँव के लिए पैदल निकले हैं। वह नहीं जानते हैं कि उन्हें भोजन कब मिलेगा या वे कब अपने घर पहुँचेंगे। प्रवासी श्रमिक एक ही बात कहते हैं कि सरकार ने एक बीमारी को रोकने के लिए लॉकडाउन किया है। लेकिन रास्ते में ही अगर भूख, प्यास और बीमारी से उनकी मौत हो जाती है या वे बेरोजगार होकर घर पहुँचते हैं तो यह मायने नहीं रखता? इनकी कमजोरी केवल इतनी ही है कि यह निम्नतर वेतन, नगण्य सेवा-शर्तों, शून्य सामाजिक सुरक्षा के बावजूद काम करने के लिए तैयार हो जाते हैं। शहरों के पूँजीपति, अमीर, उच्च मध्यम वर्ग को हर प्रकार की सुविधा एवं सम्पन्नता का एहसास कराने वाले प्रवासी मजदूर ही होते हैं। इन मजदूरों का प्रवास कुछ समय का या वर्षों तक का भी हो सकता

है। वह मजदूर, व्यापारी, शिक्षक, डॉक्टर, वकील, इंजीनियर, प्रबन्धक, प्रशासक आदि सभी आते हैं। प्रवासियों की सफलता का श्रेय उनकी परम्परागत सोच, सांस्कृतिक मूल्यों और शैक्षणिक योग्यता को दिया जाता है।

भारत में कोविड-19 बीमारी के तहत 24 मार्च को घोषित 21 दिन के लॉकडाउन ने प्रवासी मजदूरों और दैनिक वेतनभोगी श्रमिकों की मुसीबतें बढ़ा दी। यह प्रवासी चाहे भारत के हों या विदेशों में रहकर कार्य कर रहे हैं। इन्हें चिन्ता थी अपने परिवार की। बिना कमाये यह अपने परिवार का पालन-पोषण कैसे करेंगे? छोटे-छोटे बच्चे, वृद्ध माता-पिता, गर्भवती महिलायें, विकलांग परिजन इन सभी का जीवन-यापन कैसे करेंगे, जो शहर में किराए से रहते हैं। मकान मालिक ने उन्हें घर से निकाल दिया। हजारों प्रवासी मजदूर सड़कों पर आ गये और पैदल ही अपने स्थानों के लिए चल पड़े। प्रवासियों के पलायन से वायरस फैलने का भी खतरा बढ़ गया था। उनके बुझे हुए चेहरों ने यह बता दिया था कि इस मानव-समाज में अत्यधिक श्रम करके भी उनका कोई मोल नहीं है। सफर के दौरान कितने ही लोगों ने रास्ते में दम तोड़ दिया, भूख, प्यास और उनके पैरों के छालों से उनकी विवशता को शब्दों में बयाँ नहीं किया जा सकता है। इनकी तस्वीरें मन को झकझोर रही हैं। कई प्रवासी मजदूरों ने कहा कि उन्हें लगता है कि वे कोरोना से पहले, भूख से ही मर जायेंगे। कुछ प्रवासी मजदूर रास्ते में ही दुर्घटना का शिकार हो गये। संकट के इन दिनों में मरने वाले प्रवासियों की गिनती कितनी होगी, यह कोई नहीं जानता है। डरे, भूखे और हताश यह प्रवासी मजदूर खुद को अपनी सरकारों की ओर से पूरी तरह बदहाल छोड़ दिये गये, महसूस कर रहे हैं। अधिकतर प्रवासी को बीच में ही रोककर शिविरों में रखा जा रहा था तथा सभी राज्य की सीमाओं को सील कर दिया गया था।

इसके पश्चात प्रशासन ने सभी प्रवासियों को जो विदेशों में बसे थे, उनको भी भारत लाने का फैसला किया तथा जो भारत में एक राज्य से दूसरे राज्य पैदल जा रहे थे उन सभी को उनके घर पहुँचाने की व्यवस्था का आदेश दिया। जो पैदल जा रहे थे, उनको रास्ते में ही रोककर शिविरों में पहुँचाकर उनकी भोजन व्यवस्था, स्वास्थ्य तथा आर्थिक सहायता देकर धीरे-धीरे उनको निजी वाहनों से घर पहुँचाया जा रहा था। जिनके परिवार में बुजुर्ग थे, उन्हें घर बैठे राशन तथा आर्थिक सहायता दी जा रही थी तथा जिनका रोजगार प्रभावित हुआ था, उनको राहत पैकेज दिया जा रहा था। लॉकडाउन 1.0 से लेकर लॉकडाउन 4.0 शुरू हो गया। देश में लॉक डाउन का चौथा चरण 31 मई तक हो गया। प्रशासन ने महामारी ज्यादा फैलता देखकर वाहनों की आवाजाही रोक दी। इस बीच यह खबर आयी कि एक मई से श्रमिक ट्रेन आरम्भ की जायेगी। सुप्रीम कोर्ट ने कहा कि सभी मजदूरों का रजिस्ट्रेशन किया जाये और आज से 15 दिनों के भीतर मजदूरों को उनके घर भेजा जाये।

अपने-अपने गृह राज्य जाने के लिए हजारों प्रवासी मजदूर रोजाना रेलवे स्टेशनों का रुख करते। वहाँ वे लम्बी-लम्बी कतारों में लगकर अपनी बारी का इन्तजार करते थे। लेकिन इन शोषित, उपेक्षित प्रवासी मजदूरों के फैसलों पर तो सियासत शुरू हो चुकी थी। कहीं पर इनको घर पहुँचाने के लिए जबरदस्ती पैसा वसूला जा रहा था, तो कहीं इन्हें डंडों से पीटा जा रहा था। बिलखते बच्चे भूखे व प्यासे, अपने परिजनों से बिछड़ रहे थे, जहाँ इनका गृह राज्य था। वह भी इन्हें आने की अनुमति नहीं दे रहा था। इतनी परेशानियों के बावजूद इनके चेहरे की खुशी बता रही थी कि कम-से-कम हम किसी तरह अपने घर तो पहुँच जायेंगे। देश के अलग-अलग हिस्सों से श्रमिक ट्रेन चलना प्रारम्भ हो गयी। बड़ी संख्या में शहरों से पलायन करते प्रवासी मजदूरों की तस्वीरें देखी गयीं और फिर उनके घर, कस्बों और गाँवों में लौटने के बाद कीटाणुनाशक दवाओं के छिड़काव की दुर्भाग्यपूर्ण तस्वीरें भी सामने आयीं, कोविड-19 ने सम्पूर्ण रूप से इनके जीवन में उथल-पुथल मचा दी थी।

कोविड-19 की समस्या ने तब से प्रवासी मजदूरों का यह संकट हमारे जीवन का एक हिस्सा बना दिया है। कोविड-19 ने हम सबको प्रवासी मजदूरों की याद दिलायी है। अरब मुल्कों के भवन-निर्माण से लेकर कूड़ा फेंकने वाला समस्त मजदूर अपना और अपने परिवार की जीविकोपार्जन के लिए दर-दर की ठोकरें खाकर काम करने को विवश है। सस्ता वेतन, कमरतोड़ काम, शून्य सम्मान यही है प्रवासी की पहचान। देश में स्थापित पूँजीपति-सामन्ती की अफसरशाही के गठजोड़ ने प्रवासी मजदूर के श्रम का दोहन तो किया ही है, उन्हें सम्मान की जिन्दगी भी नसीब नहीं होने दी। उच्च तकनीकी उद्योग, अस्पताल, सड़क-निर्माण, भवन-निर्माण में लगे कर्मियों को सामाजिक दूरी का ध्यान रखते हुए कार्य में संलग्न किया जाता तो इनकी रोजी-रोटी पर कोई प्रभाव नहीं पड़ता। लेकिन मालिकों ने उन्हें मजदूर की बजाय इस्तेमाल की वस्तु समझा और इनका पूर्ण रूप से शोषण किया। जब तक शोषण की जंजीरें टूटे ना वह वापस नहीं आये, यही बेहतर होगा। इनके दुःख को शब्दों में नहीं बताया जा सकता है।

इतने वर्षों के पश्चात भी आज तक किसी ने भी इनकी शिक्षा, स्वास्थ्य, सरकार की योजनाओं को बताने के बारे में कोई निर्णय नहीं लिया है। वर्तमान में भी सरकार ने अनेक योजनाओं को प्रारम्भ किया है जिससे इनको आर्थिक सहायता मिल सके व पुनः सभी को रोजगार मिले, लेकिन इन सभी योजनाओं का फायदा इनको मिलने पायेगा। यह एक बहुत बड़ा सवाल है।

गीता में श्रीकृष्ण ने कहा है कि– **कर्मण्येवाधिकारस्ते मा फलेषु कदाचन।**

अर्थात कर्म पर तुम्हारा अधिकार है तथा कर्म के फल की चिन्ता नहीं करनी चाहिए। हमारी भारतीय संस्कृति के अनुसार प्रवासी मजदूर तो इसी राह पर चल रहे हैं। कर्म का कार्य तो पूरी ईमानदारी और सच्चाई से करते हैं, लेकिन कर्म का फल देने वाले इनके

बारे में कभी नहीं सोचते हैं। फिर भी इतनी कठिनाइयों के बावजूद आज भी यह सभी यही आशा लगाये बैठे हैं कि हमें फिर से अपने कार्य पर जाना है। व उतनी ही मेहनत से कार्य करके परिवार का पेट भरना है। सन्त सूरदास का यह पद प्रवासी मजदूरों पर उचित ही गाया गया है कि–

मेरो मन अनत कहाँ सुख पावै
जैसे उड़ी जहाज को पंछी जहाज पै आवै।

21

राजनीतिक सियासत के बीच बिगड़ते श्रमिक हालात

अर्चना कुमारी

वैश्विक महामारी कोरोना से आज पूरा विश्व जूझ रहा है। ज्यादातर आर्थिक गतिविधियाँ रुकी हुई हैं जिसके चलते जनजीवन काफी प्रभावित हुआ है। करोना ने दैनिक मजदूरों को सबसे ज्यादा प्रभावित किया और उनका काम बिल्कुल रुक गया। दिहाड़ी मजदूर खाने-पीने को मोहताज हो गये हैं। ये कर्ज लेकर अपना गुजर-बसर करने पर मजबूर हैं और गाँव की तरफ पलायन कर रहे हैं। कोरोना काल में जब लॉकडाउन था उन्हें सरकार की तरफ से किसी तरह की सुविधा घर जाने के लिए नहीं होने पर वह पैदल ही चल पड़े। सैकड़ों मील की दूरी तय करना उनके लिए आसान नहीं था। उनकी हालत इतनी खराब थी कि बहुतों ने रास्ते में ही दम तोड़ दिया। मजदूरों की समस्या का विकराल रूप देखने को मिल रहा है। ये मजदूर अलग-अलग राज्यों से अपने-अपने राज्य में वापस आ रहे हैं। सबसे ज्यादा प्रवासी मजदूर बिहार, उत्तर प्रदेश और झारखंड में आ रहे हैं। इनका वापस आना एक बड़ी समस्या है। सबसे बड़ी समस्या रोजगार पाने की है। इतने अधिक संख्या में लौटे मजदूरों को रोजगार देना राज्य सरकारों के लिए आसान नहीं होगा। सबका ध्यान सरकार पर है चाहे व केन्द्र सरकार हो या राज्य सरकार, आरोप और प्रत्यारोप शुरू हो चुके हैं। टीवी चैनलों पर दिखाने वाले बहस में यह साफ नजर आता है कि पिछड़े, दबे-कुचले मजबूर लोगों का सिर्फ वोट के लिए लोक लुभावन नीतियों की घोषणा होती है और मजदूरों के सशक्तीकरण के नाम पर तुष्टीकरण की राजनीति होती है। इस महामारी के समय में भी वोट की राजनीति हो रही है। श्रमिकों के हालात दिन-प्रतिदिन खराब होते जा रहे हैं। भारतीय अर्थव्यवस्था विश्व की छठी सबसे बड़ी अर्थव्यवस्था, दिसम्बर 2017 की स्थिति के अनुसार है। भारतीय अर्थव्यवस्था सर्वाधिक तेजी से विकसित हो रही है। इसके बावजूद भारत में अधिकांश जनसंख्या के लिए बुनियादी समस्याएँ जस-की-तस बनी हुई हैं। कोविड-19 के बाद यह समस्या और भी विकराल रूप में सामने आ रही है। ये मजदूर अर्थव्यवस्था के तीनों क्षेत्र उद्योग, सेवा और कृषि-क्षेत्र में अपना योगदान देते हैं और तीनों ही क्षेत्र भारतीय अर्थव्यवस्था की

रीढ़ हैं। ये तीनों सेवाएँ पलायन की वजह से प्रभावित हुई हैं। एक ओर जहाँ सेवा-क्षेत्र में ये कचरा उठाने से लेकर सड़क, भवन-निर्माण इत्यादि कार्यों में लगे हैं वहीं औद्योगिक क्षेत्र में माल ढोने से लेकर उत्पादन की गयी वस्तुओं को लादने और एक जगह से दूसरी जगह पहुँचाने में अपना योगदान देते हैं। कृषि-क्षेत्र में हर तरह की कृषि-कार्य में संलग्न हैं। कटाई, बुआई, ढुलाई का काम करते हैं। इनसे ही अर्थव्यवस्था में रोजगार और उत्पादन सम्भव है। इनके बिना अर्थव्यवस्था को आगे बढ़ाना सम्भव नहीं है। लॉकडाउन की वजह से जहाँ मजदूर पलायन को मजबूर हैं, वहीं अर्थव्यवस्था को इनके बिना आगे बढ़ाना सम्भव नहीं है। अब प्रश्न यह उठता है कि मजदूर आखिर ऐसी स्थिति में क्यों हैं? पहला कारण यह है कि मजदूर की आर्थिक स्थिति पर राज्य सरकारों का ध्यान नहीं गया। उसकी क्रय शक्ति क्या है? कोविड-19 से पहले वह जहाँ थे वहीं रहते उनके खाने-पीने, रहने की व्यवस्था के साथ-साथ उनकी क्रय शक्ति बनाये रखने की व्यवस्था सरकार करती, जो कुछ किया गया वह उन्हें रोकने के लिए नाकाफी था। मजदूरों की ऐसी स्थिति का दूसरा बड़ा कारण है उनके अन्दर की असुरक्षा की भावना। जब भी मनुष्य पर कोई संकट आता है वह अपने घर-परिवार के पास जाना चाहता है, क्योंकि जहाँ वह रोजी-रोटी के लिए आया है वहाँ वह भावनात्मक रूप से जुड़ नहीं पाता। जब रोजगार ही चला जाये और ऐसी बीमारी का डर सता रहा हो जिसमें सामाजिक दूरी बनाना जरूरी हो। ऐसी स्थिति में एकमात्र उपाय उनका वापस लौटना मजबूरी है। तीसरा सबसे बड़ा कारण है राजनीतिक सत्ताधारी पार्टियों को लगता है कि प्रवासी मजदूर उनको वोट नहीं देते और इनके चले जाने से ज्यादा फर्क नहीं पड़ेगा। उन्हें यह लगता है कि उनके चले जाने से स्थानीय श्रमिकों को रोजगार के ज्यादा अवसर मिलेंगे। लेकिन वास्तव में उनके पलायन की वजह से स्थानीय राज्यों को काफी नुकसान होगा, क्योंकि वहाँ के कल-कारखाने, उद्योग और सड़क-निर्माण के लिए मजदूर नहीं मिलेंगे। ऐसे समय में केन्द्र और राज्य सरकारों को आर्थिक-सामाजिक सुरक्षा के साथ ही नगदी पहुँचाने की व्यवस्था करनी चाहिए। सियासत के खेल में गरीब जनता और गरीब होती चली गयी। रोजगार के लिए श्रमिकों का एक राज्य से दूसरे राज्य में अधिक-से-अधिक पलायन होने लगा। भारत के सभी राज्यों में विकास समान रूप से नहीं होने के कारण पलायन अधिक होता गया। श्रमिकों की समस्या देखकर लगता है कि सभी राजनीतिक दलों ने सिर्फ वोट की तुष्टीकरण हेतु लोक लुभावने नीतियों का इस्तेमाल कर जनता को धोखा दिया है। प्रजातान्त्रिक विकेन्द्रीकरण के कारण स्थानीय समस्याओं का समाधान सरलता से हो जाता है। लेकिन इस प्रणाली के अन्तर्गत कई अव्यवस्थाओं के कारण भ्रष्टाचार की जड़ें गहरी हो रही हैं। इसका सीधा असर देश की जनता पर पड़ रहा है। केन्द्र और राज्य सरकारों को तात्कालिक राहत और दीर्घ कालीन योजनाओं के द्वारा श्रमिकों के सुधार की व्यवस्था करनी चाहिए।

22

प्रवासी मजदूर, श्रमिक ट्रेन और सियासत

संजय कुमार

1. प्रवास के कारण

प्रवास का अभिप्राय है एक स्थान से दूसरे स्थान को जाना और मजदूर का अर्थ् है काम करने वाले लोग अथवा प्रवासी मजदूर का अर्थ कोई भी व्यक्ति जब एक स्थान से दूसरे स्थान को मजदूरी अथवा रोजगार के लिए जाता है तब उसे प्रवासी मजदूर के नाम से जाना जाता है। ऐसे कई कारण हैं जिससे प्रवास करना पड़ता है, जैसे व्यवसाय, जीविकोपार्जन के दृष्टि से भी प्रवास होता है। प्रवास पूरी तरह अपनी इच्छा पर निर्भर होता है। किसी स्थान को छोड़कर दूसरी जगह जाने का फैसला मानवीय अतिक्रमण पर आधारित होता है इस तरह प्रवासी व्यक्ति और समाज में सामाजिक, सांस्कृतिक, आर्थिक, राजनीतिक, और भौतिक परिस्थितियों का परिणाम है।

प्रवास के सामाजिक कारण– प्रवास के लिए सामाजिक कारण भी उत्तरदायी है। कुछ ऐसे गाँव, नगर, शहर, राज्य, अथवा देश होते हैं जहाँ पर सामाजिक नियम, कानून, मूल्य, मापदंड आदि बहुत ही कठोर होते हैं। जिससे लगता है एक उनका विकास यहाँ सम्भव नहीं है तो वो ऐसे शहर, क़स्बा, नगर, राज्य, देश को छोड़कर अन्य दूसरे राज्य, नगर, शहर, क़स्बा आदि जाकर बस जाते हैं। जिससे उनका पूर्ण विकास हो सके और अपना जीवन-यापन कर सकें।

आर्थिक कारण– आर्थिक कारण भी प्रवासी मज़दूरों के लिए अत्यन्त आवश्यक और महत्त्वपूर्ण होता है ज्यादा-से-ज्यादा लोग गाँव में ही रहते हैं और अपना पारम्परिक व्यवसाय कृषि ही करते हैं अथवा कृषि पर ही निर्भर रहते हैं। लेकिन प्रायः देखा जाता है एक मौसम अच्छा न होने के कारण कृषि पर प्रतिकूल प्रभाव पड़ता है। कभी बाढ़ के कारण फसल सड़ जाती है तो कभी सूखा के कारण फसल अच्छी नहीं हो पाती, इस कारण उनके जन जीवन पर गहरा प्रभाव पड़ता है और वो कृषि छोड़कर शहरों में चले जाते हैं।

राजनीतिक कारण– प्रवास में राजनीति का भी प्रतिकूल प्रभाव पड़ता है जब लोगों को लगता है कि राजनीतिक प्रणाली या संस्थाएँ उनके अनुकूल नहीं है तो वो लोग ऐसे

गाँव, शहर, राज्य, देश छोड़कर किसी अन्य प्रान्तों अथवा स्थानों को चले जाते हैं जहाँ शान्ति पूर्ण जीवन बिता सकें।

रोजगार की समस्या– भारत में लगभग सत्तर फीसदी जनसंख्या गाँवों में निवास करती है, जिसमें से ज्यादा-से-ज्यादा लोग कृषि पर निर्भर होते हैं। परन्तु मौसम प्रकोप के कारण कभी बाढ़ तो कभी सूखा आता रहता है, इस कारण से कृषि पर प्रतिकूल प्रभाव पड़ता है लोगों का लागत तक भी नहीं निकल पाता इस कारण से लोग कृषि व्यवसाय को छोड़कर रोज़गार की तलाश में शहरों की ओर अग्रसर हो जाते हैं।

प्रवास के प्रभाव

प्रवास के ग्रामीण क्षेत्रों पर प्रभाव– प्रवास का प्रभाव ग्रामीण क्षेत्रों पर भी पड़ता है। ग्रामीण क्षेत्रों में वहाँ पर रहने वाली जनसंख्या पर इसका काफी प्रतिकूल प्रभाव पड़ता है। लोग गाँव छोड़कर शहरों-नगरों को चले जाते हैं। जिससे वर्षों की संयुक्त परिवार की चली आ रही परम्परा टूट जाती है, क्योंकि लोग शहरों में बस एक एकांकी परिवार का निर्माण कर लेते हैं।

शहरी क्षेत्रों पर प्रभाव– शहरी इलाकों में भी प्रवास का अनुकूल प्रभाव पड़ता है। वहाँ की व्यावसायिक और औद्योगिक ढाँचों में बदलाव आता है। ऐसे शहरों में जहाँ औद्योगिक विकास में प्रगति हो रही है वहाँ इस तरह से प्रवास से अनुकूल प्रभाव पड़ता है क्योंकि वहाँ पर स्थापित औद्योगिक गतिविधियों के मालिकों को सस्ते में मजदूर मिल जाते हैं।

प्रवासी मजदूरों को रोकने के उपाय

रोजगार की गारंटी– प्रवासी मजदूरों को हम उन्हीं के शहर, राज्य, नगर आदि में रोजगार के उचित व्यवस्था करके उनको दूसरे राज्य, नगर, शहरों आदि को जाने से रोक सकते हैं। सरकार को चाहिए कि वह अपने शहर, नगर, राज्य में औद्योगिक गतिविधियों को बढ़ावा दे और काम करने वाले इच्छुक लोगों को काम मुहैया कराये।

कानून की उचित व्यवस्था– वर्तमान में बढ़ती जनसंख्या से कानून पर भी प्रभाव पड़ता है शहरों, गाँव, नगरों में रहने वाले लोगों के साथ आए दिन टी वी, अखबारों, सोशल मीडिया पर ऐसी घटनाएँ देखने को मिलती हैं जिससे लोग परेशान हो जाते हैं। ऐसे में लोग इस अत्याचार, दुराचार के कारण किसी अन्य स्थानों पर चले जाते हैं।

राजनीतिक तानाशाही पर रोक– प्रवासी मजदूरों पर राजनीतिक दलों का प्रतिकूल प्रभाव पड़ता है। ऐसे में राजनीतिक दलों पर कानून की सख्ती होनी चाहिए जो लोग अपनी राजनीतिक शक्ति का उपयोग अपने लाभ अथवा हित के कारण आम लोगों, जनता पर अत्याचार करते हैं। उनके खिलाफ सख्त-से-सख्त कानूनी कार्यवाही होनी चाहिए। ताकि दुबारा ऐसा न करें।

छोटे अथवा कुटीर उद्योगों को बढ़ावा– भारत को ग्रामीण, गाँवों का देश कहा जाता है लगभग सत्तर फीसदी जनसंख्या गाँवों में निवास करती है और कृषि का व्यवसाय करती है, ऐसे में सरकार को चाहिए कि ऐसे लोगों की पहचान करे जो छोटे अथवा कुटीर उद्योगों में रुचि रखते हैं। उन लोगों को कम ब्याज दरों पर ऋण उपलब्ध कराये। और कुटीर उद्योगों को स्थापित करने हेतु प्रोत्साहित किया जाये। जिससे गाँव में रहने वाले लोगों को अपना शहर, स्थान को छोड़कर किसी अन्य और स्थान को न जाना पड़े।

औद्योगिक गतिविधियों को बढ़ावा– किसी भी राज्य अथवा देश की सरकार का दायित्व बनता है कि वो अपने राज्य अथवा देश के लोगों को रोजगार मुहैया कराये। सभी राज्य अथवा देश की सरकारों को चाहिए कि वे अपने राज्य अथवा देश में ज्यादा-से-ज्यादा कारखाने, औद्योगिक गतिविधियों, फैक्ट्रियों को लगाने के लिए बढ़ावा दे। ऐसे में उस राज्य अथवा देश में रहने वाले लोगों को रोजगार मिलेगा। जब उनको अपने ही देश, राज्य में रोजगार मिलेगा तो वो किसी अन्य राज्य अथवा देश को नहीं जायेंगे। और उन पर अधिक पड़ने वाला बोझ जैसे बिजली, कमरा का किराया, पानी, यात्रा का खर्च से बच जायेंगे। उनके आय में वृद्धि होगी।

2. भारत में लॉकडाउन में प्रवासियों मजदूरों और श्रमिकों की स्थिति

इस महामारी पर नियन्त्रण पाने के लिए भारत सरकार लॉकडाउन का आदेश दे देती है। पहले तो यह लॉकडाउन कुछ समय के लिए होता है। ऐसे में जो लोग जैसे श्रमिक, प्रवासी, यात्री, जहाँ फँस जाते हैं वहीं रुक जाते हैं और सोचते हैं, कि लॉकडाउन खत्म होते ही वो अपने घर चले जायेंगे परन्तु पहला लॉकडाउन खत्म नहीं होता कि दूसरे का आदेश दे दिया जाता है। प्रवासियों, मज़दूरों अथवा अन्य प्रवासियों के पास खाने जैसी सामग्री खत्म हो जाती है। ऐसे में लोग अपने घर शहर जाने के लिए माँग करते हैं। कहने को तो भारत एक ऐसा देश जहाँ पर अधिक-से-अधिक संख्या में लगभग तेरह हजार के आस-पास हैं परन्तु प्रवासियों को किसी प्रकार की सहायता नहीं की जाती। ऐसे में लोग जो जहाँ पर होता है वहाँ से अपने घर शहर के लिए पैदल ही चल पड़ता है।

प्रवासी ट्रेन सियासत– प्रवासियों के लिए ट्रेन की व्यवस्था झारखंड के मुख्यमन्त्री हेमन्त सोरेन ने अपने प्रवासियों को अपने घर वापसी के लिए रेल मन्त्री पियूष गोयल से एक विशेष ट्रेन की माँग की। रेल मन्त्री पियूष गोयल ने स्वीकृति दे दी। यह ट्रेन लगभग 1200 मजदूरों को तमिनाडु से चलकर विलासपुर, रायगढ़ से होते हुए झारखंड के हटिया को गयी। श्रमिक स्पेशल ट्रेन में किराया वसूलने को लेकर विवाद हो जाता है। सरकारों का कहना है कि सभी श्रमिकों का किराया अस्सी फीसदी केन्द्र सरकार देगी और पन्द्रह फीसदी राज्य की वो सरकारें देंगी जहाँ के श्रमिक हैं अथवा जिस राज्य को

श्रमिक जायेंगे। ये जानकारी सोशल मीडिया, मीडिया, आदि पर चलता रहता है परन्तु जब श्रमिक अपने घर जाने के लिए स्टेशनों पर जाते हैं तो उनसे टिकट लेने के लिए कहा जाता है। लोगों का कहना है कि जब वो पहले आये थे तो उनका किराया कम लगा था परन्तु अब इधर से जाने में किराया ज्यादा लिया जा रहा है। (झारखंड के मजदूरों का कुछ इस तरह बयान आया) झारखंड पहुँचे मजदूरों का कहना है कि ट्रेनों में यात्रा करने पर उन्हें अपनी जेब से पैसे देने पड़े। उनका कहना है कि कुछ लोगों के पास किराया न होने के कारण वो अपने घर नहीं आ पाये। कोटा से झारखंड आयी ट्रेनों के यात्रियों को भी पैसे नहीं देने पड़े थे। लेकिन कुछ रेलगाड़ियों से आने वाले मजदूरों से पैसे लेने की बात सामने आयी।

3. प्रवासी ट्रेन सियासत

महाराष्ट्र से चली गोरखपुर के लिए ट्रेन में बैठे लोगों का कहना है कि महाराष्ट्र से चली ट्रेन को गोरखपुर पहुँचने में 28 घंटे लगे और उन्हें इस पूरे सफर में खाने में केवल दो पैकेट चिप्स, एक पैकेट बिस्किट और एक बोतल पानी के सहारे सफर काटना पड़ा। पहली ट्रेन में आये मजदूरों की संख्या 1145 और दूसरे में 1200 यात्री आये।

4. ट्रेनों में कौन सफर कर सकता है

श्रमिक ट्रेन में केवल वही जा सकते थे जो श्रमिक मजदूर, छात्र और धार्मिक पर्यटक लोग फँसे थे। यात्रा उन राज्यों की सहमति पर होगा जिस राज्य से जिस राज्य को जाना है। जैसे राजस्थान के नागौर जिले में फँसे हुए मजदूरों को बिहार वापस आने के लिए बिहार सरकार ने राजस्थान के मुख्यमन्त्री से फोन पर बात कर बताया कि बिहार के प्रवासी मजदूर राजस्थान के नागौर जिले के बॉर्डर पर लगभग 1187 मजदूरों को भेजने के लिए प्रार्थना की, फिर राजस्थान सरकार ने अपने नोडल अधिकारियों से इसके बारे में बताया और केन्द्र सरकार से इन मजदूरों के लिए ट्रेन चलाने के लिए प्रार्थना की और जितने भी प्रवासी थे उनको राजस्थान सरकार अपने बस में बिठाकर रेलवे स्टेशन ले गयी और सारे प्रवासी को रेल से रवाना किया जिसमें कुल लोगों की संख्या थी 1187।

- ***1 मई को चलने वाली स्पेशल ट्रेन***
  1 नासिक महाराष्ट्र से लखनऊ यूपी
  2 नासिक महाराष्ट्र से भोपाल मध्यप्रदेश
  3 अलुवा केरल से भुवनेश्वर ओड़िशा

अपने घर अथवा राज्य जाने की प्रक्रिया– सभी राज्यों ने हर शहर में अपने-अपने एक नोडल अधिकारी नियुक्त किये थे जिस किसी प्रवासी मजदूरों, श्रमिकों को अपने घर जाना है वो पहले नोडल अधिकारी से सम्पर्क करेंगे, उसके बाद पुलिस से एक फॉर्म

भरना पड़ेगा जिसमें प्रवासी को अपना नाम, राज्य, जिला आदि भरने के साथ ही एक आईडी प्रूफ लगाना पड़ता था। फिर नोडल अधिकारी पहचान करते की कितने लोगों को कहाँ किस जिला-राज्य जाना है, जब लोगों की संख्या पर्याप्त मात्रा में हो जाती तो वह रेल प्रशासन को भेज देता। उसके बाद में रेलवे सुनिश्चित करता की कहाँ, कब, कौन से स्टेशन पर श्रमिकों को आना है।

प्रवासियों को बुलाने वाला पहला राज्य– देश के सभी राज्यों में मध्य प्रदेश एक ऐसा राज्य था जिसने प्रवासियों को वापस बुलाने की प्रक्रिया शुरू की। मध्य प्रदेश में जो श्रमिक जगह-जगह पर फँसे थे उनको ले जाने के लिए व्यवस्था की। कुछ लोग पुणे से पैदल चलकर नासिक पहुँचे, तो कुछ लोग मुम्बई से पैदल चल कर नासिक गये, इनमें से जितने भी लोग पैदल जा रहे थे सब को जिलाधिकारी द्वारा जाँच करने पर पता चला कि ये सभी लोग मध्यप्रदेश जाना चाहते हैं। ये कुल 460 लोग थे, फिर लोगों को भेजने के लिए एक विशेष ट्रेन की व्यवस्था की गयी और जो लोग जगह-जगह में फँसे हैं उनको लाने की तैयारी की जा रही है।

5. श्रमिक कल्याण आयोग का गठन यूपी और महाराष्ट्र के सरकार में तकरार

लॉकडाउन होने के कारण काफी संख्या में प्रवासी मज़दूर, श्रमिक महाराष्ट्र जैसे राज्य में फँस जाते हैं। ऐसे में महाराष्ट्र की सरकार के तरफ से उन प्रवासियों और मज़दूरों पर ध्यान न देने के कारण यूपी सरकार ने श्रमिक कल्याण आयोग का गठन करने का निर्णय लिया। उत्तर प्रदेश सरकार का कहना है कि कुछ राज्य सरकारें ऐसी हैं जो बाहरी प्रवासियों मज़दूरों के प्रति कोई भी ध्यान नहीं देतीं। लेकिन श्रमिक कल्याण आयोग का गठन हो जाने के बाद जिस किसी भी राज्य को उत्तर प्रदेश के मज़दूर श्रमिक जायेंगे तो पहले उस राज्य को उत्तर प्रदेश सरकार से इसकी अनुमति लेनी पड़ेगी और सुनिश्चित करना होगा कि सरकार यूपी के मज़दूरों को किसी भी प्रकार की परेशानी नहीं होगी साथ में उनके स्वास्थ्य सुरक्षा की ज़िम्मेदारी और बीमा भी करना पड़ेगा। ऐसे में महाराष्ट्र सरकार ने यूपी सरकार को जवाब देते हुए कहा– आदित्यनाथ योगी याद रखें कि मज़दूरों को भी लौटने से पहले महाराष्ट्र की इजाजत लेनी पड़ सकती है। और महाराष्ट्र सरकार को प्रवासी मज़दूरों का रिकॉर्ड पुलिस स्टेशन में रखना चाहिए।

श्रमिक कल्याण आयोग के गठन का श्रमिकों और मज़दूरों पर प्रभाव– सभी सरकारें अपने-अपने हित के लिए कोई भी कदम उठाने में थोड़ा-सा भी समय नहीं लगातीं। वो ये भी नहीं सोचतीं कि इन मज़दूरों और श्रमिकों पर इन नियम और शर्तों, क़ानूनों क्या प्रभाव पड़ेगा! हमारे संविधान के अनुच्छेद 19 में स्वतन्त्रता का अधिकार का प्रावधान है मतलब देश का कोई भी नागरिक कहीं भी व्यवसाय, काम-काज अथवा रोज़गार कर सकता है तो हमें ऐसे कानून की क्या आवश्यकता है। और किसी भी राज्य

सरकार को किसी भी राज्य के प्रवासियों को क्यों बुलायेगी? लोग तो अपनी मर्ज़ी से अपने लिए रोज़गार की तलाश में शहर या दूसरे राज्यों को जाते हैं। इससे किसी का कुछ बिगड़े या न बिगड़े लेकिन श्रमिकों और मज़दूरों का शोषण अवश्य होगा। इस कानून के हो जाने से लोगों के रोज़गार, नौकरियों, अथवा जन-जीवन पर काफी प्रतिकूल प्रभाव पड़ सकता है।

श्रमिक कल्याण आयोग का लाभ– एक तरह से देखा जाये तो उत्तर प्रदेश सरकार के द्वारा बनाया गया श्रमिक कल्याण आयोग जायज भी है। लेकिन अच्छा होगा अगर ये योजना केन्द्र सरकार द्वारा गठित कर देश के सभी राज्यों के लिए हो और सभी राज्य इस योजना के प्रति प्रतिबद्ध हों और जो राज्य इसका उल्लंघन करे उसके प्रति कठोर-से-कठोर दण्ड का प्रावधान किया जाये।

लॉकडाउन से पहले प्रवासियों मजदूरों की संख्या

5.6 करोड़ प्रवासियों में से 33% यूपी के मजदूर

5.6 करोड़ प्रवासियों में से 25% यूपी के प्रवासी

40 लाख से 60 लाख यूपी के प्रवासी

यूपी सरकार और काँग्रेस की मुख्य सचिव प्रियंका गाँधी– काँग्रेस की मुख्य सचिव प्रियंका गाँधी ने राजस्थान में 16 मई को मजदूरों के लिए 1000 बसों का इन्तजाम कर यूपी सरकार से मजदूरों को उनके घर ले जाने की माँग की। लेकिन यूपी सरकार ने बसों की जानकारी माँगी और राजस्थान से यूपी जा रही बसों को कागजात के आधार पर कई बसों को बॉर्डर पर ही रोक लिया गया। बसों को रोके जाने पर काँग्रेस कार्यकर्ताओं ने प्रदर्शन किया और बसों का संचालन करने की माँग की। यूपी सरकार की तरफ से आदेश आया कि बसों की जानकारी उपलब्ध करायी जाये। जब जाँच हुई तो कई बसों के नम्बर पर कार, दो पहिया वाहन के मिले। काँग्रेस के द्वारा बसों को बॉर्डर पर खड़े होने का दावा किया। ऐसे में काँग्रेस पर गलत जानकारी देने का आरोप लगा और यूपी काँग्रेस अध्यक्ष और प्रियंका के निजी सचिव पर केस दर्ज किया गया।

काँग्रेस और यूपी सरकार के सियासत का मजदूरों और श्रमिकों पर प्रभाव– जिस प्रकार से श्रमिकों और मजदूरों की जरूरत थी ऐसे में कोई भी सरकार सहायता करने के स्थान पर राजनीति जैसे हथकंडे अपनाने शुरू कर देती हैं। ऐसे में चाहिए था कि सरकार चाहे किसी की भी हो, सभी को मिलकर सारी व्यवस्था करके जितने भी प्रवासी मजदूर, श्रमिक थे उनको उनके घर पहुँचना, लेकिन इस सियासत में मजदूर दोनों तरफ की सरकारों की आशा में बॉर्डर पर कड़ी धूप में खड़े होकर अपने घर जाने की आस में पड़े रहे। कोई बस के कागजात देखता है तो कोई बॉर्डर पर बस रोक लेता है। ऐसा बिल्कुल नहीं करना था।

6. मुम्बई में घर भेजने के नाम पर पैसों में बिका डॉक्टरी सर्टिफिकेट

लॉकडाउन में फँसे मुम्बई में प्रवासियों और मजदूरों को ई-पास बनाने के नाम पर काला बाजारी नजर आयी। लोगों को अपने घर जाने के लिए मजदूरों और श्रमिकों, प्रवासियों से उनके घर जाने के नाम पर डॉक्टरी सर्टिफिकेट के नाम पर उनसे पैसा लूटा गया। और पैसों से डॉक्टरी सर्टिफिकेट दिया गया। जिन लोगों के पास पैसा नहीं था उनको सर्टिफिकेट नहीं दिया गया। इस तरह बिहार में नोडल अधिकारी का नम्बर प्रवासी मजदूरों, श्रमिकों को मदद के लिए सार्वजनिक किया जाता है पर लोग नम्बर लगाते हैं तो कभी लगता नहीं।

सूरत में फँसे मजदूरों, श्रमिकों पर बरसे आँसू गोले– वहीं अब बात आती है सूरत की लॉकडाउन, काफी दिन बीत जाने से सूरत में फँसे प्रवासियों-मजदूरों के पास खाने का सामान ख़त्म हो जाता है और उनकी कोई सहायता नहीं करता तो सभी अपने घर जाने के लिए सरकार से गुहार लगाते हैं परन्तु काफी दिन बीत जाते हैं लेकिन कोई नहीं सुनता, तो सारे प्रवासी मजदूर, श्रमिक रास्तों पर उतरकर प्रदर्शन करने लगते हैं परन्तु यहाँ पर भी मजदूरों, प्रवासियों की एक नहीं सुनी जाती और मजदूरों, श्रमिकों पर आँसू गैस के गोले छोड़े जाते हैं।

ठेले पर जिन्दगी– यह कहानी उस व्यक्ति की है जो जयपुर में अपने परिवार के साथ रहता है और ठेले पर सब्जी का धन्धा करता है, लेकिन लॉकडाउन लम्बा होने के कारण उनका सारा पैसा ख़त्म हो जाता है और उनका सारा परिवार भूख से परेशान हो जाता है और मकान मालिक रोज किराया के लिए परेशान करता है। ऐसे में वे अपने परिवार के साथ ठेले पर ही 380 किलो मीटर के लिए चल पड़ते हैं।

7. मजदूरों, श्रमिकों के लिए सोनू सूद की भूमिका

जब इस लॉकडाउन में सभी अपनी-अपनी सियासत में व्यस्त थे वहीं अभिनेता सोनू सूद ने मजदूरों के लिए हाथ बढ़ाया। सोनू सूद ने पहली बार में लगभग 350 प्रवासियों को कर्नाटक भेजा। अभिनेता सोनू सूद प्रवासियों को भेजते समय उनको रास्ते के लिए खाना-पीने के लिए पानी भी मुहैया कराते थे। ऐसी स्थिति में सोनू सूद प्रवासियों से वापस आने के लिए पूछते थे तो निःसहाय मजदूरों के आँखों से आँसू निकल आते थे। जब आज तक की टीम ने सोनू सूद से इन लाचार और निःसहाय प्रवासियों के मदद करने के बारे में पूछा तो अभिनेता सोनू सूद ने कहा– इस पूरे लॉक डाउन में मैंने मीडिया, सोशल मीडिया पर देखा कि लोग इतने लाचार-बेबस हो गये हैं कि इनके पास न तो खाने के लिए कोई प्रबन्ध है और न तो अपने घर जाने के लिए इनके पास किराया। लोग इतनी दूर-दूर तक पैदल ही चल पड़े हैं, छोटे-छोटे बच्चे जो एक कदम भी नहीं चल सकते वो इतना लम्बा सफर कैसे कर सकते हैं! उन्होंने कहा कि मैंने देखा कि लोग पैदल चलकर

ट्रेनों की पटरी से जाकर अपनी जान गँवा रहे हैं। तब मैंने सोचा कि ये वो लोग हैं जिन्होंने जिन्दगी भर हमारे घर, ऑफिस, जिन रास्तों पर हम चल रहे हैं उन रास्तों को बनाया है। ऐसे में सोनू सूद ने लगभग जिस किसी ने उनसे घर जाने के लिए गुहार लगायी सोनू सूद ने उसको एयर कंडीशनर बसों में उनके घर पहुँचाया। सोनू सूद ने लगभग उन्नीस हजार लोगों को घर पहुँचाया।

8. लॉकडाउन में मजदूरों और श्रमिकों का हाल

लॉकडाउन में मजदूरों और श्रमिकों का हाल ऐसा हो गया था कि उनको लगता था कि जिन्दगी में उनका कोई नहीं है। लोग बारिस, कड़कती धूप में छोटे-छोटे बच्चों के साथ कोई मुम्बई से मध्य प्रदेश, तो कोई लखनऊ से बहराइच, तो कोई झाँसी तक पैदल ही चल पड़ते हैं। किसी को 500 किलोमीटर तो किसी को 800 किलोमीटर, तो किसी 700 किलोमीटर कोई रिक्शा से तो कोई साइकिल से, तो कोई ठेला से ही अपने घर के लिए निकल पड़ता है और देश की सरकारें लाने का आश्वासन देती रहीं लेकिन कभी किसी सरकार ने मजदूरों की मदद नहीं की और कुछ मन्त्री रामायण देखते रहे तो कुछ महाभारत देखते रहे और देश के गरीब मजदूर और श्रमिक पैदल चल-चलकर अपनी जान गँवाते रहे।

प्रवासी मजदूरों श्रमिकों के समस्याओं को दूर करने के उपाय– प्रवासी मजदूरों श्रमिकों की समस्याओं के समाधान निम्नलिखित तरीके से कर सकते हैं–

1. प्रवासी मजदूरों के लिए कानून बनाये जायें।
2. जिस राज्य में प्रवासी मजदूर कार्यरत हैं, वहाँ की सरकार उनकी स्वास्थ्य सुरक्षा सुनिश्चित करे।
3. श्रमिक मजदूरों के लिए सरकार पास बनाकर यातायात के किराए में छूट दे।
4. सरकार मजदूरों को रहने के लिए रैन बसेरों की निर्माण करे।
5. सरकार मजदूरों, श्रमिकों के लिए मकानों का किराया सीमा निश्चित करे।
6. सरकार मजदूरों, श्रमिकों के लिए निश्चित आय के साथ निश्चित समय के लिए स्वास्थ्य कूपन बनाये जो सभी सरकारी अथवा प्राइवेट अस्पतालों में मान्य हो जिससे वो अपना इलाज करा सकें।
7. स्वास्थ्य कूपन की नवीकरण की व्यवस्था।
8. मजदूर, श्रमिक जहाँ जिस कम्पनी, कारखानों, दफ्तरों आदि में कार्यरत हों उनकी ये जिम्मेदारी हो कि प्रत्येक कर्मचारी की प्रत्येक तीसरे माह स्वास्थ्य जाँच कराये।

कुछ इस प्रकार के नियम-कानून बनाकर हम मजदूरों, श्रमिकों के जन जीवन, स्वास्थ्य, आय आदि में सुधार कर उनकी आर्थिक एवं जीवन-स्तर को

ऊँचा उठा सकते हैं।

7. मजदूर, श्रमिक कार्यालय की व्यवस्था। हर राज्य के हर जिले में मजदूर, श्रमिक कार्यालय हो जहाँ पर उनका पंजीकरण हो और उनको कार्य देने के लिए सरकार उनके प्रति प्रतिबद्ध हो।

स्रोत

1. अरिहन्त 2. बीबीसी न्यूज 3. लाइव हिन्दुस्तान 4. एबीपी न्यूज हिन्दी 5. आज तक
6. न्यूज 18 इंडिया 7. आज तक 8. एबीपी न्यूज़

23

मजदूरों की संवैधानिक स्थिति का चित्रण

रोशनी चन्द्राकर

भारत देश में हर साल 1 मई को श्रमिक दिवस के रूप में मनाया जाता है। श्रमिक अर्थात् जिसे कामगार एवं मजदूर भी कहा जाता है। मजदूर अर्थात् एक ऐसा वर्ग जो अपने शारीरिक श्रम को बेचकर अपना जीवन-यापन करता है। हालाँकि औद्योगिक विवाद अधिनियम के दफा 2(एस) में मजदूर को इस प्रकार परिभाषित किया गया है–

"मजदूर (प्रशिक्षु समेत) कोई भी ऐसा व्यक्ति जो मजदूरी या वेतन के बदले किसी उद्योग में शारीरिक, अकुशल, कुशल तकनीकी, कार्यकारी, क्लर्क या सुपरवाइजर का काम करता हो, चाहे काम की शर्तें स्पष्ट या अन्तर्निहित हों वह मजदूर है।"

अगर सामाजिक स्थिति से चित्रण करें मजदूर का तो यह धारणा है कि मजदूर वह है जो उद्योगों में ही लगा हुआ है या उद्योगों में ही कार्यरत है, परन्तु यहाँ स्थिति विपरीत है, क्योंकि हम उद्योगों में कार्यरत लोगों को ही मजदूर नहीं कहेंगे, यहाँ और भी व्यवसाय है, जैसे कृषि श्रमिक, डेयरी फार्म में लगे लोग, पशुपालन में कार्यरत लगे लोग अर्थात् इन सभी क्षेत्रों में कार्यरत लोगों को भी श्रमिक ही मान सकते हैं क्योंकि इन क्षेत्रों में कार्यरत लोग शारीरिक श्रम करते हैं जिससे इन लोगों को श्रम के बदले पूँजी या धन प्राप्त होता एवं इसी पूँजी से इन सबका जीवन-निर्वाह होता है।

मजदूरों के हितों की रक्षा करने एवं महत्त्वपूर्ण व्यवसायों में मजदूरों के योगदान को स्मृतिपूर्ण रखने के लिए ही मजदूर दिवस का आयोजन होता है। वैसे तो भारतवर्ष में मजदूर दिवस स्वतन्त्रता के पूर्व से ही मनाया जाता रहा है। इस श्रमिक दिवस को पूरे भारतवर्ष के साथ कई और देशों में भी 1 मई को श्रमिक दिवस मानाया जाता है। वैसे तो श्रमिक दिवस का इतिहास अमेरिका में हुए श्रमिकों के विद्रोहों के फलस्वरूप ही हुआ है। 1 मई, 1886 को ही कई उद्योगों में कार्यरत मजदूरों ने हड़ताल की, वे सड़कों पर अपना विद्रोह करने लगे, कल-कारखानों में कार्यरत श्रमिकों ने काम के घंटों में कमी की जाये तथा अन्य माँगों को लेकर अपने लिए सर्वप्रथम तौर पर आवाजें उठायीं। इन हड़तालों के कारण बम धमाके हो गये, सरकार की स्थिति विकट हो गयी एवं प्रशासन

द्वारा मजदूरों के लिए उग्र रूप अपनाया गया जिससे मजदूरों की जान चली गयी और इसके बाद पेरिस में भी मजदूरों द्वारा हड़ताल किया गया। परन्तु सर्वप्रथम रूप से मई 1886 में मजदूरों के शहादत हो जाने के कारण उन मजदूरों की याद में 1 मई को श्रमिक दिवस मनाने का फैसला किया गया।

हालाँकि भारत में श्रमिक दिवस की शुरुआत 1 मई, 1923 में मद्रास से हुई है। भारत में इस दिवस की शुरुआत करने का श्रेय 'भारती मजदूर किसान पार्टी' के नेता कामरेड सिंगरावेलू चेटयार को थी।

इस पार्टी ने मजदूर के जीवन-स्तर को सुधारने का कार्य किया था। इसी प्रकार मजदूरों के जीवन स्तर को और अधिक सम्पन्न बनाने के लिए श्रम संघ द्वारा भी महत्त्वपूर्ण कार्य किया जाता है।

श्रम संघ औद्योगिक शान्ति बनाने में महत्त्वपूर्ण भूमिका निभाते हैं। वी.वी. गिरि जी जो कि महान मजदूर नेता थे, उन्होंने कहा था–

"श्रमिक संघों से हमारा तात्पर्य ऐसे संगठन से है, जिसका निर्माण ऐच्छिक रूप में सामूहिक शक्ति के आधार पर श्रमिकों के हितों की रक्षा के लिए किया जाता है।"

भारत में श्रमसंघ का उपयोग, उन्हीं श्रमिकों के लिए है जिन कारखानों में फैक्ट्री अधिनियम लागू की गयी है।

श्रमसंघ के माध्यम से श्रमिकों और मालिकों के बीच सम्बन्ध को स्वस्थ बनाया जाता है, श्रमसंघ मजदूरों के उचित मूल्य का निर्धारण करता है, इस प्रकार श्रमसंघ सभी प्रकार से मजदूरों के हितों की ही रक्षा करता है। इसी प्रकार श्रमिकों के स्थिति को और समुन्नत करने के लिए श्रम अधिनियम भी बनाये गये।

आधुनिक तौर पर बने श्रम-विधानों या अधिनियमों के कुछ महत्त्वपूर्ण विषय हैं– मजदूरी की मात्र, मजदूरी का भुगतान, कार्य के घंटे, साप्ताहिक अवकाश, श्रमसंघ, बोनस, विश्राम अन्तराल, औद्योगिक विवादों को सुलझाने, प्रसूति-हितलाभ, भविष्य-निधि, सामूहिक सौदेबाजी, हड़ताल जैसे विवादों को सुलझाने के तरीके हैं। श्रम अधिनियम को दो भागों में बाँटा जा सकता है–

(1) स्वतन्त्रता के पूर्व के श्रम अधिनियम।

(2) स्वतन्त्रता के बाद के श्रम अधिनियम।

स्वतन्त्रता के पूर्व भारत एक औपनिवेशिक देश था। भारत में ब्रिटिशों का शासन था और इस शासन के दौरान भारत में शोषण युक्त व्यवस्था व्याप्त थी। इस समय निम्न कानून बनाये गये थे–

बंगाल अधिनियम 1819, भारतीय दासता अधिनियम 1843, भारतीय दंड संहिता 1860, घातक दुर्घटना अधिनियम 1855, श्रम एवं उत्प्रवास 1901, कारखाना अधिनियम 1881, 1875 कारखाना आयोग बनाया गया एवं खान बोर्ड भी बना था।

इन कारखाना अधिनियमों में संशोधन किया गया 1922 में।

श्रमिकों एवं मजदूरों से सम्बन्धित अधिनियम भी थे– खानश्रम कल्याण निधि 1946, कोयला खान श्रम कल्याण 1947, औद्योगिक नियोजन अधिनियम 1946, औद्योगिक विवाद अधिनियम 1947 आदि।

भारत में श्रम-सम्बन्धी कानून की पहल ब्रिटिश उद्योगपतियों ने ही की थी, जो कि सूती कपड़ा उद्योग से जुड़ी हुई थी। अन्ततः 1881 का फैक्ट्रीज एक्ट बना जिससे औद्योगिक श्रमिक गण सीधे प्रभावित हुए। इस कानून में 7 वर्ष से कम आयु के बच्चों को किसी भी कारखाने में नहीं लगाया जा सकता और 12 वर्ष से कम के बच्चों को हर रोज 9 घंटे से अधिक काम लेना जुर्म करार दिया गया, हर रोज एक घंटे का विश्राम और महीने में 4 छुट्टियों का प्रावधान भी किया गया।

1890 में बर्लिन में एक अन्तरराष्ट्रीय श्रम सम्मेलन सम्पादित हुआ, जिसमें यह निर्णय लिया गया कि सदस्य देशों में महिलाओं एवं बच्चों के कार्य दिवस को विनियोजित किया जाये।

बहुत से कानूनों में संशोधन भी किया गया, जिसमें श्रमसंघ ने महत्त्वपूर्ण भूमिका निभायी थी। तत्पश्चात् स्वतन्त्रता के बाद नये श्रम अधिनियम बनाये गये एवं पुराने अधिनियमों में महत्त्वपूर्ण परिवर्तन किये गये।

1. औद्योगिक सम्बन्ध विधान – आजादी के पूर्व बनाये गये औद्योगिक सम्बन्ध विधानों में संशोधन किया गया, जिनमें औद्योगिक विवाद अधिनियम 1947 शामिल है। आवश्यक अनुरक्षण अधिनियम भी बनाये गये, जो अतिरिक्त आवश्यक सेवाओं में कार्यबन्दी पर रोक के उद्देश्य से सम्बन्धित थे। इससे सम्बन्धित कुछ विधेयक भी पेश किये गये तथा कुछ नियमों को लागू किया गया। केन्द्र एवं राज्य सरकारों द्वारा भी अलग-अलग विधान भी बनाये गये।

2. कारखाना अधिनियम 1948– कारखाना अधिनियम 1934 को संशोधित करके एक नया और महत्त्वपूर्ण अधिनियम बनाया गया। आज भी यह अधिनियम कुछ संशोधनों के साथ लागू है। इसमें कारखानों में कार्यरत मजदूरों के लिए सुरक्षा कल्याण, स्वास्थ्य कार्य के घंटे, बालकों और महिलाओं के विनियोजन, सवेतन वार्षिक छुट्टी तथा कार्य की विभिन्न दशाओं के सम्बन्ध में विशेष उपबन्ध है। इस विधान का प्रमुख उद्देश्य कारखानों में कार्य की दशाओं के सम्बन्ध में निम्न स्थिति के मानकों की स्थापना करना था। यह विधान या अधिनियम केन्द्रीय अधिनियम है, लेकिन इसका प्रशासन राज्य सरकारों द्वारा होता है।

3. बागान अधिनियम 1951– कारखाना अधिनियम की तरह ही बागान के श्रमिकों के लिए भी अधिनियम बनाये गये जो कि श्रमिकों के कल्याण से सम्बन्धित थे, जिनमें उनके लिए लाभ, स्वास्थ्य, कार्य के घंटों में बदलाव, बच्चों एवं नवयुवाओं

के नियोजन एवं सवेतन वार्षिक अवकाश से सम्बन्धित नियम है। इस अधिनियम का कार्यान्वयन राज्य सरकारों द्वारा होता है।

4. खान अधिनियम 1952– खान विधान 1923 को पूर्णत: खत्म करके इस अधिनियम को बनाया गया है। इस अधिनियम में भी श्रमिकों के हितों एवं फायदों की बात कही गयी है। इस अधिनियम में श्रमिकों के लिए कार्य के उच्चतम घंटे जमीन (भूमि) के ऊपर 9 घंटे प्रतिदिन एवं 48 घंटे प्रति हफ्ता, भूमि (जमीन) के अन्दर 8 घंटे रोज एवं 48 घंटे प्रति हफ्ता (सप्ताह) तय किया गया। आराम-अन्तराल 5 घंटे के बाद 1/2 घंटा किया गया। ऐसे बहुत से प्रावधान किये गये। इस अधिनियम का क्षेत्र केन्द्र सरकार के पास होता है।

5. मजदूरी तथा बोनस अधिनियम– मजदूरी भुगतान विधान 1963 को इस अधिनियम में मजदूरी के भुगतान से सम्बन्धित उपबन्ध शामिल किये गये। वर्ष 1976 में भी समान पारिश्रमिक देने का प्रावधान किया गया जिसमें महिला एवं पुरुष के बीच भेदभाव ना किया जाये या भेदभाव में प्रतिबन्ध लगाया गया। सन् 1965 में अतिरिक्त भुगतान या बोनस भुगतान विधान को देश-भर में स्थायी व्यवस्था के रूप में प्रतिबद्ध किया गया।

6. सामाजिक सुरक्षा विधान– कामगारों के लिए क्षतिपूर्ति विधान 1923 लागू किया गया था जिसमें संशोधन किया गया। सामाजिक सुरक्षा से सम्बन्धित अधिनियम है– कोयला खान भविष्य निधि कर्मचारी राज्य बीमा अधिनियम 1948 तथा प्रकीर्ण उपबन्ध अधिनियम 1948, भविष्य-निधि अधिनियम, 1966, प्रसूति हितलाभ अधिनियम 1961 तथा उपादान सन्दाय अधिनियम 1972 इत्यादि। कर्मचारियों के हित के लिए भविष्य निधि अधिनियमों को बनाया गया, जिनके लिए भविष्य निधियों की स्थापना की व्यवस्था की गयी है। यह अधिनियम योजना 1952 जैसे अधिनियम में प्रस्तावित है।

7. श्रम कल्याण निधि विधान– आजादी के बाद कुछेक उद्योगों और श्रेणियों के मजदूरों को आवासीय, मनोरंजनात्मक, चिकित्सकीय शैक्षिक तथा अन्य प्रकार की कल्याणकारी सुविधाएँ प्रदान करने से सम्बन्धित उद्देश्यों को लेकर श्रम कल्याण विधिक बनाये गये।

इन लाभों के अन्तर्गत वही श्रमिक आते थे जो कोयला एवं अभ्रक खान में कार्यरत थे।

यह विधान आजादी के पूर्व ही बनाये जा चुके थे।

आजादी के बाद श्रम-कल्याण से सम्बन्धित निधियों से युक्त अधिनियम लौह अयस्क, मैंगनीज, अयस्क, क्रोम, चूना-पत्थर, डोलोमाइट के खानों, चाय बागानों तथा बीड़ी कर्मकारों से भी सम्बन्धित थे।

अन्तरराष्ट्रीय श्रम संघ के अनुसार–

"श्रम कल्याण से आशय ऐसी सेवाओं और सुविधाओं से समझना चाहिए जो कारखाने के अन्दर या निकटवर्ती स्थानों में स्थापित की गयी हो ताकि उनमें काम करने वाले श्रमिक स्वस्थ और शक्तिपूर्ण परिस्थितियों में अपना कार्य कर सकें और अपने स्वास्थ्य तथा नैतिक स्तर को ऊँचा उठाने वाली सुविधाओं का लाभ उठा सकें।"

8. ठेका मजदूरी (नियमन तथा समापन) अधिनियम 1970– यह अधिनियम फरवरी 1971 को सम्पूर्ण भारत में लागू किया गया, क्योंकि कुछ उद्योगों में ठेका मजदूरों से कार्य लिये जाने की व्यवस्था थी। ऐसे उद्योगों में मजदूरी नहीं दिये जाने पर मुख्य मालिक को इसके लिए दोषी माना जाता था।

9. अनुग्रह भुगतान संशोधित अधिनियम, 1984– इस अधिनियम के अन्तर्गत ऐसे श्रमिक व कर्मचारी जो 1000/- रुपये वेतन पाते थे, अनुग्रह राशि पाने के अधिकारी थे परन्तु सन् 1984 में इसमें संशोधन कर इसकी राशि 1600 रुपये की गयी और वे अनुग्रह भुगतान राशि प्राप्त कर सकते हैं।

इस अधिनियम के अन्तर्गत कर्मचारी व श्रमिक जो सेवानिवृत्त हो चुका है, या इस्तीफा दिया हो या मृत्यु, या रोग के कारण असमर्थ हो एवं वह पाँच वर्ष की लगातार सेवा के बाद अनुग्रह राशि उसे प्रदेय होगी।

इतने अधिक अधिनियमों को लागू करने के बाद भी मजदूरों की स्थिति सोचनीय एवं दयनीय रही, इनकी इस स्थिति का प्रमुख कारण इनकी अशिक्षा है जिस कारण इनमें अधिनियमों के प्रति जागरूकता कम ही पायी गयी।

10. औद्योगिक विवाद (संशोधन) अधिनियम 2010– सरकार द्वारा औद्योगिक विवाद अधिनियम 1947 में संशोधन कर औद्योगिक विवाद अधिनियम 2010 लागू किया गया।

इस अधिनियम में मजदूरी की सीमा उद्योग में कार्यरत श्रमिकों की मजदूरी में वृद्धि की गयी, साथ ही कर्मचारी राज्य बीमा अधिनियम 1948, बोनस भुगतान 1965 और मजदूरी भुगतान अधिनियम 1936 जैसे श्रम कानूनों में समानता बढ़ाने के लिए किया गया। साथ-ही-साथ कर्मकार से सम्बन्धित विवादों के मामले के लिए श्रम कोर्ट या ट्रिब्यूनल तक सीधी पहुँच का प्रावधान किया गया था।

11. बगान श्रम (संशोधन) अधिनियम 2010– यह अधिनियम भी 1951 में बना था जिसे 2010 में संशोधित किया गया। संशोधन अधिनियम में 14 साल के बालकों के नियोजन पर निषेध का प्रावधान भी किया गया था।

भारतीय संविधान के अनुच्छेद 23 और 24 अन्याय और शोषण के विरुद्ध माना गया है।

अनुच्छेद 23 के अनुरूप खतरनाक उद्योगों में बालकों के रोजगार पर प्रतिबन्ध

लगाता है। संविधान के 24वें अनुच्छेद के अनुसार 14 वर्ष से कम का कोई भी बच्चा किसी भी फैक्टरी या खदान में काम करने के लिए निषेध है।

तत्काल स्थिति में बढ़ते लॉकडाउन और कोरोना महामारी के कारण केन्द्र एवं राज्य सरकारों ने श्रम कानूनों में शिथिलता की है, जिसके अनुसार कार्य के घंटे 8 से 12 घंटे एवं फैक्ट्री एक्ट कांटैक्ट, लेबर एक्ट, इंडस्ट्रियल डिस्प्यूटस एक्ट में बदलाव किये जाने के कारण मजदूरों द्वारा व्यापक तौर पर 22 मई को विरोध प्रदर्शन किया गया, इस प्रदर्शन के लिए 10 ट्रेड यूनियनों ने संयुक्त मंच पर आह्वान किया। मजदूरों ने प्रदर्शन के दौरान कहा है कि "श्रम कानूनों में मजदूर विरोधी बदलाव नहीं चलेगा, श्रम कानूनों में बदलावों को वापस लो।"

इस ट्रेड यूनियन में इंटक, एटक, एचएमएस, सीटू, एक्टू, सेवा, टीयूसीसी, एआईयूटीयूसी, एलपीएफ और यूटीयूसी हैं। इस ट्रेड यूनियनों के राष्ट्रीय नेताओं ने देशव्यापी विरोध प्रदर्शन दिल्ली के राजघाट पर एक दिन की भूख हड़ताल से शुरू किया था।

इस प्रकार वर्तमान में मजदूरों के लिए श्रम कानूनों में जो शिथिलता की गयी है, वह मजदूरों के खिलाफ ही है। इससे मजदूरों के स्वास्थ्य पर बुरा असर होगा एवं इनकी कार्य करने की क्षमता में भी विशेष रूप से कमी हो जायेगी।

मजदूरों के लिए बनाये गये तत्कालीन नियमों को वापस लेना चाहिए, क्योंकि ये नियम मजदूरों के हित में बिल्कुल भी नहीं हैं। अत: सरकार द्वारा इन नियमों को जल्द ही वापस लेना चाहिए। मजदूरों की आवश्यकता हर समाज को पड़ती है, चाहे वो नगरीय हो या ग्रामीण या औद्योगिक। मजदूर एक विशेष सेवा प्रदाता है जिसके कन्धों पर महत्त्वपूर्ण उद्योगों का भार टिका हुआ है।

सन्दर्भ सूची

1. सिन्हा वी.सी., सिन्हा जया, औद्योगिक समाज विज्ञान मयूर पेपर बैक्स, सेक्टर-5 नोएड़ा-पुनर्मुद्रण संस्करण 2010-11, पृ. 385-396।
2. ओझा, एस.के. समाजशास्त्र प्रश्न पत्र II एवं III यू.जी.सी. नेट/जेआरएफ/स्लेट, अरिहन्त पब्लिकेशन यू.पी. मेरठ, 2014-15, पृ. 526-527।
3. यादव रामजीलाल, समाजशास्त्र प्रश्न पत्र II, यू.जी.सी. नेट, ओ.पी. गुप्ता, कृत रमेश पब्लिशिंग हाउस, न्यू, दरियागंज रोड़, नयी दिल्ली, 2020, पृ. 720-723।
4. https/labour.gov.in//industrialrelationacts-administered-irpl-section
5. https//jansuchnatimes.page/article/majadoor.
6. https//www.Jansatta.com/chopal/labour-law-in-india .
7. https//www.prabhasakshi.com/currentaffaire/ workers- have - huge-contribution-in-the-development of the country
8. https//hindi.newsclick.in/face-of-corona- and lockdown-workers-showed-solidority-demonstrations-across-the-country.

खंड-5

नगरीय उत्थान और मजदूर

24

नगरीय उत्थान में प्रवासी मजदूरों का योगदान

पनिराज एम. ए.

भूमिका

प्रवासी शब्द कोविड-19 एवं लॉकडाउन के चलते अकादमिक डिस्कोर्स से उठकर लोक परिचर्चा में शामिल हुआ है। प्रवासी अन्तर्देशीय, अन्तरप्रान्तीय और एक ही प्रान्त में हो सकते हैं। आमतौर पर वे लोग जो अपने देश या प्रान्त/राज्य को छोड़कर रोज़गार की तलाश में दूसरे मुल्कों/राज्यों/प्रान्तों में जाकर रहते हैं उन्हें प्रवासी कहा जाता है। प्रवासी एवं रिफ्यूजी में फर्क इतना है कि प्रवासी जन अपनी इच्छा से लोकतान्त्रिक प्रक्रियाओं का इस्तेमाल करते हुए दूसरे क्षेत्रों में जाते हैं जबकि रिफ्यूजी युद्ध या किसी विषम परिस्थिति के कारण। हालाँकि पिछले वर्षों में इन दोनों के बीच का अन्तर काफी कम हुआ है। प्रवासी भी उतनी ही विषम परिस्थितियों में शहरों से जा रहे हैं जितने युद्धों या आन्तरिक युद्धों के चलते रिफ्यूजी बनते हैं। सम्भवतः यही कारण है कि प्रवासी बदतर जीने के हालात, निम्नतर वेतन, नगण्य सेवा-शर्तों, शून्य सामाजिक सुरक्षा के बावजूद काम करने के लिए तैयार हो जाते हैं।

अमरीकी, कनाडाई कैब ड्राइवर या ढाबा चालक से लेकर अफ्रीकी रेहड़ी-पटरी चालक या अरब मुल्कों के भवन-निर्माण से लेकर अन्य कार्य करने वाले प्रवासी हों या भारत के विभिन्न शहरों में गाँवों से आने वाले प्रवासी मजदूर। इनमें से बहुत सारे लोग उन्हीं देशों या शहरों के कच्ची कॉलोनियों, पुनर्वास बस्तियों या झुग्गी पट्टियों में बस जाते हैं तथा उसी शहर की नागरिकता ग्रहण कर लेते हैं तथा धीरे-धीरे उनका गाँवों से रिश्ता ख़त्म होता जाता है। ऐसे लोग क्रमशः प्रवासी की श्रेणी से हटते जाते हैं। कनाडा में बसे हुए सिक्खों या अमेरिका में बसे हुए प्रोफेशनल समूहों या भारत के विभिन्न हिस्सों से शहरों में बसे प्रोफेशनल अधिकारी समूहों को प्रवासी की श्रेणी में नहीं रखा जा सकता है, हालाँकि उसका उनके ग्रामीण क्षेत्रीय समूहों से सांस्कृतिक लगाव ज़रूर होता है।

व्याख्या

प्रवासी मजदूर शहरों में अनस्किल्ड या सेमी-स्किल्ड मजदूरों के रूप में आते

हैं। इन मजदूरों का प्रवास तीन महीने से लेकर वर्षों तक का हो सकता है। संगठित क्षेत्र की फैक्टरियों के अतिरिक्त असंगठित क्षेत्र के लगभग समूचे मजदूर प्रवासी ही होते हैं। सब्जीवाला, रेहड़ीवाला, ठेलावाला, अखबार बाँटने वाला, भवन-निर्माण का कार्य, इलेक्ट्रीशियन, प्लम्बर, घरेलू कामगार महिला, रिक्शा, ई-रिक्शावाला, लोडिंग-अनलोडिंग का कार्य, साफ़-सफाईवाला, ड्राइवर, दर्जी, हज्जाम, बढ़ई, ढाबा, रेस्तरां मजदूर, टेंट मजदूर, कूड़ा चुनने वाला, होटलों में काम, दूध पहुँचाने वाले, पंजाब, हरियाणा जम्मू में कृषि के काम, कपास की खेती, गन्ने की खेती में काम करने वाले। इनके अतिरिक्त सर्विस सेक्टर के ज्यादातर कर्मचारी, ई-कॉमर्स के ज्यादातर सप्लाई ब्यॉय।

कुल मिलाकर शहर के पूँजीपति, अमीर, उच्च-मध्यवर्ग एवं मध्यवर्ग को हर प्रकार सुविधा एवं सम्पन्नता का एहसास कराने वाले प्रवासी मजदूर ही होते हैं। सस्ता वेतन कमर तोड़ काम यही है प्रवासी की पहचान और ऊपर से शून्य सम्मान। देश में स्थापित पूँजीपति-सामन्ती अफसरशाही के गठजोड़ ने प्रवासी मजदूरों के श्रम का दोहन तो किया ही है उन्हें सम्मान की जिन्दगी भी शहरों में नसीब होने नहीं दिया है। भारत में जाति एवं धर्म-सुधारकों की एक लम्बी फेहरिस्त है परन्तु दुर्भाग्यजनक रूप से प्रवासियों का कोई मार्टिन लूथर किंग भी अभी पैदा नहीं हुआ है।

सन् 2011 की जनगणना के आँकड़ों में सीजनल माइग्रेशन, छात्रों के आव्रजन एवं अन्य प्रकार के शहरों में आव्रजन के आँकड़े मौजूद नहीं हैं। अब ऐसा माना जाने लगा है कि ऐसे प्रवासियों की संख्या भी करोड़ों में है। हाल ही में कोटा के छात्रों को लेकर हुए विवाद सर्वविदित है। कोविड-19 से लड़ने के लिए सरकारें पानी की तरह पैसा बहा रही हैं अगर उसी पैसे के एक हिस्से का इस्तेमाल देश के सभी ब्लॉकों में अस्पताल, स्कूल एवं सड़कें बनवाने का कार्य किया जाता तो भवन-निर्माण क्षेत्र में संलग्न 5 करोड़ मजदूरों को रोज़गार मिल जाता।

कोरोना महामारी के फैलाव और लॉकडाउन की लम्बी अवधियों के बीच भारत में श्रमिकों के हालात और अर्थव्यवस्था में उनके योगदान और श्रम रोजगार से जुड़ी राजनीतिक आर्थिकी के कुछ अनछुए और अनदेखे अध्याय भी खुल गये हैं। पहली बार श्रम-शक्ति की मुश्किलें ही नहीं, राज्यवार उससे जुड़ी पेंचीदगियाँ भी खुलकर दिखी हैं। एक साथ बड़े पैमाने पर प्रवासी मजदूरों का अपने घरों को लौटने के असाधारण फैसले के जवाब में राज्य सरकारों और केन्द्र सरकार के पास कोई ठोस कार्रवाई या राहत प्लान नहीं दिखा, जिससे समय रहते हालात सामान्य हो पाते, प्रवासी मजदूरों के बीच जान बचाने और अपने घरों को लौट जाने की देशव्यापी दहशत के बीच सरकारों की मशीनरी भी असहाय-सी दिखी।

भारत में मजदूरों की मजदूरी के बारे में बात की जाये तो यह भी एक बहुत बड़ी समस्या है, आज भी देश में कम मजदूरी पर मजदूरों से काम कराया जाता है। यह भी

मजदूरों का एक प्रकार से शोषण है। आज भी मजदूरों से फैक्ट्रियों या प्राइवेट कम्पनियों द्वारा पूरा काम लिया जाता है लेकिन उन्हें मजदूरी के नाम पर बहुत कम मजदूरी पकड़ा दी जाती है। जिससे मजदूरों को अपने परिवार का खर्चा चलाना मुश्किल हो जाता है। पैसों के अभाव से मजदूर के बच्चों को शिक्षा से वंचित रहना पड़ता है। भारत में अशिक्षा का एक कारण मजदूरों को कम मजदूरी दिया जाना भी है। आज भी देश में ऐसे मजदूर हैं जो 1500-2000 मासिक मजदूरी पर काम कर रहे हैं। यह एक प्रकार से मानवता का उपहास है। बेशक इसको लेकर देश में विभिन्न राज्य सरकारों ने न्यूनतम मजदूरी के नियम लागू किये हैं, लेकिन इन नियमों का खुलेआम उल्लंघन होता है और इस दिशा में सरकारों द्वारा भी कोई विशेष ध्यान नहीं दिया जाता और न ही कोई कार्यवाही की जाती है।

मजदूर दिवस के अवसर पर सम्पूर्ण राष्ट्र और समाज को राष्ट्र और समाज की प्रगति, समृद्धि तथा खुशहाली में दिये श्रमिकों के योगदान को नमन करना चाहिए। देश के उत्पादन में वृद्धि और अर्थव्यवस्था के क्षेत्र में अन्तरराष्ट्रीय स्तर पर जो उच्च मानक हासिल किये गये हैं वह हमारे श्रमिकों के अथक प्रयासों का ही नतीजा है। इसलिए राष्ट्र की प्रगति में अपने श्रमिकों की महत्त्वपूर्ण भूमिका को पहचानकर सभी देशवासियों को उसकी सराहना करनी चाहिए। इसके साथ ही मजदूर दिवस के अवसर पर देश के विकास और निर्माण में बहुमूल्य भूमिका निभाने वाले लाखों मजदूरों के कठिन परिश्रम, दृढ़ निश्चय और निष्ठा का सम्मान करना चाहिए और मजदूरों के हितों की रक्षा के लिए सम्पूर्ण राष्ट्र और समाज को सदैव तत्पर रहना चाहिए।

देश में पलायन की समस्या इतनी विकराल तब दिखी जब कोरोना वायरस के कारण इतनी भारी तादाद में लोग शहरों से ग्रामों की ओर पलायन करने लगे। हालाँकि केन्द्र सरकार ने लोगों को विभिन्न शहरों से उनके घरों तक पहुँचाने के लिए विशेष श्रमिक रेलगाड़ियाँ चलायी हैं परन्तु फिर भी कई लोग शहरों से ग्रामों की ओर पैदल ही चल दिये। यूँ तो अभी भी भारत एक कृषि प्रधान देश ही है अतः यहाँ 80% से अधिक मजदूर असंगठित क्षेत्र में काम करते हैं। भारत में भारी संख्या में लोग गाँवों से शहरों की ओर रोज़गार प्राप्त करने के उद्देश्य से जाते हैं। जिस ग्रामीण को जहाँ रोज़गार मिलता है वह वहाँ चला जाता है। इसलिए भारी संख्या में लोग एक प्रदेश से दूसरे प्रदेश में चले जाते हैं। दरअसल, कोरोना वायरस की वास्तविक स्थिति का पूर्वाभास इन प्रवासी श्रमिकों को नहीं होने के कारण एवं सरकार द्वारा उनकी सहायता के लिए चलायी जा रही विशेष श्रमिक रेलगाड़ियों की सही जानकारी उन्हें नहीं होने के कारण श्रमिक लोग घबरा गये एवं वे बड़ी संख्या में शहरों से गाँवों की ओर पैदल ही पलायन कर बैठे। 2018-19 के आर्थिक सर्वेक्षण में बताया गया है कि असंगठित क्षेत्र के मजदूरों की संख्या कुल वर्क-फोर्स का 93% है, तो नीति आयोग ने 85% और राष्ट्रीय सांख्यिकी आयोग ने इसे 82% बताया। इसी तरह असंगठित क्षेत्र के उद्योगों का अर्थव्यवस्था में क्या

योगदान है, इस पर भी कोई निश्चित आँकड़ा नहीं मिलता लेकिन **राष्ट्रीय सांख्यिकी आयोग** के अनुसार जीडीपी में असंगठित क्षेत्र का कम-से-कम 50% योगदान तो है ही, जबकि कुछ वर्ष पहले बहुचर्चित हुई अर्जुन सेनगुप्ता रिपोर्ट ने इसे 60% प्रतिशत बताया था।

वैसे आजीविका ब्यूरो (एक संस्था जो प्रवासी मज़दूरों के बीच ही काम करती है) के अनुसार देश में 12 करोड़ से भी ज़्यादा ऐसे मज़दूर हैं जो गाँवों से बड़े शहरों के श्रम बाज़ारों की ओर आते हैं। इनमें सबसे बड़ी संख्या तो निर्माण मज़दूरों की है (लगभग 4 करोड़), फिर घरेलू श्रमिक (2 करोड़) और टेक्सटाइल मज़दूरों (एक करोड़ 10 लाख) का नम्बर आता है। इनके अलावा कृषि, खदान, ईंटों के भट्टे और परिवहन इत्यादि क्षेत्रों में बड़ी संख्या में प्रवासी मज़दूर काम करते हैं।

निष्कर्ष

वित्तीय सुरक्षा की जिम्मेदारी नियोक्ताओं की भी है और सरकारों की भी। और उनके हालात पर भी गौर करना चाहिए जो स्वरोजगार से जुड़े हैं। ये प्लम्बर, मैकेनिक, रेहड़ी चलाने वाले, फल-सब्जी विक्रेता से लेकर नाई, धोबी, रिक्शा चलाने वाले, कूड़ा बीनने वाले और दिहाड़ी मजदूर और यौनकर्मी तक कुछ भी हो सकते हैं। ये श्रम बाजार के लगभग अदृश्य लेकिन उपयोगी और उपेक्षित समुदायों में आते हैं। कोरोना संकट के दौरान हुए हाल के अध्ययनों के मुताबिक असंगठित क्षेत्र में सिर्फ 17 प्रतिशत कामगार ऐसे हैं जिनके नियोक्ता पहचाने जा सकते हैं। शेष 83 प्रतिशत कामगारों का नियोक्ता कौन है, कोई नहीं जानता, फिर उनकी आमदनी या आय कैसे सुरक्षित रह पायेगी। उन्हें काम पर रखा जायेगा या नहीं, ये कैसे सुनिश्चित हो पायेगा। गाँव से शहर, फिर शहर से वापस गाँव या गाँव से अन्य गाँवों की ओर पलायन करने वाले लोगों की संख्या करीब 10 करोड़ आँकी गयी है, कमोबेश हर दस भारतीयों में एक। सर्कुलर माइग्रेशन करने वाले ये लोग शहरी इलाकों में असंगठित कामगारों का बड़ा हिस्सा हैं, जो श्रम बाजार की सबसे कम आमदनी या सबसे न्यूनतम वेतन वाली जरूरतों में खपा दिये जाते हैं।

कोरोना संकट के दौर में ये भी एक सबक है कि असंगठित क्षेत्र के इस स्वरूप को बदलने के नीतिगत फैसले होने चाहिए. उस पर असुरक्षित, अस्थायी, गारंटी विहीन या सामाजिक सुरक्षा विहीन होने का जो ठप्पा लगा है, उसे मिटाना होगा। कुशल या अकुशल मजदूरों के पलायन को रोकने और आर्थिक विकास का मजबूत आधार बनाने के लिए हर राज्य में वहाँ की परिस्थितियों के अनुरूप प्रयास जरूरी है। नौकरी की तलाश में वही लोग निकलते हैं जिन्हें अपने यहाँ कोई सम्भावना नहीं दिखती। आर्थिक विकास और सामाजिक कल्याण में राज्यों के बीच एक स्वस्थ प्रतिस्पर्धा भी होनी चाहिए। अर्थव्यवस्था को गति देने के लिए, केन्द्र सरकार खुद को राज्यों के साथ सहयोग वाले

मॉडल का पक्षधर बताती है लेकिन अब कोरोना पश्चात के समय में ये दिखना भी चाहिए।

सन्दर्भ

1. https://hindi.theprint.in/opinion/after-lockdown-how-will-the-honorable-return-of-migrant-laborers/130990/
2. प्रवासी मजदूरों के साथ बर्ताव से उद्योगों पर संकट https://www.navjivanindia.com/opinion/crisis-on-industries-with-treatment-of-behaviour-laborers-rural-economy-now-support-it-will-have-to-strengthen
3. देश के विकास में मजदूरों का है बड़ा योगदान पर उन्हें मिलता कुछ नहीं https://www.prabhasakshi.com/currentaffairs/workers-have-huge-contribution-in-the-development-of-the-country-but-they-do-not-get-anything
4. http://www.unesco.org/new/fileadmin/MULTIMEDIA/FIELD/New_Delhi/images/policybriefhindilow.pdf
5. मजदूरों का पलायन रोकने में क्यों नाकाम है भारत https://www.dw.com/hi/%E0%A4%AE%E0%A4%9C%E0%A4%A6%E0%A5%82%E0%A4%B0%E0%A5%8B

25

नगरीय उत्थान में प्रवासी मजदूरों का योगदान

बिना चिक बड़ाइक

भारत गाँवों का देश है। यहाँ के 80 प्रतिशत लोग गाँव में बसते हैं। गाँव लड़के-बच्चे कुछ शिक्षित हो जाने पर रोजगार की तलाश में शहर की ओर रुख करते हैं। शिक्षित लोग अपनी योग्यता के अनुसार रोजगार पाना चाहते हैं इसलिए शहर में जाना बेहतर सोचते हैं। शिक्षित लोगों के साथ-साथ गाँव के बहुत सारे मजदूर अपना और अपने परिवार का भरण-पोषण करने के लिए रोजगार की तलाश में शहर की ओर जाते हैं। पहले काम के लिए दर-दर भटकते हैं। फिर उन्हें जो भी काम मिलता है कर लेते हैं। गाँव के प्रवासी मजदूरों का बहुत बड़ा हिस्सा शहर के उद्योग, फैक्टरी आदि में काम करते हैं जिसके अभाव में नगरीय उत्थान की कल्पना भी नहीं की जा सकती। ये मजदूर दिन-रात मेहनत करके छोटे-बड़े उद्योग को सफलता का परचम लहराने में सहयोग करते हैं। शहर अपने-आप अमीर नहीं होता मजदूर अपनी मेहनत से शहर को अमीर बनाते हैं। मजदूर गाँव में अपने परिवार को छोड़ जाते हैं जिनसे वर्षों तक नहीं मिल पाते। उनकी पत्नियाँ उनकी बाट जोहती रहती हैं।

भोजपुरी के शेक्सपियर कहे जाने वाले भिखारी ठाकुर के नाटक 'बिदेशिया' नाम दिया गया है, उसकी पत्नी 'प्यारी सुन्दरी[1]' अपने गाँव (देश) में पति के लिए परेशान रहती है। अपने पति का खबर पाने के लिए पत्नी गाँव के नाई 'बटोही' से जो खुद परदेश से लौटे थे, उनसे प्रवासी मजदूर पति की पहचान इस तरह बताती है–

> करिया न गोर बाड़े, लम्बा ना ही हवन नाटे,
> मझिला जवान, श्याम सुन्दर रे बतोहिया,
> घुठी पर ले धोती कोर, नकिया सुगा के ठोर।

गाँव के मजदूर रोजगार की तलाश में गाँव-परिवार छोड़कर परदेश जाते हैं कुछ लोग काम दिलाने की बात कहकर साथ में ले जाते हैं और बीच में ही छोड़ देते हैं। जब वो घर से निकलते हैं उन्हें पता भी नहीं होता कि कहाँ पर ठिकाना मिलेगा। एक मजदूर ने

गीत के माध्यम से अपनी व्यथा को सुनाया है।

> हम मजदूर को गाँव हमारे भेज दो सरकार
> सूना पड़ा घर-द्वार,
> मजबूरी में हम सब मजदूरी करते हैं,
> घर-बार छोड़ के शहरों में भटकते हैं,
> जो लेकर हमको आये वो ही छोड़ गये मँझधार,
> कुछ तो करो सरकार।

इस गीत के शब्दों और आवाज में छिपे दर्द को गहराई से महसूस किया जा सकता है। ऐसे कई लोग हैं जिनकी पीड़ा ज़ुबान तक नहीं आती लेकिन एक मजदूर ने इस गीत के माध्यम से सभी प्रवासी मजदूरों की पीड़ा को बयान किया है। ये प्रवासी मजदूर नगर को अपने पसीने से सींचकर उसे उन्नति के मुकाम तक पहुँचा देते हैं। इन्हीं के बदौलत शहर के बड़े-बड़े उद्योग, फैक्ट्रियाँ सुचारु रूप से चल पाती है। छोटे कुटीर उद्योग हों या बड़े उद्योग– इन मजदूरों के कठिन परिश्रम के बाद ही अपनी बुलन्दियों को छू पाते हैं।

एक मजदूर देश के निर्माण में बहुमूल्य भूमिका निभाता है और देश के विकास में अहम् योगदान देता है। किसी भी समाज, देश, संस्था और उद्योग में काम करने वाले श्रमिकों की अहम् भूमिका होती है। मजदूरों के बिना किसी भी औद्योगिक ढाँचे के खड़े होने की कल्पना नहीं की जा सकती। इसलिए श्रमिकों का समाज में अपना ही स्थान है। आज भारत देश में मजदूरों के 8 घंटे काम करने का समय है इसका पालन सिर्फ सरकारी कार्यालय में ही होता है, प्राइवेट कम्पनियाँ या फैक्ट्रियाँ 12 घंटे तक काम करते हैं जो एक प्रकार से मजदूरों का शोषण है, जो संविधान का पूर्णतः उल्लंघन है। संविधान की अनुच्छेद 23 के तहत भारत के प्रत्येक नागरिक को शोषण और न्याय के खिलाफ अधिकार दिया गया है। आज भी देश में मजदूरी में लैंगिक भेदभाव आम बात है। फैक्ट्रियों में आज भी महिलाओं को पुरुषों के बराबर वेतन नहीं दिया जाता है। महिला और पुरुष फैक्ट्रियों में समान काम कर रहे हों लेकिन बहुत-सी जगह में महिलाओं को समान कार्य हेतु समान वेतन नहीं दिया जाता है।

एस.आर.यू.टी.आई. ने प्राथमिक सर्वेक्षण में कच्चे माल की उपलब्धता सम्बन्धी अध्ययन में संकेत किया है कि– प्राकृतिक संसाधन जैसे– जंगल का कम होना, इन वस्तुओं का दूसरे क्षेत्रों में इस्तेमाल होना यथा- कागज का कारखाना, जिसकी वजह से सामान्यता बाँस, नारियल तथा पाम की पट्टियों की कमी, जिनके द्वारा टोकरी, चटाई आदि बनते हैं। हस्त शिल्प क्षेत्र में महिलायें उन स्थानों में हावी हैं जहाँ अपेक्षा कृत कम वेतन मिलता है जैसे- काक, बाँस के उत्पादन, अगरबत्ती बनाना, मिट्टी के बर्तन तथा नारियल की जटा से बने उत्पाद।

श्री एल. सी. जैन के अध्ययन के अनुसार– शहरी क्षेत्रों में यह प्रवृत्ति बढ़ रही है। हस्त शिल्प गैर-घरेलू क्षेत्र में स्थानान्तरित हो रही है तथा इस कार्य में पुरुष भी नियुक्त हो रहे हैं। यहाँ महिलायें गलीचा, कढ़ाई, लकड़ी के सामान तथा संगीत उपकरणों के बनाने में भी जुड़ी हैं। घरेलू माँगों वाले शिल्प, घरेलू एवं ग्रामीण क्षेत्र में बहुतायत रूप से पाये जाते हैं। यह महिलाओं के रोजगार के लिए अनुकूल है फिर भी इस क्षेत्र में सुरक्षात्मक सहयोग की आवश्यकता है। घरेलू क्षेत्र में रोजगार 36 प्रतिशत घटा है सबसे ज्यादा घटाव 62 प्रतिशत ग्रामीण महिलाओं में आया है। महिलाओं को गैर-घरेलू आधारित निर्माण में जो प्राप्ति हुई है, वह घरेलू शिल्प में जो उन्होंने खोया है उससे कम है। विगत वर्षों में शिल्पकारों की पहचान बनी है। उनमें से अनेक को पुरस्कार और निपुण शिल्पकार की उपाधि भी मिली है किन्तु बहुसंख्यक शिल्पकार उपेक्षित हैं जो एक बार पहचान भी बना चुके हैं, फिर भी बुढ़ापे में कोई सुरक्षा नहीं है। श्रम-शक्ति आयोग का मानना है कि एक सामाजिक सुरक्षा की योजना सभी शिल्पकारों के लिए होना चाहिए, जिससे जब वे काम करना बन्द कर दें, वे कुछ आर्थिक सुरक्षा जिन्दा रहने के लिए प्राप्त कर सकें। (योजना मई 2000, 11)।

भारत की श्रम-शक्ति में महिला श्रमिकों का एक महत्त्वपूर्ण हिस्सा है किन्तु रोजगार के स्तर एवं गुणवत्ता को देखते हुए पुरुषों से शहरी क्षेत्रों की श्रमिक महिलाओं में 40 प्रतिशत घरेलू उद्योगों, छोटे-मोटे व्यवसायों में भवन-निर्माण आदि जैसे असंगठित क्षेत्रों में कार्य कर रही हैं। 31 मार्च, 1995 की शहरी क्षेत्रों की महिलाओं की रोजगार संख्या 42.3 लाख थी। यह देश के कुल असंगठित क्षेत्र के रोजगार का 15.44 प्रतिशत है। श्रमिक महिलाओं की दशा अत्यन्त शोचनीय है। गृह-कार्य के अलावा उन्हें आर्थिक मामलों में भी काम करना पड़ता है, ताकि जीविका चल सके। यहाँ तक कि पुरुष की तुलना में महिलायें आर्थिक रूप से किसी भी मामले में कम सहयोग नहीं दे रही हैं। श्रमिक पुरुष अपने आय का कुछ तो शराब, अन्य नशाखोरी, वेश्यागमन में खर्च कर देता है, जबकि श्रमिक महिलायें पाई-पाई मेहनत कर जोड़ती हैं और घर के खर्च में लगा देती हैं। महिलाओं को गृह-कार्य, बच्चों की देखभाल के अतिरिक्त मजदूरी भी करनी पड़ती है जिससे उनके ऊपर कार्यों का दोहरा बोझ पड़ता है।

जो महिलायें काटने, बीड़ी, तम्बाकू बनाने, माला गूँथने, चूड़ी बनाने आदि कामों में लगी हैं, उनकी हालत प्रतियोगिता के कारण अत्यन्त दयनीय हो गयी है और उनकी कार्य करने की दशायें अच्छी नहीं हैं। महिला को उनके काम से हटाकर पुरुषों को उनके स्थान पर रख दिया जाता है। अधिकांशतः यह बातें जूट, कपड़े और खनन उद्योग में पायी जाती हैं और स्त्रियों की अपेक्षा पुरुषों को उच्च वेतन भी दिया जाता है (रिपोर्ट श्रम मन्त्रालय 1994-95)।

बड़े उद्योगों में जहाँ शिक्षित श्रमिक की आवश्यकता होती है वहाँ महिलाओं को

काम कम दिया जाता है। उद्योगपति उन्हें शिक्षित एवं प्रशिक्षित नहीं करना चाहते हैं। हमेशा उनकी योग्यता पर शक किया जाता है कि वे ठीक से काम नहीं कर पायेंगे। नियोजन कार्यक्रम कर्ताओं का मानना है कि कुटुम्ब इनको एक इकाई मानकर योजना बनाते हैं।

पुरुष ही परिवार का मुखिया माना जाता है। दूसरी धारणा यह है कि महिलायें केवल बच्चों एवं परिवार की देख-रेख करने के लिए हैं। उनमें बौद्धिकता एवं योग्यता की कमी है। वो शारीरिक श्रम भी ज्यादा नहीं कर सकती हैं। उनके लिए चूल्हा, चौका, बागवानी, उत्तम भोजन, कपड़ों की सिलाई, बच्चों का पालन-पोषण एवं घर की देख-रेख़ ही उत्तम कार्य है। इस वजह से उन्हें उचित कार्य नहीं मिल पाता है और उनकी स्थिति दयनीय बनी रहती है (योजना मार्च 1998: 6)।

प्रवासी मजदूर शहर के उत्थान में अपने किये गये प्रशिक्षण से विभिन्न प्रकार के निर्माण कार्य में इस प्रशिक्षण का प्रयोग करते हैं। गाँधी जी के समय में ये मजदूर रेल लाइन बिछाने के लिए देश के विभिन्न भागों में भेजे जाते थे। आज हमारे देश में रेल लाइन का जाल-सा बिछा हुआ है जिसके कारण देश के कोने-कोने में उद्योग के लिए वस्तुयें पहुँचाने में सुविधा हुई है जो देश के विकास के लिए महत्त्वपूर्ण योगदान है। जब किसी महत्त्वपूर्ण महल का निर्माण किया जाता है तब प्रशिक्षित मजदूर ही बुलाये जाते हैं जो अपने गुणों की निपुणता से उसे सर्वश्रेष्ठ बना देते हैं।

देश के लोगों को सम्पूर्ण राष्ट्र और समाज को, राष्ट्र और समाज की प्रगति, समृद्धि तथा खुशहाली में दिये गये श्रमिकों के योगदान को नमन करना चाहिए। देश के उत्थान में और अर्थव्यवस्था के क्षेत्र में अन्तरराष्ट्रीय स्तर पर जो उच्च मानक हासिल लिये गये हैं वह हमारे श्रमिकों के अथक प्रयासों का ही नतीजा है। इसलिए राष्ट्र की प्रगति में अपने श्रमिकों की महत्त्वपूर्ण भूमिका को पहचानकर सभी देशवासियों को उसकी सराहना करनी चाहिए। देश के विकास और निर्माण में बहुमूल्य भूमिका निभाने वाले लाखों मजदूरों के कठिन परिश्रम, दृढ़ निश्चय और निष्ठा का सम्मान करना चाहिए और मजदूरों के हितों की रक्षा के लिए सम्पूर्ण राष्ट्र और समाज को सदैव तत्पर रहना चाहिए।

सन्दर्भ

1. योजना, "महिला श्रमिक", नयी दिल्ली मार्च 1998।
2. योजना, "भारत में श्रम कानून सुधार की आवश्यकता", नयी दिल्ली, मई 2000।
3. रिपोर्ट, श्रम मन्त्रालय, भारत सरकार 1994।
4. ई-पेपर।
5. गूगल सर्च।

26

अर्थव्यवस्था की मजबूत नींव–प्रवासी मजदूर

डॉ. भावना केशवाला

मानवीय श्रम समस्त आर्थिक उन्नति की नींव है। आज के मशीनी युग में भी उसकी महत्ता कम नहीं हुई है। चाहे उद्योग, व्यापार, कृषि, भवन-निर्माण, पुल एवं सड़कों का निर्माण आदि अर्थव्यवस्था के समस्त पहिए और क्रियाओं की नींव प्रवासी मजदूर का श्रम योगदान है। मजदूर अपना श्रम नहीं मगर खुद को बेचता है बदले में वह न्यूनतम मजदूरी प्राप्त करता है, क्योंकि जहाँ श्रम है वहाँ उपस्थिति श्रमिक की है और जहाँ श्रमिक है वहाँ श्रम उपस्थित है। श्रम और श्रमिक अभिन्न अंग हैं। उसका गुजारा तब होता है जब वह काम कर पाने में सक्षम होता है। भारतीय अर्थव्यवस्था में असंगठित क्षेत्र में प्रवासी मज़दूर की स्थिति केवल उनकी मजदूरी पर ही निर्भर है उन्हें किसी भी प्रकार की सामाजिक सुरक्षा प्रदान नहीं होती है। आजादी से पहले मजदूरों की स्थिति काफी दयनीय थी। जमींदार और बड़े-बड़े किसान उन्हें बँधुआ बनाकर रखते और श्रम अधिक करवाते थे। पारिश्रमिक वेतन काफी कम देते थे। अब अर्थव्यवस्था में बँधुआ मजदूर की प्रथा समाप्त कर दी। सरकार की 'न्यूनतम मजदूरी' की प्रथा समय-समय पर काफी सुधार लाने वाली रही है। जिसमें कल्याणकारी योजनाओं के तहत रोजगार गारंटी कार्यक्रम के आधीन ग्रामीण क्षेत्र के मजदूरों के लिए कम-से-कम सौ दिनों के रोजगार या बेरोजगारी भत्ते की व्यवस्था की गयी है। सरकारी रोजगारी लक्षी ये घोषणा से मजदूरों की आर्थिक एवं सामाजिक स्थिति में सुधार हुआ है।

भारतीय संविधान में मजदूरों की सहुलियत के लिए कुछ ऐसे प्रावधान रखे गये हैं जिनका लाभ उन्हें मिला है। प्रवासी मजदूरों से लिये जानेवाले काम के घंटे निर्धारित कर दिये गये हैं। उसके अतिरिक्त श्रम लेने पर अतिरिक्त भुगतान भी करना पड़ता है। कल्याणलक्षी दिशा में सरकार बहुत कुछ कर चुकी है और अभी भी बहुत कुछ करने की आवश्यकता है। खासकर असंगठित क्षेत्र के प्रवासी मजदूरों के लिए अनेक कार्य जैसे उन्हें पेन्शन और सामाजिक सुरक्षा प्रदान करना उनकी सामाजिक, आर्थिक, शैक्षणिक, पारिवारिक और स्वास्थ्य को लेकर स्थिति सुधारना क्योंकि अर्थव्यवस्था की

मजबूत नींव हैं–प्रवासी मजदूर।

अर्थशास्त्र के परिप्रेक्ष्य– मानसिक श्रम हो या शारीरिक, कार्यकारी मन्त्री हो, शिक्षक हो, वकील हो, डॉक्टर हो उसे कुशल श्रम के रूप में एक वेतन और मजदूर जो तालिम की कुशलता प्राप्त करता है और संगठित क्षेत्र में अपना श्रम प्रदान करता है और असंगठित क्षेत्र में प्रवासी, बिन कुशल मजदूर है उनको भी वेतन ही दिया जाता है। अर्थशास्त्र में ये अलग-अलग सेवाएँ हैं, सभी सेवाओं के लिए कोई भेद नहीं है। उनमें से एक सेवा मजदूरी प्राप्त करने की है।

प्रवासी मजदूर चाहे किसी भी क्षेत्र का हो, अर्थव्यवस्था के पहिए को घुमाने में उसकी अग्रणी भूमिका होती है। क्योंकि अर्थव्यवस्था की सभी क्षेत्रों में उनका सहयोग अहम् होता है। चाहे वह सड़कों एवं पुलो का निर्माण हो, चाहे भवन-निर्माण, मजदूर ईंटें भी बनाता है। तालाबों, कुओं नहरों और झीलों की खुदाई में उसके श्रम का बहुत इस्तेमाल होता है। रिक्शा चालक, सफाई कर्मचारी, बढ़ई, लोहार, हस्तशिल्पी, दर्जी, पशुपालक आदि वास्तव में मजदूर ही होते हैं। सूती वस्त्र उद्योग, चीनी उद्योग, हथकरघा उद्योग, लोहा एवं इस्पात उद्योग, सीमेंट उद्योग आदि जितने भी प्रकार के उद्योग हैं। उनमें प्रवासी मजदूरों की भागीदारी अपरिहार्य होती है। प्रवासी मजदूर के श्रम का सम्मान ही उद्योग और कृषिक्षेत्र की अर्थव्यवस्था की धरोहर मानी जाती है।

परिश्रम से पारसमणि की ओर– मई महीने की पहली तारीख को अन्तरराष्ट्रीय मजदूर दिवस मनाया जाता है। इसे मनाने की शरुआत शिकागो में ही 1886 से की गयी थी। मौजूदा समय में भारत सहित विश्व के अधिकतर देशों में प्रवासी मजदूरों के 8 घंटे काम करने सम्बन्धित कानून बना हुआ है। अगर भारत की बात करें तो भारत में मजदूर दिवस के मनाने की शुरुआत चेन्नई 1 मई, 1923 से है। जो करोड़ों मजदूरों के परिश्रम, दृढ़-निश्चय और निष्ठा का दिवस है। एक प्रवासी मजदूर देश की अर्थव्यवस्था के निर्माण में बहूमूल्य भूमिका निभाता है और अर्थव्यवस्था में मानव श्रम का योगदान और उपहास भारत एवं विश्व की अर्थव्यवस्था के विकास में अहम् योगदान होता है। किसी भी राष्ट्र, समाज, संस्था और उद्योग या खेती में प्रवासी मजदूर के श्रम का अहम् हिस्सा और भूमिका रहती है। बिना मजदूर किसी भी अर्थव्यवस्था की प्रगति की कल्पना ही नहीं की जा सकती है। इसलिए ही समग्र अर्थव्यवस्था की नींव और धरोहर जो समाज की गतिविधियों के पहिए को घूमने का अहम् काम करती है वह प्रवासी मजदूर का समाज है। भारत में मजदूरों की मजदूरी के बारे में आज भी बहुत बड़ी समस्याएँ हैं, आज भी देश में कम-से-कम मजदूरी पर मजदूरों से कम कराया जाता है। यह भी प्रवासी मजदूरों का एक प्रकार से शोषण है। चाहे फैक्ट्रियों या प्राइवेट कम्पनियों द्वारा पूरा काम लिया जाता है लेकिन उन्हें मजदूरी के नाम पर बहुत कम मजदूरी दी जाती है ये वास्तविकता है। जिससे मजदूरों को अपने परिवार का खर्चा चलाना मुश्किल हो जाता है। पैसों के

अभाव से मजदूर के बच्चों को शिक्षा से वंचित रहना पड़ता है। भारत में अशिक्षा का एक कारण मज़दूरों को कम मजदूरी दिया जाता भी है। आज भी देश में ऐसे मजदूर हैं जो 1500-2000 मासिक मजदूरी पर काम कर रहे हैं। यह एक प्रकार से मानवता का उपहास है। सरकार न्यूनतम मजदूरी की घोषणा के अनुसार अगर प्रवासी मज़दूरों को मजदूरी दे तो प्रवासी मजदूर के परिवार को भूखा न रहना पड़े और न ही मज़दूरों के बच्चों के शिक्षा से वंचित रहना पड़े। संविधान के अनुच्छेद 23 का पूर्णत: उल्लंघन है। भारतीय संविधान की इस धारा के तहत भारत के प्रत्येक नागरिक को शोषण और अन्याय के खिलाफ अधिकार दिया गया है। लेकिन आज भी देश में कुछ पैसों या नाम मात्र के गेहूँ, चावल, चीनी, मकई, तेल या अन्य खाने के समान के लिए प्रवासी मज़दूरों से मजदूरी करायी जाती है। जो की अमानवीय है। आज जरूरत है समाज और सरकार को कीलकर भेदभाव की नीति को जड़मूल से खतम करने की। और राष्ट्र की प्रगति समृद्धि तथा खुशहाली में दिये प्रवासी मज़दूरों के योगदान को नमन करना चाहिए। देश को उत्पादन में वृद्धि और अर्थव्यवस्था के हर एक क्षेत्र में अन्तरराष्ट्रीय स्तर पर जो उच्च मानक हासिल किये गये हैं वह हमारे श्रमिकों के अथक प्रयासों का ही नतीजा हैं। इसलिए राष्ट्र की प्रगति में अपने श्रमिकों की महत्त्वपूर्ण भूमिका को पहचानकर सभी देशवासियों को प्रवासी मज़दूरों की सराहना करनी चाहिए एवं मज़दूरों के हितों की रक्षा के लिए सम्पूर्ण राष्ट्र विश्व को सदैव तत्पर रहना चाहिए।

Covid-19 सामाजिक दूरी ने किसी को सबसे अधिक प्रभावित किया है तो वह प्रवासी मजदूर की आबादी ही है। "गाँव में थोपी गयी जाति-व्यवस्था के कारण अपना घर छोड़ने को मजदूर जो हुए और परेशान होकर शहरों में आये ऐसी" मरीन भारतीय जाति-व्यवस्था का पादन यानी प्रवासी मजदूर चन्द समाज के लोगों जिसके भरोसे पर वह अपना घर छोड़ते हैं और अन्तत: प्रवासी मजदूर बन जाते हैं। सबसे अधिक प्रभावित किया है तो इस वायरस के समय में प्रवासी मजदूर है 'मुश्किल जीवन की सफर' का दूसरा नाम है– प्रवासी मजदूर जिसके पास न जमीन है, न सिंचाई के साधनों, न शिक्षा है न तालिम के माध्यम एसी घड़ी में असमानता गरीबी, बेकारी, भुखमरी की महामारी अर्थव्यवस्था को हिलाकर रख देने वाली ही है। प्रवासी मज़दूरों और Covid-19 महामारी एक-दूसरे का गम्भीर पर्याय बनकर अर्थव्यवस्था में उभर आयी है। IMF के डेविड फुरसेरी, प्रकाश लोंगनी, जोनापन दी ओस्ट्री और यूनिवर्सिटी ऑफ पालेरमो के पिद्रों पिज्जोटों का अध्ययन बताता है कि महामारी के खत्म होने के बाद असमानता की समस्या अर्थव्यवस्था में बढ़ेगी। पिछली पाँच महामारियों का अध्ययन बताता है कि शीर्ष दो निधियों पर जाने वाली आपका हिस्सा औसतन 46 प्रतिशत है, जबकि नीचे की दो निधियों को जाने वाला हिस्सा केवल 6 प्रतिशत है। इसलिए सामाजिक दूरी गरीबों एवं प्रवासी मज़दूरों के लिए एक बड़ी सजा है।

प्रवासी मज़दूरों के लिए रोजगारलक्षी केन्द्र सरकार की योजनायें–लॉकडाउन के इस कठिन समय में करोड़ों प्रवासी मज़दूरों को वापस अपने घर लौटे। वाडाप्रधान श्री नरेन्द्र मोदी और उनकी सरकार सड़क-निर्माण से लेकर हार्टिकल्चर तक प्रवासी मजदूर के लिए रोजगार के विकल्प एवं योजनायें खोज रही हैं, और उनके अलावा कौशल को उन्नत करने वाले रोजगारलक्षी योजनाओं को बनाने में पहल की है। सूक्ष्म, लघु और मध्यम उद्योग (MSME) ग्रामीण विकास, कृषि, पशुपालन कौशल विकास और सड़क परिवहन मन्त्रालयों की मदद से रोजगार सृजन और कौशल उन्नयन प्रोग्राम तैयार किया जा रहा है जिससे अर्थव्यवस्था के सभी क्षेत्रों में काम करने वाले प्रवासी मज़दूरों को फायदा होगा। उत्तर प्रदेश, बिहार, झारखंड, ओड़िशा और पश्चिम बंगाल के प्रवासीय मज़दूरों को रोजगार एवं 'अन्तरराजीय प्रवासी मजदूर योगना' अप्रैल 2008 से बिहार के रहने वाले हैं बाहर असंगठित प्रवासी मजदूर जिनकी आयु 18 से 65 साल की है उसे वित्तीय सहायता प्रदान की जाती है। जिसमें दो महीने में मुआवजा आवंटित कर दिया जाता है। इस योजना में कोई दुर्घटना जैसे ट्रेन या सड़क, बिजली का झटका, साँप का काटना, पानी में डूबना, आग, पेड़ या भवन गिर जाना, जंगली जानवरों का हमला, आतंकवादी या आपराधिक आक्रमण जैसी दुर्घटना वश मृत्यु हो, जिसमें बिहार सरकार ने उसके आश्रितों को 1 लाख रुपए का अनुदान देने की अन्तरराज्यीय प्रवासी मजदूर योजना जारी की है।

लॉकडाउन के गम्भीर हालत में समाज व सरकार की ऐसी धारणा प्रबल हुई की प्रवासी मजदूर वायरस के वाहक हैं। यह धारणा सरकार और खुद प्रवासी मज़दूरों के सामने और मुश्किल खड़ी करती रही है। अपने गाँव पैदल जा रहे सैकड़ों प्रवासी मज़दूरों को अपने ही भौगोलिक सीमा से गुजरने से रोक रहे हैं। जिससे अर्थव्यवस्था का सामाजिक-आर्थिक असमानता का और एक नया चित्र उभरकर सामने आया है। महामारी का दुष्प्रभाव प्रवासी मज़दूरों का कष्ट और बढ़ा देगा। इन बढ़ती मुश्किलों को देखकर भारत की वित्तमन्त्री निर्मला सीतरमन ने इस लॅकडाउन के दौरान स्वयंसेवी महिला समूहों को अगले तीन महीने तक पाँच सौ रुपए प्रतिमाह नकद भुगतान और मनरेगा के मजदूरों की मजदूरी में इजाफा लाने जैसे कई बड़ी घोषणायें की हैं।

तमिलनाडु के राज्य सरकार के साथ केरल, दिल्ली, राजस्थान, पश्चिम बंगाल, उत्तर प्रदेश की सरकारों ने चावल, दाल, तेल, चीनी, मकई, गेहूँ मुफ्त में देने की घोषणा की है। इसके साथ एक हजार रुपए अगले दो महीने के लिए दिया गया है।

भारतीय अर्थव्यवस्था की जनसंख्या 130 करोड़ है, जिसमें से आधे लोग खाद्य असुरक्षा की श्रेणी में आते हैं। जिसका मतलब यह हुआ कि उन्हें समुचित पोषक आहार खाने में वहीं मिल जाता है। भारत की 60 फीसदी आबादी अनुसूचित जनजाति या अनुसूचित जाति की श्रेणी में है जो एनीमिया जैसी परेशानी से जूझते हैं। सरकार को

पोषणक्षम भोजन और स्वास्थ्य को लेकर जागरूकता की अति आवश्यकता है प्रकृति के साथ तालमेल न रखने में लापरवाही आने वाले समय में और गम्भीर समस्या खड़ी न करे ऐसी राशन कार्ड के मुताबित मानवीय आधार पर सामाजिक-आर्थिक सुविधाएँ प्रदान करना एक आखिरी उम्मीद है। अर्थव्यवस्था के सभी सेक्टर खुद एक मुश्किल दौर से गुजर रहे हैं तब अर्थव्यवस्था की सबसे मजबूत नींव प्रवासी मजदूर की भावी सम्भावनायें खेती की ओर ज्यादा-से-ज्यादा राखी जा सकती है। कृषिप्रधान भारत देश 'मानवता' की ऐसी फसल पैदा कर सकता है जिसमें प्रवासी मजदूरों का जीवन और सच्चे अर्थ में अर्थव्यवस्था को सफलता और सार्थकता की ओर ले जाने वाला पहलू है। जय जवान जय किसान का यह नारा थमी हुई अर्थव्यवस्था में विकास का ऐसा पहिया घुमा सकता है कि समग्र अर्थव्यवस्था की मजबूत नींव-प्रवासी मजदूर के रूप में उन्नति की ओर दिशा-निर्देश करता है।

सन्दर्भ

जेंडर एंड डेवलपमेंट - नित्या राव यूनिवर्सिटी ऑफ ईस्ट अंजिलिया।

देश के विकास में मजदूरों का योगदान - प्रभा साक्षी।

कृषि अर्थव्यवस्था - विकास और पड़कर - डॉ. भास्कर जोशी।

Economictimes.indiatimes.com

www.downtoearth.org.in

https://m.youtube.com>watch

https://www.bbc.com>hindi>topics

27

नगरीय परिवेश में श्रमिकों की समस्याएँ

नीतू कुमारी

वर्तमान समय में कोविड-19 के महामारी के समय एक ऐसी समस्या हमारे समक्ष उपस्थित हुई है जिसका अस्तित्व हमारे समाज में पहले से ही व्याप्त है। श्रमिकों की स्थिति में आज भी ज्यादा व्यापक बदलाव नहीं आया है। ये अपने घरों और गाँव को छोड़कर केवल इसीलिए जाते हैं ताकि वे अपने परिवार का भरण-पोषण सही ढंग से कर सके। आज के समय में जब पूरा विश्व कोरोना जैसी महामारी से ग्रसित है वहीं इन श्रमिकों की समस्या भी लगातार बढ़ते ही जा रही है। कोरोना महामारी के कारण सम्पूर्ण विश्व Lockdown लगाना पड़ा वहीं भारत में इसके कारण श्रमिकों की समस्या और भी बढ़ते ही जा रही है। Lockdown की समस्या के कारण इनकी रोजी रोटी छिन गयी।

नगरों में गगनचुंबी इमारतों, उद्योगों, कल-कारखानों और अनेक दैनिक कामों के कारण ही श्रमिकों को रोजगार प्राप्त होता है। परन्तु Lockdown में सभी के बंद होते ही इनकी समस्या बढ़ गयी तथा ये पैदल ही अपने घरों की तरफ चल दिये। श्रमिकों की ये समस्यायें ही उन्हें पलायन करने पर मजबूर कर देती हैं।

देश में असंगठित क्षेत्र में काम कर रहे श्रमिकों के लिए सामाजिक सुरक्षा का भी भारी अभाव है। देश में जहाँ कच्चा माल उपलब्ध हो अथवा उत्पादित वस्तुओं की माँग जहाँ अधिक हो उसी क्षेत्र में उद्योगों तथा कारखानों की स्थापना की गयी। देश में ग्राम स्वराज तथा स्थानीय आत्मनिर्भरता पर ठीक से काम नहीं हुआ। जिसकी वजह से ग्रामीण इलाकों से श्रमिकों का शहरों की ओर पलायन रुका ही नहीं, बल्कि जनसंख्या में वृद्धि के साथ-साथ पलायन की मात्रा भी बढ़ती चली गयी। इन सभी के कारण लगातार प्रवासियों की समस्यायें बढ़ती चली गयी।

2011 की जनगणना के अनुसार बिहार में लगभग 2. 5 करोड़ प्रवासी श्रमिक हैं, जो पंजाब या हरियाणा जैसे छोटे राज्यों की जनसंख्या के बराबर है। इसी तरह यूपी, एमपी, झारखण्ड और पश्चिम बंगाल जैसे अन्य राज्यों से लाखों मजदूर महाराष्ट्र,

गुजरात, केरल, पंजाब और हरियाणा जैसे औद्योगिक या समृद्ध राज्यों में पलायन करते हैं ताकि वे बेहतर मजदूरी अर्जित कर सके। मजदूरी प्रवासी मजदूर के परिवार की आय का प्रमुख स्रोत्त हैं।

मजदूरों की समस्यायें

नगरों में प्रवासी मजदूरों की अनेक समस्यायें हैं–

आवास की समस्या– नगरों में लोग अपनी आजीविका के लिए पलायन करते हैं। परन्तु वहाँ जाकर उन्हें रहने की जगह की भी जरुरत पड़ती है। मजदूर वर्ग तो कभी कभी फुटपाथ, सड़कें, पार्क, रेलवे स्टेशन तथा अन्य स्थानों पर भी अपना बसेरा बना लेते हैं। कोरोना महामारी के समय में यह समस्या जीवन्त रूप से हमारे समक्ष उत्पन्न हुई हैं।

भोजन की समस्या– मजदूर-वर्ग जो नगरों में काम करते हैं उनकी मजदूरी दिहाड़ी की व्यवस्था पर आधारित होती है यानी कि उन्होंने एक दिन में कितना कार्य किया उसी के मुताबिक उन्हें पैसे दिये जाते हैं। कभी-कभी वो पैसा उनके गुजर-बसर के लिए पूरा नहीं हो पता है। इसकी वजह से कई बार उन्हें भोजन की समस्या से भी गुजरना पड़ता है।

औद्योगिकीकरण की समस्या– जिस प्रकार से अन्तरराष्ट्रीय परिवेश का ध्यान रखते हुए देश में औद्योगिकीकरण की नीति अपनाई गयी, उसके कारण धीरे-धीरे मानव श्रम का महत्त्व इन उद्योगों में कम होता चला गया।

रोजगार की समस्या– नगरों में प्रवासी मजदूरों को रोजगार की समस्या का भी सामना करना पड़ता है। वर्तमान समय में जब मशीनों का दौर है तब मजदूरों की आवश्यकता कम होती है। कारखानों में भी अभी के समय में नयी मशीनों का उपयोग किया जा रहा है। ऐसे में मजदूरों की समस्यायें बढ़ती चली जाती हैं। उन्हें अपने परिवार का पालन-पोषण करने में भी दिक्कतें होती हैं।

शिक्षा की समस्या–शिक्षा की कमी होने के कारण ही मजदूर-वर्ग शहरों की तरफ पलायन करते हैं क्योंकि उनकी पारिवारिक स्थिति कमजोर होने के कारण वे अपनी पढ़ाई को पूरी नहीं कर पाते हैं। ज्यादा शिक्षित नहीं होने के कारण ये अच्छी नौकरी नहीं कर पाते हैं। ये भी उनकी एक बड़ी समस्या है। इस कारण वे अपने परिवार को भी अच्छी जिंदगी नहीं दे पाते हैं।

इन समस्याओं के बावजूद और कई मूलभूत समस्यायें हैं जिनको इन्हें अपने दैनिक जीवन में सामना करना पड़ता है।

समय-समय पर सरकार के द्वारा अनेक स्कीम लाये जाते हैं ताकि इनकी सहायता हो सके। मनरेगा, पी.डी.एस. सिस्टम इत्यादि कुछ ऐसी ही योजनाए हैं। इनकी स्थिति को सुधारने के लिए ही भारत सरकार के ग्रामीण विकास मंत्रालय ने देश में सभी राज्यों

को मनरेगा के तहत व्यक्तिगत मजदूर लाभार्थी कार्यों पर ध्यान केंद्रित करने का निर्देश दिया है। इस ग्रामीण रोजगार गारंटी अधिनियम के माध्यम से जो देश के गरीब लोगों के लिए उपकरण हैं जिसके द्वारा वे श्रम कार्य करके पैसा कमा सकते हैं।

जनगणना 2011 के अनुसार भारत में श्रमिकों की संख्या 47.41 करोड़ है जिसमें ग्रामीण श्रमिक 33.69 करोड़ तथा नगरीय श्रमिक 13.72 करोड़ हैं।

कोरोना महामारी के बाद सरकार के द्वारा वोकल फॉर लोकल पर जोर दिया जिससे लोग आत्मनिर्भर बन सके तथा अपने जीवन को अच्छी तरह से व्यतीत कर सके। लघु और कुटीर उद्योगों पर भी जोर दिया गया जिससे लोग गाँव में भी अपना जीविकोपार्जन कर सके। महिलाओं को सिलाई मशीन के लिए प्रोत्साहित किया गया ताकि वे अपना रोजगार प्राप्त कर सके तथा आत्मनिर्भर बन सके। सरकार के द्वारा कई तरह के योजनायें चलाई जा रही हैं। जिससे प्रवासी मजदूरों की समस्यायें कम की जा सके।

References :

www.prabasakshi.com
Tfipost.in, kumar abhinav

खंड-6

कोरोना काल और मजदूर

28

कोविड-19 के दौर में प्रवासी मजदूरों के बच्चों की शैक्षिक समस्यायें व समाधान

अश्वनी

एक प्रवासी मजदूर एक ऐसा व्यक्ति है जो या तो अपने देश के भीतर या इसके बाहर काम करने के लिए पलायन करता है। प्रवासी श्रमिक आमतौर पर उस देश या क्षेत्र में स्थायी रूप से रहने का इरादा नहीं रखते हैं जिसमें वे काम करते हैं। सिद्धेश्वर प्रसाद शुक्ल के मत में "मोटे तौर पर प्रवासी मजदूर को परिभाषित करने में माइग्रेशन स्टडीज के विभेदों एवं परिभाषाओं में नहीं पड़ते हुए प्रवासी उन्हें माना जा सकता है जिनका शहरों में अपना घर न हो एवं उनके पास शहर का राशन कार्ड, नागरिकता इत्यादि न हो (उच्च मध्यवर्गीय एवं मध्यवर्गीय समूहों को छोड़कर जो किराये के फ्लैटों या कोठियों में रहते हैं) आम जन या मीडिया प्रवासी के इसी श्रेणी के अर्थ में प्रवासी शब्द का अर्थ ग्रहण कर पा रहा है।" केन्द्र व राज्य सरकारों के पास प्रवासी मजदूरों की संख्या का कोई आधिकारिक आँकडे उपलब्ध नहीं हैं। लॉकडाउन के दौरान जब काम-धन्धे बन्द हो गये तो शहरों से बाहर निकल ये लाखों की संख्या में प्रवासी मजदूर पैदल ही अपने गृह राज्य को चल निकले तो सारे देश का ध्यान प्रवासी मजदूरों की तरफ गया। आज़ादी के बाद से प्रवासी मजदूर अदृश्य थे, कोरोना ने प्रवासी मजदूरों की विजीबल बनाया हैं। अभी तक प्रवासी मजदूर की कोई पहचान या समाज में गिनती नहीं थी लेकिन प्रवासी मजदूर एक समाज में वर्ग के तौर पर उभरे थे। कोरोना महामारी के कारण प्रवासी मजदूरों में समाज लैंगिक भेदभाव, जातिवाद, धार्मिक भेदभाव इत्यादि के अन्तर को भूलकर इनकी समस्याओं को समझ रहा है। प्रवासी मजदूरों के पास काम-धन्धों की कौशलता न होने के कारण अनस्किल्ड मजदूर दिहाड़ी मजदूरों की तरह हर रोज की कमाई पर निर्भर रहते हैं। लॉकडाउन एवं सामाजिक दूरी इन प्रवासी मजदूरों के लिए बहुत बड़ी मुसीबत साबित हुई। अप्रैल में बहुत से समाचार-पत्रों में एक ख़बर आयी कि तेलंगाना के भूपालपल्ली जिले से छत्तीसगढ़ अपने पैतृक गाँव जाते वक्त एक 12 वर्षीय लड़की की अपने पैतृक घर से 11 कि.मी. दूरी पर उसकी मौत हो गयी। यह घटना पूरे समाज

के सामने एक प्रश्न खड़ा करती है कि हमारा समाज और प्रशासन प्रवासी लोगों के लिए कितना संवेदनशील है। बहुत से बच्चे ऐसे हैं जो कि गाँवों में माता-पिता द्वारा छोड़े गये हैं क्योंकि वे कहीं रोजगार के लिए बाहर प्रदेश में आ गये हैं। ये बच्चे पूरी तरह से माता-पिता द्वारा भेजे गये पैसों पर ही निर्भर रहते हैं। इस तरह के बच्चे भी हैं जो कि अपने माता-पिता के साथ प्रवास करते हैं जो कि छोटी अवधि के लिए प्रवास करते हैं। एक समूह बच्चों का वो भी है जो कि रोजगार के लिए प्रवास करते हैं।

घर का माहौल प्रवास के कारण आर्थिक, सामाजिक व मनोवैज्ञानिक तौर पर बिगड़ चुका होता है जो कि बच्चों के मन में भी असन्तोष पैदा करता है। प्रवासी मजदूरों के बच्चों को अपने साथियों के समान पढ़ाई-लिखाई का माहौल नहीं मिल पा रहा है जिससे उन्हें शैक्षिक सफलता प्राप्त करने के लिए संघर्ष करना पड़ेगा। बच्चों के स्थानान्तरण से छात्रों के अपने दोस्त व सामाजिक ताना-बाना टूटने से बच्चें अलगाव की भावना भी महसूस करते हैं। मजदूरों के प्रवास के कारण कोरोना संकट में बच्चों के द्वारा अपने घरों पर आर्थिक सहायता के लिए मजदूरी करना भी शिक्षा में रुकावट का कारण बन सकती है। सामान्य बच्चों और प्रवासी मजदूरों के बच्चों में शैक्षिक विषमता इस दौर में और गहरी हो जायेगी, क्योंकि इन बच्चों को चिन्ताओं ने घेर लिया है। समान शैक्षिक अवसरों की प्राप्ति शिक्षा के अधिकार के समय में कोरोना संकट ने बढ़ा दी है। बच्चों के सामने भाषायी और सांस्कृतिक पर्यावरण के बदलाव से विभिन्न समस्यायें प्रवास के कारण होती हैं जिससे बच्चों के सामने नये वातावरण में समायोजन की समस्या से शिक्षा पर बहुत ज्यादा प्रभाव दिखाई देता है। प्रवास के कारण भाषा इन बच्चों के सामने अवरोध बनकर समाज से अलगाव व उपहास का कारण बनती है जो कि बच्चों की शैक्षिक सफलता को प्रभावित करता है।

प्रवासी मजदूरों को एक नये स्थान पर जाने के बाद सबसे पहले अपने लिए काम-धन्धे की तलाश होती है। जिससे उनके पास अपने बच्चों के लिए शैक्षिक विकल्प तलाशने का समय नहीं होता है। बच्चों के सामने नयी संस्कृति, भाषा और घर में समायोजन के माहौल की कमी के कारण मनोवैज्ञानिक तनाव का सामना करना पड़ता है। प्रवास के कारण बच्चों के सामने नये पाठ्यक्रम की समस्या भी होती हैं जिससे अधिगम बाधित होता है और बच्चों पर स्थायी मनोवैज्ञानिक प्रभाव पड़ता है। बहुत से बच्चों को बीच सत्र में ही पढ़ाई छोड़नी पड़ी जिससे आधी-अधूरी शिक्षा के माहौल में उनको आगे की कक्षाओं में उन्नत कर दिया जायेगा जो कि भविष्य में गुणवत्ता के मानकों के स्तर पर अच्छा नहीं रहेगा। अस्थायी आवास के कारण विद्यालयों में प्रवेश को लेकर अभिभावकों में असमंजस की स्थिति है जिस कारण विद्यालय छोड़ने की दर सबसे ज्यादा प्रवासी मजदूरों के बच्चों में होगी। प्रत्येक राज्य के विद्यालयों के पाठ्यक्रम में विभिन्नता, विषय, भाषा और पढ़ने के माध्यम को लेकर होती है जिससे बच्चों को स्कूल का सीखने का माहौल नकरात्मक रूप में दिखता है जो कि उनकी शैक्षिक सफलता के लिए सही नहीं

है। प्रवास की समस्या से अवसाद और चिन्ता से ग्रस्त इन बच्चों के सामने जीवन का भी प्रश्न बन जाता है। प्रवास के कारण घरेलू लड़ाई झगड़े भी इन बच्चों को दुनिया में अजनबी बना देते हैं जिससे पढ़ने-लिखने में मन लगना बहुत मुश्किल होता है। अस्थायी आवास की समस्या के कारण बच्चों के मन में भी अपनी जगह और वातावरण से लगाव कम हो जाता है।

कोविड-19 के दौर में फेस-टू-फेस शिक्षा विद्यार्थियों को नहीं मिल पा रही है तो शिक्षा जगत में ऑनलाइन शिक्षा के माध्यम से विद्यार्थियों तक पहुँच बनायी जा रही है। लेकिन प्रवासी मजदूरों के बच्चों को प्रवास व विभिन्न आर्थिक समस्याओं के कारण वे ऑनलाइन शिक्षा से किसी भी तरह से नहीं जुड़ पाये हैं जो कि इनके बच्चों के अन्दर हीन भावना मनोवैज्ञानिक अवसाद पैदा करेगा। प्रवासी मजदूरों के सामने आटा खरीदे या डेटा की समस्या है। इस कोरोना काल में सभी प्रकार के इलेक्ट्रॉनिक समर्थित शिक्षा प्रवासी मजदूरों के बच्चों के सामने एक सपना व कल्पना-भर है। समाजी मीडिया के माध्यमों पर अभी भी प्रवासी मजदूरों व उनके बच्चों की कम पकड़ है। इस तरह ऑनलाइन शिक्षा भी असमानता व विषमता प्रवासी मजदूरों के सन्दर्भ में पैदा कर रही है। प्रवासी मजदूरों से कोरोना काल में स्मार्ट फोन व कम्प्यूटर उपलब्धता को मानना बहुत बड़ी बेमानी है। डिजीटल साक्षरता भी प्रवासी मजदूरों के पास नहीं है। ई-लर्निंग में इंटननेट की उपलब्धता अनिवार्य तौर पर होती है जो प्रवासी मजदूरों के पास इस समय उपलब्ध होना मुश्किल है। इस तरह प्रवासी मजदूर अपने बच्चों को डिजिटल अधिगम में शामिल नहीं कर पा रहे हैं। इसलिए ऑनलाईन शिक्षा प्रवासी मजदूरों व भारतीय सामाजिक और आर्थिक सन्दर्भ को ध्यान में रखकर ही नहीं बनायी गयी है। जिससे प्रवासी मजदूरों के बच्चों का आज के समय के अनुसार मानसिक, शारीरिक, सामाजिक व भाषायी विकास नहीं हो पायेगा।

प्रवासी मजदूरों के बारे में सरकार को पूरी जानकारी इकट्ठी करनी चाहिए जिससे एक प्रमाणित आँकड़े उपलब्ध होने से प्रवासी मजदूरों के बच्चों व परिवारों को सरकार के विभिन्न शैक्षिक व कल्याणकारी कार्यक्रमों की जानकारी व लाभ पहुँचाया जा सकें। विभिन्न प्रदेशों की सरकारों के बीच में भी आपसी समन्वय व नीति प्रवासी मजदूरों से सम्बन्धित होनी चाहिए जिससे कोरोना जैसी महामारी के समय इन लोगों का जीवन जीना कठिन न हो पाये। विभिन्न प्रदेशों की सरकार को प्रवासी मजदूरों के बच्चों का कोरोना के समय का शैक्षिक स्थिति व आँकड़े इकट्ठे करके उन्हें वर्तमान स्थान पर ही प्रवेश देकर अध्यापन का कार्य आगे बढ़ाना चाहिए। प्रवासी मजदूरों के बच्चों की काउन्सलिंग की भी व्यवस्था करनी चाहिए जिससे ये नये माहौल में समायोजित हो सकें। प्रदेश सरकारों को विभिन्न पाठ्यक्रमों की कठिनाई व बाध्यता के नियमों को सरल बनाकर इनके लिए मनौवेज्ञानिक रूप से आसान बनाना चाहिए। स्थानीय स्कूलों के अध्यापकों को प्रवासी

मजदूरों से सम्पर्क करके उनकी काउन्सलिंग करनी चाहिए जिससे वे अपने बच्चों को आसानी से नये स्थान पर शिक्षा उपलब्ध करवा सकें। कोरोना के समय में ऑनलाइन शिक्षा के माध्यम से बच्चों को शिक्षित किया जा रहा है इसलिए प्रवासी मजदूरों के बच्चों को मुफ्त में लैपटॉप या पढ़ने के लिए इलेक्ट्रॉनिक साधन उपलब्ध करवाया जाये जिससे ये अपनी पढ़ाई-लिखाई में निरन्तरता को बनाये रख सकें। प्रवासी मजदूरों के बच्चों को प्रत्येक माह इंटरनेट डेटा दिया जाना चाहिए जिससे ये ऑनलाइन शिक्षा प्राप्त कर सकें। कोरोना के समय में प्रवासी मजदूरों के बच्चों को छात्रवृत्ति दी जानी चाहिए जिससे इनके अभिभावक बिना किसी झिझक के अपने बच्चों को पढ़ा सकें। गैर-सरकारी संगठनों को भी प्रवासी मजदूरों के बच्चों की शिक्षा के लिए आगे आना चाहिए। ग्राम पंचायतों को विशेषतौर पर प्रवासी मजदूरों के बच्चों की शिक्षा की जिम्मेदारी लेनी चाहिए जिससे ज़मीनी स्तर पर इन बच्चों के लिए वास्तविक तौर पर काम हो सके। प्रवासी मजदूरों के बच्चों की भी एक बहुत बड़ी संख्या समाज में मौजूद होती है शिक्षा मनोवैज्ञानिक, दार्शनिक व समाजशास्त्रियों को इनकी समस्याओं के बारे में भी शिक्षक शिक्षा के पाठ्यक्रमों में शामिल करना चाहिए ताकि शिक्षक अपने प्रशिक्षण के दौरान ही इनसे परिचित हो जाये। विभिन्न सरकारी अधिकारियों व कार्यक्रम व नीति-निर्माताओं को भी प्रवासी मजदूरों के बारे में विस्तार से जानकारी दी जानी चाहिए जिससे वे भविष्य में इनकी समस्याओं को ध्यान में रखकर योजना का निर्माण करेंगे। प्रवासी मजदूरों के लिए कोई स्थायी आयोग भी होना चाहिए जो कि संस्थागत उत्तरदायित्व के साथ इनके लिए कोई जिम्मेदार हो, जो कि केवल महामारी के समय ही नहीं बल्कि सामान्य हालात में भी इनके कल्याण व उन्नति के लिए काम करे। प्रवासी मजदूरों के बच्चों के लिए गाँवों में पोषण सम्बन्धी असुरक्षा तात्कालिक समस्या हो सकती है जो कि बच्चों के भविष्य में स्वास्थ्य के लिए हानिकारक होगा। इसलिए बच्चों को सन्तुलित आहार की प्रशासन के द्वारा व्यवस्था की जानी चाहिए।

29

प्रवासी मजदूरों के पलायन तथा विकास मॉडल की पोल: कुछ सुझाव

प्रा. (डॉ.) सुशील जी धर्माणी

यूँ तो अभी भी भारत एक कृषि प्रधान देश ही है अतः यहाँ 80% से अधिक मजदूर असंगठित क्षेत्र में काम करते हैं। भारत में भारी संख्या में लोग गाँवों से शहरों की ओर रोज़गार प्राप्त करने के उद्देश्य से जाते हैं। जिस ग्रामीण को जहाँ रोज़गार मिलता है वह वहाँ चला जाता है। इसलिए भारी संख्या में लोग एक प्रदेश से दूसरे प्रदेश में चले जाते हैं।

कोरोना वायरस के कारण इतनी भारी तादाद में लोग शहरों से ग्रामों की ओर पलायन करने लगे। हालाँकि केन्द्र सरकार ने लोगों को विभिन्न शहरों से उनके घरों तक पहुँचाने के लिए विशेष श्रमिक रेलगाड़ियाँ चलायी हैं परन्तु फिर भी कई लोग शहरों से ग्रामों की ओर पैदल ही चल दिये।

दरअसल, कोरोना वायरस की वास्तविक स्थिति का पूर्वाभास इन प्रवासी श्रमिकों को नहीं होने के कारण एवं सरकार द्वारा उनकी सहायता के लिए चलायी जा रही विशेष श्रमिक रेलगाड़ियों की सही जानकारी उन्हें नहीं होने के कारण श्रमिक लोग घबरा गये एवं वे बड़ी संख्या में शहरों से गाँवों की ओर पैदल ही पलायन कर बैठे।

फिर भी, यह तो कहा ही जा सकता है कि देश में असंगठित क्षेत्र में काम कर रहे श्रमिकों के लिए सामाजिक सुरक्षा का भी भारी अभाव है। देश में विकास का जो मॉडल पिछले 70 वर्षों के दौरान अपनाया गया था क्या वह मॉडल ही ग़लत था? विकास के इस मॉडल के अन्तर्गत जहाँ कच्चा माल उपलब्ध हो अथवा उत्पादित वस्तु की जहाँ माँग अधिक हो उसी क्षेत्र में उद्योगों की स्थापना की गयी। देश में ग्राम स्वराज एवं स्थानीय आत्म-निर्भरता की परिकल्पना पर ठीक से काम ही नहीं हुआ. जिसके कारण ग्रामीण इलाक़ों से श्रमिकों का शहरों की ओर पलायन रुका ही नहीं, बल्कि जनसंख्या में वृद्धि के साथ-साथ पलायन की मात्रा भी बढ़ती चली गयी। वर्ष 1951 के पहले देश की आबादी जहाँ 36 करोड़ थी वह आज बढ़कर 138 करोड़ हो गयी है। जिस तरह

से अन्तरराष्ट्रीय परिवेश का ध्यान रखते हुए देश में औद्योगिकीकरण की नीति अपनायी गयी उसके कारण धीरे-धीरे मानव-श्रम का महत्त्व इन उद्योगों में कम होता चला गया। देश में औद्योगिकीकरण को बढ़ावा देते समय भारतीय सिद्धान्तों को तो बिल्कुल ही भुला दिया गया था।

उक्त कारण से आज पलायन का दबाव उन राज्यों में अधिक महसूस किया जा रहा है जहाँ जनसंख्या का दबाव ज्यादा है एवं जहाँ उद्योग-धन्धों का सर्वथा अभाव है, यथा उत्तर प्रदेश, बिहार, राजस्थान, आदि, उद्योग-धन्धे सामान्यतः उन इलाक़ों में अधिक स्थापित किये गये जहाँ कच्चा माल उपलब्ध था अथवा उन इलाक़ों में जहाँ उत्पाद का बाज़ार उपलब्ध था। महाराष्ट्र, गुजरात, तमिलनाडु आदि प्रदेशों में इन्हीं कारणों के चलते अधिक मात्रा में उद्योग पनपे हैं। हालाँकि, माँग एवं आपूर्ति का सिद्धान्त भी तो लागू होता है। महाराष्ट्र एवं गुजरात में बहुत अधिक औद्योगिक इकाइयाँ होने के कारण श्रमिकों की माँग अधिक है जबकि इन प्रदेशों में श्रमिकों की उपलब्धता कम है।

इन प्रदेशों में पढ़ाई-लिखाई का स्तर बहुत अच्छा है एवं लोग पढ़-लिखकर विदेशों की ओर चले जाते हैं अथवा ब्लू-कॉलर रोज़गार प्राप्त कर लेते हैं। अतः इन राज्यों में श्रमिकों की कमी महसूस की जाती रही है। श्रमिकों की आपूर्ति उन राज्यों से हो रही है जहाँ शिक्षा का स्तर कम है एवं इन प्रदेश के लोगों को ब्लू कॉलर रोज़गार नहीं मिल पाते हैं, अतः इन प्रदेशों के लोग अपनी आजीविका के लिए केवल खेती पर निर्भर हो जाते हैं। साथ ही, गाँवों में जो लोग उत्साही हैं एवं अपने जीवन में कुछ कर दिखाना चाहते हैं वे भी शहरों की ओर पलायन करते हैं क्योंकि उद्योगों की स्थापना भी इन प्रदेशों में बहुत ही कम मात्रा में हुआ है।

कोरोना वायरस महामारी के बाद देश में पुनः जब आर्थिक गतिविधियों की शुरुआत हो तो केन्द्र एवं राज्य सरकारों के पास अब एक मौक़ा आया है कि भारतीय सिद्धान्तों का पालन करते हुए ही व्यापक विकास का एक स्वदेशी मॉडल राज्य-स्तर पर बनाया जाये कि किस प्रकार के उद्योग राज्यों में शीघ्रता से विकसित किये जा सकते हैं जिसमें रोज़गार के अधिक-से-अधिक अवसर स्थानीय स्तर पर ही सृजित किये जा सकें। इस प्रकार की योजनाएँ राज्यवार बनाये जाने की आज अत्यधिक आवश्यकता है। इस प्रकार की योजनाएँ विकसित करते समय असंगठित क्षेत्र में काम कर रहे श्रमिकों को सामाजिक सुरक्षा प्रदान करने की ओर विशेष ध्यान देना होगा ताकि ग्रामीण इलाक़ों से शहरों की ओर श्रमिकों के पलायन को रोका जा सके।

ग्रामीण इलाक़ों के साथ ही शहरों में पूर्व में स्थापित किये जा चुके उद्योगों में काम कर रहे असंगठित क्षेत्र के श्रमिकों को भी सामाजिक सुरक्षा प्रदान करनी होगी ताकि विपरीत रूप से हो रहे अर्थात् शहरों से गाँवों की ओर हो रहे पलायन को भी रोका जा सके। शहरों में इन श्रमिकों को विशेष रूप से मकान की सुविधा उपलब्ध नहीं है, मासिक

वेतन की मात्रा निश्चित नहीं है। न्यूनतम वेतन सम्बन्धी नियमों का पालन ठीक तरीक़े से नहीं हो पा रहा है। यहाँ एक सुझाव यह दिया जा सकता है कि गाँवों से श्रमिक को केवल 6 माह के लिए ही शहर में कारख़ाने में काम के लिए बुलाया जाये, ताकि वह अकेला ही शहर की ओर पलायन करे एवं परिवार को गाँव में ही रखे।

6 माह पश्चात ये श्रमिक गाँव वापिस चले जायें ताकि ये अपने परिवार की देख-रेख कर सकें। अब अगले 6 माह के लिए दूसरे श्रमिकों को शहर में काम के लिए बुलाया जाये। इस प्रकार पूरे परिवार को गाँव से शहर में लाने की ज़रूरत नहीं होगी एवं शहर पर जनसंख्या के दबाव को भी कम किया जा सकेगा। साथ ही, रोज़गार भी अधिक परिवारों को उपलब्ध हो सकता है। चूँकि श्रमिक अकेले ही काम करने के लिए शहर आयेंगे अतः उनके लिए हॉस्टल में रहने की व्यवस्था सम्बन्धित उद्योग द्वारा की जानी चाहिए। उनके लिए खाने-पीने की व्यवस्था भी इसी हॉस्टल में की जा सकती है। अतः देश में अधिक-से-अधिक हॉस्टल बनाये जाने चाहिए जो औद्योगिक इकाइयों के पास ही बनें। इससे श्रमिकों की उत्पादकता एवं दक्षता में भी सुधार होगा। महिला श्रमिकों के लिए अलग से हॉस्टल बनाये जाने चाहिए। मुम्बई एवं दिल्ली आदि महानगरों में तो महिलाओं के लिए अलग से हॉस्टल बनाये गये हैं। अब समय आ गया है कि देश में कामगारों के बारे में सोचना ही होगा एवं शहरों में श्रमिकों के रहने की समस्या को हल करना ही होगा अन्यथा देश की अर्थव्यवस्था को पुनः पटरी पर लाना बहुत ही मुश्किल कार्य होगा।

पूर्व में इस सन्दर्भ में एक प्रयास किया गया था एवं एक निर्माण श्रमिक क़ानून (कंस्ट्रक्शन लेबर एक्ट) बनाया गया था। जिसके अन्तर्गत एक सेस फ़ंड की स्थापना की गयी थी। दो वर्ष पूर्व राज्य सरकारों ने सुप्रीम कोर्ट को जानकारी दी थी कि इस सेस फ़ंड में 25000 करोड़ रुपए से अधिक की राशि जमा है। इस राशि का इस्तेमाल यदि व्यवस्थित तरीक़े से श्रमिकों के हॉस्टल बनाने के लिए किया जाये तो श्रमिकों के शहरों से ग्रामों की ओर हो रहे पलायन को रोका जा सकता है।

असंगठित क्षेत्र के श्रमिकों के लिए विशेष सामाजिक बीमा योजना भी लाई जा सकती है। जिसके अन्तर्गत विशेष आपदा के समय श्रमिकों को खाने-पीने एवं रहने के सारे ख़र्च की प्रतिपूर्ति बीमा कम्पनी करे। इससे भी श्रमिकों के शहरों से पलायन को रोका जा सकता है। दरअसल अभी तक असंगठित क्षेत्र में काम करने वाले श्रमिकों पर किसी भी राज्य सरकार की नज़र नहीं गयी है। देश में असंगठित क्षेत्र में काम करने वाले श्रमिकों के लिए किसी भी प्रकार का सुरक्षा कवच उपलब्ध ही नहीं है।

हालाँकि भारत में कोरोना वायरस महामारी के चलते, विशेष रूप से ग़रीब-वर्ग को राहत देने के उद्देश्य से, वित्त मन्त्री निर्मला सीतारमण ने 26 मार्च को 1.7 लाख करोड़ रुपये का एक आर्थिक पैकेज प्रधानमन्त्री गरीब कल्याण योजना के तहत देने की घोषणा

की थी। इस योजना के अन्तर्गत बुजुर्ग, गरीब विधवा और गरीब दिव्यांगों को आगामी 3 महीनों तक एक हजार रुपये की राशि सहायता के रूप में देने का निर्णय लिया गया था। बीस करोड़ महिला जनधन खाताधारकों के खातों में अगले तीन महीनों तक हर महीने 500 रुपये जमा किये जाने का निर्णय लिया गया था। पीएम किसान सम्मान निधि के तहत 2 हजार रुपये की किस्त की राशि 8.7 करोड़ किसानों के खाते में अप्रैल 2020 के पहले सप्ताह में ही अन्तरित कर दी गयी थी। साथ ही, लगभग 80 करोड़ गरीब नागरिकों को अगले तीन महीनों तक 5 किलो गेहूँ या चावल और एक किलो दाल मुफ्त उपलब्ध कराये जाने की घोषणा की गयी थी।

इसी प्रकार, उज्ज्वला योजना के अन्तर्गत लाभार्थी महिलाओं को अगले तीन महीनों तक मुफ्त में गैस सिलेंडर देने की घोषणा भी की गयी थी। मनरेगा के तहत दी जा रही मजदूरी को 182 रुपये से बढ़ाकर 202 रुपये प्रतिदिन कर दिया गया था ताकि मजदूरों को आर्थिक परेशानी का सामना नहीं करना पड़े। परन्तु, इस तरह के उपाय असंगठित क्षेत्र में काम कर रहे श्रमिकों को भी अल्पकाल में सहायता पहुँचाने के लिए ही कार्य कर सकते हैं एवं लम्बी अवधि के लिए इनकी समस्याओं का हल निकालने के लिए तो समग्र आधार पर ही योजना बनाये जाने की आज अत्यधिक आवश्यकता है।

30

प्रवासी मजदूरों की समस्याएँ (सूरत जिला के केन्द्र में)

डॉ.भानुबहन ए. वसावा

21वीं सदी में हमें अनेक परिवर्तन दिखाई दिये। मनुष्य सुख-सुविधाओं से सम्पन्न होने के बावजूद अनेक समस्याओं से जूझता रहा। लेकिन जिसके पास कम सुविधाएँ थीं अथवा नहीं के बराबर सुविधाएँ थीं वह वर्ग मानो सुख-चैन की जिन्दगी व्यतीत कर रहा हो, ऐसा मुझे लग रहा था। लेकिन कोरोना वायरस ने सभी को मानो एक कतार में खड़ा कर दिया। आज भारत ही नहीं विश्व-भर में इस वायरस ने हाहाकार मचा दिया है। मानो मनुष्य की जीवन-शैली ही बदल दी है। मनुष्य ही नहीं समस्त जीव-सृष्टि को प्रभावित कर दिया है। अमेरिका जैसे शक्तिशाली देश ने इस वायरस के सामने अपने घुटने टेक दिये हैं तो हमारा देश तो अल्प विकसित है? हम समझ सकते हैं कि इस जानलेवा वायरस के सामने हमारे देश की क्या स्थिति हुई है। W.H.O. ने इसे वैश्विक महामारी घोषित कर दिया है। इस महामारी के सामने पूरी दुनिया के लोग चिन्तित हैं, प्रभावित हैं, पर सबसे अधिक बेबस, लाचार अगर कोई है तो वह है दिहाड़ी मजदूर। दिहाड़ी मजदूरों की कोरोना वायरस के कारण हुए लॉकडाउन के चलते ये लोग सबसे अधिक प्रभावित हुए हैं। जिन्हें प्रतिदिन का खाना हर रोज मजदूरी करके प्राप्त करना पड़ता है। अनेक किलोमीटर की दूरी तय करते हुए ये लोग निकल पड़े हैं, अपने वतन जाने के लिए। अपने गाँव जाने के लिए। ऐसे लोगों को सेठ-साहुकारों ने न तो आसरा दिया और न तो खाना। जैसे ही लॉकडाउन घोषित हुआ चल पड़े अपने गाँव की मिट्टी से मिलने। उस वक्त न तो उन्होंने किसी वाहन की कामना की न तो खाने-पीने की परवाह की। मानो एक धुन सवार थी कि अपने गाँव जाना है बस! और निकल पड़े रास्तों पर खुले पैर। लॉकडाउन के चलते दिहाड़ी मजदूरों की स्थिति दयनीय एवं करुण थी। मैं यहाँ पर सूरत जिले के अन्दरुनी गाँवों में बसे मजदूर जो अपना गाँव छोड़कर शहरों में स्थानान्तरित होकर मजदूरी करके दो पैसे कमाने आते हैं ऐसे लोगों की समस्याओं को संक्षेप में प्रस्तुत करना चाहूँगी।

सूरत शहर के अन्दरुनी गाँवों के इलाकों में आदिवासी समाज के लोग निवास करते

हैं। पर यही आदिवासी समाज के लोगों को दो वक्त का खाना प्राप्त करने के लिए अपने प्राणों से भी प्यारी जमींन, खेती-बाड़ी छोड़कर शहरों में मजदूरी करने के लिए आना पड़ता है। शहरों में आये ऐसे प्रवासी मजदूरों को अनेक समस्याओं का सामना करना पड़ता है। जैसे कि–

रहने की समस्या
महिलाओं को घर-परिवार की जिम्मेदारी
मूलभूत सुविधा की समस्या
पोषणक्षम आहार की समस्या
कम वेतन की समस्या
रोजगारी की अनियमितता
स्वास्थ्य सम्बन्धित अनेक प्रश्न
शारीरिक एवं मानसिक शोषण की समस्या
कम वेतन अधिक काम की समस्या
संगठन के अभाव की समस्या।

प्रवासी आदिवासी मजदूरों की आर्थिक स्थिति बहुत ही कमजोर होने के कारण वे शहर में ऐसे इलाकों में रहते हैं जहाँ पर जीवन जरूरी चीजों का नितान्त अभाव होता है। न तो पानी-बिजली की सुविधा होती है और न ही ठीक से रहने की व्यवस्था होती है। शुद्ध पानी के अभाव में स्वास्थ्य सम्बन्धित कई समस्याएँ उत्पन्न होती हैं और जानलेवा बीमारी का शिकार होते हैं। इतना ही नहीं अधिकतर लोग फ्लाइओवर ब्रीज के नीचे अथवा फुटपाथ पर रहने के लिए मजबूर होते हैं। सूरत शहर में सबसे ज्यादा ऐसे फ्लाइओवर ब्रीज हैं जिसके नीचे रह रहे ऐसे कई आदिवासी प्रवासी मजदूर हमें दिखाई देते हैं जो असुविधाओं के बीच अपना जीवन व्यतीत करने के लिए मजबूर हैं। ऐसे प्रवासी आदिवासी मजदूरों में महिलाओं की स्थिति दोहरे स्तर पर होती है। परिवार के बच्चों की देखभाल तो है ही पर साथ-साथ उसे काम पर भी जाना होता है। ये महिलाएँ अपने साथ काम पर बच्चों को भी ले जाती हैं जिससे आर्थिक रूप से ये बच्चे मददगार हो सकते हैं। इसलिए बाल-मजदूरों की समस्या भी देखी जाती है। इतना ही नहीं शिक्षा के अभाव में, योग्य जानकारी, मार्गदर्शन के अभाव में कम उम्र में ही लड़कियों की शादी हो जाती है। नाबालिक लड़की के ऊपर पूरे घर-परिवार की जिम्मेदारी आ जाती है। इतना ही नहीं कम उम्र में ही मातृत्व धारण करने पर माता और बच्चे दोनों में कमजोरी या कुपोषण अधिक दिखाई देता है। जिसके कारण मृत्यु-दर भी इन लोगों में अधिक रहता है।

मनुष्य की आवश्यकताएँ असीमित हैं। जिसे पूरा करने के लिए साधन सीमित हैं। इसमें भी दिहाड़ी मजदूरों के सामने दो वक्त का खाना प्राप्त करना मुख्य रूप से रहता

है। अन्य आवश्यकताओं की कल्पना करना भी इन लोगों के लिए मुमकिन नहीं है। इसमें भी समय पर सन्तुलित आहार न मिल पाने के कारण इन लोगों में कुपोषण का प्रमाण ज्यादा रहता है। कड़ी मेहनत के सामने पोषणयुक्त आहार का अभाव इन लोगों को तोड़ देता है और असमय ही मृत्यु का शिकार बन जाते हैं। ये दिहाड़ी मजदूर अपनी आर्थिक कमजोरी के कारण पैसों के अभाव में सुख-रूप जीवन से काफी दूर होते हैं। पैसों के अभाव में किराये पर मकान नहीं रख सकते, जिसके कारण ओवरब्रीज के नीचे या फुटपाथ पर रहना पड़ता है। अगर किराये पर मकान लिया भी है तो वह ऐसे इलाकों में होता है कि न तो वहाँ पर शुद्ध हवा-पानी मिल रहा है, न बिजली या न तो जीवन की जरूरी चीजें मिल रही हैं। अधिकतर ये लोग जहाँ पर काम चल रहा होता है वहीं पर रहने के लिए मजबूर होते हैं। इसलिए ऐसी जगहों पर पीने का शुद्ध पानी, शौचालय की व्यवस्था न होना ऐसी अनेक समस्याओं का सामना करना पड़ता है। आज 'स्वच्छ भारत सलामत भारत' का नारा तो चारों ओर गूँज रहा है पर हमारा भारत कितना स्वच्छ है, कितना सलामत है यह जानने के लिए हमें अपने भीतर ही झाँकना पड़ेगा।

आज अति आधुनिक एवं तकनीकी युग में कई ऐसे काम हैं जो यन्त्र द्वारा किये जाते हैं। जिसके कारण दस मजदूरों का काम एक यन्त्र द्वारा किया जा रहा है। इसलिए मजदूरों में काम की अनियमितता, अनिश्चितता देखी जाती है। इतना ही नहीं इन लोगों के सप्ताह में चार दिन तो बिना काम के ही निकल जाते हैं। अथवा काम ढूँढ़ने में ही व्यतीत हो जाते हैं। जिसकी विपरीत असर उनकी आर्थिक स्थिति पर होती है। गरीब मजदूर और गरीब होता जाता है। उसे आर्थिक कमजोरी का सामना करना पड़ता है। कई बार उन मजदूरों को जो वेतन निश्चित किया होता है उससे कम वेतन दिया जाता है। दूसरी बार काम न मिलने के डर से ये लोग अपने मालिक से इस सन्दर्भ में बात नहीं कर पाते अथवा इसका विरोध नहीं कर सकते। कई बार समय से ज्यादा काम करवाया जाता है और कम वेतन दिया जाता है पर नौकरी चले जाने के डर से या काम न मिलने के डर से ये लोग इस अन्याय का विरोध नहीं कर पाते हैं। कम बोलकर अधिक काम करने की भावनावाले ये आदिवासी समाज के लोग किसी भी प्रकार की झंझट या झगड़ों में उलझना नहीं चाहते। इसलिए मौन रहकर शोषण का शिकार बनते रहते हैं। आज हम देखते हैं तो सरकार की योजनाओं में समान वेतन की बात स्वीकृत है। लेकिन क्या उसका पालन हो रहा है? दिहाड़ी मजदूरों में हम देखते हैं कि महिलाएँ और पुरुषों को अलग-अलग वेतन दिया जाता है। काम दोनों का एक जैसा, समय भी दोनों का उतना ही, पर वेतन स्त्रियों को कम और पुरुषों को ज्यादा दिया जाता है। यह प्रश्न आज भी हमें दिखाई देता है। ऐसी मजदूरी करती स्त्रियों के साथ बातचीत के दौरान मैं अक्सर यह जानने का प्रयत्न करती रहती हूँ कि उन स्त्रियों को मजदूरी के कितने रुपये दिये जाते हैं। ये सब फिल्ड वर्क करके पता चलने पर ही यह बात यहाँ प्रस्तुत कर रही हूँ।

कम वेतन, अनेक असुविधाओं से भरा जीवन, रोजगारी की अनिश्चितता, स्वास्थ्य के प्रश्न, आर्थिक तंगी जैसी अनेक समस्याओं का सामना इन दिहाड़ी मजदूरों को करना पड़ता है। उन लोगों का जीवन अनेक समस्याओं और असुविधाओं में व्यतीत होता रहता है। इसमें भी काम के स्थान पर महिलाओं का मानसिक और शारीरिक शोषण किया जाता है। ये महिलाएँ मौन रहकर सब कुछ सहन करते हुए शोषण का शिकार बनती रहती हैं। आज कुछ अंश तक इसमें जागृति अवश्य दिखाई देती है। किन्तु इन लोगों में संगठन का अभाव दिखाई देता है जिसका फायदा सेठ-साहुकार उठाते हैं और स्त्रियों का शारीरिक-मानसिक शोषण करते हैं। इसी प्रकार की समस्याओं का चित्रण 'गिरासमा एक डुंगरी' चरित्रकथा में लेखिका मरिया मित्सिका सिस्टर ने बहुत ही सुन्दर तरीके से किया है। इस पुस्तक में बनासकाँठा के आदिवासी क्षेत्रों की महिलाएँ किस प्रकार अपने परिवार का पालन-पोषण करती हैं। यहाँ तक कि पुरुष से भी अधिक मजदूरी करके, ज्यादा काम करके अपने परिवार का पालन-पोषण करती हैं। महिलाएँ संगठित होकर किस प्रकार अपने जीवन में आयी समस्याओं को सुलझाती हैं। उसका जीवन्त चित्रण लेखिका ने इस पुस्तक में किया है।

प्रवासी आदिवासी मजदूर अनेक कारणों से विस्थापित होता रहा है। जिसके कारण घर-परिवार पर इसकी विपरीत असर होती है और बच्चों का भविष्य किस दिशा की ओर जायेगा, इस गम्भीर प्रश्न के सामने ये लोग मौन हैं। काम के स्थान पर ही बच्चे अपने माता-पिता के साथ होते हैं। इसलिए उन बच्चों को शिक्षा मिल पाना असम्भव है। जिसके कारण निरक्षरता का पिरमाण बढ़ता रहता है। यही परम्परा बनी रहती है और गरीबी जैसी समस्या का सामना इन लोगों को करना पड़ता है अथवा जिस राज्य या क्षेत्र से आते हैं उस क्षेत्र की भौगोलिकता से मानो ये लोग कट जाते हैं। अपनी वेशभूषा, रहन-सहन, खान-पान, रीति-रिवाज, बोलियाँ, त्योहार इन सबसे ये लोग धीरे-धीरे दूर होते जाते हैं और उनकी संस्कृति विस्मृत होती जाती है। इस प्रकार प्रवासी आदिवासी मजदूर लोग अपनी ज्मीन होने के बावजूद बे-जमीन होकर समस्यापूर्ण जिन्दगी जीने के लिए मजबूर होते हैं। आज कोरोना महामारी के कारण इन मजदूरों के सामने बड़ी विकट परिस्थिति का निर्माण हुआ है। ये प्रवासी मजदूर न तो अपने गाँव या अपने घर जा सकते हैं और न तो काम के स्थान पर रह सकते हैं। योग्य मार्गदर्शन के अभाव के कारण ये प्रवासी मजदूर अपने घर जाने के लिए रवाना भी हुए पर गाँववालों ने अपने घर तो क्या अपने गाँव में भी प्रवेश नहीं करने दिया। वापस जिस जगह पर रोजी-रोटी कमा रहे थे वहीं आकर लॉकडाउन के चलते बेरोजगारी की समस्याओं से जूझकर जीवन जीने के लिए मजबूर होना पड़ा है। हम ईश्वर से प्रार्थना करते हैं कि यह महामारी का संकट जल्द ही समाप्त हो जाये और आम जनता सभी समस्याओं से मुक्त होकर सुख-चैन की जिन्दगी व्यतीत करे।

सन्दर्भ

गुजरात नी आदिवासी संस्कृति, प्रो. अरुण वाघेला, पार्श्व पब्लिकेशन, अहमदाबाद, दूसरा संस्करण- 2017।

आदिवासी अस्मिता, अखंडितता और अधिकार ने समर्पित सामयिक : "आदिलोक" सितम्बर-अक्टूबर 2015, अंक-05।

31

प्रवासी मजदूर : आवश्यक है या अनिवार्य?

प्रो. शंकरमूर्ति के. एन.

मानव जीवन में समस्याओं की धारा बहती रहती है जिनसे उसे नितान्त जूझते रहना है। कभी धूप तो कभी छाव। जैसे दिन के बीतने पर रात का आगमन अनिवार्य है वैसे रात के बाद दिवस का आगमन भी रोका नहीं जाता। इस बात का कोरोना के परिप्रेक्ष्य में कहना असंगत नहीं होगा। जानकारी थी कि 100 वर्षों में एक बार कोई-न-कोई महामारी पूरे विश्व को ऐसे त्रस्त करेगी कि जनता त्राहि-त्राहि मचायेगी, जीने के लाले पड़ेंगे। 2019 में यह एक और बार कोरोना के रूप में अवतरित होगा, यह किसी ने अन्दाजा तक नहीं किया था। कोरोना महामारी से जनता को पीड़ित होने के साथ-साथ जीवन के विविध क्षेत्रों में बहुत सारी गम्भीर समस्याएँ भी खड़ी हुईं, उनमें से एक प्रवासी मजदूर समस्या है।

प्रवासी मजदूर वे हैं जो अपने राज्यों में जीवन न चलाने या अधिक कमाने की इच्छा... आदि के कारण दूसरे राज्यों को चले जाते हैं। विदेशों में शायद यह समस्या नहीं है क्योंकि वहाँ भारत की जैसी आबादी नहीं है। भारत की आबादी एक तरह से वर भी है, दूसरी तरह शाप भी। इन प्रवासी मजदूर के कमाने के कार्य-क्षेत्र हैं, दिल्ली, मुम्बई, कोलकाता, चेन्नई, बेंगलुरु, हैदराबाद आदि। तेजी से बढ़ते, चारों दिशाओं में विस्तृत होते रहे इन नगरों के लिए जितने मजदूरों की आवश्यकता है, उसकी आपूर्ति जब सम्बन्धित राज्य से नहीं होता है तब और राज्यों से इन्हें लाना या इनको आना अनिवार्य होता है।

इस आवश्यकता या अनिवार्यता को उदारीकरण, निजीकरण एवं वैश्वीकरण ने जन्म दिया है। तभी से "वैश्विक रूप से सोचो, स्थानीय रूप से कार्यरत रहो"– यह बात चरितार्थ होने लगी। तब से ये उद्योग-धन्धे विश्व के राष्ट्र एवं राज्यों में ऐसे पनपने लगे कि एक मजदूर को अपने निवास स्थान या राज्य में आजीविका के साधन पर्याप्त रूप से नहीं मिलता हो, तब उनकी खोज में वह दूसरे राज्य को निर्गमित होने के लिए मजबूर होता है। वहाँ उसे अच्छी कमाई भी होने लगती है। थोड़े-बहुत पैसा बचाकर गाँव के अपने परिवार के सदस्यों का भरण-पोषण भी करने के लिए भेजता है। कुछ वर्षों में उनका

जीवन-स्तर भी सुधरता है। थोड़े बहुत सुख-सुविधाएँ भी मिलती हैं।

2019 के अन्तिम भाग में सारे विश्व में और 2020 के प्रथम भाग में भारत में इस महामारी के फैलने के कारण, 2 महीने से अधिक दिनों का लॉकडाउन के सनय में परिवार के भरण-पोषण के लिए इन प्रवासी मजदूर की कमाई पूरी तरह खर्च हुई। जहाँ वह काम करता है उन उद्योग-धन्धे के शुरू होने की सम्भावना क्षीण होने लगती है। तब उसका मन अपने गाँव, अपने जनों के बारे में सोचने लगता है। वहाँ पहुँचने के लिए उनका मन लालायित होने लगता है।

इसके साथ कोरोना महामारी का भय उसे आतंकित करता है और वह सोचता है कि अगर उनकी जिन्दगी के लिए कुछ हुआ तो क्या होगा? अगर ऐसा कुछ होने वाला है तो, अपने गाँव में ही अपने प्रिय एवं परिजनों के मध्य हो। एक व्यक्ति के मन में छाने वाला यह आतंक दूसरे... तीसरे... के कानों में जाकर संक्रमित होकर दूर-दराज से आये प्रवासी मजदूरों को अपने स्थान की तरफ वापस जाने के बारे में सोचने के लिए विवश करता है।

बिहार, झारखंड, उत्तर प्रदेश, मध्य प्रदेश आदि राज्यों से यह प्रवासी मजदूर अधिकाधिक संख्या में उत्तर भारत के कुछ नगर तथा दक्षिण के अधिक नगरों को गये और बसे। यहाँ एक प्रश्न उठता है कि जिस राज्य के वे निवासी थे, क्या वह राज्य उन्हें मूलभूत आवश्यकताओं की आपूर्ति करने में विफल हुआ? या बड़े-बड़े नगरों के ताम-झाम और आकर्षक वेतन ने उन्हें यहाँ तक खींच लाया...। कोई मध्यवर्ती या दलाल इन्हें अच्छी कमाई का लोभ देकर मजदूरों को उनके राज्यों से ले गये......। शायद...। दोनों बातें सही होंगी।

कर्नाटक राज्य के सम्बन्ध में देखा जाये तो उत्तर भारत के राज्यों से आये 20 लाख से अधिक प्रवासी मजदूर यहाँ हैं। बड़े-बड़े इमारत बनाने वाली कम्पनियों, कारख़ानों, होटलों आदि क्षेत्रों में ही इनकी संख्या ज्यादा है। इनमें से कुछ प्रतिशत मजदूर कुशल हैं तो बाकी सब अकुशल हैं। इनकी दैनिक आमदनी ₹200 से ₹500 है। महीने में ₹10,000 से ₹12,000 तक मात्र आय पाने वाले ये मजदूर, इसमें भी थोड़ा-सा पैसा बचाकर अपने गाँव भी भेजते हैं। कुशल कर्मियों में बावर्ची आदि, बहुत वर्षों के अनुभव पाये मजदूर शायद ₹12,000 से ₹15,000 तक आय पाते हैं। इन्हें न भविष्य की चिन्ता है, न जीवन की भद्रता। अपने हकों के लिए लड़ना क्या होता है शायद इन्हें पता ही नहीं, क्योंकि ये इतने पढ़े-लिखे भी नहीं। इस हालात में उसे जो आय प्राप्त होता है उसी में सन्तुष्ट रहना पड़ता है। इतनी कम आमदनी में हर महीने वह क्या बचायेगा? ई.एस.आई. और पी एफ की हर महीने उनके वेतन से जो कटौती होती है शायद वही इनका बहुत बड़ा बचत है...!

लॉकडाउन शुरू होते ही 15 दिन के लिए इनके मालिक ने खाने-पीने की बन्दोबस्त

की। बाद में आहार सामग्री के किट का वितरण किया। उसके बाद राज्य सरकार एवं स्वयं सेव संस्थाओं से थोड़ी-बहुत मदद मिलने लगी। किसी तरह परिवार के लिए तीन वक्त का खाना मयस्सर होता था। लेकिन परिवार चलाने के लिए और सामग्री की भी जरूरत पड़ने लगी तब इन्हें असली संकट का ज्ञान होने लगा। उनका त्रस्त मन अपने गाँव की तरफ मुड़ा।

इस बीच केन्द्र सरकार ने प्रवासी मजदूरों को अपने-अपने गाँव, राज्य वापस जाने के लिए सुविधा कराने हेतु "सेवा सिन्धु पोर्टल" खोला। लाखों की तादाद में प्रवासी मजदूर इस पोर्टल में अपना नाम दर्ज करने लगे। कर्नाटक राज्य सरकार के निर्देशों के अनुसार इन प्रवासी मजदूरों को अपने-अपने राज्य वापस भेजने के लिए निर्देश दिया। बंगलोर के पैलेस मैदान में अपने नाम दर्ज किये हुए यह प्रवासी मजदूर इतनी संख्या में इकट्ठा हुए थे कि यातायात के बन्दोबस्त करने तक सरकार एवं पुलिस को उनके लिए खाना-पीना एवं तत्कालीन आवास का प्रबन्ध करना बहुत बड़ी चुनौती का कार्य रहा।

बेंगलुरु से उत्तर भारत को 220 श्रमिक रेल चलें। मंगलौर के नज़दीक के शहर 'पुत्तुर' जिसकी आबादी सिर्फ 50,000 है, वहाँ से मई 12 को मोतीबिहार की तरफ 1428 प्रवासी मजदूरों से भरी एक रेल निकली तथा 1,000 से भी अधिक मजदूरों को जगह न मिलने के कारण अभी इन्तजार में हैं। 2000 ईस्वी में बेंगलुरु की आबादी 55.87 लाख थी। अब 2020 में 1.37 करोड़ हुई है। यहाँ 20 लाख से अधिक मज़दूर हैं। दिल्ली के विकास की रफ्तार 3. 03 है तो बेंगलुरु का 3.98 है। बड़े-बड़े महानगरों के प्रवासी मजदूरों में 20% से 25% निर्माण कार्य के मजदूर हैं। 80,000 सिक्योरिटी गार्ड हैं।

कर्नाटक में कुल मिलाकर 50,000 से ज्यादा होटल हैं। इनमें 15 लाख प्रवासी मजदूर काम करते थे। हर होटल में कम-से-कम 20 श्रमिक काम करते थे। बेंगलुरु मेट्रो में 9,400 प्रवासी मजदूर काम करते थे। अब लगभग 2,400 वापस गये हैं, 700 से अधिक मजदूरों ने टिकट रिजर्व किया है। यह प्रवासी मजदूर इतने आवश्यक और अनिवार्य हैं कि इनके बिना मेट्रो रेल के काम बिल्कुल चालू नहीं हो सकते। महानगरों के चार लाख से अधिक उद्योगों ने 45 लाख लोगों को नौकरी दी। इसमें 20% से ज्यादा प्रवासी मजदूर हैं। जब इतने मजदूर वापस लौटे हैं तब कुछ मजदूरों के हाथ से बड़े-बड़े काम का निर्वाह कैसे होगा? तब से यह सभी कार्य बन्द हुए हैं। कब शुरू होंगे इसका भरोसा किसी को भी नहीं है।

रेल टिकट न मिलने वाले मजदूर इन्तजार कर करके थक गये। सेवा सिन्धु पोर्टल से भी कोई मदद नहीं मिल सका, तब उन्होंने सोचा कि हजारों मील दूर के अपने गाँव, शहर लौटने के लिए पैदल यात्रा के सिवाय और कोई उपाय नहीं है। कुछ स्वयंसेवी संस्थाओं ने पैदल यात्रा करते हुए मजदूरों का साक्षात्कार किया तो उनके पास राज्य सरकार के प्रति कोई गुस्सा या रोष नहीं था। क्या वे सब इतने भाव विहीन हुए थे? दूर

के बड़े-बड़े नगरों में दिन-रात यान्त्रिक रूप से काम करते-करते शायद वे भूल गये थे कि वे भी इन्सान हैं।

जिस कारण से मजदूर नौकरी ढूँढ़ते हुए दूर गये थे, कोरोना वायरस के कारण अब वापस अपने गाँव शहर लौटे तो क्या समस्या का समाधान मिला? अपने गाँव और शहरों में अपने लोगों से उनका स्वागत होगा? क्या कोई उसे शंका की नजर से नहीं देखेगा? वहाँ उन्हें जीवन के सभी संसाधन प्राप्त होंगे? फिर कभी मजदूरी की वजह से उन्हें और बड़े-बड़े नगर, महानगर की तरफ फिर से जाने की नौबत नहीं आयेगी?– इन सभी सवालों का जवाब मिलना मुश्किल है। आने वाला समय ही इसका जवाब दे सकता है।

32

कोरोना काल में प्रवासी मजदूरों की समस्याएँ, चुनौतियाँ और समाधान

डॉ. संजय कुमार

सारांश

कोरोना वायरस (कोविड-19) महामारी के वैश्विक प्रभाव से प्रवासी मजदूरों की समस्याओं और चुनौतियों में कई गुना वृद्धि हुई है। इस संक्रमणकारी काल ने समाज में व्याप्त विसंगतियाँ से पर्दा उठा दिया है। शहर और मजदूर, दोनों ही एक-दूसरे को सेवायें और अवसर प्रदान कर रहे हैं। यह समझ होते हुए भी शहर मजदूर-वर्ग को 2-3 महीने सँभालने में सफल न हो सका। असंगठित होने के कारण मजदूर अपने अधिकारों के लिए सही तरह से आवाज़ न उठा पाये। समाज के इस वर्ग में अशिक्षा होने के कारण अफवाहों ने भी प्रतिकूल प्रभाव छोड़ा। अपनी समस्याओं को भी मजबूती से समाज के समक्ष न रख पाये। प्रवासी मजदूरों के लिए राजकीय प्रयास किये जा रहे हैं। इन प्रयासों में सामाजिक भागीदारी के महत्त्व को नकारा नहीं जा सकता।

संकेत शब्दः- प्रवासी मजदूर, समस्याएँ, चुनौतियाँ, समाधान, नीतिगत और सामाजिक चेतना।

कोरोना वायरस (कोविड-19) महामारी के वैश्विक प्रभाव से प्रवासी मजदूरों की समस्याओं और चुनौतियों में कई गुना वृद्धि हुई है। इस संक्रमणकारी काल ने समाज में व्याप्त विसंगतियों से पर्दा उठा दिया है। वैश्विक स्तर पर संक्रमित लोगों की संख्या लाखों में हो गयी है। इसी अनुपात में मृत्यु की दर भी बढ़ती जा रही है। कोरोना के प्रभाव से ग्रसित मजदूर-वर्ग थका-माँदा परिवार संग अपने गाँव की ओर अग्रसर होने को विवश है। इस संघर्ष में उनके द्वारा की जा रही सैकड़ों-हजारों किलोमीटर की यात्राएँ समाचार-पत्रों की सुर्खियाँ बनी हैं।

प्रवासी मजदूर रोज़गार की तलाश में विभिन्न राज्यों के बड़े शहरों की ओर रुख करते हैं। राज्य भी इनकी उपस्थिति से अपने विकासोन्मुखी कार्यों को तीव्रता से कर पाता है। प्रवासी मजदूर विकास के पहियों को गतिमान रखने में महत्त्वपूर्ण योगदान देते हैं।

इनके प्रयासों के बगैर अर्थव्यवस्था में शिथिलता आ सकती है। मजदूरों की आर्थिकी तो बिगड़ेगी ही, साथ ही इनके पलायन से उद्योगों पर भी बहुत बुरा असर हो सकता है। दोनों ही एक-दूसरे को सेवायें और अवसर प्रदान कर रहे हैं। यह समझ होते हुए भी शहर मजदूर-वर्ग को 2-3 महीने सँभालने में सफल न हो सका।

असंगठित होने के कारण अपने अधिकारों के लिए सही तरह से आवाज़ न उठा पाये। समाज के इस वर्ग में अशिक्षा होने के कारण अफवाहों ने भी प्रतिकूल प्रभाव छोड़ा। अपनी समस्याओं को समाज के समक्ष न रख पाये। प्रवासी मजदूरों के लिए राजकीय प्रयास किये जा रहे हैं। इन प्रयासों में सामाजिक भागीदारी के महत्त्व को नकारा नहीं जा सकता।

प्रवासी मजदूरों की समस्याएँ

प्रवासी मजदूर के लिए कुछ समस्यायें उसके जीवन का हिस्सा ही हैं। लेकिन कोरोना-काल में यह वर्ग कुछ नवीन समस्याओं से प्रभावित हुए जिनका सभी के साथ उन्हें भी अनुभव ही नहीं था।

कोरोना का डर

कोरोना के बढ़ते प्रभाव एवम् प्रसार के समाचारों और लॉकडाउन की बढ़ती अवधि से मजदूर-वर्ग के मन में कहीं-न-कहीं डर घर कर गया है। वे किसी भी प्रकार अपने घर पहुँच जाना चाहते हैं। उनका यह भय राहत कार्यों को भी कठिनाई में डालता रहा है। सुरक्षा के जिन उपायों की आवश्यकता है उन्हें पूरा करना भी कठिन महसूस किया। इसलिए शहरों से पलायन को प्रेरित हुए हैं।

निम्न आय

इस वर्ग का बहुत बड़ा हिस्सा आय के निम्न स्तर के साथ जीवन व्यतीत करता है। इसलिए बचत अनुपात में नगण्य ही होती है। अर्थात आय न होने पर जीवन-यापन कठिन होना ही था। एक-दो महीने किसी प्रकार गुजारने के बाद गाँव ही सुरक्षित स्थान महसूस हुआ। बीमार हो जाने पर खर्च सहन करने की क्षमता के कम होने के कारण भी मज़दूरों के मन में असमंजस रहा। ऐसे भी बीमारी के कारण छुट्टी का इनको भुगतान नहीं किया जाता तो कोरोना काल में कौन रोटी देगा? यह चिन्ता भी सताती रही। जबकि सरकार आग्रह करती रही कि कोई भी मजदूरों की दिहाड़ी न काटे। लेकिन छोटे उद्योगों के लिए लम्बे समय तक यह सम्भव नहीं होगा। यह सन्देह भी मजदूरों को भयभीत करता रहा।

बेरोजगारी

लॉकडाउन की घोषणा होते ही यह वर्ग बेरोजगार हो गया था। अर्थात आय का

साधन बन्द। अब बचत पर निर्भर था। वह भी बहुत कम होती है। एक दूसरा पक्ष यह भी था कि आय का बड़ा हिस्सा घर भेजा जा चुका था। उनके पास बहुत कम धन सुरक्षित था। कोरोना के बढ़ते प्रभाव के कारण मजदूर-वर्ग आशंकित भी रहा कि जाने क्या होगा? आगे काम मिलेगा या नहीं? एक झटके से बेरोजगार हो जाना इस समुदाय के लिए बहुत बड़ा आघात रहा।

गृह क्षेत्र से दूरी

शायद पहली बार प्रवासी मजदूर-वर्ग को गृह क्षेत्र से दूरी इतना खली होगी। संकट के समय नें अपनों के पास रहना सभी को सुरक्षित महसूस कराता है। यह भी कारण रहा कि प्रवासी मज़दूर शहरों में टिकने को असुरक्षित समझने लगे थे। किसी भी तरह वे अपने परिवार के पास पहुँचना चाहते थे। इसलिए जगह-जगह सड़कों पर पैदल यात्रा करते नज़र आने लगे।

तंग जगह में रहना

अधिकतर मजदूर-वर्ग तंग जगहों पर रहता है या अधिक लोग एक ही जगह पर रहते हैं। ताकि कुछ बचत की जा सके। इस कारण भी इन्हें काफी दिक्कतों का सामना करना पड़ा। कई दिनों तक अन्दर ही रहना पड़ा। जिससे संवेदनात्मक स्तर पर भी असर हुआ। बीमारी के संक्रमणकारी होने के कारण सीमित जगहों पर रहना खतरनाक लगने लगा था। सामाजिक दूरी बनाये रखना बड़ी चुनौती बन गया था। इसलिए अपने रहवास में रहना भी मुश्किल से भरा अनुभव बन गया।

शहर का व्यवहार

शहर का रूखा व्यवहार भी कहीं-न-कहीं मज़दूरों के लिए समस्या का कारण था। शहर उनका विश्वास जीत नहीं पाया। मज़दूरों को यह प्रतीत हुआ कि यहाँ मुसीबत में मदद कम ही मिलेगी। सरकारी व्यवस्था के बाद भी वे रुकना नहीं चाहते थे।

सुविधाओं की कमी

कई जगह भोजन, पानी की व्यवस्था में भी दिक्कतों का सामना होने लगा था। अभी भी कई जगह मूलभूत सुविधाओं के लिए मजदूरों को परेशान होना पड़ रहा है। राशन कार्ड न होने की वजह से राशन मिलना भी मुश्किल रहा। कई अन्य सुविधाएँ जो जीवन-यापन के लिए जरूरी होती हैं नहीं मिल पा रही हैं। अब तो लॉकडाउन लगभग खुल गया है फिर भी इनके लिए सुविधाओं को जुटाना सरल न होगा। सरकारी मदद की आवश्यकता रहेगी।

मनोवैज्ञानिक प्रभाव

जिनके परिवार गाँव में रह रहे थे उन्हें उनकी चिन्ता सताने लगी थी। मानसिक तनाव और बेचैनी घेरने लगी थी। भावनात्मक स्तर पर भी मजदूर-वर्ग को चोट लगी। वे मुश्किल समय में अपने परिवार के साथ रहना चाह रहे थे। कुछ तो अब कभी वापिस शहर नहीं जाना चाहते। वे अपने गाँव में हीं कुछ करना चाहते हैं।

पैदल यात्राएँ

कितने ही मजदूर पैदल अपने घरों तक पहुँच गये। एक तरफ जहाँ उनकी हिम्मत देखने को मिली वहीं उनके कष्टों का भी आभास हुआ। कुछ मजदूर अब दोबारा से काम पर नहीं जाना चाहते। वे नजदीक रहकर कार्य करना चाहते हैं। इन सुविधाहीन आकस्मिक पैदल यात्राओं ने शारीरिक के साथ मानसिक अघात भी पहुँचाया है। 13 साल की ज्योति गुरुग्राम से अपने पिता श्री मोहन पासवान को साइकिल पर बिठाकर दरभंगा पहुँच गयी। यह यात्रा 13 साल की बच्ची के लिए असाधारण-सी प्रतीत होती है।

महिलाओं की स्थिति

महिलाओं के लिए चुनौती बड़ी होने वाली है। उनके आय के साधन पहले ही कम थे। लेकिन अब और कम हो जायेंगे। उनकी आर्थिक और सामाजिक स्थिति में गिरावट आ सकती है। उनके जीवन में निर्भरता बढ़ेगी। मजदूर महिलायें अपने परिवार को पहले की तरह सहयोग नहीं कर पायेंगी। उनके लिए बच्चों के साथ घर पर रहना पड़ सकता है।

प्रवासी मजदूरों की चुनौतियाँ

समस्याएँ तो समय के साथ कम होती जायेंगी लेकिन कुछ चुनौतियाँ प्रत्यक्ष हैं। इनका सामना करना भी सरल न होगा। लेकिन एकजुट प्रयास से सफलता पायी जा सकती है। प्रमुख चुनौतियाँ इस प्रकार हैं–

गाँव वापिस पहुँच गये हैं या पहुँच जायेंगे। जहाँ से काम की तलाश में पलायन किया था उस स्थान पर कितना और किस-किसको काम उपलब्ध हो पायेगा? उपलब्धता कितने समय के लिए बनी रहेगी। यह समस्या बहुत बड़ी होगी।

कृषि भूमि का कम होना भी समस्या है। बड़े परिवारों के कारण जोत छोटी होती चली गयी है। जिसके कारण कृषि से जीविकोपार्जन मुश्किल होने वाला है।

आय में कमी उनके जीवन-स्तर को निश्चित ही प्रभावित करने वाली है। निम्नतर जीवन-स्तर उत्पादकता को कम करेगा। इसकी परिणति अन्ततः कम आय में परिलक्षित होगी। यह चक्र परिवार की आर्थिकी को बिगाड़ देगा।

अभी संक्रमण काल समाप्त नहीं हुआ है। संक्रमितों की संख्या बढ़ती जा रही है।

प्रवासी मजदूरों को पहले जैसा कार्य नहीं मिल पायेगा। हर हाथ को काम मिल जाने तक जीवन-यापन मुश्किल होने वाला है। सरकारी योजनाओं पर निर्भरता बनी रहने वाली है।

प्रवासी मज़दूरों के बच्चों की शिक्षा पर भी प्रभाव पड़ सकता है। क्योंकि परिवार काम की तलाश में रहेगा। स्थायी कार्य की कमी एक जगह टिककर रहने के कम ही अवसर देगी। जिससे बच्चों की शिक्षा कुप्रभावित होना निश्चित ही है।

मनोवैज्ञानिक अघात को भरने में समय लगने वाला है। ग्रामीण क्षेत्रों में अस्पतालों में परामर्श सेवा सुविधाएँ भी न के बराबर हैं। इसलिए इन्हें सामाजिक तौर पर ही अपने को सँभालने के प्रयास करने होंगे।

शहरों में श्रमिकों की उपलब्धता कम होने के कारण उपलब्ध संख्या पर काम का अधिक भार आ सकता है। उनके लिए अवसर बढ़ने के साथ दैनिक वेतन भी बढ़ सकता है लेकिन अधिक काम का दबाव उत्पन्न हो सकता है। यहाँ श्रम नियमों की अनुपालना को सख्त बनाकर ही निपटा जा सकता है।

प्रवासी मजदूर की आय गाँव में कृषि-कार्यों के लिए भी धन उपलब्ध करवाती थी। लेकिन अब वह स्रोत लगभग समाप्त हो गया है। जिससे कृषि पर भी असर हो सकता है। अन्ततः अप्रवासी मजदूर ऋण में फँस सकता है।

समाधान

ग्रामीण क्षेत्रों में विकासात्मक कार्यों को ऊर्जा प्रदान करनी होगी ताकि स्थानीय स्तर पर कार्य उपलब्ध हो सके।

मनरेगा का कार्यक्षेत्र विस्तृत करना होगा। इसमें अन्य क्षेत्रों को जोड़कर नये अवसर पैदा किये जा सकते हैं।

पंचायतीराज को मज़दूरों के लिए स्थानीय स्तर पर कार्य उपलब्ध करवाने के लिए कहा जा सकता है। यह कार्य पंचायत स्तर पर ही निर्धारित होने चाहिए और वहीं भुगतान होना चाहिए। नियन्त्रण एवम् निगरानी भी आवश्यक होगी।

पारम्परिक फसलों के साथ-साथ नकदी फसलों के लिए प्रेरित किया जाना चाहिए। इसके साथ ही विक्रय केन्द्रों पर मनमानी रोकनी होगी। ताकि उचित दाम मिल सके किसान को।

मिलकर खेती करने को प्रोत्साहित किया जा सकता हैं। इससे जोत क्षेत्र में वृद्धि होगी, किसानों की आय भी बढ़ेगी। सामूहिक खेती के मॉडल से उत्पादन के साथ विपणन को प्रभावी बनाया जा सकता है। उपज की प्रचुरता अन्य कार्य अवसरों को जन्म देगी।

ग्रामीण इलाकों में इंफास्ट्रक्चर व मार्केटिंग तन्त्र में अधिक निवेश करना पड़ेगा। इससे स्थानीय स्तर पर अवसरों में वृद्धि हो सके। ग्रामीण क्षेत्रों में आधारभूत सुधार भविष्य में भी पलायन को रोकेगा। गाँव के नजदीक औद्योगिक इकाइयाँ भी रोजगार

उपलब्ध करवा सकती हैं।

छोटे शहरों को विकसित करने का कार्य आरम्भ किया जा सकता है। जो कि मुख्य शहरों की तरफ पलायन को कम करने और वर्तमान में अवसर उपलब्ध करवाने में सफल हो सकते हैं।

कौशल युक्त मजदूर अधिक सक्षमता से कार्य कर सकता हैं। इसलिए गाँव में आवश्यक कौशलों में प्रशिक्षण दिया जाना भी महत्त्वपूर्ण होगा। इससे गाँव की माँग के अनुरूप कुशल मजदूर मिल पायेंगे और रोजगार बढ़ेगा।

मजदूर-वर्ग को भविष्य में इस प्रकार के संकट-काल के लिए तैयार करना होगा अन्य नागरिको के साथ। प्रशिक्षण की आवश्यकता रहेगी। पाठशालाओं में विशेष प्रयास करने होंगे। ताकि समाज पहले से ही ऐसी घटनाओं के लिए तैयार रहे।

मज़दूरों को वित्तीय प्रबन्धन की बेसिक जानकारियाँ देकर उन्हें बचत के लिए और धन के प्रबन्धन के लिए प्रेरित किया जा सकता है। ताकि संकट-काल में वे एकदम से सरकार पर ही निर्भर न हो जायें। उनमें स्वयं क्षमता हो कुछ समय तक सँभल पाने की।

बागवानी में भी सम्भावनायें हैं। इस क्षेत्र का दोहन भी होना चाहिए। यह क्षेत्र रोजगार उपलब्ध करवा सकता है। थोड़े उत्पादन को बाज़ार तक लाना चुनौती होगा। लेकिन प्रयास से सम्भव है।

शहरों में रह गये मजदूरों को काम मिलने तक सामुदायिक रसोई के जरिये भोजन की व्यवस्था करनी चाहिए। नहीं तो वह भी नहीं रुकेगा। श्रमिकों की कमी गम्भीर होती चली जायेगी।

भविष्य के लिए हर मजदूर का लेखा सरकार के पास हो, ऐसे प्रबन्ध करने चाहिए। ताकि कभी भी इन तक मदद पहुँचायी जा सके।

कोरोना काल अभी बीता नहीं है। यह समाज को कई सबक सिखाकर जाने वाला है। ऐसी घटनाएँ चोट के साथ हमें भविष्य के लिए तैयार रहने को भी आगाह करती हैं। यह हम पर निर्भर करता है कि हम कुछ सीखें या न सीखें। यह भी सम्भव है कि हमें इस कोविड-19 के साथ ही जीना पड़े। इसलिए सावधानियाँ ही बचाव होंगी।

मजदूर देश की आर्थिक को मजबूत करने वाला अंग है। समाज की गतिविधियाँ इनकी कार्यकुशलता पर निर्भर करती है। इसलिए इनके हितों का ध्यान रखना महत्त्वपूर्ण नहीं आवश्यक है। यह बात सरकार और समाज दोनों को समझ लेनी होगी। इनकी समस्याओं और चुनौतियों को मिलकर सरल करना होगा। नीतिगत फैसलों के साथ सामाजिक चेतना की भी आवश्यकता रहेगी।

सन्दर्भ

https://www.amarujala.com/columns/opinion/corona-s-social-challenges
https://aajtak.intoday.in/story/corona-virus-covid-19-pandemic-migrant-laborer-

lockdown-employment-home-food-health-test-1-1177930.html
https://www.bbc.com/hindi/india-52678581
https://www.jagran.com/news/national-there-are-some-steps-for-our-labour-society-to-grow-in-this-present-situation-jagran-special-20239686.html
https://hindi.theprint.in/india/rss-and-affiliated-organizations-will-train-migrant-workers-for-local-employment-during-coronavirus-lockdown/140251/
https://hindi.indiawaterportal.org/content/manaraegaa-aura-pancaayatai-raaja/content-type-page/48589
http://thewirehindi.com/122310/covid-19-lockdown-migrant-workers-noida/
https://www.youtube.com/watch?v=IoxxYKyltcQ

33

मजदूर विमर्श : सन्दर्भ - वैश्विक महामारी (कोविड-19)

डॉ. बाबूलाल धनदे

हिन्दी साहित्य में 80-90 के दशक से महिला-विमर्श, दलित-विमर्श, आदिवासी-विमर्श पर खूब लिखा जा रहा है। ये विमर्श मुख्यधारा के साहित्य से हटकर हाशिये के साहित्य में गिने जाते हैं। इन विमर्शों में उनके स्वयं के भोगे हुए यथार्थ का चित्रण है, ये अपनी स्वानुभूति को अभिव्यक्ति दे रहे हैं। लेकिन मजदूर-विमर्श के सम्बन्ध में ऐसा नहीं है। मजदूर अपने स्वयं के बारे में लिख नहीं पाता है। मजदूरों पर जो भी लिखा गया है वह सहानुभूति का साहित्य है। इसलिए मजदूर-विमर्श इन विमर्शों से भिन्न है। साहित्यकार ही मजदूरों के प्रति संवेदना रखते हुए अपनी कलम को गति देता है। मुख्यधारा के साहित्य में मजदूरों के प्रति सहानुभूति रखते हुए बहुत कुछ लिखा गया है, लिखा भी जा रहा है और कोरोना काल के बाद तो इसे और धार मिलेगी।

अब हम कॉरोना वायरस के रूप में आयी वैश्विक महामारी की बात करें तो इससे सर्वाधिक नुकसान मजदूरों को हुआ है, मजदूर हमेशा से ही हाशिए पर रहे हैं। श्रम कानून तो बहुत बने हुए हैं लेकिन वे कागजों तक ही सीमित हैं या किताबों की शोभा बढ़ाने वाले बनकर रह गये हैं, व्यवहार का रूप नहीं ले पाते हैं। अगर हम संवैधानिक स्थिति को देखें तो संविधान का अनुच्छेद 43 कहता है कि राज्य उपयुक्त विधान या आर्थिक संगठन द्वारा या किसी अन्य रीति से कृषि के, उद्योग के या अन्य प्रकार के सभी कर्मकारों को काम, निर्वाह मजदूरी, शिस्ट जीवन-स्तर और अवकाश का सम्पूर्ण उपभोग सुनिश्चित करने वाली काम की दशायें तथा सामाजिक और सांस्कृतिक अवसर प्राप्त कराने का प्रयास करेगा और विशेषतया ग्रामों में कुटीर उद्योगों को वैयक्तिक या सरकारी आधार पर बढ़ाने का प्रयास करेगा।[1] लेकिन राज्य इन मजदूरों की समस्याओं को दरकिनार करते रहे हैं।

इसलिए मजदूर पेट पालने के लिए हमेशा गाँव से शहर की ओर पलायन करता रहा है और शहर में भी उसका बेरहमी से शोषण होता रहा है। गाँवों में भी कमजोर वर्ग के कामगारों से बेगारी ली जाती है। हालाँकि भारतीय संविधान का अनुच्छेद 23 बेगारी

प्रथा का निषेध करता है।[2] लेकिन हकीकत कुछ और ही है। हमें यह नहीं भूलना चाहिए कि भारत की अर्थव्यवस्था का विकास दर रूपी कँगूरा मजदूरों के श्रम रूपी रीढ़ की हड्डी पर टिका हुआ है। लेकिन जब मजदूरों के हकों की बात आती है तब राजनीतिक पार्टियाँ अपनी रोटियाँ सेंकती दिखाई देती हैं, मार्क्सवादी पार्टियाँ तो मजदूरों के हकों का झंडा लेकर वर्षों से राज करती रही हैं, वह चाहे पश्चिमी बंगाल में हो या केरल में, लेकिन मजदूर आज भी उसी मोड़ पर खड़ा है, असहाय होकर सड़कों को नापता हुआ दिखाई देता है।

कोरोना वायरस उच्च वर्ग की देन है। यह हवाई यात्रा करने वाले तथाकथित पेशेवर लोगों द्वारा आयातित हैं। वे स्वयं तो इससे बच गये लेकिन इस वायरस ने मजदूरों की रोजी-रोटी छीन ली है। उनका वापस शहर से गाँव की ओर पलायन हो रहा है। लेकिन उनके लिए आवागमन के सारे साधन अवरुद्ध हो गये हैं। ऐसी स्थिति में मजदूर स्वयं हजारों किलोमीटर पैदल चलकर अपने घर जाने को मजबूर है। तवलीन सिंह लिखती हैं– पूर्ण तालाबन्दी के बाद मजदूर बड़े महानगरों से अपने गाँवों की तरफ लौटने को मजबूर हो गये, क्योंकि उनकी समस्या यह थी कि न उनके पास पैसे बचे थे और न ही इन महानगरों में रहने की आवश्यकता थी।[3] इसलिए वे पैदल ही अपने गाँव चल पड़े। उनकी इस पैदल यात्रा में औरंगाबाद, औरैया जैसी घटनायें घटती हैं तो दिल दहल जाता है, साँसें थम जाती हैं।

सुधीर पचौरी लिखते हैं एक महीना हो गया तब भी प्रवासी मजदूरों का ट्रेनों, बसों के लिए मारे-मारे फिरना और मजबूर होकर पैदल चल देना थमता नहीं दिखता है।[4] यह मजदूरों की बेबसी है। ऊपर से राजनीतिक पार्टियाँ इनकी बेबसी का राजनीतिकरण करती दिखाई देती हैं।

काश लॉकडाउन एक रणनीति बनाकर लगाया जाता, तो मजदूर इस तरह से बेहाल नहीं होते। लगभग दो महीने तक उद्योग-धन्धे बन्द रहे लेकिन मजदूर अपने घरों से हजारों किलोमीटर दूर जहाँ मजदूरी के लिए निकले थे, भूखे-प्यासे वहीं रहने को विवश हो गये। क्योंकि आवागमन के सारे रास्ते अवरुद्ध थे। और लगभग दो महीने बाद जब अलग-अलग जोन बनाकर लॉकडाउन में कुछ ढील दी गयी, उस समय मजदूरों को वापस अपने घर भेजने की तैयारी होने लगी। लेकिन तब तक बहुत देर हो चुकी थी, भूख से बेहाल हजारों-लाखों की संख्या में मजदूर पैदल या साइकिल पर ही अपने घर की ओर चल पड़े थे। लॉकडाउन खुलने के बाद मजदूरों को, स्वास्थ्य जाँच के साथ, जहाँ थे वहीं रखे जाने की जरूरत थी और उनके खातों में उनके परिवार के दो जून के खाने के लिए कुछ माह के लिए सरकार एक उचित मात्रा तक रुपये जमा करती तो इस तरह लाखों की संख्या में प्रवासी मजदूरों को पलायन नहीं करना पड़ता। और कोरोना वायरस का संक्रमण भी इतनी बड़ी मात्रा में नहीं फैलता, जिस मात्रा में आज फ़ैल रहा

है। इससे सबसे ज्यादा नुकसान मजदूरों को हुआ है। उनका रोजगार छिन गया, उनके ऊपर बैंक और सेठ-साहूकारों का जो कर्जा था वह कर्जा भी अभी बना हुआ है। अब एक तरफ वे कर्जदार बने हुए हैं तो दूसरी तरफ उनके लिए आय का कोई साधन नहीं है।

लेकिन ऐसे प्रतिकूल समय में उनके साथ सच्ची सहानुभूति और संवेदना रखने वाला व्यक्ति ही उनका हिमायती हो सकता है, और वह संवेदना साहित्यकार ही व्यक्त करता है। मजदूरों के अतुल्य योगदान को अंकित करते हुए फैज अहमद फैज ने कहा था–

हम मेहनतकश जग वालों से जब अपना हिस्सा माँगेंगे,
इक खेत नहीं, इक देश नहीं, हम सारी दुनिया माँगेंगे।

आज छोटे शहरों से लेकर बड़े महानगरों तक में जो गगनचुम्बी अट्टालिकायें खड़ी हैं वे मजदूरों के श्रम की बुनियाद पर खड़ी हैं। लेकिन मजदूर आज भी बेबसी का जीवन जीने को मजबूर है। सरकारें उनको संरक्षण देने के बजाय उनके शोषण को अनदेखा करती रही हैं, उनको मात्र वोट बैंक का हिस्सा ही समझती रही हैं।

ऐसे में साहित्यकार ही अपने साहित्य के शंखनाद से सरकार के आँख-कान खोलता है। अन्यथा सरकारें तो श्रम कानूनों को ठेंगा दिखाकर श्रम के घंटे 8 से बढ़ाकर 12 करने पर तुली हुई हैं। सरकारों द्वारा निगमीकरण पर बल दिया जा रहा है जो निजीकरण की पहली सीढ़ी है, यहाँ भी मजदूर को ही नुकसान है।

हमें यह नहीं भूलना चाहिए कि बाबा साहब डॉक्टर भीमराव अम्बेडकर ने मजदूरों के हितार्थ बहुत कुछ किया था। उन्होंने मजदूरों के लिए कार्य दिवस 14 घंटे से घटाकर 8 घंटे करने की शुरुआत की थी।[5] मजदूरी को संविधान की समवर्ती सूची में रखने, न्यूनतम मजदूरी अधिनियम लागू करने व महिला मजदूरों को सशक्त बनाने वाले मातृत्व लाभ विधेयक का श्रेय भी डॉक्टर अम्बेडकर को है। उन्होंने श्रमिक संगठनों को मान्यता देने के साथ मजदूरों के हड़ताल करने के अधिकारों को भी स्पष्ट मान्यता प्रदान की थी। उनका मानना था कि मजदूर निम्न वर्ग से आते हैं और आर्थिक विकास में उनकी भी भूमिका होनी चाहिए, इसलिए उन्होंने मजदूरों के अधिकारों की पुरजोर पैरवी की। उन्होंने कर्मचारियों के साथ मजदूरों की भलाई के लिए बीमा अधिनियम बनाया, जो मजदूरों को चिकित्सा देखभाल में, क्षतिपूर्ति व विभिन्न सुविधाओं के प्रावधान के लिए मददगार होता है। उन्होंने मजदूर कल्याण कोष का भी प्रावधान किया था। लेकिन आज सरकारें उनके शोषण पर आमादा हैं।

वर्तमान सन्दर्भ में इस वैश्विक महामारी के दौर में मजदूर अपने मूल काम की तरफ लौट रहे हैं वो चाहे खेती हो या पशुपालन या स्थानीय मजदूरी। कम पारिश्रमिक ही सही लेकिन वे आने वाले दिनों में स्थानीयता को महत्त्व देंगे, आँख बन्द करके शहर की तरफ होने वाले पलायन पर रोक लगेगी। हालाँकि स्थानीय स्तर पर भी उनका शोषण होता

है फ़िर भी वे आने वाले दिनों में स्थानीय रोजगार को ही तवज्जो देंगे चाहे इससे उन्हें अधिक आय नहीं हो। उद्योग-जगत के लिए यह एक चुनौती भी है। लेकिन इससे गाँधी जी के ग्राम स्वावलम्बन को फिर से बल मिलेगा। इस कोरोना काल में सबसे ज्यादा नुकसान मजदूर का हुआ है, वह स्वयं को ठगा-सा महसूस कर रहा है। इतना तय है कि इस वैश्विक महामारी के बाद नयी स्थितियाँ उभरकर सामने आयेंगी, साहित्य में भी मजदूर-विमर्श को विस्तार मिलेगा।

सन्दर्भ

1. भारत का संविधान : सेंट्रल लॉ पब्लिकेशन, इलाहाबाद, संस्करण-2004, पृ. 26।
2. कश्यप सुभाष : हमारा संविधान, नेशनल बुक ट्रस्ट, इंडिया, नयी दिल्ली संस्करण-2007, पृ. 130।
3. सिंह तवलीन : बेबसी, बेकारी और बेअकली 'वक्त की नब्ज' जनसत्ता-19 अप्रैल, 2020, पृ. 6।
4. पचौरी सुधीर : हुजूर आहिस्ता-आहिस्ता 'बाखबर', जनसत्ता- 31 मई, 2020, पृ. 6।
5. डॉ. अम्बेडकर बाबा साहेब : डॉ बाबा साहेब अम्बेडकर, सम्पूर्ण वांग्मय खंड-21, संस्करण-2014, पृ. 7।

34

प्रवासी मजदूरों की समस्या, चुनौती और समाधान

प्रीति सिंह

शोध सारांश– वर्तमान समय में कोरोना महामारी आपदाकाल में सबसे ज्यादा परेशानी के शिकार प्रवासी मजदूर हुए हैं। लॉकडाउन की स्थिति में रोजगार बन्द होने से उनके पास जीविकोपार्जन हेतु संसाधन उपलब्ध न होने के कारण वह सभी अपने गृह ग्राम/राज्य जाने को मजबूर हो गये हैं। किसी प्रकार की सहायता उपलब्ध न होने पर प्रवासी मजदूर हजार-दो हजार किलोमीटर तपती धूप में पैदल ही अपने घर को जा रहे हैं। जिसमें से कुछ मजदूर कोरोना से नहीं अपितु रोड एक्सीडेंट में अपनी व अपने रिश्तेदारों की जान गँवा चुके हैं। देश के निर्माणकर्ता की यह स्थिति सोचनीय है, जिसने भारत निर्माण में अपना श्रम लगाया वह आज इतनी असहाय अवस्था में क्यों है। समय पर उनके लिए पर्याप्त संसाधन उपलब्ध क्यों नहीं कराये गये, साथ ही जहाँ जिस संस्थान में वह काम करते थे उनके द्वारा उन्हें सहायता क्यों नहीं दी गयी। किंवदन्ती भी है कि मजदूर का पसीना सूखने से पहले ही उसे उसका पारिश्रमिक दे दिया जाना चाहिए। जो व्यक्ति आपके संस्थान में उत्पादन कार्य में लगा है वह आपके व्यवसाय को निरन्तर उत्थान में आपका सहायक है। आज इस सहायक का विश्वास उठ चुका है, जो कि भविष्य के लिए एक चिन्ता का विषय है। प्रवासी मजदूर आज अपने गाँव पहुँच भी चुके हैं तो भी उनके सामने जीविकोपार्जन की चिन्ता है क्या व्यवसाय वह करेंगे उसके लिए संसाधन कैसे जुटायेंगे, जिस व्यवसाय को उनके पास करने का कौशल है उस उत्पाद का ब्रिकी होगी भी या नहीं। उनके ऊपर कर्ज हो चुका है उसे वह कैसे चुकायेंगे। केन्द्र सरकार व राज्य सरकार ने मजदूरों की सहायता के लिए कई आर्थिक योजना बनायी है। साथ ही मजदूर जो अपने गृह नगर गाँव पहुँचे हैं वहाँ के लोगों की भी जिम्मेदारी बनती है कि इन मजदूरों की हर सम्भव सहायता कर उन्हें फिर सें स्थापित करने में सहायता करें तभी हम एक मजबूत राष्ट्र निर्माण कर पायेंगे।

प्रस्तावना– अन्तरराष्ट्रीय श्रम संगठन के अनुसार भारत में असंगठित क्षेत्र नें 40 करोड़ से ज्यादा लोग काम करते हैं। भारत में विशाल जनसंख्या पायी जाती है। साथ

ही श्रम का आकार भी उसी रूप में पाया जाता है। औद्यौगिकीकरण के परिणामस्वरूप महानगरों में रोजगार के अवसर सृजन हुए हैं। गाँव एवं छोटे शहरों में रोजगार एवं व्यवसाय की अनुपलब्धता के कारण यहाँ के निवासी रोजगार की खोज में बड़े शहरों की ओर कूच करते हैं। कम पढ़े-लिखे लोग छोटे व्यवसाय जैसे फल बेचना, कुलफी, कपड़ा फेरी लगाकर बेचना, कपड़े प्रेस करना, फैक्ट्री में काम करने लग जाते हैं। दूसरे शहर में जाकर इन्हें छोटी-छोटी बस्तियों में किराये के मकान में रहना पड़ता है। कल-कारखानों में कार्य करने का वातावरण भी स्वास्थ्यप्रद नहीं रहता है। कार्य के ज्यादा तनाव भरे घंटे में कार्य करने के कारण मजदूर-वर्ग के लोग नशे के भी आदी हो जाते हैं। जिससे इनमें से कई लोग अपनी बचत भी नहीं कर पाते हैं। वहीं कई जगह पर इनकी आमदनी इतनी भी नहीं हो पाती है कि ये अपने परिवार का भरण-पोषण कर सकें। ऐसी स्थिति में कई बार परिवार की महिलायें भी कार्य करती है। वर्तमान समय में महिलाओं की भागीदारी बढ़ी है, औद्योगिक क्षेत्र के विभिन्न पदों पर रोजगार पाने के अलावा वे विभिन्न क्षेत्रों में भी रोजगार पा रही हैं। श्रम ब्यूरो की वार्षिक रिपोर्ट 2016-17 के अनुसार कुल जनसंख्या में श्रम का अनुपात 50.4 प्रतिशत पाया गया, जिसमें पुरुषों की भागीदारी 75 प्रतिशत तथा महिलाओं की भागीदारी 23.7 प्रतिशत पायी गयी है। भारत में रोजगार व श्रम औपचारिक तथा अनौपचारिक रूप में विद्यमान पायी जाती है। रोजगार की दृष्टि से विनिर्माण उद्योगों में सूती कपड़े अर्थात वस्त्र उद्योग और चाय तथा जूट उद्योग का महत्त्वपूर्ण योगदान पाया जाता है। शहरीकरण की व्यापक प्रक्रिया ने ग्रामीण अर्थव्यवस्था के प्रति उदासीनता उत्पन्न कर दी है। शहर में न केवल उत्पादन, वितरण और प्रबन्धन के केन्द्र बने हैं, बल्कि सम्पूर्ण अर्थव्यवस्था की दिशा भी तय कर रहे हैं। सम्पूर्ण आर्थिक व्यवस्था में ग्रामीण क्षेत्र विगत कई दशक से महज कच्चे माल के स्रोत बनकर रह गये हैं। पारम्परिक ग्रामीण अर्थव्यवस्था जो कृषि, हस्तशिल्प, लघु कुटीर उद्योग पर निर्भर थी, वे औद्योगिकीकरण, शहरीकरण तथा वैश्वीकरण के आगमन से समाप्त होती जा रही है। ग्रामीण अर्थव्यवस्था का आधार कृषि नवीन तकनीकों के उपयोग के बावजूद संकट का सामना कर रहा है। भारत की कुल श्रम-शक्ति का लगभग 60 प्रतिशत भाग कृषि व सहयोगी कार्यों से आजीविका प्राप्त करता है। इसके बावजूद देश के सकल घरेलू उत्पाद में कृषि क्षेत्र का योगदान 16 प्रतिशत है। राष्ट्रीय नमूना सर्वेक्षण की एक रिपोर्ट के अनुसार 40 प्रतिशत किसान अन्य रोजगार करना चाहतें है। शहरों की ओर भारी संख्या में पलायन ग्रामीण रोजगार की निराशाजनक तस्वीर प्रस्तुत करतें हैं।

प्रवासी मजदूरों की समस्या– कोरोना महामारी को रोकने के लिए सम्पूर्ण भारत देश में 25 मार्च से लॉकडाउन की शुरुआत हुई है। इस आपदाकाल में रोजगार देने वाले सभी संस्थान, यातायात व्यवस्था पूरी तरह बन्द है। प्रवासी मजदूर को कई जगह पर

काम करने वाले स्थान पर पगार नहीं दिया गया, कई जगह इन्हें काम से निकाल दिया गया। दिहाड़ी मजदूरी करने वालों, फेरी लगाने, ठेले, गुमटी लगाकर जीविकोपार्जन करने वाले के सामने रोजी-रोटी का संकट उत्पन्न हो गया। किराए पर रहने वाले मजदूरों को किराया नहीं देने के कारण उनके मकान मालिकों के द्वारा मकान खाली करवा लिया गया। ऐसी नि:सहाय स्थिति में ये प्रवासी मजदूर अपने गृह ग्राम जाने को मजबूर हो गये। ट्रेन व बस नहीं चलने के कारण ये मजदूर पैदल ही पूरे परिवार सहित अपने-अपने गाँव राज्य की ओर चल पड़े। छोटे-छोटे बच्चे, दिव्यांग लोग, वृद्ध माता-पिता को साथ लेकर प्रवासी मजदूर दिन-रात पैदल चलते हुए अपनी नि:सहाय व्यवस्था को स्वीकार करते हुए हजारों किलोमीटर की दूरी तय करते हुए अपने गृह राज्य को पहुँच रहे हैं जिसे पूरा देश अपनी लाचार नेत्रों से टीवी स्क्रीन पर देख रहा है। साथ ही इन मजदूरों को अपने को कोरोना संक्रमण से भी बचाना है, जिसके लिए इन सभी के पास मास्क, साबुन, सैनेटाइजर भी उपलब्ध नहीं हैं। जो प्रवासी मजदूर अपने गाँव नहीं गये हैं उनके पास राशन कार्ड न होने के कारण राशन नहीं है। शहरों में एक ही कमरे में 10-12 लोग रहते हैं ऐसी स्थिति में कोरोना संक्रमण को रोकने के लिए कैसे सोशल डिस्टेशिंग रखा जा सकता है, यह सोचनीय है। सरकार द्वारा जो ट्रेनों की व्यवस्था की गयी है वह प्रवासी मजदूरों की संख्या को देखते हुए अपर्याप्त है। हर नागरिक को रोटी, कपड़ा, आवास की सुविधा उपलब्ध हो यह देश की जिम्मेदारी है। इन प्रवासी मजदूरों को समय पर सहायता उपलब्ध न होने के कारण इनकी दशा दयनीय हो गयी है। काम न मिलने के कारण बेरोजगार होने से इन्हें अपने परिवार का पालन-पोषण करने के लिए ज्यादा ब्याज पर कर्ज लेना पड़ रहा है।

प्रवासी मजदूरों की चुनौतियाँ एवं समाधान– मजदूरों के सामने सबसे बड़ी चुनौती रोजगार की है। जो अपने कार्य-स्थल को छोड़कर अपने गाँव जा चुके हैं उन्हें अपने गाँव में ही खेती करने, कुटीर उद्योगों, अपना स्वयं का व्यवसाय करने का विकल्प है। साथ ही राज्य सरकारें भी अपने प्रदेश में बाहर से आने वाले प्रवासी मजदूरों के लिए कुछ महीनों के लिए राशन की व्यवस्था उपलब्ध करवा रही हैं। राज्य सरकारें अपने प्रदेश में ही मजदूरों को रोजगार उपलब्ध करवाने की भी कोशिश कर रही हैं। केन्द्र सरकार के द्वारा मजदूरों, किसानों, छोटे व्यवसाय करने वाले एवं हर वर्ग के लोगों के लिए लॉकडाउन की स्थिति में हुए नुकसान से उभरने के लिए कई आर्थिक पैकेज की घोषणा की गयी है। मजदूर एवं अन्य लोगों को भी जिनका रोजगार छिन चुका है उन्हें आज की स्थिति में अपने लिए रोजगार स्वयं तलाशने होंगे उन्हें बाजार में रोजगार की सम्भावना को देखना होगा। उसके अनुसार स्वयं में उस रोजगार को करने के लिए कौशल को विकसित करना होगा। ग्रामीण क्षेत्रों में रहने वाले वहाँ की परम्परागत कृषि-कार्य के अतिरिक्त उस क्षेत्र विशेष के अनुकूल अन्य फसलों की भी खेती कर सकते हैं अपनी खो

चुकी संस्कृति को पुन: जीवित करने का कार्य भी कर सकते हैं, गाँव में अपने परिवार के पुराने व्यवसाय को किया जा सकता है। हस्तशिल्प, कुटीर उद्योग के कार्य किये जा सकते हैं, साथ ही सरकार द्वारा चलायी जा रही विभिन्न योजनाओं का लाभ उठाकर अपना स्वयं का व्यवसाय किया जा सकता है। आज का समय आत्मनिर्भर बनने का है। देश में जरूरत के हर समान का निर्माण देश में ही निर्मित हो, साथ ही समस्त देशवासी अपने देश में ही निर्मित सामानों की खरीददारी करें तो अचानक आयी इस कोरोना महामारी से होने वाले आर्थिक नुकसान से देश जल्द ही उभर जायेगा, हर हाथ को काम मिलने से देश को हम मजबूत बना पाने में अपना योगदान दे सकेंगे।"

निष्कर्ष– प्रवासी मजदूरों की आर्थिक, स्वास्थ्य, बड़े शहरों में रहने की समस्यायें पहले भी मौजूद थीं। कारखाना में काम करने के लिए उपयुक्त वातावरण का होना, मालिकों के द्वारा कम वेतन में काम लेना, बीमार पड़ने पर किसी प्रकार की सहायता उपलब्ध न होना, गन्दी छोटी बस्तियों में रहने के लिए मजबूर होना, असंगठित क्षेत्रों में कार्य करने वाले मजदूरों के कल्याण सम्बन्धी किसी प्रकार की योजना न होने से ये मजदूर पहले ही तंगहाली वाला जीवन व्यतीत कर रहे थे जो कि अभी कोरोना आपदाकाल में सर्वत्र दिखाई दे रही है। यदि पहले ही सरकार द्वारा श्रमिकों के लिए जन-कल्याण योजना चलायी जाती, इनके रहने के लिए सस्ते दरों पर आवास उपलब्ध कराये जाते, नियोक्ता के द्वारा मजदूरों पर किये जा रहे अन्याय से इन्साफ दिलाया जाता तो आज देश का श्रमिक-वर्ग सड़क पर नहीं होता। आशा है कि सरकारें इन श्रमिक-वर्ग की समस्याओं का समाधान करेंगी एवं श्रमिक-वर्ग भी अपनी दशाओं में सुधारकर स्वयं को पहले से मजबूत बनायेगा जिससे कि वह भविष्य में होने वाली किसी प्रकार की आपदा को सहने में स्वयं ही समर्थ हो जायेगा। वर्तमान में सबसे ज्यादा जरूरत इस बात की है हम सभी कोरोना संक्रमण से मुक्त रहने के लिए सभी सावधानियों का पालन करें।

सन्दर्भ

www.downtoearth.org.in
m.economictimes.com

35

कोविड-19 में प्रवासी मजदूरों की समस्या और समाधान

डॉ. हिमानी भाटिया

कोविड-19 कोरोना वायरस प्रकोप आज पूरी दुनिया में अपना पैर पसार चुका है। हजारों की संख्या में इस वायरस से मौत हो चुकी है। मध्य चीन के वुहान शहर में दिसम्बर 2019 में एक नये किस्म के कोरोना वायरस (2019-Covid) के संक्रमण से लोगों के संक्रमित होने की शुरुआत हुई और देखते-ही-देखते चीन में इस वायरस ने महामारी का रूप ले लिया।

दुनिया भले ही 21वीं सदी में चली गयी है। लेकिन महामारी के विकराल रूप को खत्म करने की क्षमता आज भी देश के वैज्ञानिकों को सफलता तक नहीं पहुँचा सकी है। प्राकृतिक आपदाओं का कहर धरती पर उतरकर मानव-जीवन में संकट के रूप में गहराता गया।

दुनिया-भर के लोग कोरोना वायरस के संकट से जूझ रहे हैं वर्ल्डो मीटर के अनुसार पूरी दुनिया में कोरोना वायरस के संक्रमण से अब तक 6,088 मारे जा चुके हैं और 2,17,299 संक्रमित हो चुके हैं। दुनिया-भर में कोरोना को मात देने के लिए विभिन्न प्रयास किये जा रहे हैं। जबकि हमारे देश भारत में धार्मिक, आध्यात्मिक, राजनीतिक स्तर पर लड़ने का संघर्ष सबसे अधिक है।

इसी सन्दर्भ में प्रवासी मजदूरों को लेकर भारत सरकार के समक्ष एक विकराल समस्या खड़ी हुई है।

प्रवासी भारतीयों की मूल समस्या आर्थिक पीड़ा, भुखमरी, गरीबी, अपने घर लौटने की मजबूरी, बेरोजगारी इत्यादि ने उन्हें पलायन के लिए मजबूर कर दिया। लेकिन इन सभी के साथ-साथ भीषण गर्मी, यातायात के साधनों की कमी, सरकार की तरफ से मिलने वाली अपर्याप्त सुविधायें क्योंकि (मजदूरों की संख्या करोड़ों में थी) इस सभी व्यवस्थाओं के मद्देनजर सरकार ने अपनी तरफ से पुरजोर प्रयास किया लेकिन कहीं-न-कही उन्हें असफलता का मुँह भी देखना पड़ा। अन्ततोगत्वा मजदूरों के लिए अपने घर तक जाने के अलावा उनके पास कोई चारा नहीं बचा। इस कोविड-19 में हमारे देश के

प्रवासी मजदूरों पर जो प्रभाव पड़ा है। उस पीड़ा को हमने महसूस किया है, पटरियों पर सोये हुए मजदूरों की मृत्यु, भूख से चलते हुए असमय काल की गति में जाना, छोटे-छोटे बच्चों को कन्धे पर बिठाकर इस भीषण लू की चलती हुई गर्मी में खाली पेट लम्बा मीलों सफर, आँखों में बेबसी, दयनीयता, गरीबी की पीड़ा, आँखों में आ जाने वाले आँसू– इन सभी की दर्दनाक कहानी को बयां करते हैं।

इस कोविड-19 जिससे प्रवासी मजदूरों के सामने समस्याएँ आयी हैं। जिसका प्रभाव हमारे प्रवासी मजदूरों पर सबसे अधिक गहरा हुआ है। देश के करोड़ों मजदूर आज सड़क पर दिखाई दे रहे हैं। इस महामारी के कारण लाखों प्रवासी मजदूर बेरोजगार हो गये हैं। ऐसा लगता है, इस कोविड-19 की महामारी से सबसे आहत जो वर्ग हुआ है, वह यह प्रवासी मजदूर ही है। सबसे ज्यादा दुःखद स्थिति इन प्रवासी लोगों की है, क्योंकि जो भी घोषणा कोविड-19 के रहते की गयी है इन प्रवासियों को उसका लाभ भी नहीं मिल रहा। क्योंकि इनका इन कार्यक्रमों में पंजीकरण हो ही नहीं पाता। कारण यह है कि प्रवासियों के पास जिस शहर में जो काम करते हैं उसका कोई पहचान-पत्र नहीं होता और न ही ऐसा कोई दस्तावेज होता है जिससे वह उस शहर के कहलायें, ऐसी स्थिति में वह सही में नहीं रहते, इसमें ज्यादातर वो लोग आते हैं जो अनुसूचित, ओबीसी या मुसलमान जाति से होते हैं। अगर हम देखें तो हमारे देश का यह वर्ग आर्थिक रूप से गरीब और असहाय है, राष्ट्रव्यापी लॉकडाउन और सामाजिक दूरी बनाये रखना इस महामारी को रोकने की केन्द्रीय रणनीति का हिस्सा है।

इस महामारी की वजह से प्रवासी मजदूरों को अपने रोजगार से हाथ धोना पड़ा है, क्योंकि प्रवासी लोग शहरों में काम कर रहे हैं वहाँ अब रोजगार खत्म-सा हो गया है। सभी फैक्ट्रियाँ बन्द हो गयीं और हताश होकर इन्हें अपने गाँव की ओर पलायन करना पड़ रहा है।

श्रमिक भी एक जगह पर स्थायी रूप से काम नहीं कर पाते, जहाँ इनको काम मिलता है, यह वहीं चले जाते हैं। इस वजह से इनकी कोई आर्थिक मदद भी कोई मालिक नहीं कर पाता।

यह इन प्रवासियों का एक ऐसा वर्ग है जो किसी से बन्दी के दौरान वेतन की माँग भी नहीं कर सकता। इनकी स्थिति सोचनीय होती है।

जिन राज्यों में यह रहते हैं, उन राज्यों में चल रही विभिन्न परियोजनाओं का यह लाभ भी नहीं उठा पाते, क्योंकि ये वहाँ के नागरिकता के अधिकारी नहीं माने जाते हैं। इनके पास उस शहर का अपना पहचान-पत्र नहीं होता है। इस पहचान-पत्र के न होने से प्रवासी मजदूर को खाद्य, जल स्वच्छता, स्वास्थ्य सुविधाएँ, आवास की सुविधाएँ भी नहीं मिल पातीं। ये लोग तो किराए के मकान लेकर झुग्गी झोपड़ियों, सड़कों पर सार्वजनिक स्थानों पर रहने के लिए बाध्य होते हैं। कई प्रवासी लोग जिस संस्था में या जिस फैक्ट्री

में कार्य करते हैं। वहीं उनको रहने के लिए स्थान दिया जाता है।

लेकिन जब से देश में कोरोना वायरस का आतंक फैला है, लोगों ने उनसे उनके रहने की जगह तक भी छीन ली है। क्योंकि लॉकडाउन के कारण सभी प्रतिस्ठान बन्द हो गये हैं। अब ऐसी स्थिति में उनको वह जगह भी छोड़नी पड़ी जो उनको रहने के लिए दी गयी थी। उनके पास अब कोई रोजगार भी नहीं है। मालिकों ने उन्हें लॉकडाउन के चलते वेतन भी नहीं दिया जिसके कारण वह उस शहर से भी बाहर नहीं जा रहे हैं। मकान का किराया देने का पैसा भी उनके पास नहीं है। ऐसी दयनीय और सोचनीय स्थिति है इस वर्ग की।

इस बात की आशंका भी जतायी जा रही है, कि जिस खुली जगह में वे लोग रह रहे हैं। वहाँ से जाने को बोल दिया गया है। मालिकों ने पैसा दिया नहीं है। जिससे वे अपने रोज की दिनचर्या का निर्वाह कर सकें।

न तो हाथ में पैसे न राशन, सारे रास्ते बन्द हो चुके हैं। इन लोगों के लिए परिवहन के साधन भी बन्द कर दिये गये हैं।

प्रवासियों की ऐसी समस्या को देखकर आँखें नम हो जाती हैं। आज ऐसी स्थिति में लाखों प्रवासी भूख और लाचारी में मर रहे हैं। आज उनके ऊपर कोई राज्य सरकार अभी तक ध्यान नहीं दे रही है। आज जब वो हर तरफ से हताश हो चुके हैं तो वह स्वयं ही सैकड़ों किलोमीटर की दूरी को तय करने के लिए अपने बच्चों को गोदी में लिये खाने-पीने की कोई चिन्ता करे बिना ही शहर से गाँव की ओर पलायन कर रहे हैं।

इस राजनीतिज्ञों की रणनीति की इंडिया में उनका कोई जगह नहीं है। इतना सब कुछ होने पर भी निर्यात ने उनके दर्द को कम नहीं किया और बढ़ा दिया, जब वो हिम्मत करके पलायन के लिए निकले तो जगह-जगह उन्हें रोका गया। लम्बी-लम्बी लाइनों में उन्हें खड़ा होना पड़ा। जिससे इस कोरोना वायरस की महामारी से संक्रमण का खतरा बढ़ गया। जिससे इस देश का लॉकडाउन हार गया।

अगर वे अपने घर पहुँच भी जाते तो उनके पास जिन्दा रहने के लिए न तो पैसे थे, और न ही जरूरत का कोई सामान और गाँव जैसे-तैसे पहुँच भी जाते तो हर व्यक्ति उनको संक्रमिक समझता और उनको उसी नजरों से देखता, जो उनके लिए और भी असहनीय होती। ये सब बातें सोच-सोचकर प्रवासी लोग कोई निर्णय नहीं ले पा रहे थे, कि इन्हें क्या करना चाहिए।

गरीब मजदूर लोग तो वैसे ही कितनी पीड़ाओं को सहता है। ऊपर से कोविड-19 की महामारी भयानक स्थिति को झेलना उनके लिए बहुत ही मुश्किल हो रहा था। आज अगर यह प्रवासी मजदूर बाहर जाकर काम ना करे तो देश की अर्थव्यवस्था पर कितना बुरा असर हो सकता है, लेकिन जब इनकी स्थिति इस कोविड-19 में बुरी हो रही है तो किसी का इन पर ध्यान ही नहीं है।

राज्य सरकार को चाहिए कि इनकी समस्याओं का समाधान खोजें–

- प्रवासी कामगारों को बिना किसी पैसे के मुफ्त में राशन और खाना उपलब्ध कराया जाये। इनको कोई पहचान-पत्र दिखाने के लिए नहीं बोला जाये।
- राज्य सरकार की पुलिस को चाहिए कि ऐसे प्रवासी जिनको मदद की जरूरत है, उनकी मदद करें। हर कीमत पर प्रवासियों के लिए आश्रय स्थल की व्यवस्था हो। खुली जगह में रहने के कारण लॉकडाउन के दौरान मजदूरों को पुलिस और दूसरे अथॉरिटीज परेशान करते हैं। इसलिए उन्हें आश्रय उपलब्ध करवाया जाये।
- शहरी स्वास्थ्य केन्द्रों पर स्वास्थ्य सुविधाओं का लाभ उनको दिया जाये जहाँ प्रवासी मजदूर अटके पड़े है वहाँ क्लीनिकों की स्थापना कर उन्हें स्वास्थ्य सुविधा उपलब्ध कराये जाने की बेहद जरूरत है।
- लॉकडाउन के दौरान बैंकों, एटीएम को खुला रखा जाना चाहिए ताकि उनको पैसों से सम्बन्धित परेशानी ना हो।
- रेस्टोरेंटों, छोटे ढाँबों को लॉक डाउन के दौरान खुला रखा जाये। औद्योगिक क्षेत्रों के पास छोटे और सस्ते भोजनालाय इन प्रवासी मजदूरों के लिए सस्ते भोजन के स्रोत हुआ करते हैं क्योंकि वह उनके कार्य-स्थल के पास होते हैं।
- गाँव-तहसील स्तर पर स्वास्थ्य सुविधाओं को मजबूत बनाया जाये ताकि प्रवासी सहित ग्रामीण समुदाय शहर से लौटने पर इसका लाभ उठा सके और ताकि स्वास्थ्य जरूरतों के लिए इस विकट समय में उन्हें ज्यादा दूर नहीं जाना पड़े।
- गाँव के पंचायत स्तर के लोग शहर से लौटने वालों को यह कहकर तंग नहीं करें या धमकायें कि ये लोग संक्रमण फैलाने के लिए यहाँ आये हैं।
- नरेगा में मिलने वाली मजदूरी को सीधे खाते में डाला जाये और इनका बकाया भुगतान तत्काल किया जाये।
- सरकार को चाहिए कि पुलिस इन प्रवासियों पर कोई अत्याचार ना करे। अगर ऐसा होता है तो उनके खिलाफ सख्त कार्यवाही की जाये।
- केन्द्र सरकार को चाहिए कि जो प्रवासी अपने घरों से दूर है। उनकी सभी आवश्यकताओं की पूर्ति की जाये, ताकि वह लोग परेशान ना हो सके। और उन लोगों को सरकार अपने खर्चे पर उनके गन्तव्य स्थान पर पहुँचाये।

राजस्थान जैसे कुछ राज्यों ने इस स्थिति में सकारात्मक रूप से कदम उठाये हैं। इन राज्यों ने बसों की व्यवस्था की है जो अपनी सीमा पर पहुँचने वाले प्रवासी मजदूरों को उनके गन्तव्य तक पहुँचायेगी। पर यह व्यवस्था तब तक चालू रहनी चाहिए, जब तक सारे प्रवासी मजदूर अपने-अपने राज्यों की सीमाओं पर नहीं पहुँच जाते।

- लॉकडाउन के बाद मजदूरों के वेतन, भत्ते और अन्य विवादों का निपटारा करे।

इनका भुगतान नहीं होने से मजदूरों को भारी नुकसान होगा और पहले से ही हाशिए पर मौजूद इन लोगों की हालत और खराब हो जायेगी। इन विकट परिस्थितियों में ठेकेदारों से या अपने मालिकों से लेकर अपना काम चला रहे हैं। इससे ये मजदूर बँधुआ मजदूरों जैसी स्थिति झेलने को मजबूर हो गये हैं।

- प्रवासी मजदूरों और उनके परिवारों में नकदी की कमी की समस्या के स्रोत राज्य को निपटाना जाना चाहिए और उसको इसके लिए नरेगा भुगतान और ग्रामीण स्थानीय निकायों के माध्यम से उपलब्ध कराना चाहिए।
- श्रम मन्त्रालय ने निर्माण मजदूरों को उनके खाते में पैसे भेजने का निर्णय किया है इसके लिए बी.ओ.सी. सेस फंड का प्रयोग किया जायेगा।
- कोविड-19 की वजह से फसलों का जो नुकसान हुआ है उसका आँकलन किया जाना चाहिए और कृषि मजदूरों को उनकी मजदूरी के साथ इसके लिए उचित मुआवजा दिया जाना चाहिए।
- बैंकों और आरबीआई को निर्देश दिया जाये कि वे कृषि ऋण सम्बन्धी निर्देशों में संशोधन करें।
- इन गरीब लोगों को ब्याज मुक्त या न्यूनतम-ब्याज दर पर ऋण उपलब्ध करया जाये।

अन्त में अपनी कविता के माध्यम से विराम देना चाहूँगी। देश में प्रवासी मजदूर की वर्तमान स्थिति पर एवं उसकी बेबसी को अपने शब्दों में बयां कर रही हूँ–

"हा मैं मजदूर हूँ मैं मजदूर हूँ
लेकिन मैं बहुत मजबूर हूँ
जगह-जगह घूमता हूँ
ऐ शहर तुझे बनाता गया
अपने अस्तित्व को खोता गया
हाँ मैं मजदूर हूँ
जिस सड़क को अपने हाथों से बनाया था
आज उसी सड़क पर पैर जलाया था
हाँ मैं मजदूर हूँ।
छाले पड़ गये हाथों में इस रेल की पटरी बनाने में
जरूरत मुझे पड़ी ना जा पाये अपने ही मकानों में
जिनके मैंने पेट भरे आज
उन्होंने ही छीन लिये मुझसे मेरे अनाज
आज समझ में आया है

मेरा कोई अस्तित्व नहीं
हाँ मैं मजदूर हूँ, मजदूर हूँ
लेकिन बड़ा मजबूर हूँ।

36

वर्तमान परिप्रेक्ष्य में मजदूर कितने सुरक्षित कितने असुरक्षित

निर्मला परगनिहा

आज सम्पूर्ण विश्व कोरोना संक्रमण के वैश्विक संकट से गुज़र रहा है, महामारी का प्रकोप लगभग सभी क्षेत्रों में आतंक मचा रखा है, लेकिन सबसे अधिक विकराल और दयनीय स्थिति आज मजदूर-वर्ग की हो गयी है। यह एक ऐसा वर्ग है जिनके जीवन में आज़ादी से पहले और आज़ादी के बाद भी संघर्ष और पीड़ा में कमी नहीं आयी है। भारत में आज लगभग आठ से नौ करोड़ की आबादी मजदूर-वर्ग की है। भारत जैसे विकासशील देश में इनकी निर्धनता और गरीबी के अनेक कारण हैं, इनके लिए योजनायें तो अनेक बनती हैं परन्तु योजना के क्रियान्वयन और सफलता में कहीं-न कहीं अधूरी और विफल ही होती है। ये मजदूर अपने निवास स्थल से पलायन कर रोज़गार के तलाश में प्रवासी के रूप में अधिकतर दिखाई देते हैं।

वर्तमान परिप्रेक्ष्य महामारी के संकट में अत्यन्त भयावह हो गयी है, इन मजदूरों के ऊपर ऐसा वज्रपात हुआ है, जिसे देखकर अन्तरात्मा कराह उठती है। सड़कों और पटरियों पर हो रही मौतों का दुःख एवं निराशा की छाया बनकर इनके जीवन को अपने शिकंजे में कस दिया है। लाचारी, भुखमरी तथा महामारी से कितने बच्चे, महिलायें, वृद्ध और जवान काल के गाल में समा चुके हैं।

विदेशों से आये कोरोना संक्रमण सर्वप्रथम तो उन अमीरों के द्वारा ही प्रवेश किया जो भारत से बाहर पैसा कमाने और डिग्रियाँ बटोरने के लिए गये हुए थे। मगर आज संक्रमण का प्रसार निम्न वर्ग व झुग्गी-झोपड़ियों में रह रहे बेकसूर मजदूरों को गम्भीर रूप से प्रभावित कर चुकी है। इनके लिए संक्रमण से बचना और सुरक्षित रहना अत्यन्त दुष्कर है। ये गली-मोहल्लों से लेकर बड़े उद्योग, कारखानों तक काम करने वाले लोग हैं, जिनकी आय से धन को बचा पाना उनके लिए नामुमकिन है। वे सिर्फ दो जून की रोज़ी-रोटी और कुछ छोटी-मोटी रहने-खाने की व्यवस्था को बस बना पाते हैं। आपदा विपत्ति के समय इनकी स्थिति दूसरों पर निर्भर हो जाती है।

आज महामारी के फैलाव से देश को बचाने के लिए आपसी सम्पर्क को रोकना एक मात्र उपाय था, जिसे पूरा करने के लिए सरकार द्वारा अकस्मात फिर लगातार लम्बे समय का लॉकडाउन जारी किया गया, जिससे मज़दूर-वर्ग की ज़िन्दगी पूरी तरह बाधित हो गयी। वह जहाँ पर कार्यरत थे वो काम या तो बन्द हो गये या वहाँ से हटा दिये गये। इनके लिए सरकार द्वारा तत्काल राहत व्यवस्था किया गया जो पर्याप्त नहीं था और वे असन्तुष्ट रहे। जिसके कारण प्रवासी मजदूर अपने गाँवों एवं गन्तव्यों की ओर जाने के लिए विवश हो गये। उन्हें लगने लगा वे गृह नगर में ही कुछ कार्य करके सुरक्षित रह सकते हैं। इसी उम्मीद और लालसा के कारण सैकड़ों मजदूर सड़कों एवं राहों पर अनियन्त्रित भीड़ के रूप में उमड़ गये। उन्हें महामारी का खौफ भी नहीं रहा और ये कोरोना संक्रमण के बढ़त्व का कारण बनते हुए चल पड़े। आज मजदूर-वर्ग भटकाव भरी ज़िन्दगी से जूझ रहे हैं। अनेक कठिनाइयों एवं विषम परिस्थितियों का सामना करना पड़ रहा है। इसलिए कोरोना संकट काल में देश की सड़कें मजबूर मजदूरों के खून से लाल हो रही हैं। ये सभी घर पहुँचने की चाह में सामने से लदे ट्रकों में भी भेड़-बकरियों की तरह भरे गये, किसी ने चूनों के बोरों के नीचे दबकर दम तोड़ा, तो कोई कपड़ों के लठ्ठों के बीच लाचार पड़ा रहा। देश के राजमार्गों पर मजदूरों के मार्मिक एवं दुःखद तस्वीर दिखाई दे रहे हैं। मजदूर-वर्ग आवास के अभाव एवं रोजगार विहीन दशा के कारण अपने गन्तव्यों की ओर पलायन करने के लिए विवश हुए। वास्तव में उनकी मातृभूमि के लिए प्रेम और समर्पण भाव की वजह से वे आज तनिक भी मौत से नहीं घबरा रहे हैं।

कोरोना संकट से मजदूरों को आज एक प्रदेश से दूसरे प्रदेश के आवागमन से महामारी के फैलाव का एक ज्वलंत मुद्दा है। जिससे महामारी आँकड़ों के हिसाब से इस समय चरम सीमा पर है। इसके लिए अप्रत्यक्ष रूप से और भी कई वजह जिम्मेदार हैं। जैसे की लॉकडाउन का खुलना, शराब-दुकान की लाइनें, पैसेंजर ट्रेनों, गाँव की बसें, धार्मिक स्थलों, अनाज और भोजन का वितरण, क्रुद्ध और हिंसक भीड़ का सामना आदि सभी हैं। लॉकडाऊन खोलने की पहली शर्त दूरी बनाते हुए स्थिति का सामना करना है, परन्तु इन सभी से अस्थिरता तथा अशान्ति को ही अंजाम मिली है। मजदूरों की आमदनी मूलभूत आवश्यकताओं की पूर्ति करने तक की ही सीमित साधन है। ये लोग धन-सम्पत्ति को बचा सकने में असमर्थ हैं। आत्मनिर्भर बनने के लिए इनके पास मेहनत और हुनर ही एक मात्र साधन है। आत्मनिर्भर बनने के लिए उद्योग जगत खासकर लघु मसाले उद्योग तथा अन्य छोटे उद्योगों के लिए सरकार ने सुविधायें दीं। लोन तथा राशन की मदद भी की, परन्तु इन सबका कोई सकारात्मक प्रभाव नहीं मिला।

मजदूर-वर्ग को सही पहचानें तो ये ऐसे लोग हैं जो आज वैज्ञानिक युग में उच्च वर्ग के ज़िन्दगी में भौतिक सुख-सुविधाओं को प्रदान करने में महत्त्वपूर्ण भूमिका निभाते हैं।

आज इन्हीं की वजह से ज़िन्दगी आसान व सुविधापूर्ण बनती है। ये छोटे-छोटे दैनिक उपयोगी वस्तुओं से लेकर बड़े-बड़े निर्माण स्थलों के कार्य को व्यवहारगत सम्पन्न करते हैं, जैसे– कपड़े इस्त्री, माली, रद्दी-वाले, कचरा उठाने वाले, ट्रकों से ईंट-सीमेंट उतारने-चढ़ाने वाले ये मजदूर अपनी कड़ी मेहनत से उपयोगी बनते हैं। लेकिन विडम्बना यह है कि, आज इनकी ही ज़िन्दगी सुरक्षित नहीं है। दिल्ली, मुम्बई, पुणे, सूरत जैसे महानगरों में रह रहे ये प्रवासी रोज़गार से वंचित होने की वजह से पलायन कर रहे हैं। ये वही मेहनतकश मजदूर हैं जो कुछ अतिरिक्त धन कमाने, जिसे बचाकर अपने परिवारवालों की जीवन-दशा सुधारने के उद्देश्य से गाँव से नगरों व नगरों से महानगरों की ओर रोज़गार तलाश कर जीवन-यापन कर रहे थे, जो उनके जीवन में आशा और उम्मीद की किरण थी। वही आज के तात्कालिक परिस्थिति में उनकी जीवन के बिखराव व असमंजसता का कारण बन गयी है। मजदूरों की सुरक्षा कहाँ तक हो रही है, उसकी मदद और आवश्यकता उसे प्राप्त हो रही है या नहीं, ये सब तो उनकी दुर्दशा ही व्यक्त कर रही है।

प्रयास यह होने चाहिए कि हमारे देश में ऐसी स्थिति उत्पन्न ही न हो पाये कि उन्हें रोज़गार की तलाश में अन्य जगह पनाह लेना पड़े। यदि परिस्थिति वश उन्हें कहीं और रहना भी पड़े तो उनके रोज़गार व सुविधाओं का उचित ध्यान रखा जाना चाहिए। ऐसे में उनकी स्थिति सबसे अधिक गम्भीर व दयनीय हो जाती है, क्योंकि सामान्य स्थिति में संघर्ष कर वे जैसे-तैसे जीवन-यापन कर लेते हैं, मगर आपदा और विपत्ति के समय सर्वप्रथम उनकी ही तबाही निश्चित होती है। जब तक आपदा के राहत कार्य के लिए योजना लागू हो, उससे पहले ही उनके विनाश की मंजर चारों ओर फ़ैल जाती है।

आज गन्तव्यों की ओर पलायन कर रहे प्रवासी के लिए करोड़ों की राशि व्यय की जा रही है, फिर भी उनके तबाह होते जीवन को हम सही अनुपात में सुरक्षित नहीं कर पा रहे हैं। यदि उन्हें प्रारम्भ से ही लाभान्वित कर एक सफल योजना का क्रियान्वय करते तो आज स्थिति इतनी गम्भीर न होती।

कोविड-19 का दौर अनेक चुनौतियों से भरा पड़ा है। देश के अर्थव्यवस्था पर निश्चित ही गहरा प्रभाव पड़ रहा है। जन-जीवन भी इससे अस्त-व्यस्त हो गयी है, कोई भी क्षेत्र इससे अछूते नहीं हैं, दरअसल लॉकडाउन भी अनन्तकाल तक नहीं रखी जा सकती, आज नहीं तो कल परिस्थिति का सामना करना ही है। कोरोना वायरस रूपी महामारी से बचने के लिए उचित राह व मार्गदर्शन की अत्यन्त आवश्यकता है, जिससे जीवन में आये तकलीफ और विपत्ति से बचकर सफल मार्ग प्रशस्त कर सके।

देश में वसुधैव कुटुम्बकम् की भावना को चरितार्थ करते हुए सभी वर्ग को सहयोग एवं मनोबल बढ़ाना है। असहाय एवं निर्बल जनों के मन-मस्तिष्क को परिपुष्ट करते हुए जीवन-यथार्थ की वास्तविकता की गहराई को आसान एवं सुविधापूर्ण बनाना है।

आज के हमारे तात्कालिक एवं वर्तमान परिप्रेक्ष्य में मजदूरों के जीवन को गम्भीर समस्याओं से सुरक्षित रखना है, एक जिम्मेदार शिक्षित एवं विद्वान-वर्ग के उचित दिशा-निर्देशन अवश्य ही मजदूरों के जीवन को सुरक्षित तथा सुखी बनाने में उचित आधारशिला प्रदान करेगी।

37

वर्तमान सन्दर्भ में प्रवासी मजदूरों की त्रासदी

डॉ. प्रियंका

आदिकाल से ही मनुष्य अच्छे व्यवसाय एवं खुशहाल जीवन की खोज में एक प्रान्त से दूसरे प्रान्त तथा एक देश से दूसरे देश भ्रमण करता रहा है। मनुष्य की बुनियादी आवश्यक्ताओं ने उसे प्रवास की ओर आकर्षित किया। औद्योगिक क्रान्ति ने प्रवास की गति तेज़ कर दी और वैश्वीकरण की व्यवस्था के कारण विदेश जाने के अवसरों में बढ़ावा हुआ है। आज भूमंडलीकरण के कारण विश्व एक छोटा गाँव बन गया है। हर वर्ग के लोग सुख-सुविधा तथा आर्थिक विकास की चाह में विदेशों की ओर कदम बढ़ा रहे हैं। "विश्व-भर में हिन्दोस्तान एक ऐसा देश है जहाँ से काफी समय से हर वर्ग के लोग दूसरे देशों में प्रवास करते हैं। आज भूमंडल के हर क्षेत्र में भारतीय हैं।"[1]

जहाँ तक 'प्रवासी' शब्द का सवाल है तो प्रवासी शब्द 'वस' धातु में 'प' उपसर्ग लगाने से बनता है। 'वस' धातु का प्रयोग रहने के अर्थ में किया जाता है। 'प्र' उपसर्ग लग जाने से इसका अर्थ बदल जाता है। 'प्रवास' शब्द का अर्थ है—Ò'विदेश गमन' 'विदेश यात्रा' घर पर न रहना। किसी दूसरे देश या बेगानी धरती पर वास करने वाला व्यक्ति प्रवासी है। "प्रवासी अँग्रेजी शब्द 'ऐमीग्रेंट' का पर्याय है– वे लोग जो अपना देश छोड़कर अन्य देशों में जाकर बसे हों।"[2]

सम्भवतः प्रवासी वे लोग हैं जो अपना देश छोड़कर बेगाने देश अनिश्चित समय के लिए जाते हैं पर दूसरे देश में बस जाने का फैसला कर लेते हैं। प्रवासी की स्थिति अनिश्चित होती है। वह प्राप्ति करने के पश्चात् वापिस लौटने का फैसला भी कर सकता है। साधारण शब्दों में हम कह सकते हैं कि बेगानी धरती पर रोज़गार की तलाश या अधिक आर्थिक साधनों को प्राप्त करने की लालसा में अस्थायी तौर पर आये व्यक्तियों को प्रवासी कहा जाता है।

पहले-पहल प्रवास करने वाले लोग कम पढ़े-लिखे थे। धीरे-धीरे जिन लोगों ने प्रवास किया उनमें विद्यार्थी, प्रोफेसर तथा वकील आदि थे। अपने गुणों के कारण से प्रवासी बाहरी और आन्तरिक परिस्थितियों के अनुसार ढलना जानते थे, परन्तु 1960 से

पहले पहुँचे प्रवासियों ने सबसे पहले अधिक कठिनाइयों का सामना किया क्योंकि उन्हें भाषा और संस्कृति से सम्बन्धित समस्याओं का सामना करना पड़ा।

प्राचीन काल में फकीर, संन्यासी एवं जिज्ञासु प्रवृत्तिवाले लोग ज्ञान प्राप्त करने के उद्देश्य से एक स्थान से दूसरे स्थान पर भ्रमण करते थे। इसी तरह व्यापारियों को पैसा कमाने की धुन सात समुद्र पार खींच ले जाती थी। कुछ लोग एक स्थान से दूसरे स्थान में एक कबीले के तौर पर प्रवास करते थे। यहीं से एक समूह के तौर पर प्रवास की प्रक्रिया दुनिया-भर में प्रचलित हुई। भारत में आर्य़ जाति का आगमन इसका सशक्त उदाहरण माना जा सकता है।

प्रवास एक ऐसा अद्भुत व्यवहार है जो वर्तमान समय में मानव स्वभाव का एक महत्त्वपूर्ण अंग बनता जा रहा है। सामान्य अर्थ में जब मनुष्य अपना देश छोड़कर किसी अज़नबी संसार में जाता है तो ऐसा प्रतीत होता है कि या तो वह अपने जन्म स्थान की परिस्थितियों से सन्तुष्ट नहीं है या प्रवास किये हुए स्थान से उसकी ऊँची उम्मीदें हैं। हर प्रवासी की ज़िन्दगी और इच्छाएँ दूसरे प्रवासी से भिन्न है और सभी की सामाजिक, आर्थिक, शैक्षिक एवं उम्र सम्बन्धी पृष्ठभूमि भिन्न-भिन्न है।

प्रवासी शब्द को स्पष्ट करते हुए हिन्दी की सुप्रसिद्ध प्रवासी कथाकार डॉ. उषा राजे सक्सेना लिखती– "प्रवासी शब्द 'प्रवास' का विशेषण है। प्रवासी एक मनोविज्ञान है' एक अन्तर्दृष्टि है जिसे स्वतः 'फॉरम्यूलेट' होने में बरसों-बरस लगते हैं। एक तरह से प्रवासी वे कलमें हैं जो अपने पेड़ से कटी हुई टहनियाँ होने के बावजूद बरसों-बरस किसी और मिट्टी, खाद, पानी में अपनी जड़ें रोपती हुई अपना बहुत कुछ खोने और नया बहुत कुछ उस भूमि से लेने-पाने के साथ अपने अन्दर की गहराइयों में नयी ऊर्जा सृजित करती हुई नयी चेतना की कोंपले विकसित करती हैं।"[3]

प्रवासी शब्द उन लोगों को लिए प्रयुक्त हुआ जिन लोगों ने शौक या मज़बूरीवश अपने रोज़गार की तलाश या आर्थिक उच्चता के लिए अपने देश से बाहर विदेश को अपनाया। इन लोगों ने आरम्भ में अपने परिश्रम से बेगानी धरती पर अपनी निज़ी आवश्यकताओं की पूर्ति के लिए अपने-आपको योग्य बना लिया परन्तु इस समय इन लोगों को न केवल आर्थिक संकटों का सामना करना पड़ा बल्कि अपनी धरती और घर-परिवार से दूर, पराए देश का बेगानापन, शारीरिक एवं मानसिक गुलामी और रंग-भेद-भाव की जिल्लत को भी सहना पड़ा। भाषा की समस्या ने इनका सम्पर्क वहाँ के देशवासियों से तोड़ दिया। संचार की समस्या इनके विकास की बहुत बड़ी बाधा थी। ये लोग पूर्ण रूप से शोषण का शिकार थे। हमारे देश में भी कई लोग अपना गाँव-परिवार छोड़कर दूसरे राज्यों में महानगरों में धन-प्राप्ति के लिए बेगानी धरती पर निवास करते हैं। कुछ लोग मजदूरी करते हैं तो कुछ लोग नौकरी। मजदूर कई प्रकार के होते हैं जैसे दिहाड़ी मजदूर, रिक्शा चालक, ऑटो चालक इत्यादि। एक मजदूर की दशा बड़ी ही

दयनीय होती है उसे दिन-भर काम करके कुछेक पैसे ही मिलते हैं जिससे उसके खाने-पीने का गुज़ारा बड़ी मुश्किल से होता है। मजदूर की त्रासदी यह है कि ये वह प्राणी है जो कहीं भी बैठ जाता है, कहीं भी खा लेता है और कहीं भी खुले आसमान के नीचे चादर डालकर सो लेता है। कोई भी आकर उसे डाँट देता है और उसे बार-बार यकीन दिलाता है कि तुम सिर्फ मशीन की तरह काम करने के लिए पैदा हुए हो। तुम्हारा अपना कहने के लिए कुछ भी नहीं है। किसी कवि की पंक्तियाँ देखने योग्य हैः—

> "जिसके कन्धों पर बोझ बढ़ा
> वो भारत माँ का बेटा कौन
> जिसने पसीने से भूमि को सींचा
> वो भारत माँ का बेटा कौन
> वह किसी का गुलाम नहीं
> अपने दम पर जीता है
> सफलता एक-एक कण ही सही
> लेकिन है अनमोल जो मजदूर कहलाता है।"

हिन्दी साहित्य के राष्ट्र-कवि रामधारी सिंह दिनकर ने भी मजदूरों की दयनीय स्थिति के बारे में लिखा है–

> "ओ मजदूर ओ मजदूर
> तू सब चीज़ों का कर्ता
> तू ही सब चीज़ों से दूर
> ओ मजदूर ओ मजदूर।"

इस प्रकार एक मजदूर और एक श्रमिक की स्थिति बड़ी ही दयनीय है। उसकी त्रासदी को विभिन्न कवियों-साहित्यकारों ने अपने-अपने काव्य में रेखांकित किया है।

वर्तमान समय में वैश्विक महामारी कोरोना वायरस ने सम्पूर्ण विश्व में अपना तांडव मचाया हुआ है। पूरा विश्व इस महामारी से आतंकित है। विश्व के अधिकतर देशों में बीमारी के संक्रमण फैलने के डर से लॉकडाउन घोषित किया हुआ है। विश्व की अधिकतम जनसंख्या अपने-अपने घरों में सीमित हो गयी है। इस महामारी में निज़ात पाने के लिए सावधानी एवं सजगता रखना ही एकमात्र उपाय है ताकि यह वायरस और अधिक न फैले। कोरोना महामारी ने जिस तरह विश्व में अपने पैर पसार लिये हैं तथा भारत में भी जल्दी लॉकडाउन के सुरक्षा के उपायों के बावजूद पिछले 7 दिनों में ही बीमारी के रोगियों की संख्या दुगुनी हो गयी।

किसी भी देश के मजदूर देश की अर्थव्यवस्था के मेरुदंड होते हैं। मजदूर ही सारे

इंडस्ट्री और व्यवसाय के विकास का आधार है। बिडम्वना यह है कि जब से लॉकडाउन हुआ है तब से देश में दिहाड़ी मजदूर, रोज़ कमाकर खाने वाले लोग, छोटे-छोटे रोज़गार से जुड़े लोग, श्रमिक वर्ग की स्थिति दयनीय हो गयी और होती जा रही है। महानगर के श्रमिकों एवं मजदूरों के पास न तो अपना मकान होता है और न ही किसी प्रकार का राशन कार्ड। लॉकडाउन के कारण इनके कमाने के साधन बन्द हो गये, फैक्ट्रियाँ बन्द हो गयीं इनका काम-धाम बन्द हो गया। एक तरफ कोरोना महामारी का खतरा और दूसरी तरफ भूख।

"ट्रेन-बस सब बन्द थी। घर का राशन भी इक्का-दुक्का दिन का बाकी था। जिन ठिकानों में रहते थे उसका किराया भरना नामुमकिन लगा। हाथ में न के बराबर पैसा था और जिम्मेवारी के नाम पर बीबी-बच्चों वाला भरा-पूरा परिवार था। तो फैसला किया पैदल ही निकल चलते हैं। चलते-चलते पहुँच ही जायेंगे। यहाँ रहे तो भूखे मरेंगे।"[4]

आज इनकी त्रासदी यहाँ तक है कि विभिन्न राज्यों से आये हुए मजदूर-वर्ग अपने पास उपलब्ध संसाधनों के अभाव में परेशान होकर जब वह अपने घरों को वापिस लौटना चाहते हैं तो लौट नहीं सकते। प्रवासी मजदूर भूख से मर रहे हैं और जो बच गये वो कोरोना ने मार दिये। अपने घर-परिवार से मिलने के लिए प्रवासी मजदूरों के रेले के रेले पैदल, ट्रकों में ठूँस-ठूँस के बिना मरने की परवाह किये अपने-अपने घरों को रवाना होने लगे। कई लम्बा सफर करते-करते भूख-प्यास से मर गये।

"प्रवासी मजदूर रेल की पटरियों पर चल रहे हैं क्योंकि सड़कों पर पुलिस का पहरा है और हज़ारों की संख्या में ट्रकों में लदकर जा रहे हैं। इनमें से कई सड़क हादसों का शिकार भी हो गये।"[5]

इसी लॉकडाउन के चलते एक बेहद करुणामय दृश्य मीडिया पर छाया रहा और प्रवासी मजदूरों की त्रासदी को रेखांकित करता रहा। एक प्रवासी महिला मजदूर भूख-प्यास से मर गयी और उसके नन्हें बालक को पता भी नहीं। यह प्रवासी मजदूरों की त्रासदी का बेहद ही दारुण दृश्य था।

"भीषण गर्मी और भूख से बेहाल होकर बिहार के मुजफ्फरपुर रेलवे स्टेशन पर एक महिला ने दम तोड़ दिया और उसका छोटा-सा बच्चा अपनी माँ के ऊपर ओढ़ाये गये कफ़न को हटाकर जगाने की कोशिश करता रहा।"[6]

वर्तमान में लॉकडाउन में देश का मजदूर-वर्ग और श्रमिक-वर्ग सबसे अधिक शोषित हुआ है। "कोरोना लॉकडाउन में जितना और जैसा जुल्म मजदूरों और हर तबके के मजदूरों पर ढाया गया है वैसा कभी नहीं देखा गया। इस दौरान देश-विदेश से सम्भ्रान्तों को आने-लाने के बन्दोबस्त हुए और हो रहे हैं पर मजदूरों पर लम्बे समय तक पाबन्दी रही, वे कहीं रास्ते चलते-चलते थककर मर रहे हैं, कहीं बीमारी से तो कहीं ट्रेन के नीचे कुचलकर मर रहे हैं।"[7]

कोरोना महामारी ने और उसके बचाव में लगाये गये लॉकडाइन ने मजदूरों की मानो कमर ही तोड़ दी। प्रवासी मजदूर बिना अपनी जान की परवाह किये हुए पैदल ही अपनी जन्मभूमि की ओर लौट पड़े। बुजुर्ग महिलायें-बालक सब पैदल ही मीलों का सफर तय करने लगे। जिन सड़कों को अपनी लम्बाई पर अहंकार था उनको इन प्रवासी मजदूरों ने पैदल ही नाप लिया। "लॉकडाउन के चलते राजस्थान से प्रवासी मजदूरों का पलायन जारी है।... इनमें जयपुर में मध्य प्रदेश से आया एक परिवार भी है। भीषण गर्मी में तपती सड़क से पैदल ही चलता जा रहा था। दर्द की इन्तहा देखिये काफी दूर पैदल चलकर जाने वाले इस परिवार में दो गर्भवती महिलाएँ भी थीं। इनके गोद में मासूम बच्चे थे। सिर पर सामान न कपड़ों से भरी गठरियाँ रखीं हुई थीं। एक हाथों में बेग तो दूसरे हाथ की उँगली पकड़कर चल रहे मासूम बच्चे।"[8]

अपने घर-परिवार को छोड़-छाड़कर प्रवासी मजदूर बड़े-बड़े महानगरों में रोज़गार की तलाश में आये थे। जब प्रवासी मजदूर लॉकडाउन में आत्महत्यायें और पैदल चलते-चलते मरने लगे तब सरकार ने उनके लिए ट्रेनें शुरू कीं परन्तु आम मजदूर उसका लाभ लेने से भी वंचित हो गये।

"सरकार ने विशेष ट्रेनें शुरू करने का फैसला लिया मगर उसमें भी भ्रम की स्थिति रही कि कौन टिकट का पैसा देगा और उसकी वजह से हज़ारों मजदूर अपने छोटे बच्चों को लेकर पैदल, साइकिल, रिक्शे से निकल पड़े और रास्तों में जो उन सभी को देखना पड़ा वह सारे देश ने देखा। सबसे बड़ी दुःख की बात तो यह है कि हमारे देश की गरीबी और लाचारी को पूरी दुनिया ने देखा होगा।"[9]

सम्भवतः पूरे विश्व में मजदूर और श्रमिक लोगों की दशा बड़ी ही सोचनीय है। प्राचीन काल से लेकर आज तक उनका शोषण ही किया जा रहा है। उनकी त्रासदी को साहित्यकारों ने भी अपने-अपने साहित्य में उकेरा। कोरोना जैसी वैश्विक महामारी ने भी सबसे बड़ा जुल्म इन्हीं मजदूरों पर ढाया है। उन्हें या तो भूख से मरने को विवश कर दिया या बीमारी से मार दिया। हमारे देश के प्रवासी मजदूर ही नहीं बल्कि जो बाहरी देशों में काम करने के लिए गये हैं उनको भी इस कोरोना महामारी से उत्पन्न विकट परिस्थितियों ने कहीं का नहीं छोड़ा। उनका दैहिक और मानसिक शोषण चरम सीमा तक किया। अब जो हमारे प्रवासी मजदूर विदेशों में हैं उनके सामने भी एक विषम परिस्थिति पैदा हो गयी। वह घर आ नहीं सकते और आ भी जायें तो गाँववाले उनके साथ भेदभाव पूर्ण व्यवहार करेंगे, कहीं-न-कहीं उनके मन में यह ड़र होगा कि यह विदेश से आया है हो सकता है कि इसे कोरोना हो। ऐसे में प्रवासी मजदूर के साथ जो भेदभाव पूर्ण रवैया अपनाया जायेगा उसका दंश कहीं-न-कहीं उसका दैहिक और मानसिक शोषण करेगा। अतः वर्तमान सन्दर्भ में प्रवासी मजदूरों की त्रासदी को सहज ही देखा जा सकता है।

सन्दर्भ

1. अर्चना पैन्यूली' प्रवासी भारतीयों एवं विदेशियों में रुझान' गगनांच्चल (पत्रिका) दिल्ली' जुलाई-सितम्बर 2007, पृ. 45।
2. वेद प्रकाश वटुक, प्रवासी हिन्दी लेखन अमेरिका के सन्दर्भ में (लेख), नमिता सिंह (सम्पा.), वर्तमान साहित्य, अलीगढ़ जनवरी-फरवरी, 2006, पृ. 61।
3. डॉ. उषा राजे सक्सेना, प्रवासी हिन्दी लेखन तथा भारतीय हिन्दी लेखन (आलेख), डॉ. कुँवर नारायण सिंह, डॉ. नमिता (सं.) वर्तमान साहित्य, अलीगढ़ जनवरी-फरवरी, 2006, पृ. 47।

Bhaskar.com. 01 may, 2020

Jansatta.com 18 may, 2020

Khabar.ndtv.com. 27may, 2020

Hindi.newsclick.in. 9 may, 2020

Bhaskar.com. 20 may, 2020

Jansatta.com 18 may, 2020

38

प्रवासी मजदूर एवं उनकी समस्या

मंजू भट्ट

सारांश– अभी पूरा विश्व कोरोना नामक वैश्विक महामारी से जूझ रहा है, लॉकडाउन होने की वजह से प्रवासी मजदूर-महिलायें और बच्चों-बुजुर्गों के ऊपर समस्याओं का पहाड़ टूट पड़ा है और उनके लिए भोजन, आवास, स्वास्थ्य सुरक्षा और यातायात के साधनों का संकट पैदा हो गया है साथ-ही-साथ ग्रामीण प्रवासी मजदूरों की वापसी में बहुत ही ज्यादा कठिनाई का सामना करना पड़ रहा है, प्रवासी मजदूर गाँवों में रहते हैं। गाँवों में निवास करने वाले मजदूरों का प्रमुख व्यवसाय कृषि है ग्रामीण लगभग छः महीने जीवन-यापन करने के लिए कृषि करते हैं, और बाकी के छः महीने बड़े-बड़े महानगरों, शहरों की ओर पलायन करते हैं कारखानों में, मिलों में, निमार्ण कार्य और कई व्यापार काम में मजदूरी करने जाते हैं। वर्तमान सन्दर्भ में जब पूरा विश्व कोरोना महामारी के संकट से जूझ रहा है तो प्रवासी मजदूरों के जीवन विशेष रूप से प्रभावित हुए हैं।

प्रस्तावना– भारत को गाँवों का देश कहा जाता है, क्योंकि भारत की अधिकांश जनसंख्या गाँवों में निवास करती है और ग्रामीण क्षेत्रों में रहने वाले लोगों को मुख्य व्यवसाय कृषि व मजदूरी है। गाँवों के अधिकतर लोग अपने पेट पालने के लिए महानगरों की ओर प्रस्थान-पलायन करते हैं अपने जीवन-यापन के साधन जुटाने के लिए महानगरों की ओर कूच करते हैं। ये प्रवासी मजदूर कहलाते हैं। किसी जनसंख्या या जन समूह के स्थान से दूसरे स्थान पर स्थानान्तरण को प्रवास कहा जाता है। वह ग्रामीण जन समूह जिनके पास कृषि हेतु जमीन उपलब्ध नहीं तथा उनके पास किसी भी प्रकार का श्रम या मजदूरी उपलब्ध नहीं होती है तो जन समूह प्रवास में भाग लेते हैं। जब किसी गाँव या प्रदेश से दूसरे राज्य में मानव समूह चला जाता है तो उसे प्रवासी की संज्ञा दी जाती है। उदाहरणार्थ– हमारे छत्तीसगढ़ राज्य के ग्रामीण जन समूह मजदूरी व जीवन-यापन हेतु प्रायः महाराष्ट्र, दिल्ली, उत्तर प्रदेश, मुम्बई आदि राज्यों को प्रस्थान कर जाते हैं चूँकि आज पूरा विश्व कोरोना नामक वैश्विक महामारी से जूझ रहा है ऐसी परिस्थितियों में प्रवासी मजदूरों की तरफ सबका ध्यान गया है, अभी तक ये छिपे हुए थे

और इतनी बड़ी जनसंख्या में प्रवासी मजदूर उभर कर सामने आ रहे हैं। प्रवासी शब्द कोविड-19 एवं लॉकडाउन के चलते अकादमिक डिस्कोर्स से उठकर प्रवासी मजदूर की परिचर्चा में शामिल हुआ। प्रवासी अन्तर्देशीय, अन्तर प्रान्तीय और एक ही प्रान्त में हो सकते हैं, आमतौर पर वे लोग अपने देश या प्रान्त/राज्य को छोड़कर रोजगार की तलाश में दूसरे प्रान्तों में जाकर रहते हैं।

प्रवासी मजदूर एवं उनकी समस्या– इस कोरोना काल में सबसे अधिक प्रभावित हुए हैं तो वह है 'प्रवासी मजदूर'। गरीब ग्रामीण मजदूर लोग काम की तलाश में मानसून के बाद अगस्त से लेकर मई महीनों तक कारखानों में निर्माण कार्य और कई व्यापार काम करने आते हैं जिनमें केरल और महाराष्ट्र से जैसे उत्तर प्रदेश, बिहार और ये राज्य महामारी के सबसे अधिक शिकार हुए हैं।

यहाँ कमाई कर ये प्रवासी मजदूर खाने की सुरक्षा के साथ कुछ पैसे जमा भी करते हैं जिससे वे खेती के कार्यों में इन रुपये को लगा सकें। और अब लॉकडाउन के समय अपने-अपने रोजगार से हाथ धो बैंठे प्रवासी मजदूर को अपने घरों, गाँवों को जाने में बहुत अधिक कठिनाइयों का सामना करना पड़ रहा है। प्रवासी मजदूरों के वापसी हेतु कुछ भी यातायात के साधन नहीं मिल पा रहा है। जिसके कारण उन्हें हजारों मीलों की यात्रा पैदल करनी पड़ रही है। इन मजदूरों के साथ महिलायें, बच्चे, बुज़ुर्ग आदि सभी लोगों को कठिनाइयाँ हो रही हैं।

वे लोग जो शहरों-नगरों में फँस गये हैं और घर वापस नहीं आ पा रहे हैं, उनके हाथ से काम भी छिन गया है, खाना और आवास की समस्या सामने आ खड़ी हुई है। आमतौर पर राशन कार्ड उनके पैतृक गाँव में होता है। कुछ प्रवासी मजदूर इन्हीं सभी समस्याओं के कारण ट्रक व ट्राली जैसे भारी वाहनों में आने पर मजबूर हो चुके हैं, खाने तथा पानी की समस्या भी सामने आ रही है। 15 मई से लेकर अब तक ऐसा कोई दिन या रात नहीं है जब मेरे इस इलाके में प्रवासी मजदूर न आ रहे हों उन सभी को क्वॉरेंटाइन सेंटर में रखा गया है। साथ-ही-साथ क्वॉरेंटाइन सेंटर में भी मजदूरों को अनेकों कठिनाइयों का सामना करना पड़ रहा है।

कोरोना वायरस से बचाव के लिए हाथ धोना अनिवार्य है लेकिन हाथ धोने के लिए वाश बेसिन में तीन-चार दिनों से पानी ही नहीं आ रहा है। और तो और मजदूरों के ऊपर सेनेटाइजर का छिड़काव किया गया जों अमानवीय कृत कार्य है। देश के अलग-अलग हिस्से से मजदूर आ रहे हैं, अम्बिकापुर, रायगढ़, झारखंड, उत्तर प्रदेश के अन्य इलाकों में मजदूरों को जाना है। लोग तीन-चार दिनों तक घर जाने के लिए बसों का इन्तजार करने पर मजबूर हैं प्रशासन की तरफ से बसों का परिचालन करने की कार्यवाही में लेट हो रही है इसका खामियाँ मजूदरों को भुगतना पड़ रहा है। बस स्टैंड, रेलवे स्टेशनों पर रहने को मजबूर हैं। रात में मच्छर इतने हैं कि वे सो नहीं पाते। कई मजदूर परिवार ऐसे

हैं कि जिनके पास ठीक से बिस्तर भी नहीं है। भीड़ अधिक होने के कारण कुछ लोगों को शौचालय के बाहर भी सोते देखा जा सकता है। श्रमिक स्पेशल ट्रेनों से आने वाले श्रमिकों के लिए भी प्रशासन ने लगभग कोई इन्तजाम नहीं कर सका, कुछ मजदूरों को खाना तक नहीं मिल पा रहा है। यहाँ पर सोशल डिस्टेसिंग और कोरोना वायरस से बचाव के उपाय करना बेहद जरूरी हो गया है। प्रवासी महिला मजदूर जो गर्भवती हैं उनकी कठिनाइयाँ और मजबूरी बहुत ही अधिक व दयनीय स्थिति है, कई महिला मजदूर ट्रेनों में बच्चे को जन्म दे रही हैं वहाँ और कई महिला मजदूर क्वॉरेंटाइन सेंटर में माँ बन रही हैं। ऐसी परिस्थितियों में महिला और नवजात शिशु की देखभाल एक कठिन समस्या और चुनौतियाँ साबित हो रही हैं। मेरे इलाके में अखबार में छपी खबर के अनुसार क्वॉरेंटाइन सेंटर में महिला मजदूर ने एक बेटे को जन्म दिया, वह अपने पति के साथ रोजी मजदूरी करने आगरा गयी थी उस समय गर्भवती थी। करोना संक्रमण शुरू हुआ तो वह आगरा में ही थी, रास्ते की कठिनाई और क्वॉरेंटाइन में बच्चे का जन्म प्रसव पीड़ा में कोई इन्तजाम नहीं। बेहद दयनीय स्थिति का सामना करना पड़ा, ऐसे ही कई और महिला मजदूर हैं जो इस स्थिति में हैं। हालाँकि कुछ सामाजिक संगठनों के द्वारा मजदूरों को भोजन, पानी, नाश्ता, चाय आदि दे रहे हैं, लेकिन अभी भी और व्यवस्था की जरूरत है। अधिकारियों की अनदेखी के चलते मजदूर अपने गाँव भी नहीं पहुँच पा रहे हैं, सीमा सील होने की वजह से सड़क में पेड़ के नीचे छोटे बच्चों को लेकर मजदूर महिला दिन-रात काट रही हैं, तथा महिला छोटे-छोटे बच्चों को लेकर चिलचिलाती धूप और भीषण गर्मी में लाइन लगाकर ब्रेड और खाने के सामान ले रही हैं। अलग-अलग राज्यों से आये मजदूर भूख मिटाने के लिए लम्बी कतार में लगे हैं जिन्हें खाना नसीब हो गया वह अपने को भाग्यशाली समझ ले रहा है।

निष्कर्ष– प्रवासी मजदूर की दयनीय स्थिति बदतर जीने के हालात, निम्नतर वेतन, शून्य सामाजिक सुरक्षा के बावजूद काम करने के लिए तैयार हो जाते हैं। अब उनकी वापसी हो रही है रेल पटरियों पर कटते, सड़क दुर्घटनाओं में मरते, भूख-प्यास, बीमारी से मरते आदि का चित्रण आजकल हमें टी.वी., समाचार-पत्रों पर देखने, पढ़ने को आसानी से मिल जा रहा है। पैदल चल रहे प्रवासी मजदूर भूख-प्यास से ग्रस्त पुलिस की लाठियों के शिकार पैरों में छाले के देखकर ऐसा लगता है कि कोरोना महामारी केवल श्रमिक-वर्ग पर अधिक अत्याचार कर रही है।

सन्दर्भ

प्रवासी मजदूर - सिद्धेश्वर प्रसाद शुक्ला।

प्रवासी का मतलब और पीड़ा - सिद्धेश्वर प्रसाद शुक्ला।

प्रवासी मजदूर पर आलेख- दैनिक भास्कर समाचार-पत्र।

39

कोरोना लॉकडाउन के कारण प्रवासी श्रमिकों की समस्या और समाधान

डॉ. महेंद्र कुमार उमर

परिचय

एक 'प्रवासी श्रमिक' वह व्यक्ति होता है जो या तो अपने देश के भीतर या इसके बाहर काम करने के लिए पलायन करता है। प्रवासी श्रमिक आमतौर पर उस देश या क्षेत्र में स्थायी रूप से रहने का इरादा नहीं रखते हैं जिसमें वे काम करते हैं।

अपने देश के बाहर काम करने वाले प्रवासी श्रमिकों को विदेशी श्रमिक भी कहा जाता है। उन्हें प्रवासी या अतिथि कार्यकर्ता भी कहा जा सकता है, खासकर जब उन्हें स्वदेश छोड़ने से पहले मेजबान देश में काम करने के लिए भेजा या आमन्त्रित किया गया हो।

2014 में अन्तरराष्ट्रीय श्रम संगठन का अनुमान था कि दुनिया-भर में 232 मिलियन अन्तरराष्ट्रीय प्रवासी थे जो कम से कम 12 महीनों के लिए अपने गृह देश से बाहर थे और उनमें से लगभग आधे आर्थिक रूप से सक्रिय होने का अनुमान लगाया गया था।

प्रवासी श्रमिकों की समस्यायें

बलात श्रम–अनियंत्रित प्रवासी श्रमिक कार्यस्थल की उत्पन्न समस्याओं की रिपोर्ट करने के लिए तैयार नहीं हो सकते हैं क्योंकि वे आव्रजन अधिकारियों को रिपोर्ट किये जाने या अपनी नौकरी खोने से डरते हैं और उन्हें लेने के लिए किसी अन्य नियोक्ता को खोजने में सक्षम नहीं हो रहे हैं। यह भय उन्हें यौन तथा शारीरिक हिंसा हेतु अत्यन्त सुभेद्य बनता है।

लाभ का अभाव–उन्हें अक्सर नकद भुगतान किया जाता है अतः प्रवासी श्रमिक पेन्शन और बीमा योजनाओं जैसे लाभ के लिए पात्र नहीं होते हैं। वे सरकार से बेरोजगारी, विकलांगता और सामाजिक सुरक्षा लाभों को भी नहीं प्राप्त कर पाते हैं। ब्रेक, ओवरटाइम, बीमार वेतन और न्यूनतम मजदूरी कानूनों का पालन नहीं किया जा

सकता है क्योंकि इन श्रमिकों के लिए कोई सहारा नहीं है।

खतरनाक स्थितियाँ–श्रमिकों को विषम परिस्थितियों में रखा जाता है, जो विशेष रूप से बच्चों के लिए खतरनाक हैं। यदि कंपनी अपने कर्मचारियों के लिए भोजन प्रदान करती है, तो यह अक्सर कम गुणवत्ता वाला होता है और बहुत पौष्टिक नहीं होता है। एक ही परिवार के रहने योग्य सुविधा में कई परिवारों के एक साथ रहने से, वर्षा, ओवन और शौचालय जैसी महत्त्वपूर्ण आवश्यकताओं की भी पूर्ति सुलभ नहीं रहती है। प्रवासी कामगार भी कठोर परिस्थितियों के अधीन होते हैं, जैसे कि बिना किसी ब्रेक के लंबे समय तक दुष्कर मौसम में काम करने हेतु विवश।

सांस्कृतिक मतभेद– नौकरी के स्थल से दूर रहने पर भी सांस्कृतिक मतभेद प्रवासी श्रमिकों के लिए समस्याएँ पेश करते हैं। स्थानीय निवासी क्षेत्र में उपलब्ध नौकरियों को लेने के लिए प्रवासी श्रमिकों को भेदभाव या नाराज कर सकते हैं। प्रवासी श्रमिक अक्सर अपने पड़ोसियों से अलग-थलग हो जाते हैं क्योंकि वे भाषा नहीं बोलते हैं और ज्यादातर जातीय दुकानों पर खरीददारी करते हैं। भाषा अवरोध भी कानूनी दस्तावेजों जैसे पट्टों और कर रूपों को समझना मुश्किल बना सकता है।

शैक्षिक मुद्दे–प्रवासी श्रमिकों के बच्चे अक्सर स्कूल को जा पाते हैं और अपने साथियों के पीछे हो जाते हैं क्योंकि उन्हें परिवार के बाकी सदस्यों के साथ काम करना पड़ता है। बाल-श्रम कानून आमतौर पर प्रवासी आबादी के बीच लागू नहीं होते हैं, इसलिए बच्चों के लिए कोई सुरक्षा नहीं है। यहाँ तक कि जब बच्चा कोई वास्तविक कार्य नहीं करता है, तो वह अपने माता-पिता के साथ नौकरी की जगह पर दिन बिता सकता है क्योंकि कोई उपलब्ध डे-केयर नहीं है। परिवारों को रोजगार के अनुसार चलना पड़ता है, जिससे बच्चों को स्कूल में रहना मुश्किल हो जाता है।

कानूनी ढाँचे में कमी–अन्तर-राज्य प्रवासी श्रमिक अधिनियम, 1979 के रूप में जाना जाने वाला एक कानून है, जिसका उद्देश्य प्रवासियों की सुरक्षा करना है। हालाँकि, यह अप्रचलित है और शायद ही कहीं लागू किया गया है। एक प्रभावी नीति तैयार करने में एक गंभीर बाधा मौसमी प्रवासन की घटनाओं पर विश्वसनीय डेटा की कमी है। जनगणना और एनएसएस जो नीति निर्माण पर महत्त्वपूर्ण प्रभाव डालते हैं, मौसमी और परिपत्र प्रवास पर कब्जा करने में असमर्थ हैं। प्रवासियों को बीपीएल सर्वेक्षण में भी छूटकर अन्य लाभ नहीं उठा पाते।

क्या करना चाहिए

कृषि को लाभगत व्यवसाय बनाना–अधिकतम श्रमिक कृषि के अलाभकारी हो जाने के कारण बाहर जाने हेतु बाध्य होते हैं अतः कृषि के लाभकारी बनने के उपरांत ऐसी यह समस्या कम होगी तथा उन्हें कृषि सम्बद्ध गतिविधियों के विषय में भी जानकारी

देनी चाहिए।

न्यूनतम फ्लोर लेवल इनकम की अवधारणा–प्रस्तावित श्रमिक संहिता में वर्णित न्यूनतम फ्लोर इनकम या मिनिमम वेज की अवधारणा को लाना होगा जिससे, क्षेत्रीय मजदूरी मूल्य के अन्तर को कम किया जा सके।

ग्रामीण आय को बढ़ाना–प्रधानमंत्री ग्राम सड़क योजना तथा मनरेगा जैसी योजनाओं को बढ़ावा देकर ग्रामीण आय को बढ़कर अनैक्षिक माइग्रेशन को रोकना चाहिए।

संवैधानिक अनुपालन–राज्य के नीतिनिर्देशक तत्त्वों में वर्णित, उद्योग के प्रबन्धन में कामगारों की भागीदारी विषयक प्रावधान को मूर्तरूप देना चाहिए जिससे श्रमिकों का जीवन स्तर सुधार हो सके।

कानूनी ढाँचा मजबूत करना–श्रम कानूनों को संहिताबद्ध कर उनके प्रभावी कार्यान्वयन को सुनिश्चित किया जाये।

सामाजिक सुरक्षा योजनायें–सरकार द्वारा श्रम योगी मान धन जैसी योजनाओं का समुचित उपयोग कर प्रवासी श्रमिकों की सामाजिक सुरक्षा को प्रबन्धित करना आवश्यक है, इसके साथ ही आवास योजनायें उनके जीवन-स्तर को बढ़ाने में सहायक होंगी।

आगे का रास्ता–भारत में आर्थिक विकास आज श्रम की गतिशीलता पर टिका है। प्रवासी श्रमिकों का राष्ट्रीय आय में योगदान बहुत बड़ा है, लेकिन उनकी सुरक्षा और कल्याण के बदले बहुत कम किया जाता है।

प्रवास को अधिक गरिमापूर्ण और पुरस्कृत अवसर में बदलने के लिए एक आसन्न आवश्यकता है। इसके बिना, विकास को समावेशी, सतत बनाना बहुत दूर का सपना होगा।

40

प्रवासी मजदूरों की समस्याओं एवं उनका योगदान एक परिदृश्य

बाबुलाल भूरा

भारत में देश की व्यवस्था के लिए मात्र सिरदर्द ही नहीं है, सम्भवतः शीघ्र ही यह समस्या समूची व्यवस्था का नासूर भी बनने जा रही है। अपने गाँवों से सैकड़ों किमी. दूर बैठा हुआ यह मजदूर देश के कर्णधार राजनीतिज्ञों की निर्णय क्षमता, संवेदनशीलता व समझ-बूझ हेतु चुनौती बन गया है। इतना तय है कि इस सन्दर्भ में जो भी निर्णय लिये जायेंगे उनकी आलोचना की बड़ी सरल गुंजाइश बनी ही रहेगी। देखना है कि किस प्रकार आलोचना की चिन्ता न करते हुए विभिन्न राज्यों के मुख्यमन्त्री व प्रधानमन्त्री जी कठोर निर्णय लेते हुए इस झंझावात से देश को बाहर निकालते हैं। राष्ट्रीय कार्यक्षमता की पूँजी इस श्रमिक-वर्ग को घर पहुँचाने के चक्कर में यदि देश में कहीं भी कोरोना का सामुदायिक संक्रमण (कम्यूनिटी स्प्रेड) फैला तो पूरा देश परस्पर "ब्लेम गेम" में उलझा दिखाई देगा। प्रवासी श्रमिकों के विषय में देश-भर के मुख्यमन्त्रियों के मध्य सामंजस्य तो छोड़िये, बड़ा टकराव दिख रहा है, इस स्थिति में यह समस्या देश को कोरोना के सामुदायिक फैलाव की विस्फोटक स्थिति में लाकर खड़ा कर सकती है।

पूरे देश में एक अहम् प्रश्न चल रहा है कि विभिन्न महानगरों में बसे प्रवासी मजदूरों को किस प्रकार उनके गृह राज्यों में वापिस भेजा जाये। कुछ राज्यों से हजारों बसों और दसियों रेलगाड़ी से मजदूर घर वापिस भेजें भी जा रहे हैं। श्रमिकों को घर भेजने की चिन्ता समयोचित है, किन्तु क्या यह भी सही नहीं है; कि इन्हें गाँवों में तत्काल रोजगार नहीं मिलेगा और आने वाले दिनों में जैसे ही लॉकडाउन खुलेगा वैसे ही ठप्प पड़े उत्पादन तन्त्र को सक्रिय करने हेतु इन्हीं मजदूरों की बड़ी आवश्यकता पड़ेगी। मजदूरों की यह आवश्यकता सामान्य समय से दोगुनी भी रह सकती है क्योंकि विभिन्न आवश्यक उत्पादों की समूची पाइप लाइन खाली पड़ी है। लॉकडाउन पूरा खुले या आंशिक, दोनों स्थितियों में इतना तय है कि केन्द्रीय शासन देश-भर की उत्पादन इकाइयों को चालू करने का लक्ष्य केन्द्रित प्रयास करेगा। इस स्थिति में घर पहुँच गये मजदूरों को वापिस महानगरों

में बुलाना तो बड़ा ही दुष्कर कार्य होगा।

देश में लगभग 12 या मोटरसाइकिल और एक मोबाइल रहता है। इनका यह पूरा सामान शौक या सुविधा के लिए नहीं अपितु रोजगार की जरूरतों के लिए खरीदा जाता है। इनमें से अधिकांश के पास जो स्मार्ट या सादा मोबाइल फोन है वही संकट की इस घड़ी में इनके लिए मानसिक सन्तुष्टि का कारण बन सकता है। सैकड़ों किमी. दूर गाँवों में बसे इनके रिश्ते-नातेदारों से यदि इनका जीवन्त सम्पर्क बना रहे और हाल-चाल, खैर-खबर लेना-देना होता रहे तो इस मानसिक सम्बल से इन प्रवासी श्रमिकों का जहाँ हैं वहीं बने रहना सम्भव हो सकता है। जिस प्रकार की इनकी स्थिति होती है उसमें यह स्पष्ट है कि इन्हें मोबाइल रिचार्ज कराने के लिए हाथ में नगदी लेकर रिचार्ज की दुकान तक चलकर जाना होता है तब ही इनका फोन रिचार्ज हो पाता है। न तो इन्हें फोन पर घर बैठे फोन रिचार्ज वाउचर उधार मिलता है और न ही ये लोग आनलाइन रिचार्ज करा सकते हैं। अब परिस्थिति यह है कि रिचार्ज की दुकानें बन्द हैं और यदि किसी समय में इन्हें खुली मिलती भी हैं तो इनके पास रिचार्ज कराने को छोड़िये खाने और बस की टिकिट के पैसे भी नहीं हैं। अब इस हाल में महामारी से उपजे संकट, भूख, बेरोजगारी व भय की दुःखद परिस्थितियों में अपनों से संवाद नहीं होना एक बड़ी मानसिक समस्या उत्पन्न करता है। अधिकांश मजदूर संवाद के अभाव में ही अपना-अपना स्थान छोड़ने को मजबूर हो रहे हैं अन्यथा ये वर्ष में एक-दो बार ही अपने गाँव-घर की ओर जाते हैं। यहाँ यह भी स्मरणीय है कि प्रवासी मजदूरों का एक बड़ा प्रतिशत अभी हाल ही में होली के समय अपने-अपने गाँव से लौटकर आया है। इन प्रवासी श्रमिकों के मनोवैज्ञानिकता को समझने हेतु एक यह भी विषय ध्यान में रखना चाहिए कि इनमें से लगभग पचास प्रतिशत अकेले ही नगरों में काम करने हेतु आते हैं और इनकी स्त्रियाँ-बच्चे गाँव पर ही रहते हैं। बहुत ही सीमित भौतिक आवश्यकताओं वाले इन अकेले पुरुष मजदूरों को शहरों में मात्र भोजन, शरण (शेल्टर) व रिचार्ज देकर आसानी से शहरों में रोका जा सकता है। यहाँ यह तथ्य भी प्रशासन को राहत पहुँचाने वाला है कि प्रवासी मजदूरों की इस बड़ी संख्या का 70% आयु-वर्ग 30 वर्ष से कम की आयु का है। इन नौजवानों को मूलभूत सुविधायें देकर अपने-अपने वर्तमान स्थानों पर रोके रखना कहीं अधिक सरल है, बजाय इन्हें बस रेल से इनके गाँव भेजने के। इन नौजवानों का जहाँ हैं वहीं बने रहना कम्यूनिटी स्प्रेड को रोककर राष्ट्र की एक बड़ी मदद कर सकता है।

नेशनल सैम्पल सर्वे के आँकड़े कहते हैं कि अपने यहाँ लगभग 326 मिलियन, यानी बत्तीस करोड़ साठ लाख इंटरनल माइग्रेंट्स लेबर हैं। इनमें से बड़ी संख्या सीजनल माइग्रेंट्स होते हैं जैसे चैतुए वगैरह, बड़ी संख्या इंट्रा डिस्ट्रिक्ट व इंट्रा डिस्ट्रिक्ट यानी आस-पास के जिलों में जाने वालों की होती है और शेष लगभग 12 करोड़ प्रवासी ऐसे होते हैं जो एक राज्य से दूसरे राज्य में मजदूरी करने जाते हैं। इंडियन इंस्टीट्यूट

ऑफ पॉपुलेशन साइन्स के अनुसार लेबर और माइग्रेशन पर काम करने वाली संस्था "आजीविका" इन आँकड़ों की पुष्टि करती है। आजीविका के अनुसार इसमें से 4 करोड़ श्रमिक भवन-निर्माण में, 2 करोड़ घरेलू कार्यों में, 1 करोड़ दस लाख टेक्सटाइल से, ईंट भट्टों पर 1 करोड़, और बाकी ट्रान्सपोर्ट खदानों और कृषि क्षेत्रों में कार्यरत हैं। एकोनामिक टाइम्स द्वारा प्रकाशित पिछली जनवरी की एक रिपोर्ट भी लगभग यही कहती है। इनमें सर्वाधिक प्रवासी मजदूर उत्तर प्रदेश, असम, ओड़िशा और बिहार से होते हैं। ड्राइविंग, डिलीवरी, सिक्योरिटी, हाउसकीपिंग के कार्यों में लगे इन मजदूरों का 40% बंगलुरू, 15% गुड़गाँव, 14% हैदराबाद, 12% दिल्ली, 6% मुम्बई, 4% चेन्नई और 4% नोएडा में रहता है। इस प्रकार इनकी योजना बनाने हेतु इन बड़े साधन-सम्पन्न नगरों हेतु बड़ा कष्टसाध्य तो है किन्तु असाध्य कतई नहीं है। और हाँ, इन्हें रेलों और बसों में भरकर गाँव भेजने की अपेक्षा बहुत कम सस्ता व सुविधाजनक भी है।

प्रवासी मजदूरों की इस समस्या की गम्भीरता को इससे भी समझा जा सकता है कि संयुक्त राष्ट्र के अन्तरराष्ट्रीय श्रम संगठन आई एल ओ ने भी इनकी वर्तमान हालात पर चेतावनी दी है। आई एल ओ ने अपनी रिपोर्ट "कोविड-19 और वैश्विक कामकाज" में कोरोना वायरस संकट को दूसरे विश्व युद्ध के बाद सबसे भयानक संकट बताया है। रिपोर्ट में कहा गया है, "भारत में अनौपचारिक अर्थव्यवस्था में काम करने वालों की हिस्सेदारी लगभग 90 प्रतिशत है, इसमें से करीब 40 करोड़ श्रमिकों के सामने गरीबी में फँसने का संकट है"। अपनी हाल ही में 18 मार्च को प्रकाशित एक अध्ययन रिपोर्ट ILO मानीटर संस्करण-2 में कहा है कि– "हमें तेजी से, निर्णायक रूप से और एक साथ आगे बढ़ना होगा। सही, जरूरी, उपाय, अस्तित्व और पतन के बीच अन्तर कर सकता है। यह द्वितीय विश्व युद्ध के बाद सबसे बड़ा व खराब वैश्विक संकट है। उन्होंने कहा, "आज हम जो विकल्प चुनते हैं, वह सीधे तौर पर इस संकट को प्रभावित करेगा और इससे अरबों लोगों का जीवन प्रभावित होगा। सही उपायों से हम इसके प्रभाव को सीमित कर सकते हैं और इसके निशान छोड़ सकते हैं। हमें बेहतर निर्माण करने का लक्ष्य रखना चाहिए ताकि हमारी नयी प्रणाली सुरक्षित, निष्पक्ष और उन लोगों की तुलना में अधिक टिकाऊ हो, जिन्होंने इस संकट को होने दिया। यह स्पष्ट है कि ऐसा सब कुछ होने देने हेतु इन प्रवासी मजदूरों का संवेदनशीलता से ध्यान रखना और इनका कार्यशील मानस बनाये रखना आवश्यक है। प्रवासी मजदूरों समस्याओं का योगदान भूमिक अन्तरराष्ट्रीय मजदूर दिवस लाखों मजदूरों के परिश्रम, दृढ़ निश्चय और निष्ठा का दिवस है। एक मजदूर देश के निर्माण में बहुमूल्य भूमिका निभाता है और उसका देश के विकास में अहम् योगदान होता है। किसी भी समाज, देश, संस्था और उद्योग में काम करने वाले श्रमिकों की अहम् भूमिका होती है। मजदूरों के बिना किसी भी औद्योगिक ढाँचे के खड़े होने की कल्पना नहीं की जा सकती। इसलिए श्रमिकों का समाज में

अपना ही एक स्थान है। लेकिन आज भी देश में मजदूरों के साथ अन्याय और उनका शोषण होता है। आज भारत देश में बेशक मजदूरों के 8 घंटे काम करने का सम्बन्धित कानून लागू हो लेकिन इसका पालन सिर्फ सरकारी कार्यालय ही करते हैं, बल्कि देश में अधिकतर प्राइवेट कम्पनियाँ या फैक्टरियाँ अब भी अपने यहाँ काम करने वालों से 12 घंटे तक काम कराते हैं जो कि एक प्रकार से मजदूरों का शोषण है। आज जरूरत है कि सरकार को इस दिशा में एक प्रभावी कानून बनाना चाहिए और उसका सख्ती से पालन कराना चाहिए। भारत में मजदूरों की मजदूरी के बारे में बात की जाये तो यह भी एक बहुत बड़ी समस्या है, आज भी देश में कम मजदूरी पर मजदूरों से काम कराया जाता है। यह भी मजदूरों का एक प्रकार से शोषण है। आज भी मजदूरों से फैक्ट्रियों या प्राइवेट कम्पनियों द्वारा पूरा काम लिया जाता है लेकिन उन्हें मजदूरी के नाम पर बहुत कम मजदूरी पकड़ा दी जाती है। जिससे मजदूरों को अपने परिवार का खर्चा चलाना मुश्किल हो जाता है। पैसों के अभाव में मजदूर के बच्चों को शिक्षा से वंचित रहना पड़ता है। भारत में अशिक्षा का एक कारण मजदूरों को कम मजदूरी दिया जाना भी है। आज भी देश में ऐसे मजदूर हैं जो 1500-2000 मासिक मजदूरी पर काम कर रहे हैं। यह एक प्रकार से मानवता का उपहास है। बेशक इसको लेकर देश में विभिन्न राज्य सरकारों ने न्यूनतम मजदूरी के नियम लागू किये हैं, लेकिन इन नियमों का खुलेआम उल्लंघन होता है और इस दिशा में सरकारों द्वारा भी कोई विशेष ध्यान नहीं दिया जाता और न ही कोई कार्यवाही की जाती है। आज जरूरत है कि इस महँगाई के समय में सरकारों को प्राइवेट कम्पनियों, फैक्ट्रियों और अन्य रोजगार देने वाले माध्यमों के लिए एक कानून बनाना चाहिए जिसमें मजदूरों की न्यूनतम मजदूरी तय की जानी चाहिए। मजदूरी इतनी होनी चाहिए कि जिससे मजदूर के परिवार को भूखा न रहना पड़े और न ही मजदूरों के बच्चों को शिक्षा से वंचित रहना पड़े।

आज भी हमारे भारत देश में लाखों लोगों से बँधुआ मजदूरी करायी जाती है। जब किसी व्यक्ति को बिना मजदूरी या नाममात्र पारिश्रमिक के मजदूरी करने के लिए बाध्य किया जाता है या ऐसी मजदूरी कराई जाती है तो वह बँधुआ मजदूरी कहलाती है। अगर देश में कहीं भी बँधुआ मजदूरी कराई जाती है तो वह सीधे-सीधे बँधुआ मजदूरी प्रणाली (उन्मूलन) अधिनियम 1976 का उल्लंघन होगा। यह कानून भारत के कमजोर वर्गों के आर्थिक और वास्तविक शोषण को रोकने के लिए बनाया गया था लेकिन आज भी जनसंख्या के कमजोर वर्गों के आर्थिक और वास्तविक शोषण को नहीं रोका जा सका है। आज भी देश में कमजोर वर्गों का बँधुआ मजदूरी के जरिए शोषण किया जाता है जो कि संविधान के अनुच्छेद 23 का पूर्णतः उल्लंघन है। संविधान की इस धारा के तहत भारत के प्रत्येक नागरिक को शोषण और अन्याय के खिलाफ अधिकार दिया गया है। लेकिन आज भी देश में कुछ पैसों या नाम मात्र के गेहूँ, चावल या अन्य खाने के सामान के लिए बँधुआ

मजदूरी करायी जाती है जो कि अमानवीय है। आज जरूरत है समाज और सरकार को मिलकर बँधुआ मजदूरी जैसी अमानवीयता को रोकने का सामूहिक प्रयास करना चाहिए।

आज भी देश में मजदूरी में लैंगिक भेदभाव आम बात है। फैक्ट्रियों में आज भी महिलाओं को पुरुषों के बराबर वेतन नहीं दिया जाता है। बेशक महिला या पुरुष फैक्ट्रियों में समान काम कर रहे हों, लेकिन बहुत-सी जगह आज भी महिलाओं को समान कार्य हेतु समान वेतन नहीं दिया जाता है। फैक्ट्रियों में महिलाओं से उनकी क्षमता से अधिक कार्य कराया जाता है। आज भी देश की बहुत सारी फैक्ट्रियों में महिलाओं के लिए पृथक शौचालय की व्यवस्था नहीं है। महिलाओं से भी 10-12 घंटे तक काम कराया जाता है। आज जरूरत है सभी उद्योगों को लैंगिक भेदभाव से बचना चाहिए और महिला श्रमिक से सम्बन्धित कानूनों का कड़ाई से पालन करना चाहिए। इसके साथ ही सभी राज्य सरकारों को महिला श्रमिक से सम्बन्धित कानूनों को कड़ाई से लागू करने के लिए सभी उद्योगों को निर्देशित करना चाहिए। अगर कोई इन कानूनों का उल्लंघन करे तो उसके खिलाफ कड़ी कार्यवाही करनी चाहिए।

आज भारत देश में छोटे-छोटे गरीब बच्चे स्कूल छोड़कर बाल-श्रम हेतु मजबूर हैं। बाल मजदूरी बच्चों के मानसिक, शारीरिक, आत्मिक, बौद्धिक एवं सामाजिक हितों को प्रभावित करती है। जो बच्चे बाल मजदूरी करते हैं, वो मानसिक रूप से अस्वस्थ रहते हैं और बाल मजदूरी उनके शारीरिक और बौद्धिक विकास में बाधक होती है। बालश्रम की समस्या बच्चों को उनके मौलिक अधिकारों से वंचित करती है जो कि संविधान के विरुद्ध है और मानवाधिकार का सबसे बड़ा उल्लंघन है। बाल-श्रम की समस्या भारत में ही नहीं दुनिया के कई देशों में एक विकट समस्या के रूप में विराजमान है जिसका समाधान खोजना जरूरी है। भारत में 1986 में बालश्रम निषेध और नियमन अधिनियम पारित हुआ। इस अधिनियम के अनुसार बालश्रम तकनीकी सलाहकार समिति नियुक्त की गयी। इस समिति की सिफारिश के अनुसार, खतरनाक उद्योगों में बच्चों की नियुक्ति निषिद्ध है। भारतीय संविधान के मौलिक अधिकारों में शोषण और अन्याय के विरुद्ध अनुच्छेद 23 और 24 को रखा गया है। अनुच्छेद 23 के अनुसार खतरनाक उद्योगों में बच्चों के रोजगार पर प्रतिबन्ध लगाता है। संविधान के अनुच्छेद 24 के अनुसार 14 साल से कम उम्र का कोई भी बच्चा किसी फैक्टरी या खदान में काम करने के लिए नियुक्त नहीं किया जायेगा और न ही किसी अन्य खतरनाक नियोजन में नियुक्त किया जायेगा। फैक्टरी कानून 1948 के तहत 14 वर्ष से कम उम्र के बच्चों के नियोजन को निषिद्ध करता है। 15 से 18 वर्ष तक के किशोर किसी फैक्टरी में तभी नियुक्त किये जा सकते हैं, जब उनके पास किसी अधिकृत चिकित्सक का फिटनेस प्रमाण पत्र हो।

इस कानून में 14 से 18 वर्ष तक के बच्चों के लिए हर दिन साढ़े चार घंटे की कार्यावधि तय की गयी है और रात में उनके काम करने पर प्रतिबंध लगाया गया है।

फिर भी इतने कड़े कानून होने के बाद भी बच्चों से होटलों, कारखानों, दुकानों इत्यादि में दिन-रात कार्य कराया जाता है और विभिन्न कानूनों का उल्लंघन किया जाता है जिससे मासूम बच्चों का बचपन पूर्ण रूप से प्रभावित होता है। बालश्रम की समस्या का समाधान तभी होगा जब हर बच्चे के पास उसका अधिकार पहुँच जायेगा। इसके लिए जो बच्चे अपने अधिकारों से वंचित हैं, उनके अधिकार उनको दिलाने के लिए समाज और देश को सामूहिक प्रयास करने होंगे। आज देश के प्रत्येक नागरिक को बाल मजदूरी का उन्मूलन करने की जरूरत है और देश के किसी भी हिस्से में कोई भी बच्चा बाल श्रमिक दिखे, तो देश के प्रत्येक नागरिक का कर्तव्य है कि वह बाल मजदूरी का विरोध करे। इसके साथ ही बड़ी उम्र के मजदूरों को कोई भी बाल मजदूर दिखे तो उन्हें खुद बाल मजदूरी रोकने ले लिए आगे आना चाहिए और बाल मजदूरी का विरोध करना चाहिए। अगर देश से बाल मजदूरी रुकेगी तो मजदूर दिवस मनाना भी तभी सार्थक होगा।

मजदूर दिवस के अवसर पर सम्पूर्ण राष्ट्र और समाज को राष्ट्र और समाज की प्रगति, समृद्धि तथा खुशहाली में दिये श्रमिकों के योगदान को नमन करना चाहिए। देश के उत्पादन में वृद्धि और अर्थव्यवस्था के क्षेत्र में अन्तरराष्ट्रीय स्तर पर जो उच्च मानक हासिल किये गये हैं वह हमारे श्रमिकों के अथक प्रयासों का ही नतीजा है। इसलिए राष्ट्र की प्रगति में अपने श्रमिकों की महत्त्वपूर्ण भूमिका को पहचानकर सभी देशवासियों को उसकी सराहना करनी चाहिए। इसके साथ ही मजदूर दिवस के अवसर पर देश के विकास और निर्माण में बहुमूल्य भूमिका निभाने वाले लाखों मजदूरों के कठिन परिश्रम, वह वर दृढ़ निश्चय और निष्ठा का सम्मान करना चाहिए और मजदूरों के हितों की रक्षा के लिए सम्पूर्ण राष्ट्र और समाज को सदैव तत्पर रहना चाहिए।

41

प्रवासी मजदूर की समस्या

डॉ. गुलाब चन्द पटेल

प्रवासी दो प्रकार के होते हैं। एक प्रवासी निश्चित समय में अपना प्रवास पूरा करने के बाद अपने घर लौट आता है। दूसरा है लम्बे समय तक प्रवासी बनकर किसी भी देश में, शहर में या फिर गाँव में लम्बे समय तक अपने रोजगार के लिए जाता है और फिर वही ठहर जाता है। विदेश जाते भारतीय भी मजदूर की व्याख्या में आते हैं। वे विदेश में रोजगार के लिए जाते हैं, वह जाकर मजदूरी करते हैं। अपने साथ अपने देश की संस्कृति भी ले जाते हैं। प्रवासी अच्छा साहित्य का सृजन भी करते हैं।

भारत में कोरोना वायरस की वजह से जो समस्या है वो बताने से पहले गाँधी जी दक्षिण अफ्रिका में थे तब मार्की का रोग फैला था, उसकी जानकारी देना चाहते हैं। दक्षिण अफ्रिका में भारतीय कुली के रूप में जाने जाते थे। यहाँ मजदूर झुग्गी-झोपड़ियों में बसते थे। यहाँ भी देखा जाये तो मुम्बई, दिल्ली, अहमदाबाद जैसे मेट्रो सिटी में झुग्गी-झोपड़ियों में मजदूर रहते हैं। एक ऐसी मान्यता थी कि शराब पीने से मार्की से बच सकते हैं। लोगों ने गाँधी जी को समझाया की शराब पियें, किन्तु इन्होंने अपनी माँ से प्रतिज्ञा ली थी शराब नहीं पियेंगे। शराब पीनेवाले 20 मजदूरों की मौत हो जाती है। जबकि गाँधी जी बच गये। तब से गाँधी जी को शराबबन्दी की दृढ़ता बढ़ी थी।

यहाँ भी देखा जाये तो लोग शराब पीते थे इन्हे कोरोना से ज्यादा नुकसान हुआ है। सरकार ने शराब की दुकानें, पान, बीड़ी, तम्बाकू की दुकानों पर रोक लगा दी थी।

भारत में मजदूरों की बात करें तो गुजरात में रोजगार के लिए लाखों मजदूर बिहार झारखंड, उत्तर प्रदेश, राजस्थान, छतीसगढ़ इत्यादि राज्यों से प्रवासी मजदूर आते हैं। उनकी दशा कोरोना की वजह से बहुत ही खराब हो गयी है। धन्धे-रोजगार बन्द पड़े हैं। सरकार ने लॉकडाउन करके सभी मजदूरों को जहाँ थे वहीं रुकने का आदेश दिया, कुछ दिनों तक सरकार और सामाजिक संगठनों ने उनके भोजन की व्यवस्था की, किन्तु लॉकडाउन लम्बा चलने से सरकार और सामाजिक संगठन में मदद की गति मंद हो गयी।

सरकार ने नियम में फेर-बदलाव किया, जिन्हें अपने गाँव जाना है वह मजदूर अपने

गाँव जा सकते हैं। किन्तु ट्रेन, बस सभी बन्द थे। सरकार ने ट्रेन और बसों की व्यवस्था की। यहाँ मजदूर रोजगार नहीं होने से और भुखमरी की वजह से अपने राज्य में जाने के लिए लाखों की संख्या में उमड़ पड़े, अव्यवस्था खड़ी हुई। लोग अपने बच्चे और थोड़ा-सा जरूरी समान लेकर पैदल भी निकल पड़े। 20 मजदूरों की तो रेल की पटरी पर मृत्यु हो गयी। पैदल जाते मजदूरों को देखकर दया आ जाये ऐसी दयनीय स्थिति थी। पैरों में चप्पल भी नहीं थी। उनके पैर देखे नहीं जा सकते थे।

प्रशासन ने देरी से निर्णय किया और मजदूरों को गाँव जाने के लिए उनकी व्यवस्था की गयी। किन्तु टिकट रखा गया। जिससे विपक्ष ने किराया देने की बात रखी। उनकी ओर से किराया दिया गया, बसों की फ्री व्यवस्था भी की गयी। मजदूरों को ठग लोगों ने ठगा भी सही। सरकार ने फ्री टिकट निकाला तो लोगों ने मजदूरों से पैसे भी वसूले। इन सबके बीच एक नेक इन्सान निकल आया, जिसने मज़दूरों की मदद करने में, इन्हें घर तक पहुँचने की खुद के पैसों से सुन्दर व्यवस्था की। इतना ही नहीं अपनी छह मंज़िला होटल, डॉक्टर्स, नर्स और पुलिस अफसरों के लिए ठहरने हेतु खोल दी। ये सिनेमा का हीरो पिक्चर में विलेन का अभिनय करता है किन्तु असल ज़िन्दगी में कुछ और ही है। सोनू सूद उनका नाम है, मीडिया की सुर्ख़ियों में भी रहे। कोरोना की वजह से लॉकडाउन से मजदूरों की हालत बहुत ही खराब हो गयी थी।

मजदूरों की चुनौतियाँ

कोरोना महामारी की वजह से सभी मजदूर अपने-अपने गाँव पहुँच गये हैं। किन्तु सवाल यह है कि कोरोना महामारी खत्म हो गयी क्या? धन्धे-रोजगार कब खुलेंगे यह बड़ी चुनौती खड़ी है। कब गाँव से शहर वापस लौटेंगे उसकी कोई गारंटी नहीं है। गाँव में क्या करेंगे, क्या खायेंगे वह भी समस्या है। गाँव में कहा रुकेंगे यह भी प्रश्न है।

सरकार के नियम भी एक चुनौती है। जो फैक्ट्रियाँ बन्द पड़ी हैं उसे कैसे शुरू किया जाय, शुरू करें तो मजदूर भी नहीं हैं, बिना मजदूर कोई काम नहीं हो सकता है। खेत मजदूरों की कमी बड़ी समस्या है। किसान खुद कितना काम कर सकते हैं? श्रम की समस्या खड़ी है।

जो मजदूर अपने गाँव चले गये हैं वह कब लौटेंगे उसका कोई अन्दाजा नहीं है। यदि वापस आ गये तो यहाँ रोजगार उपलब्ध होगा या नहीं वह भी बड़ी चुनौती है। मजदूरों के लिए बाबा साहब अम्बेडकर जी ने कानूनन संरक्षण दिया गया है। सप्ताह में एक दिन छुट्टी का प्रावधान भी किया गया है। किन्तु मजदूरों की स्थिति में कोई सुधार नहीं आया है। लोग उनका शोषण करते हैं। आज मजदूर बहुत ही परेशान है। रोज-रोज कमाकर खाने वाले मजदूरों की हालत बहुत ही खराब हुई है।

समाधान

मजदूरों की समस्याओं का समाधान सरकार को ही करना होगा। जब वह वापस आये तब इन्हें रोजगार उपलब्ध कराना होगा। मजदूरों के लिए रुकने के लिए आवास की व्यवस्था करनी होगी। अहमदाबाद में कपड़ा मिलें बहुत थीं, कपड़ा उद्योग बहुत ही विकसित था। मिल मजदूरों के लिए मिल-मालिकों ने झुग्गी-झोपड़ियों से अच्छी व्यवस्था की थी। आज भी अहमदाबाद में यह झुग्गी-झोपड़ियाँ नये रूप रंग में खड़ी हैं। जो फैक्ट्रियाँ बन्द पड़ी हैं इसे चालू करना होगा। कोरोना महामारी की वजह से मार्केट सब बन्द पड़े हैं। भारत में कोरोना की वजह से राष्ट्रीय आपत्ति ठहराया गया है। रास्ते सुनसान हैं। गुजरात में 16 मार्च, 2020 को लन्दन से सूरत आयी हुई लड़की में कोरोना के चिह्न दिखाई दिये। 16 मार्च को कोरोना गुजरात में घुसा है। कोरोना से बचने के लिए भारत के प्रधानमन्त्री श्री नरेन्द्र मोदी जी ने जनता कर्फ़्यू 22 मार्च को लगाने की अपील की थी और लोगों ने जनता कर्फ़्यू पर अच्छा अमल किया था। 23 मार्च को 70 करोड़ लोग लॉकडाउन में थे। दिनांक 7 अप्रैल, 2020 को गुजरात में सम्पूर्ण तालाबन्दी लगायी गयी थी। कोरोना से बचाने हेतु यह कदम उठाये गये थे। गुजरात में गरीब और प्रवासी मजदूरों को फ्री में 60 लाख लोगों को राशन दिया है। सरकार ने ट्रेन और बस से मजदूरों से पैसे वसूलने की बात की तो सुप्रीम कोर्ट ने रोक लगायी है, इनसे किराया न वसूला और राज्य सरकार उस किराया की भरपायी करे ऐसे आदेश दिये गये हैं।

प्रवासी भारतीय दिवस पहली बार 2003 में भारत में मनाया गया था, जिस के बाद हर साल मनाया जा रहा है। 9 जनवरी को प्रवासी भारतीय दिवस के रूप में मनाया जा रहा है, भारत देश के जो लोग विदेश में जाकर बस रहे उन्हें प्रवासी भारतीय कहा जाता है। प्रवासी मजदूर की बात करें तो जिनका राशन कार्ड नहीं है, शहर के नागरिक नहीं हैं, उच्च एवं मध्यम वर्गीय समूह में जो फ्लैटों में या कोठियों में रहते हैं, बिहार में प्रवासी मजदूरों के लिए क्वारेंटाइन बन्द कर दिया है। करीबन 20 लाख मजदूर बिहार जा पहुँचे हैं। बिहार में 12251 क्वारेंटाइन ब्लॉक हैं। जिस में 1331266 लोग रहे हैं और उनमें से 744474 लोग अपना क्वारेंटाइन पूरा करके अपने घर चले गये हैं। दूसरे राज्यों से लौट रहे मजदूरों के लिए ‘क’ और ‘ख’ श्रेणी बनायी गयी है।

कोरोना संकट में दूसरे राज्यों में मजदूर फँसे थे उन लोगों को विशेष ट्रेनों से सरकार ने इन्हें अपने-अपने गाँव भेजने की व्यवस्था की है। लाखों की तादात (संख्या) में प्रवासी मजदूर अपने-अपने गाँव लौट गये हैं।

पश्चिम बंगाल में ममता बनर्जी ने अपने प्रवासी मजदूर जहाँ रह रहे हैं, फँसे हैं उन्हें एक साथ बुलाना नहीं चाहती हैं। कॉंग्रेस की सोनिया गाँधी ने प्रवासी मजदूरों को अपने गाँव तक पहुँचाने के लिए किराया देने की बात कही थी और बसों की भी व्यवस्था की

गयी थी। एक जानकारी के मुताबिक गुजरात में विशेष ट्रेनों से मजदूरों को झारखंड आदि परदेशों में पहुँचाने के लिए 715 रुपए टिकट के पैसे वसूले थे। दस सालों से गुजरात के सूरत शहर में काम कर रहे मजदूरों के पास टिकट के पैसे नहीं होने से मजदूरों ने अपने गाँव से पैसे मँगवाये थे। राजस्थान सरकार ने विशेष ट्रेन से फ्री में मजदूरों को अपने-अपने गाँव तक पहुँचाया है। रेलवे को पैसे सरकार ने जमा किये हैं। कुल 1433 श्रमिक ट्रेनों से एक राज्य से दूसरे राज्य में 19 लाख लोगों को पहुँचाया गया है।

महाराष्ट्र और गुजरात से गये मजदूरों में सबसे ज्यादा लोग कोरोना पॉज़िटिव पाये गये हैं। बिहार में क्वारेंटाइन में से 3692 लोग पॉज़िटिव निकले हैं। कुछ राज्य सरकार श्रम कानून निलम्बित करने पर विचार कर रहे हैं, ताकि बड़े उद्योगों की मदद कर सकें पर यही कानून है जो मजदूरों के हितों की रक्षा करता है।

लॉकडाउन की वजह से मजदूर लोग बेरोजगार हो गये हैं। अपने-अपने गाँव चले गये हुए मजदूर वह भी क्या कम करेंगे, कहा रुकेंगे, क्या खायेंगे वह भी बड़ी समस्या है।

कोरोना वायरस के विश्व में 63,81,260 केस सामने आये हैं, 3,81,309 लोगों की मृत्यु हो गयी है। दक्षिण और पूर्व एशिया में भारत में कोरोना वायरस संक्रमण के मामले में सबसे आगे है। भारत, पाकिस्तान, अफ़ग़ानिस्तान, चीन, सिंगापुर, इन्डोनेशिआ, जापान और दक्षिण कोरिया देश हैं। बिहार में 20 लाख मजदूर अपने राज्य बिहार में चले गये हैं। उनकी बड़ी समस्या है, उनका क्या होगा?

रेलवे पटरी पर कटते हुए, सड़क दुर्घटना में मरते हुए इन प्रवासी मजदूरों का चित्रण कौन समाजशास्त्री, अर्थशास्त्री साहित्यकार या मीडिया कर पायेगा? प्रवासी मजदूर शब्द कोविद-19 की वजह से लॉकडाउन चलने से अकादिमक डिस्कोर्स से उठकर लोक परिचर्चा में शामिल हुआ है। प्रवासी मजदूर अन्तर देशीय, अन्तर प्रान्तीय और एक ही प्रान्त में हो सकते हैं। आम तौर पर वे लोग जो अपने देश या प्रान्त रोजगार की तलाश में छोड़ते हैं दूसरे प्रान्त या प्रदेश में जाकर बसते हैं। इन्हें प्रवासी मजदूर कहा जाता है, प्रवासी और रेफ़्यूजी में काफी अन्तर है।

अमरीका में, कनाडा में केब ड्राइवर, या ढाबा पर काम करते लोग, निर्माण भवन में काम करते लोग, सब्जीवाले, रिक्शावाले, और अन्य काम करने वाले लोग प्रवासी मजदूर कहलाते हैं। जहाँ काम करते हैं उसी शहर की नागरिकता ले लेते हैं। सभी लोग मारीशस, फ़िजी, सूरीनाम, के गिरमिटिया प्रवासी मजदूरों के बारे में पढ़ते हैं। परन्तु जिस व्यक्ति को एक स्थान से उठाकर दूसरे स्थान पर बसा देना इसे प्रवासी नहीं माना जाता है। ये माइग्रेशन माना जा रहा है। प्रवासी मजदूर की इस श्रेणी का विकास भारत में जनसंख्या विस्फोट, कृषि अर्थव्यवस्था में सामन्तशाही एवं जातिवाद शोषण, एवं चकबन्दी प्रथा के अलावा तथा असमान विकास (विभिन्न क्षेत्रों में) के लिए चलने में सम्भव हो पाया है।

ग्रामीण अर्थव्यवस्था में सामन्ती, भूपति, अमलदारशाही गठजोड़ एवं उस पर आधारित राजनीति ने दलितों आदिवासियों, अति पिछड़ी जाति के लोग, गरीबों को प्रवासी मजदूर बनने को मजबूर किया गया है। ज़्यादातर प्रवासी मजदूर अनस्किल्ड, असंगठित क्षेत्र के विशाल समन्दर में शामिल हुए हैं, आमतौर पर रोज कमाकर खाओ वाली परिस्थिति का निर्माण हुआ है, 50 दिवस के लॉकडाउन में एवं सामाजिक दूरी इन प्रवासी मजदूरों के लिए आफत साबित हुई है।

भारत में सामन्तवाद से पूँजीवादी संक्रमणों पर बहुत ही कम ठोस कदम उठाए गये है। स्टेट ऑफ वर्ल्ड पॉप्यूलेशन की रिपोर्ट के अनुसार दुनिया में आधी आबादी शहरों में बसने लगी है। भारत की जनसंख्या में 2011 के अनुसार प्रवासी मजदूरों की संख्या 30 मिलियन है, ज़्यादातर मजदूर उत्तर प्रदेश, बिहार, झारखंड, बंगाल, राजस्थान, मध्य प्रदेश, आंध्र प्रदेश, महाराष्ट्र, से प्रवासी मजदूर केरल या गुजरात जाते हैं। सरकार ने और लोगों ने मजदूरों का शोषण किया है। जब तक बेइन्तिहा शोषण की जंजीरें हटें, वह वापस न आये यही वह प्रवासी मजदूरों के लिए बेहतर होगा।

42

Problems of Migrant Workers During Lockdown in India

Dr. Shivang Kumar Prabhudas Jalsanwala

Introduction About India's Migrants Workers

Living and working conditions of an average Indian migrant, despite their substantial numbers, often fall well below the standards of decent work and there is little political commitment to improving them. Formal contracts are non-existent and working and living conditions are determined by contractors rather than the welfare state. According to the Census of 2011, there were 139 million interstate migrants (who moved for all manner of reasons ranging from education to marriage, not just employment). According to the International Labour Organization, there are between 20 and 90 million domestic workers in India and many are migrants. Women's work is often unrecognized, and even more so if one is a migrant (another reason for the underestimation of women's circular migration is the failure to go beyond the primary reason for movement, which is marriage, and recognize that many work after marriage).The data reconfirm the dominance of Uttar Pradesh and Bihar as well as other Hindi-speaking states as main source states, while Maharashtra, Delhi, Gujarat, Uttar Pradesh and Haryana absorbed half of the migrants. Even in some districts which record the highest migration rates in the country, the number of interstate female migrants is suspiciously low. Take the case of South Delhi, which, according to the census, has 1.1 million interstate migrants but only around 27, 000 female migrants who stated their main reason for migration as work/employment. This is most certainly an underestimate. Here is still a major gap in that these data simply do not or cannot count circular migrants (who move short-term mainly for employment-related reasons) because of complex subcontracting practices and placement by recruitment agents such as dalals and thekedars, where migrant workers never appear on the books of employers. Data on circular migration of women for work are particularly weak because they are often in less visible forms of work or occupations such as household maids.

Migrant Workers vs Lockdown Situation in India

Millions of migrant workers left jobless by India's coronavirus lockdown, Swain was left penniless and facing starvation and could only afford the 1,700 km. trip back to Odisha after his family wired him money. Countless workers in India have walked thousands of miles home after losing their jobs, many dying in accidents along the way, and the ordeal has made them reluctant to return to work despite India easing restrictions to reboot industrial activity. About 80% of these migrant workers are men who send their earnings back to their villages to support their families. Reports compiled by aid workers show that more than half of the stranded workers who contacted them in distress during the lockdown were out of food and money, with nearly four of five not paid by their employers. About 13% of 17,000 migrants in contact with the volunteers of Stranded Workers Action Network, a collective of relief workers, said they would seek work in their home towns in the future. In the melee of millions of homebound migrants are construction workers, gem polishers, masons and skilled artisans who deftly stitched sequins on garments – specific skills that made migrant workers essential to several key industries. Although informally employed, their skills oil supply chains feeding domestic and global markets and their earnings support rural communities, with economists warning their reluctance to return could mean labour shortages that hit the Indian economy. Aware of their dependence on migrant workers, many industries and state governments are now grappling to find ways to lure back workers or to train local residents in the often-skilled work conducted by this travelling army of employees. India's government, also aware of the magnitude of the problem, this month said it would spend 35 billion rupees on food for migrant workers and offer them jobs in their villages under a rural employment scheme. "The government is concerned about migrant workers," India's Finance Minister Nirmala Sitharaman told reporters. Trade union leaders and campaigners said delivery of aid and jobs will be patchy in the world's second-most populous country of 1.3 billion people, and industries would have to grapple with a labour shortage, at least for the next few months. Migrants are an often invisible group in the population, never factored into urban planning nor included in the city's population, and rarely counted for either in their villages. There are estimates on their population but no official statistics, with no central registry of migrant workers despite passing legislation 40 years ago to establish such a database. Migrant workers typically return home for festivals or during the harvest season. But this time around, many have returned home to stay. India has announced a slew of measures to regularise employments of migrant workers, from offering universal minimum daily wages over Rs. 200 to starting a process to get all inter-state migrant workers registered so they can get aid. Labour economists mapping the migrant workers' journeys said workers will be reluctant to undertake long-distance trips again despite industries and trade unions predicting that a lack of jobs back home would eventually force many to return.

Problems of Migrant Workers during Lockdown in India

The end of lockdown will likely start a new phase of problems for migrant workers, as labour exploitation may rise significantly in the pockets where there is an oversupply of workers. The soon-expected end of coronavirus-led lockdown may not be the end of troubles for many, especially labourers and migrant workers. The end of lockdown will likely start a new phase of problems for them, as labour exploitation may rise significantly in the pockets where there is an oversupply of workers, even as the industry seeks to dismiss the idea of such a situation arising. The exploitation of the labour class may rise after the lockdown is lifted, as more and more people try to regain their jobs and financial health, making an oversupply in the market, experts said. "In a post lockdown world, there are going to be work deficit zones and work surplus regions. In the work surplus areas, the situation will be grim as there is going to be an abundance of returning workers with relatively higher skills, and thus the exploitation could commence, "Gayathri Vasudevan, Executive Chairperson and Co-Founder, Labour Net Services, told Financial Express Online. Older problems such as forced labour and exploitation are likely to show cascading effects in the time to come as another concern is that more than 90 percent of labourers in India are in the informal sector and are casually employed, being unprotected by any law. Arising as a threat from the same situation, the burden of forced labour may get further heavier and the workers may have to work overtime for which there is hardly any perk. "Things are going to get worse after the lockdown is lifted. As the people are already desperate to get wages, work, or means of livelihood, chances of exploitation increase," Trinanjan Radhakrishnan, project co-ordinator, Oxfam India, told Financial Express Online. Even earlier, the workers were working for 12 hours instead of 8, now they will be working for 16-18 hours, that too, under adverse circumstances, he added. While organisations working with labourers and workers raise concerns about the possibility of exploitation after the lockdown, the industry, on the other hand, says this is very unlikely if the rule book is followed. "With the calibrated restart of production across geographies based on zoning basis, the green zone being the first to start off, demand for labour will gradually return to almost normalcy and while it won't be entirely normal, from the labour perspective, things will start moving, " Niranjan Hiranandani, President, Assocham, told Financial Express Online. The exploitation of labour is something that India Inc. does not want and one hopes that the unorganised sector will also follow trends of the organised segment, he added. Meanwhile, there is also a silver lining around the cloud of grim employment situations. Worker conditions will likely improve in the work-deficit pockets where there is not enough labour available. Several cities and industrial estates will become work deficit, as the migrant workers who form a large majority of the workforce in these areas will go back to their home towns and areas.

Here companies and employers will be more worker-focused and thus the workers' welfare measures such as food, transport, stay, etc., will gain precedence and the wages may also rise in the fear of losing workforce, said Gayathri Vasudevan, who is a former project officer at the International Labour Organisation. Further, Assocham added that the industry at any given point of the time faces some shortage of skilled workers and thus once the lockdown is lifted, a lot of the labour force would have to be incentivised to get back to work. The mass exodus of migrants from our cities has raised concerns over an impending economic crisis : What will happen to industries that are dependent on them for labour? While this articulation can be leveraged to bring attention to the plight of migrant workers, who have thus far been rendered invisible in our cities, such an economic focus could eclipse the needs of vulnerable groups who are not 'economically productive'. Children of migrant families are one such vulnerable group. Tthere has been a limited assessment or understanding of the implications that the COVID-19 lockdown has had on them. We present the case of three groups of children—

those left behind, those who migrate with their parents, and those engaged in employment—that are likely to be most affected by the ongoing crisis. The first group consists of children left behind in the villages by parent(s) who undertake employment elsewhere. They are dependent on remittances sent back home. This money is critical to their food security and to support healthcare expenditure. While there is no estimation on the number of children left behind, a guiding proxy is that approximately 10% of rural households in India receive remittances. In several parts of the country, remittances are the primary source of income for the sustenance of families. The reduction or elimination of parents' wages will have immediate effects on food intake and health outcomes of children. The second group are those children who migrate with their parents. In several parts of the country, migrant households undertake seasonal or short duration migration. This type of migration is more common among Scheduled Tribe and Scheduled Caste groups belonging to central and western India. Parents migrate with their children, especially when they are young and in need of extended care. Often, older children are also brought along to care for the younger ones. Usually engaged in the construction sector, brick kilns and agriculture sectors, these household members work together and are paid as a family unit. Studies have shown that migrant children experience poor nutritional and health outcomes as a result of poor conditions at their parents' workplace.

A large majority of migrant families hail from arid regions of the country, where agriculture is unviable, especially in summer. Under such circumstances, nutritional insecurity is likely to be the immediate risk in the villages for migrants and their families. Nutritional insecurity is known to cause negative health impacts in the short as well as long-term. The Anganwadi centres in villages must extend their services to all households, even those who have not registered because they migrated. Similarly, states must ensure the continuance of other health services such as immunisation and maternal healthcare needs to all households. The COVID-19 pandemic is an extraordinary emergency, which requires extraordinary measures to safeguard the interests of children. While direct cash transfers and other stimulus packages aim to reduce the economic stress experienced by families, it must be noted that the second and third groups of children discussed in the piece are likely to encounter several other forms of risks that will have long-lasting impacts on their health and overall well-being. As thousands of families remain stranded in various parts of the country, any travel advisories issued henceforth must prioritise families with children and ensure safe transport back home. Though the pandemic is a first of its kind, similar scenarios have arisen at the time of other disasters. Post-disaster work in Odisha has shown that the mental and physical health of children need equal attention. Relief camps, labour colonies and transit camps at state borders, as well as quarantine facilities arranged at the block or panchayat level must arrange safe and child-friendly shelters that provide nutritious food, water and sanitation facilities for families. These spaces must respond to the psychosocial needs of children and adolescents, specifically those who are alone as they run the risk of abuse and exploitation.

Sources

1. en.wikipedia.org
2. www.nationalherladindia.com
3. IndianNewspapers

43

कोरोना वायरस, कोविड-19, के प्रभाव से प्रवासी मजदूरों पर प्रभाव का अध्ययन

प्रभुदयाल यादव

प्रस्तावना

प्रवासी वह है जो दूर-दराज राज्यों/देशों में काम के लिए बस चुके हैं उन्हें प्रवासी कहते हैं पुरुष और महिला हो सकते हैं। अशिक्षित, अर्द्धशिक्षित, अर्द्धकुशल मजदूर होते है, वह मजदूर देश और राज्यों के निर्माण में अहम् भूमिका निभाते हैं, 2011 की जनगणना के हिसाब से कामगारों की संख्या 48.2 करोड़ है। अनुमान है कि 2016 में यह संख्या 50 करोड़ से अधिक हो गयी होगी और इस समय उससे भी अधिक। इस समय कोरोना वायरस कोविड-19 के लॉकडाउन के दौरान भारत के गरीब और मजदूर-वर्ग पर मार पड़ी है पिछले कुछ दिनों में जिस तरह देश में मजदूर पलायन करते देखे गये वो इस देश की जमीनी हकीकत को दर्शाता है, दूर फँसे मजदूरों की जीवन गाथा बहुत बुरी हो चुकी है, लॉकडाउन के प्रभाव से कई मजदूर अपने घरों से सैकड़ों किलोमीटर दूर अपने गाँव में घरों की ओर पैदल निकल पड़े। लोगों में से कितनों ने सफर के बीच ही अपना दम तोड़ दिया, इसकी कोई आधिकारिक संख्या तो उपलब्ध नहीं है, पर विभिन्न रिपोर्ट कम-से-कम 300 मौतों की आशंका जताती है। यह आँकड़ा इससे की ज्यादा हो सकता है। कुछ डरे, भूखे और हताश ये प्रवासी श्रमिक खुद को अपनी सरकारों की ओर से पूरी तरह बदहाल छोड़ दिये महसूस कर रहे हैं।

मजदूरों को पैदल चलते लोगों के हुजूम का दृश्य दुनिया-भर में देखा गया। उनके पास कई दिनों की अपनी यात्रा के लिए खाने का पर्याप्त सामान भी नहीं है। अधिकतम को बीच में ही रोक लिया जाता है और उन्हें शिविरों में रखा जा रहा है। कई राज्यों में तो मजदूरों को प्रशासन के पुलिसवाले उधेड़ रहे थे तो दूसरी ओर औरंगाबाद में प्रवासी मजदूर कड़कती धूप में भूखे, प्यासे चलते थक के चूर होकर रेल की पटरी पर सो गये जिससे की ट्रेन के नीचे कुचल जाने से 16 मजदूरों की मौत हो गयी, इस दुर्घटना के दृश्य सोशल मीडिया में साझा किये जा रहे थे।

कोरोना वायरस के लॉकडाउन ने छीन ली मजदूरों की दो पल की रोटी– राशन को तरसते मजदूर इस सर्वे के अनुसार 42 फीसदी मजदूरों ने बताया कि आजीविका पर बड़ा प्रभाव पड़ा है। 3196 निर्माण श्रमिकों पर किये गये सर्वे में यह पता चला है कि लॉकडाउन के चलते 92.5 फीसदी मजदूर एक से तीन सप्ताह तक अपना काम खो चुके हैं। 42 फीसदी मजदूरों ने बताया कि उनके आगे के दिनों के लिए राशन नहीं बचा है अगर लॉकडाउन को आगे बढ़ाया गया तो 66 फीसदी मजदूर एक सप्ताह तक ही घर का भरण-पोषण कर पायेंगे दूसरा उनके पास कोई साधन भी नहीं है।

एक-तिहाई मजदूर लॉकडाउन के चलते अभी भी शहरों में फँसे हैं जहाँ उन्हें खाने-पीने और धन की भारी कमी का सामना करना पड़ रहा है। कोरोना से पहले ही भूख से ही मर जायेंगे। वहीं करीब आधे प्रवासी मजदूर पहले ही गाँवों को जा चुके हैं जिससे काफी समय के पश्चात वहाँ भी खाने-पीने की सामग्री खत्म हो रही है।

कर्ज से दबे मजदूर– करीबन 2655 मजदूरों का कहना है कि उनके पास रोजगार लायक काम ही नहीं है।

1527 मजदूरों ने बताया कि वो अपने गाँव लौटने की स्थिति में ही हैं। जबकि 2582 मजदूरों के घरों में राशन खत्म हो चुका है। इनमें से 78 लोग ऐसे हैं जो अपने बच्चों की पढ़ाई का भार भी नहीं उठा सकते हैं। वहीं 483 लोग बीमारी का शिकार हैं जबकि इस बीच मात्र 11 लोगों ने माना की उन्हें लॉकडाउन में किसी तरह भी परेशानी का सामना नहीं करना पड़ा है।

पारिवारिक बोझ से दबे मजदूर– 55 फीसदी मजदूरों ने करीब चार व्यक्ति के परिवार को चलाया है, अपने परिवार के लिए इन मजदूरों के प्रति 200 से 400 रुपया कमाये हैं जबकि अन्य 39 फीसदी मजदूरों ने 400 से 600 रुपये प्रति दिन कमाये हैं। यानी इन मजदूरों की अधिकांश न्यूनतम मजदूरी अधिनियम दायरे से भी नीचे कमाई की है। जबकि दिल्ली जैसे बड़े शहरों में जहाँ मैट्रो चलती है वहाँ निर्धारित न्यूनतम मजदूरी कुशल-692 रुपये अर्ध-कुशल-629 रुपये अकुशल-571 रुपये है, बहुत से गरीब मजदूरों ने लॉकडाउन के चलते जमापूँजी को खर्च करना पड़ रहा है। उन्हें मालूम है कि वे फिर से ये पैसे नहीं कमा पायेंगे, कम-से-कम निकट भविष्य में तो नहीं।

अर्थशास्त्री ज्याँद्रेज ने एक साक्षात्कार में कहा, अधिकतर उपाय लॉकडाउन के बाद प्रभावी होंगे और लोगों तक आपातकालीन राहत नहीं पहुँचायी जाती तो लाखों लोग भूख से मर जायेंगे। उसी तरह गृह राज्य पहुँचे श्रमिकों के स्वास्थ्य परीक्षणी पर भी ध्यान नहीं दिया जिससे ग्रामीण इलाकों में भी बीमारी के फैलने का खतरा है। मध्यप्रदेश और यूपी में फैले बुन्देलखंड इलाके में ही अब तक करीब छह लाख श्रमिकों के वापस आने का अनुमान है। राज्यों की सरकार ने केन्द्र की सरकार की आलोचना की। ग्रामीण भारत में कोविड-19 के प्रसार को रोकने के लिए दिहाड़ी मजदूरों की अपनी-अपनी जगह

पर बने रहने को प्रोत्साहित करने के लिए पर्याप्त उपाय नहीं करने के कारण मानते हैं।

रोटी, कपड़ा और मकान बेचारे गरीब मजदूरों के पास आज भी इसका अभाव– कोरोना वायरस के खिलाफ लड़ाई में देश-भर में चल रहा लॉकडाउन पूर्ण रूप से सफल नहीं होता दिख रहा है तो इसके लिए कहीं-ना-कहीं सरकारें भी जिम्मेदार हैं क्योंकि ऐसा बड़ा निर्णय लेने से पहले पर्याप्त तैयारियाँ नहीं की गयी थीं। जिस तरह प्रवासी मजदूर महानगरों से अपना बोरिया-बिस्तर समेटकर निकल पड़े हैं वह दर्शा रहा है कि इन गरीबों की तब तक कोई नहीं सुनता जब तक कि यह एकदम बेहाल नहीं हो जायें। जरा महानगरों की क्रूरता देखिये– जिन बड़ी-बड़ी बिल्डिंग, विशाल कारखानों, भवन-मन्दिरों, मस्जिदों, गिरजाघरों, गुरुद्वारा, सड़कों, रेल की पटरी, जहाजों, मेट्रो रेल, को अंजाम देने वाले ऐसे शक्स को जरूरत पड़ने पर भी वहाँ इन्हें किसी भी कोने में सिर छिपाने की जगह नहीं मिलती है। वहीं जिन महानगरों में गरीब मजदूर रिक्शा चलाकर, ई-रिक्शा चलाकर या सब्जी का ठेला लगाकर लोगों की रोजमर्रा की जिदन्गी को आसान बनाते हैं उस महानगर के लोग जरूरत पड़ने पर इन गरीबों के कभी काम नहीं आते। महानगरों के इन चमचमाती गाड़ियों वाले यह महानुभाव जिनमें सत्ता में बैठे नेता और अधिकारी भी शामिल हैं, वह अगली गली या मोहल्ले तक जाने के लिए भी चारपहिया वाहनों का इस्तेमाल करते हैं लेकिन उन्हें इन बेचारे गरीब मजदूरों का कष्ट नहीं दिखा जिसमें अपना सारा सामान पीठ पर लादकर और छोटे-छोटे बच्चों को गोद में लेकर पत्नी और परिवार सहित लोग अपने गृह राज्यों की ओर निकल पड़े हैं।

जब तक सरकारें चेततीं तब तक यह बेचारे मजदूर कई किलोमीटर का सफर पैदल ही तय कर चुके थे। महानगरों में बहुत से सम्भ्रान्त लोग रहते हैं क्या यह उनका कर्तव्य नहीं था कि इन मजदूरों की यह बेहाली देखकर वह स्थानीय प्रशासन से मंजूरी लेकर निजी तौर पर बसों का खर्चा उठाने को आगे आते। अगर मजदूर नहीं होंगे तो कारखाने, गली में बेचने आने वाले मिलेंगे क्या! इसके अलावा यह मजदूर तबका जो अपने गृह राज्यों को लौटा है वहाँ की अर्थव्यवस्था पर इससे और बुरा प्रभाव पड़ेगा। एक तो उस प्रदेश के रोजगार के अवसरों पर आबादी का और दबाव बढ़ेगा, दूसरा संसाधनों के बँटवारे में भी इस राज्य सरकारों को दिक्कतें पेश आयेगी।

शब्दकुंजी– लॉक डाउन में पारिवारिक, बच्चों की शिक्षा, कर्ज में डूबे मजदूर, अशिक्षित, अर्द्धशिक्षित, अर्द्धकुशल मजदूर इत्यादि।

अध्ययन के उद्देश्य

1. वर्तमान में मजदूरों के स्तर को ऊपर उठाने के लिए प्रशासन को ठोस कदम, नियम, उनको जानना, परिस्थितियाँ और व्यावसायिक की स्पर्शता का अध्ययन।
2. प्रस्तुत शोध का मुख्य उद्देश्य प्रवासी मजदूरों के प्रभावों की स्थिति का अध्ययन करना।

3. ग्रामीणों और गरीब मजदूरों की आय से सम्बन्धित मुद्दों और प्रतिक्रियाओं के बारे में अध्ययन करना।
4. प्रतिक्रियाओं के आधार पर किये गये संवेक्षण से जनसमूह को मजदूर की स्थितियों का अध्ययन करना।

निष्कर्ष

अन्तरराष्ट्रीय स्तर पर भारत जैसे विकासशील देशों में प्रवासी मजदूरों की समस्या को सही रूप में समझने तथा उसके अनुकूल समाधानों को स्वीकृति करने के लिए निरन्तर प्रयास करना होगा। राष्ट्रीय स्तर पर मजदूरों के उत्पादित साधनों और भागीदारी व्यवसायों की पूरी तरह समझना पड़ेगा जिससे मजदूर के निवासरत की आजीविका के साधनों में बढ़ोत्तरी करने की पहल करनी होगी। प्रवासी मजदूरों को सहानुभूति और बराबरी का दर्जा देना चाहिए जिससे वह अपने कार्य के दौरान फक्र (गर्व) महसूस कर सके।

सुझाव

1. सरकार को कोरोना जैसी महामारी के चलते कोई फंड के अलावा बेरोजगार हो गये ऐसे मजदूरों की सहायता के लिए भी कोई फंड बनाना चाहिए।
2. ऐसे कदम उठाये जाने चाहिए जिससे मजदूरों को बिना क्षति पहुँचाये सतत विकास की ओर अग्रसर हो।
3. प्रवासी मजदूरों की आर्थिक विकास के अन्त:सम्बन्धों को नये सिरे से परिभाषित करने की आवश्यकता है।
4. महामारी के दौरान मजदूरों की स्थिति के विसंगतियों को दूर करने के लिए आर्थिक स्तर पर मूलभूत संरचनात्मक बदलाव करने होंगे।
5. ग्रामीणों व शहरों में रह रहे गरीब मजदूर की अर्थव्यवस्था और आय से सम्बन्धित नवीनीकरण से जुड़े कार्यक्रम को बढ़ावा देने की जरूरत है।
6. महामारी के दौरान वैश्विक संस्थाओं में मजदूरों के सहयोग और निवेश को भी मजबूत किया जाना आवश्यक है।

सन्दर्भ

1. भारत में सामाजिक परिवर्तन, गोयल, सुनील, गोयल संगीत, आर.बी.एस.एच.ए. पब्लिकेशन, जयपुर।
2. आदिवासी के बीच, तलवार, वीर भारत, भारतीय ज्ञानपीठ दिल्ली, 2008।
3. आदिवासी और किसान के विस्थापन, गुप्ता रमणिका, राधाकृष्ण प्रकाशन, नयी दिल्ली, 2008।
4. पठार का कोहरा, सिंह कुमार, राकेश, भारतीय ज्ञानपीठ दिल्ली, 2003।
5. ग्लोबल गाँव के देवता और किसान, रणेन्द्र, भारतीय ज्ञानपीठ दिल्ली, 2009।

44

प्रवासी मजदूरों की समस्या, चुनौतियाँ और समाधान

अंजना बलोदी

"उनकी गैर मौजूदगी में मंजिल हमेशा दूर है,
जो आपके ख्वाबों को पूरा करे वो मजदूर है।"

जी हाँ! सही कहा किसी ने हमारे लिए घर बनाने वाला स्वयं सड़कों में सोता है। हमारी सारी छोटी-छोटी और बड़ी-से-बड़ी आवश्यकताओं को पूर्ण रूप देने वाला ये श्रमिक ही है जो आज 2020 कोरोना के इस दौर में बड़ा मुद्दा बनकर उभरा है...... प्रवासी मजदूर। किन्हें कहा जाता है प्रवासी मजदूर? "प्रवासी मजदूर विषय" कोविड-19 एवं लॉकडाउन के चलते हमारी किताबों व साहित्य से उठकर आम जनता तक चर्चा का विषय बन गया है। प्रवासी अन्तर्देशीय, अन्तरप्रान्तीय और एक ही प्रान्त में हो सकते हैं। आमतौर पर वे लोग जो अपने देश या प्रान्त से अपने जीवन-निर्वाह करने हेतु कार्य करने के लिए बाहर निकलते हैं उन्हें आज प्रवासी मजदूर कह दिया जाता है। प्रवासी यूँ तो वे होते हैं जो दूसरे किसी देश की यात्रा करते हों परन्तु आज की स्थिति ने एक नया दृष्टिकोण अपना लिया है जिसे प्रवासी कहा जाने लगा है। प्रवासी एवं रिफ्यूजी में फर्क इतना है कि प्रवासी जन अपनी इच्छा से लोकतान्त्रिक प्रक्रियाओं का इस्तेमाल करते हुए दूसरे क्षेत्रों में जाते हैं जबकि रिफ्यूजी युद्ध या किसी विषम परिस्थिति के कारण। हालाँकि इस वर्ष के 24 मार्च के बाद से युद्ध-स्तर जैसी स्थिति ही बन गयी है। आज ये प्रवासी कहे जाने वाले मजदूर भी उतनी ही विषम परिस्थितियों में शहरों से जा रहे हैं जितने युद्धों या आन्तरिक युद्धों के चलते रिफ्यूजी होते हैं। सम्भवत: यही कारण है कि प्रवासी बदतर जीने के हालात, निम्नतर वेतन, नगण्य सेवा-शर्तों, शून्य सामाजिक सुरक्षा के बावजूद काम करने के लिए तैयार हो जाते हैं। भोजपुरी के शेक्सपियर कहे जाने वाले भिखारी ठाकुर के नाटक 'बिदेसिया' में एक प्रवासी मजदूर जिसे 'बिदेसी' नाम दिया गया है, उसकी पत्नी 'प्यारी सुन्दरी' अपने गाँव (देस) में पति के लिए परेशान होकर कहती है– अपने 'देस' लौटकर आया 'बिदेसिया'। दरअसल प्रवासी मजदूर की

इस श्रेणी का विकास भारत में बढ़ती जनसंख्या के, कृषि अर्थव्यवस्था में लगातार होने वाले भयानक संकट, कृषि क्षेत्र के प्रति अनुदार, ग्रामीण अर्थव्यवस्था में सामंती एवं जातिवादी शोषण, भूमि सुधार परियोजनाएँ जैसी परेशानियों के चलते ग्रामीण स्वयं को असुरक्षित समझकर पलायन करने लगते हैं और शहरों में आकर कुछ भी कार्य करने के लिए मजबूर हो जाते हैं।

आज ऐसे प्रवासी मजदूर की पीड़ा अत्यन्त चिन्तनशील है। आज उसकी पीड़ा को समझने और समझाने के लिए कोई भी समाजशास्त्र, मीडिया या राजनीतिज्ञ क्या समझ पायेगा! यदि हम इनकी समस्याओं के बीज को जानें तो वो अशिक्षा ही नजर आती है यदि हर गाँव में विद्यालय हों या शिक्षा का उचित प्रबन्ध हो तो क्या इनके जीवन के साथ कोई खिलवाड़ कर सकता है। शिक्षित व्यक्ति ही सही-गलत को भली-भाँति समझ सकता है अन्यथा किसी एक के समझदार होने पर भी उसकी आवाज को दबा दिया जाता है। सारी कुरीतियों का जन्म ही अशिक्षा है। वहीं से इनके जीवन में समस्याओं का पहाड़ खड़ा होने लगता है। किसी भी साधारण व्यक्ति की भूख उसे सब कुछ करने के लिए मजबूर कर देती है वो इस जीविका का उपार्जन करने के लिए घर से निकल पड़ता है और तब आरम्भ होता है चुनौतियों भरा जीवन।

आज की स्पष्ट परिस्थिति हम देख सकते हैं कि महामारी ने इन प्रवासी मजदूरों के समक्ष कई जटिल चुनौतियाँ सामने रख दी हैं। आज पहली बार श्रम-शक्ति की कठिनाइयाँ और उनसे जुड़ी राज्य-सम्बन्धी मुश्किलें और पेंचीदगियाँ भी खुलकर सामने दिखने लगीं। (एक साथ बड़े पैमाने पर प्रवासी मजदूरों का अपने घरों को लौटने के असाधारण फैसले के जवाब में राज्य सरकारों और केन्द्र सरकार के पास कोई ठोस कार्यवाही या राहत प्लान नहीं दिखा, जिससे समय रहते हालात सामान्य हो पाते। प्रवासी मजदूरों के बीच जान बचाने और अपने घरों को लौट जाने की देशव्यापी दहशत के बीच सरकारों की मशीनरी भी असहाय-सी दिखी। गुजरात, पंजाब और तमिलनाडु जैसे राज्य भले ही विकास के कई पैमानों पर अव्वल राज्यों में आते हों लेकिन अपने-अपने घरों को बेतहाशा लौटते मजदूरों को रोके रखने के उपाय करने में वे भी पीछे ही रहे। हालाँकि ये भी एक सच्चाई है कि भारत में प्रवासी मजदूरों की स्थिति विभिन्न राज्यों के असमान विकास के साथ जुड़ी हुई है। मजदूरों की मनोदशा के अलावा उन्हें काम देने वाले उद्यमों की जरूरत को भी समझने की जरूरत है। सच्चाई ये भी है कि सरकारें सहानुभूति दिखा सकती हैं लेकिन खर्च वही कर सकती हैं जो उनके पास है। राज्यों को इस तरह का विकास करने की जरूरत है कि उनके पास जरूरी कुशल मजदूर रहें, उन्हें उचित मजदूरी मिले और मजदूरों का कल्याण भी हो।)[1] मजदूर अपनी अकेले की नहीं अपितु परिवार की भी समस्याओं को भी झेलता हुआ चलते जाता है। जिस दिन इनको रहने-खाने की सुविधा होगी उस दिन ये अपने बच्चों के उज्ज्वल भविष्य के बारे में भी

सोच सकते हैं। हम ऐसा नहीं कह सकते कि आजादी के बाद से इनके साथ अन्याय ही हुआ है, कुछ गिने-चुने वर्ग ने भी इन्हें ऊपर उठाने का कार्य भी किया है। दूसरी बड़ी चुनौती है लोगों को काम से जोड़ने की जिसके लिए यदि सुधार न किया गया तो आने वाले समय में संकट आ सकता है। (राष्ट्रीय सैम्पल सर्वे कार्यालय के आँकड़ों के मुताबिक भारत में श्रम-शक्ति भागीदारी दर करीब आधा रह गयी है यानी पहली बार ऐसा हुआ है कि 15 साल से ऊपर काम करने वाली भारत की आधी आबादी, किसी भी आर्थिक गतिविधि में योगदान नहीं दे पा रही है। दिसम्बर 2019 में श्रम-शक्ति भागीदारी दर गिरकर 49.3 प्रतिशत हो गयी। 2018 में ये 49.4 प्रतिशत आँकी गयी थी। इस साल मार्च में भारत की आबादी एक अरब 31 करोड़ से ज्यादा हो गयी है और सेंटर फॉर मॉनिटरिंग इंडियन इकोनमी (सीएमआईई) के ताजा आंकड़ों के मुताबिक अप्रैल माह तक भारत में बेरोजगारी की दर 27 प्रतिशत की डरावनी ऊँचाई पर जा चुकी है।)[2]

दूसरी बड़ी चुनौती है रोजगार और आर्थिक सुरक्षा की। हमारे देश में माइग्रेशन करने वालों में कई श्रमिक ऐसे हैं जिनकी रोजी-रोटी प्रतिदिन की आय पर ही निर्भर करती है जैसे प्रेसवाला, धोबी, घरेलू नौकर, कारीगर (हर क्षेत्र का) कारखानों में काम करने वाले, हथकरघा, बुनाई आदि-आदि। ऐसे कई मजदूर आज अपने गाँव लौट चुके हैं। भय और जीविका की असुरक्षता ने उन्हें यहाँ से चले जाने के लिए मजबूर कर दिया। इनकी आय की सुनिश्चितता न होने से इन्हें आज नहीं तो कल वापस आना ही पड़ेगा क्योंकि इनका भरण-पोषण नहीं इसीलिए इन्हें यहाँ-वहाँ जाना पड़ा। भारत में केवल 17% कामगार ही ऐसी हैं जिनके नियोक्ता हैं अन्यथा केवल अपने बलबूते पर लगे श्रमिक हैं। आज ऐसी परिस्थिति में ये एक विकट समस्या बनकर खड़ी होगी कि इन्हें पुन: उन्हीं संघर्षों से गुजरना पड़ेगा जो वो पहले भी भुगत चुके हैं। असंगठित मजदूरों के रोजगार की समस्या भविष्य में समाज के सभी वर्ग के लिए चुनौती साबित होगी।

पलायन से आये मजदूर एक चुनौती ही हैं क्योंकि इनके भरण-पोषण और ग्रामीण जीवन में अन्धविश्वास की भावना इनके संकट को और अधिक बढ़ा देती है। ग्रामीण जन-जीवन अपने ही तौर-तरीकों से जीवन-यापन करते हैं, ऐसे में बरसों पहले पलायन किये हुए लोगों से उनका तालमेल सही नहीं बैठ पाता तो उन्हें संवेदनात्मक दर्द देता है। जैसे इस समय एक उदाहरण के तौर पर आँकड़ों के अनुसार (इ.टी.दि 28.5.20 के अनुसार–आबादी के हिसाब से देश के सबसे बड़े राज्य उत्तर प्रदेश में प्रवासी मजदूरों की वजह से गाँव में भी कोरोना संक्रमण तेजी से फैल रहा है पिछले 24 घंटे में यूपी के ग्रामीण इलाके में कोरोना के 261 मरीज मिले हैं। राज्य में अब तक कोरोना से 6983 लोग संक्रमित हुए हैं, इनमें 1820 प्रवासी मजदूर हैं।) अब ऐसे में दोष किसे दिया जायेगा? बिहार के मुजफ्फरपुर रेलवे स्टेशन पर भीषण गरमी के कारण एक महिला ने

दम तोड़ दिया और उसका छोटा-सा बच्चा अपनी मृत माँ के ऊपर ओढ़ाये गये कफ़न को हटाकर जगाने की कोशिश कर रहा था।

अब प्रश्न यह उठता है कि लॉकडाउन के बाद क्या इन प्रवासियों की ससम्मान वापसी होगी। इन मजदूरों की संख्या चाहे छितरी-बितरी हो पर देश का यह एक ऐसा सामाजिक समूह है जिनके बिना देश की अर्थव्यवस्था पूर्ण हो ही नहीं सकती। ये श्रमिक देश को समृद्ध बनाने की नींव हैं जिसके आधार पर ही आर्थिक ढाँचा तैयार होता है। ऐसे समाज के हित के लिए सोचना केवल राजनीतिज्ञों का ही काम नहीं अपितु प्रत्येक नागरिक का है। आज उत्तर प्रदेश में सीएम योगी जी प्रवासी मजदूरों को लेकर सक्रिय दिख रहे हैं। राजनीतिज्ञ हो या सामाजिक कार्यकर्ता, सभी इनके लिए चिन्तित हैं। (राज्य के अपर मुख्य सचिव अवनीश अवस्थी के मुताबिक, "सीएम योगी आदित्यनाथ ने अधिकारियों को निर्देश दिये हैं कि 'वापस आये सभी श्रमिकों का अनिवार्य रूप से स्वास्थ्य परीक्षण किया जाये और 14 दिनों तक क्वारंटीन में रखने और स्वस्थ होने के बाद ही उनके घर जाने दिया।' कई राज्य सरकारें श्रम कानून निलम्बित करने पर विचार कर रही हैं ताकि बड़े उद्योगों की मदद हो सके। पर यही वो कानून हैं जो मजदूरों के हितों की रक्षा करते हैं।)[2] सरकार की ओर से कई ऐसे नये प्रयास किये जा रहे हैं जिससे प्रतीत होता है, आने वाला कल हमारे श्रमिकों के हित में होगा क्योंकि बातें तो वो सदियों से सुनते आये हैं आज उन पर अमल करने का समय है। जैसा कहा है कि शिक्षा सर्वप्रथम आधार है तो उसके लिए आवश्यक है आय की सुनिश्चितता। इसी तथ्य को सामने रखकर कुछ अधिनियम बनाये गये जैसे–(अन्तरराज्यीय प्रवासी मजदूर अधिनियम 1979–पहला कानून है अन्तरराज्यीय प्रवासी मजदूर अधिनियम जो 1979 में बनाया गया और दूसरा स्ट्रीट वेंडर्स एक्ट जो साल 2004 में बना। सबसे पहले बात करते हैं अन्तरराज्यीय प्रवासी मजदूर अधिनियम की। फर्ज कीजिये कि अगर कोई कम्पनी या फैक्ट्री दूसरे राज्यों से आये मजदूरों को काम पर रखती है और ऐसे मजदूरों की तादाद 5 से या उससे ज्यादा है तो ये अधिनियम उस कम्पनी या फैक्ट्री पर लागू होगा। स्ट्रीट वेंडर्स एक्ट 2014 इस कानून के तहत सड़कों पर दुकान लगाने वाले जिन्हें स्ट्रीट वेंडर्स कहते हैं। उन्हें इसका लाइसेन्स दिया जायेगा ताकि उनका रिकार्ड सरकार के पास हो। जिसमें वेंडर का नाम, पता और वेंडिंग की जगह होती है। इस नियम के तहत ये सुनिश्चित किया जाता है कि उन्हें कोई परेशान न करे। हालाँकि हकीकत ये है कि देश में जितने लाइसेन्सी स्ट्रीट वेंडर्स हैं उससे कई गुना ज्यादा तादाद में गैर-लाइसेन्सी स्ट्रीट वेंडर्स हैं जो दूसरे राज्यों से आये हुए हैं और पुलिस के रहमो-करम या कहें उन्हें खुश कर यहाँ-वहाँ अपनी दुकान लगाते हैं। ऐसे लोगों का सरकार के पास कोई रिकार्ड नहीं। यदि इन मजदूरों के लिए तुरन्त 'रोटी-कपड़ा-मकान' जैसी बेसिक सुविधा न भी हो तो एक ऐसा अध्यादेश लाकर हर राज्य में प्रवासी मजदूरों के

लिए वैधानिक रेग्यूलेटरी नियामक संस्थान बनायी जा सकती है, जो केवल उनके हितों का ध्यान रखे।[3] यदि विदेशी नीति देखें तो {भारतीय ठेका व्यवस्था (गुलामी की जगह कर्ज के बदले बँधुआ मजदूरी का एक रूप) के कारण पैंतीस लाख भारतीय विभिन्न यूरोपीय देशों में गन्ने की खेती के लिए गिरमिटिया मजदूरों के रूप में गये थे। उन्हें बहुत कम मजदूरी दी जाती थी और अनुबन्ध में करार का उल्लंघन करने पर दो महीने की कैद या पाँच डॉलर जुर्माने का प्रावधान था। धोखेबाजी से काम कराना आम बात थी, क्योंकि बागान मालिक अक्सर उनके यात्रा दस्तावेज जब्त कर लेते थे और घरवापसी के विचार को त्यागकर उन्हें जबरन मजदूरी करने के लिए बाध्य करते थे। यदि मजदूर काम नहीं करते, तो उन्हें मजदूरी या खाना नहीं दिया जाता था और वे अभावों से जूझते रहते थे। प्रधानमन्त्री मोदी हाल ही में संयुक्त अरब अमीरात की यात्रा से लौटे हैं। ऐसे में यह जरूरी है कि खाड़ी देशों में ऐसी अशोभनीय परिस्थितियों से जूझ रहे भारतीय मजदूरों की समस्याओं पर रोशनी डाली जाये। हमें हमारे अन्तरराष्ट्रीय प्रवासी मजदूरों के स्तर को बेहतर ढंग से समझने की जरूरत है। अन्तरराष्ट्रीय प्रवास से सम्बन्धित उचित सूचना तन्त्र, बेहतर निगरानी व्यवस्था और प्रबन्धन विकसित करने की जरूरत है। भारतीय दूतावासों में प्रवासी मजदूरों द्वारा प्रवेश पंजीयन अनिवार्य बनाने से बाहर जाने वाले प्रवासियों से सम्बन्धित आँकड़े की गुणवत्ता बढ़ेगी। भारत को सऊदी अरब, कुवैत, लेबनान और संयुक्त अरब अमीरात की सरकार के साथ अपनी कूटनीतिक क्षमता और प्रभाव का उपयोग करना चाहिए, ताकि वे मानक श्रम रक्षक कानूनों का विस्तार करें, वैसे आप्रवासन कानून में बदलाव करें, जो श्रमिकों को नियोक्ता बदलने में मुश्किलें खड़ी करते हैं और उत्पीड़न का शिकार होने वाले श्रमिकों के लिए मुआवजा सुनिश्चित करें।}[4] उसी प्रकार से देश की भी व्यवस्था होगी तो एक स्वच्छ और मजबूत राष्ट्र का निर्माण हो सकता है क्योंकि पूँजीपति को भी मजबूत बनाने का काम भी यही वर्ग करता है।

अत: प्रवासी मजदूर हमारे देश का वो सैनिक है जो अपने परिवार की जीविका हेतु कई मीलों दूर निकल पड़ता है। उस श्रमिक से अर्थव्यवस्था भी मजबूत बनी रहती है और ये ग्रामीण अर्थव्यवस्था आर्थिक रूपी रीढ़ की हड्डी का काम करती है। ऐसे उपेक्षित सैनिक रूपी मजदूर के लिए देश का कार्यभार सँभालने वाला, प्रत्येक नागरिक और समाज का पहला कर्तव्य है इनके मौलिक अधिकारों को जीवित रखा जाये। इन प्रवासी मजदूरों को अपनी कर्मभूमि ही अपना घर लगे, आपदा आने पर उन्हें यूँ ना भागना पड़े। श्रम कानूनों में परिवर्तन की आवश्यकता है। बिहार की राजनीति में तो आज यह निर्णायक स्तम्भ साबित हो सकता है। ऐसा प्रतीत होता है आने वाला सुनहरा कल हमारे श्रमिकों, प्रवासी मजदूरों का ही होगा। अन्त में किसी ने बड़ा ही अच्छा कहा है–किस्मत से चाहे हो मजबूर, सपनों के आसमान में वो जीता है। उम्मीदों के आँगन को सींचता, दो वक्त

की रोटी खाने के लिए स्वाभिमान को नहीं बेचता, श्रम कर नव-निर्माण को सींचता। थक के मेहनत से जो चूर हूँ, हाँ मैं मजदूर हूँ...... मैं मजदूर हूँ।

सधन्यवाद

3 जून, 2020

सन्दर्भ

1. ब्लॉग–शिवप्रसाद जोशी 6.5.20।
2. बी.बी.सी. न्यूज 12.5.20।
3. आज तक–15 मई, 2020।
4. अमर उजाला–1 सितम्बर, 2015।

45

भारत में प्रवास का स्वरूप एवं कारण : ऐतिहासिक अध्ययन

अशोक कुमार

सार

प्रवासियों एवं भारतीय मूल विदेश में पीढ़ियों से रहने वाले के लिए अँग्रेजी में इस्तेमाल किया जाने वाला शब्द 'डायस्पोरा' मूलत: ग्रीक शब्द है। जिसका अर्थ प्रसार अथवा प्रकीर्णन है। डायस्पोरा शब्द का विच्छेद करने पर दो शब्द बनते हैं–डाया क्षेत्र में (और स्पिएरो बोना)। अर्थात इस शब्द का प्रतीकात्मक प्रयोग बीजों के प्रसार से सम्बन्धित है। डायस्पोरा शब्द का सबसे पहला प्रयोग ओल्डटेस्टामेंट में यहूदी लोगों के सन्दर्भ में मिलता है। सामाजिक, राजनीतिक, सांस्कृतिक तथा अन्य कई कारणों से यहूदियों को अपने मूल स्थान को छोड़कर दूर-दूर के देशों में जाकर बसना पड़ा था। दूर-दूर तक फैले हुए यहूदियों को अपनी सभ्यता-संस्कृति एवं जड़ों से जुड़ाव का द्योतक था 'डायस्पोरा' शब्द। अब इस शब्द का इस्तेमाल आमतौर पर उन लोगों के लिए भी किया जाता है जो अपना देश छोड़कर दूसरे देशों में स्थायी रूप से बस गये हैं मगर अपनी पहचान के बारे में जानते हैं और उस देश के साथ विभिन्न स्तरों पर सम्बन्ध रखते हैं।

लोक में प्रवासी शब्द का प्रयोग 'परदेशी' तथा 'विदेशिया' के अर्थ में होता है। जिसमें कोई व्यक्ति अपनी आर्थिक जरूरतों को पूरा करने के उद्देश्य से अपना घर गाँव को छोड़कर अन्यत्र चला जाता है और मूल स्थान से उसका जुड़ाव बना रहता है। अर्थात् परदेशी होने के लिए देश छोड़ने की शर्त अनिवार्य नहीं होती। उत्तर-प्रदेश, बिहार के लोग पहले कलकत्ता में रोजी-रोटी की तलाश में जाया करते थे। कालान्तर में देश के अन्य हिस्सों में भी जाने लगे हैं। भिखारी ठाकुर के लोक-नाटक विदेशिया में इस तरह के देश के आन्तरिक भाग में प्रवास का चित्रण मिलता है जिसमें बिहार के ग्रामीण अपनी आजीविका के लिए कलकत्ता पलायन करते थे। चूँकि गाँव से उनका सम्पर्क साल-दो साल के लिए कट जाता था इसलिए गाँव के लोग उन्हें परदेसी कहते थे।

'प्रवासी' शब्द का प्रयोग उस व्यक्ति के लिए भी होता है जो अपना पैतृक स्थान

छोड़कर अपने देश की सीमा के अन्तर्गत ही कहीं अन्यत्र रोजी-रोटी, शिक्षा आदि के लिए गया हो। यथा दिल्ली में अन्य राज्यों से आये मजदूरों, विद्यार्थियों को भी प्रवासी मजदूर, प्रवासी छात्र आदि का सम्बोधन किया जाता है। बिहार, पूर्वी उत्तर प्रदेश के इन मजदूरों को जो हरियाणा, पंजाब में किसी निश्चित समय के लिए मजदूरी करने जाते हैं को भी प्रवासी मजदूर कहा जाता है। इन मजदूरों के जीवन को आधार बनाकर अरविन्द मोहन ने सर्वेक्षणात्मक शोध किया है जो पुस्तक रूप में प्रकाशित है। इस किताब में अरविन्द मोहन उन मजदूरों के लिए जो उत्तर प्रदेश, बिहार से हरियाणा, पंजाब में रहकर शारीरिक श्रम करते हैं को प्रवासी मजदूर की संज्ञा देते हैं। यद्यपि 'प्रवास' और 'प्रवासी' शब्द का प्रयोग अनेक सन्दर्भों में हुआ है। परन्तु इस शोध-प्रबन्ध में उन प्रवासियों का अध्ययन किया गया है जो अपना देश छोड़कर दूसरे देशों में चले गये। विदेश में गये प्रवासी भारतीयों की दो श्रेणियाँ हैं– एक वे प्रवासी भारतीय हैं जो आजादी के पहले अपने अभावग्रस्त जिन्दगी से छुटकारा पाने के लिए प्रलोभन में आकर ब्रिटिश, डच उपनिवेशों में प्रवास किये। दूसरे वे हैं जो आजादी के बाद अमेरिका और यूरोप महाद्वीप के कई देशों में अपने महत्त्वाकांक्षी जीवन को पूरा करने के लिए प्रवास किये। इस वर्ग में पहले श्रमिक तबके के लोग ज्यादा थे बाद में डॉक्टर, इंजीनियर, छात्र जैसे शिक्षित-वर्ग के लोग अधिक मात्रा में गये। रामशरण जोशी के अनुसार "विदेशों में भारतीयों का आव्रजन कई चरणों में हुआ और आप्रवासियों की कई श्रेणियाँ हैं। सबसे पहले रोम गये जो ईसाई बने पर अपने देवता का नाम 'काली' रखा। 19वीं शताब्दी में गिरिमिटया मजदूर गये। उनका जीवन बहुत कष्टकारी था। कई तो रास्ते ही में मर गये। मतलब यह है कि 'इंडियन डायस्पोरा' कोई मोनोलिथिक कैटेगरी नहीं है। अलग-अलग समूहों को लेकर बनी अवधारणाओं में फर्क है।

आजादी के पूर्व भारतीय डायस्पोरा का जो बिम्ब उभरता है वह मॉरीशस, फिजी, सूरीनाम, दक्षिण अफ्रीका आदि देशों में गये भारतीय मूल के लोगों का है जो 1834 से बीसवीं सदी के पूर्व तक गिरमिटिया मजदूरों के रूप में इन देशों में गये। किन्तु आजादी के बाद भारतीय डायस्पोरा के स्वरूप में बदलाव होने लगा। अब भारतीय डायस्पोरा न केवल मजदूर रहे बल्कि उनकी संख्या भी बढ़ने लगी, जो अपने-अपने क्षेत्रों के विशेषज्ञ भी थे। भूमंडलीकरण के बाद भारतीय प्रवास का स्वरूप बदलने लगा और एक 'नया डायस्पोरा' सामने आया जिसमें उच्च कौशल प्राप्त डॉक्टर, इंजीनियर, प्रोफेसर व अन्य क्षेत्रों के विशेषज्ञ पश्चिमी देशों तथा आस्ट्रेलिया की ओर गये। अब श्रमिक खाड़ी एवं पश्चिमी और दक्षिण-पूर्व एशिया की ओर महत्त्वाकांक्षी एवं बेहतर जीवन की आशा में प्रवास कर रहे हैं। मेरे शोध-प्रबन्ध का मुख्य उद्देश्य 'गिरमिट प्रथा' के अन्तर्गत रोजी-रोटी के उद्देश्य से विदेश गये प्रवासियों के अलावा महत्त्वाकांक्षी जीवन की तलाश में विदेश गये उन सभी प्रवासियों से है जो हिन्दी उपन्यासों में अपना स्थान बना लिये हैं।

प्रवास के रूप

प्रवास, जिस स्थान विशेष को छोड़कर कोई व्यक्ति विशेष या मानव समुदाय दूसरे स्थानों की ओर प्रवसन कर जाते हैं तो उस स्थान विशेष जहाँ से व्यक्ति या मानव समुदाय दूसरे देशों में चला गया है वहाँ के निवासी विस्थापित व्यक्ति या मानव समुदाय को 'प्रवासी' शब्द से सम्बोधित करते हैं। उदाहरणार्थ अनेक भारतीय अपने परिवार सहित अथवा अकेले श्रीलंका, दक्षिण अफ्रीका, दक्षिण-पूर्वी एशिया के अन्य देशों में जाकर वहाँ स्थायी रूप से बस गये हैं इसलिए भारत के लोग उन्हें प्रवासी भारतीय नाम से सम्बोधित करते हैं। अर्थात् जिस स्थान से लोग स्थानान्तरण करके चले जाते हैं वे लोग उस स्थान विशेष के लिए प्रवासी हो जाते हैं।

अप्रवास; किसी भी स्थान या भौगोलिक प्रदेश से लोग स्थानान्तरित होकर जिस स्थान में आकर बस जाते हैं। उस स्थान विशेष में लोग आप्रवासी कहलाते हैं। अर्थात् अन्य क्षेत्रों से आकर बसे लोगों को आप्रवासी कहा जाता है। उदाहरणार्थ भारत के लोग अनेक देशों में जाकर बस गये हैं। उन देशों में उन्हें अप्रवासी भारतीय कहा जाता है। अर्थात् किसी स्थान से दूसरे क्षेत्रों में जाने वाले प्रवासी तथा अन्य क्षेत्रों से किसी स्थान विशेष में आने वाले को अप्रवासी कहा जाता है।

प्रवास के कारण

सैकड़ों वर्षों में हुए भारतीय प्रवास के पीछे कई कारण रहे हैं जैसे वाणिज्यवाद, उपनिवेशवाद और वैश्वीकरण। ऐसे ऐतिहासिक प्रमाण मिलते हैं कि भारत से मसालों एवं वस्त्रों के व्यापार के सिलसिले में भारतीय सुदूर देशों तक व्यापार करते थे। अँग्रेजी शासन काल ने ऐसी स्थिति उत्पन्न कर दी कि हस्तशिल्पियों को अपनी कारीगरी बन्द करनी पड़ी। ऊँची लगान ने किसानों को मजदूर बनने के लिए विवश कर दिया। मजदूरों की हालात दिनोंदिन खराब होती गयी। रोजगार की तलाश में वे अपना मूल स्थान छोड़ने को विवश हो गये। क्योंकि मानव की यह सामान्य प्रवृत्ति रही है कि जिस स्थान पर जीवन कठिन हो जाता है वह उस स्थान को छोड़कर ऐसे स्थान पर चला जाता है जहाँ जीवन-यापन की अच्छी सम्भावनाएँ प्रतीत होती हैं। अरकाटियों द्वारा दिये गये प्रलोभन के कारण लाखों भारतीय ब्रिटिश तथा डच उपनिवेशों में चले गये। इसी तरह आजादी के बाद भी स्थिति अनुकूल न रहने के कारण एवं विकसित देशों का आकर्षण लाखों भारतीयों को विश्व के कई देशों में प्रवास के लिए प्रेरक का कार्य किया।

प्रवास अन्तरराष्ट्रीय, अन्त:प्रदेशीय तथा अन्तर्नगरीय होता है जिसकी प्रवृत्ति स्थायी तथा अस्थायी होती है। इसी तरह प्रवास अनेक कारणों से होता है। प्राकृतिक आपदाओं, जलवायु परिवर्तन, महामारियाँ और सूखे से लेकर सामाजिक, आर्थिक, सांस्कृतिक, राजनीतिक तथा युद्ध आदि कारणों से प्रवास होता है। अत्यधिक जनसंख्या

और संसाधनों पर भारी दबाव भी प्रवास का कारण बनता है।

1. आर्थिक कारण

माजिद हुसैन के अनुसार "अपनी मातृभूमि या भूमि संसाधन पर भारी दबाव के कारण भी लोगों को अन्य देशों की ओर प्रवास करने, जहाँ आर्थिक लाभ प्राप्त किये जा सकते थे ऐसे स्थानों पर जाने के लिए प्रोत्साहित किया। उपयुक्त कार्यों की अनुपलब्धता और बेरोजगारी भी ऐसे आर्थिक कारण हैं जो युवाओं को अपना निवास छोड़कर ऐसे स्थानों, प्रदेशों और देशों की ओर जाने के लिए बाध्य करते हैं जहाँ उन्हें कार्य उपलब्ध हो सके। इस प्रकार आर्थिक निर्धनता, बेरोजगारी और बेहतर आर्थिक सुअवसर का आकर्षण भी सर्वदा अपने मूल स्थान छोड़ने के लिए प्रोत्साहित करता रहा है। अँग्रेजों की शोषणपरक आर्थिक नीतियों के कारण अनेक कुटीर एवं लघु उद्योग तबाह हो गये थे। जिस समय अँग्रेज भारत आये थे, उस समय भारत का कुटीर उद्योग, विशेषकर कपड़ा उद्योग अत्यन्त उन्नत दशा में विश्वख्याति प्राप्त कर रहा था। भारत में निर्मित सूती एवं रेशमी कपड़े का सर्वाधिक आयात इंग्लैंड ही करता था। विदेशों में ढाका की मलमल, लखनऊ व लाहौर का चिकन, दिल्ली की छींट तथा भड़ौच का ताफ्रता अत्यन्त थे। भारतीय वस्तुओं की विदेशों में बढ़ती माँग के कारण व्यापार सन्तुलन भारत के पक्ष में था। विदेशों से भुगतान के रूप में बहुत सोना-चाँदी प्राप्त होता था। इसीलिए सोने-चाँदी की खानों के अभाव के बावजूद भारत को 'सोने की चिड़िया' कहा जाता था। भारत में अँग्रेजी शासन की स्थापना के बाद ये छोटे लघु उद्योग तबाह हो गये।

लघु उद्योगों में लगे कर्मियों का व्यापक पैमाने पर शोषण बढ़ा। व्यापारियों के गुमाश्ते बुनकरों को बहुत कम पेशगी देकर उनके घरों से ही कपड़ा उठाने लगे। चोपड़ा, पुरी, दास के इतिहास ग्रन्थ के अनुसार "कम्पनी के गुमाश्ते बुनकर से जबरदस्ती एक बांड भरवाते हैं कि वह एक निश्चित मात्रा में, निश्चित समय के अन्दर और निर्धारित मूल्य पर कपड़ा देगा। जिसके लिए यह गुमाश्ता कुछ राशि बतौर पेशगी पहले ही दे देता था। ये गुमाश्ते बुनकरों से जिस प्रकार कागज पर चाहे हस्ताक्षर करने पर मजबूर कर देते हैं तथा इनकार करने पर यह राशि उनकी कमर में बाँधकर उनको कोड़े मारकर भगा दिया जाता था। इस अत्याचार से परेशान होकर बहुत से बुनकरों ने कपड़ा बनाना छोड़ दिया और सामान्य मजदूरों की तरह खेतों या अन्य स्थानों पर काम करने लगे। कई बुनकरों ने तो अपने अँगूठे काट लिये, जिससे वह काम करने में अपनी असमर्थता प्रकट कर सके। कपड़ा उद्योग के इस प्रकार नष्ट होने से असंख्य जुलाहे बुनकर तथा कारीगर बेघर-बार हो गये। वे अपने जीवन-यापन के लिए साधारण मजदूरों की तरह बोझ ढोने लगे। जिन कारीगरों की कलात्मक उँगलियों से बेहतरीन धागा बुना जाता था वे अब खेतों में फावड़ा, हल, कुदाली चला रहे थे। ब्रिटिश सरकार की व्यापारिक और

औद्योगिक नीति से भी अधिक लगान सम्बन्धी नीति ने भारतीय खेत, जमीन मालिकों की कमर तोड़ दी। प्रारम्भ में लगान वसूली का ठेका एक वर्ष के लिए सबसे ऊँची बोली लगाने वाले को नीलाम कर दिया जाता था। ऐसे ठेकेदार अधिकांशत: कठोर और निर्दयी होते थे। दीवानी पर अँग्रेजों का अधिकार हो जाने के बाद लगान वसूली की अत्यधिक हुई जो निम्नलिखित है–

इस प्रकार लगान की मात्रा शीघ्र ही लगभग तीन गुनी हो गयी और इस प्रणाली की क्रूरता 1769-70 में दिखाई पड़ी, जब बंगाल प्रान्त में मानसून फेल हो जाने पर भयंकर अकाल पड़ा और तत्कालीन गवर्नर ने लगान वसूली रोकने से इनकार कर दिया, जबकि एक करोड़ से अधिक जनसंख्या भूख से दम तोड़ चुकी थी। परिणामस्वरूप, किसान खेती छोड़कर भाग गये अथवा चोर बन गये और खेती योग्य भूमि जंगल बन गयी। उच्च दर की लगान राशि, कठोर लगान वसूली व्यवस्था तथा जमींदारों के शोषणात्मक अत्याचार से परेशान होकर किसानों ने खेती छोड़कर मजदूरी करनी शुरू कर दी। इस क्रूर परिवर्तन से न केवल खेती की अवनति हुई, बल्कि राजस्व में भारी गिरावट भी हुई। सन् 1857 की घटनाओं से स्पष्ट है कि अवसर मिलते ही किसानों व जमींदारों ने बनियों महाजनों पर आक्रमण किये, तथा नीलामी के आदेश दिये और जहाँ कहीं भी लगान सम्बन्धी कागजात प्राप्त हुए उन्हें नष्ट कर दिया।

2. सामाजिक कारण

अँग्रेजी शासन की नीतियों के कारण भारत दरिद्रता और पिछड़ेपन की चरम सीमा पर पहुँच गया था। शिक्षा के अभाव में सामाजिक कुरीतियाँ एवं अन्धविश्वास चरम पर थे। धर्म के नाम पर केवल कर्मकांड शेष रह गये थे। जाति-व्यवस्था की संकीर्ण जटिलता, जातिगत भेदभाव, निम्न वर्ग के साथ दुर्व्यवहार, अस्पृश्यता, कन्यावध, बाल-विवाह, पर्दा-प्रथा, दहेज-प्रथा तथा बहु-पत्नी प्रथा व्यापक रूप से प्रचलित थी। इनमें सबसे घृणित सती-प्रथा थी। सामाजिक रीति-रिवाज के अनुसार पुरुष अनेक विवाह करने के लिए स्वतन्त्र था लेकिन इसका दुष्परिणाम इतना गम्भीर था कि एक पुरुष की मृत्यु पर अनेक पत्नियाँ विधवा बन जाती थीं। इन विधवाओं को पुनर्विवाह की अनुमति नहीं थी तथा उन्हें कई प्रकार से प्रताड़ित किया जाता था। शृंगार करना, पुरुषों से बातचीत करना, किसी मांगलिक कार्य में भाग लेना उनके लिए वर्जित था। विधवाओं के समक्ष दो विकल्प थे या तो वे वैधव्य बिताने के लिए सब प्रकार के कष्ट व दुर्व्यवहार सहें अथवा सती हो जायें। इस कारण अनेक विधवाएँ विवश होकर चारित्रिक दुर्बलताओं में लिप्त हो वेश्या का जीवन स्वीकार कर लेती थीं। ऐसी विवशतापूर्ण जीवन जीने वाली महिलाओं को अरकाटियों का प्रलोभन आकर्षित करता था। ग्रियर्सन महोदय ने सन् 1883 में अपनी जाँच रिपोर्ट में लिखा कि निराश्रित विधवाएँ बड़ी संख्या में रिक्रूटर को

ढूँढ़कर पंजीकृत होती हैं। पतियों से त्यागी गयी महिलाएँ भी अपने जीवन-यापन के और कोई मार्ग न देखकर गिरमिटिया मजदूर बनना स्वीकार कर लेती थीं। पुरुष महिला अनुपात 100 : 40 को पूरा करने के लिए अरकाटी वेश्याओं की भी भर्ती कर लेते थे। 1885 की वार्षिक रिपोर्ट में प्रोटेक्टर ऑफ एमीग्रेंट्स ने लिखा है कि 'फिजी के लिए 140 महिलाओं की भर्ती हुई थी जिसमें केवल 70 महिलाएँ अपने पतियों के साथ थीं। शेष महिलाएँ अविवाहित अथवा बिना पतियों के थीं। इस सन्दर्भ में तोताराम सनाढ्य का कहना है 'अपने गाँव-घर से चकमा देकर लायी गयी भारतीय महिलाएँ ज्यादातर विधवाएँ थीं जो गोरे प्रभुओं के खेतों में काम करने के साथ पुरुषों की यौन-तृप्ति या स्त्री-पुरुष अनुपात को टालू अन्दाज में सलटाने की अपनी मानवता प्रदर्शित करने के लिए लायी गयी थी। शूद्र वर्ग के निम्न स्तर पर अछूत लोगों की श्रेणी थी जिनको सब घृणित कार्य सौंपे जाते थे। इनमें मल ढोने वाले मेहतर, मृत मवेशियों की खाल साफ करने वाले चमार, धोबी, शमशान में मृतकों को आग देने वाले डोम सम्मिलित थे। इन लोगों को समाज की परिधि से बाहर रखा जाता था, क्योंकि ऐसी मान्यता थी कि इनके स्पर्श से उच्चवर्गीय विशेषकर ब्राह्मण वर्ग अपवित्र हो जायेगा। इन लोगों को नगर की सीमा के भीतर प्रवेश करना, नगरीय कूओं तथा नहरों से पानी लेना, घोड़े की सवारी करना तथा ब्राह्मणों व राजपूतों की तरह जेवर धारण करना वर्जित था। इन नियमों का उल्लंघन करने पर उनको गम्भीर शारीरिक दंड दिया जाता था। उनको कोड़े मारना एक सामान्य दंड था। एमीग्रेशन रिपोर्ट्स में सबसे अधिक संख्या उन प्रवासियों की थी जो निम्न वर्ग से सम्बन्धित थे। सवर्ण हिन्दू वर्ग द्वारा दी जाने वाली यातनाओं से वे मुक्ति चाहते थे तथा उन सब घृणित कार्यों से भी छुटकारा चाहते थे, जो पीढ़ी-दर-पीढ़ी जन्म के आधार पर नियति बना दी गयी थी।

3. बढ़ती महत्त्वाकांक्षा

माजिद हुसैन के अनुसार "विज्ञान एवं प्रौद्योगिकी में विकास के कारण बाजार में सुविधाओं और विलासपूर्ण वस्तुओं की उपलब्धता के कारण शिक्षित और अशिक्षित लोगों की आकांक्षाओं में वृद्धि होती है। प्रत्येक व्यक्ति रहन-सहन की अच्छी सुविधाओं का उपभोग करने के लिए आकर्षित होता है। भारत और पाकिस्तान तथा अन्य सभी विकासशील देशों में युवा-वर्ग जो अपने पूर्वजों से अधिक सम्पन्न रहे हैं, असन्तुष्ट रहते हैं और अधिक अच्छी नौकरियाँ प्राप्त करने के इच्छुक रहते हैं। मुख्यत: इसी कारण भारतीय इंजीनियर और डॉक्टर संयुक्त राज्य अमेरिका को पलायन कर रहे हैं। यही नहीं वरन् बड़ी संख्या में अकुशल और कुशल श्रमिक भी सउदी अरब और खाड़ी देशों को प्रवास कर रहे हैं। अत: विकासशील देशों से विकसित देशों की तरफ प्रवास अधिक होता है जिसका कारण है विकासशील देशों में रोजगार के उपयुक्त एवं कम अवसर

तथा विकसित देशों की चकाचौंध एवं बेहतर जीवन। बेहतर जिन्दगी के लिए पश्चिमी देशों की जीवन-शैली में रमने-बसने की लालसा हर तबके के लोगों के दिलो-दिमाग में घर कर गयी है जो भारतीयों के विदेशों में पलायन का कारण बन रही है। आज जहाँ एक ओर छात्र-छात्राओं को अपनी शिक्षा विदेशों में प्राप्त करना बेहतर लगता है तो दूसरी ओर पेशेवर लोगों को भी अपने देश से अधिक विदेशों में व्यवसाय के अवसर नजर आते हैं। यहाँ तक कि श्रमिकों की एक बड़ी संख्या पैसा कमाने की होड़ में खाड़ी देशों की ओर पलायन कर रही है।

4. प्राकृतिक कारण

जनसंख्या का एक स्थान से दूसरे स्थान की ओर स्थानान्तरण देश विशेष की समस्याओं एवं अन्य देशों की भौगोलिक सुविधाओं के कारण होता है। प्राकृतिक कारकों के कारण किसी स्थान विशेष पर मनुष्यों के जीवन-निर्वाह के प्रतिकूल होने पर मानव अपने जीवन को बचाने के लिए दूसरे क्षेत्रों की ओर पलायन करता है। जलवायु की विभिन्न दशाओं में परिवर्तन, बाढ़, सूखा, ज्वालामुखी उद्गार, भूकम्प, हिमराशियों का घटना-बढ़ना, मिट्टी का उपजाऊ होना, समुद्र तटों का उन्मग्न एवं निमग्न आदि प्राकृतिक कारक मानव के प्रवास के लिए उत्तरदायी हैं।

भारत एक कृषि प्रधान देश पहले से ही रहा है। मानसूनी वर्षा कृषि को हमेशा प्रभावित करती रही है। कभी सूखा तो कभी अत्यधिक वर्षा होने से भी फसलें प्रभावित होती रही हैं जिससे अकाल की स्थिति भी बनती रहती थी। 'उत्तर भारत में अनेक छोटे-मोटे अकालों को छोड़कर 1804, 1837, 1861 और 1908 में भयंकर अकाल पड़े। 1825-1850 ई. के बीच अकाल से लगभग चार लाख लोग काल कवलित हो गये। 1850-1875 के बीच यह संख्या पन्द्रह लाख हो गयी। इन प्राकृतिक आपदाओं के कारण भी भारत से लोगों का प्रवास हुआ। सरकारी तन्त्र प्राकृतिक आपदाओं एवं अन्य विपरीत स्थितियों में सहायता न कर लगान वसूलने में लगा रहता था। जीविका के लिए कोई साधन न दिखाई देना एवं दूसरी तरफ अरकाटियों का प्रलोभन निश्चित रूप से लोगों को प्रवास करने पर विवश कर दिया। आँकड़ों से ही यह निष्कर्ष निकलता है कि जिस वर्ष फसल अच्छी हुई उस वर्ष प्रवास के लिए मजदूरों की भर्ती कम हुई और जिस वर्ष अकाल पड़ा प्रवासी मजदूरों की संख्या में बढ़ोत्तरी हुई। कृषि पर अत्यधिक निर्भरता, मौसमी बेरंजगारी, बड़े पैमाने पर अशिक्षा और जाति (व्यावसायिक ढाँचा, श्रमजीवी वर्ग, जिसका एक हिस्सा विदेश में आजीविका खोजने के लिए बाध्य हुआ, प्रवास के सृजन में योगदान देने वाले अन्य कारण थे। ऐसी परिस्थितियों में साम्राज्यवादी तथा अन्य औपनिवेशिक सरकार ने भारत सरकार को भारतीय श्रमिकों के निर्यात के लिए आसानी से मना लिया। औपनिवेशिक अवधि के दौरान विदेश जाने वाले कुल प्रवासी

भारतीयों में 98 प्रतिशत श्रमिक थे और शेष व्यापारी एवं अन्य मध्यमवर्गीय लोग थे।

5. जनसंख्या आधिक्य

मानव इतिहास के सम्पूर्ण काल में किसी स्थान विशेष में जनसंख्या का आधिक्य प्रवास का कारण बनता रहा है। विकासशील देशों की जनसंख्याधिक्य और सुविधाओं की कमी तथा विकसित देशों में कम जनसंख्या और जीवन का उच्च स्तर ही विकासशील देशों से विकसित देशों की तरफ लोगों के पलायन का कारण बनता है। भारत की जनसंख्या अन्य देशों की तुलना में हमेशा ही अधिक रही है। भारत और चीन दुनिया के सबसे बड़े जनसंख्या वाले देश हैं। विश्व के अन्य देशों में सबसे अधिक इन दोनों देशों के मूल के लोग पाये जाते हैं और प्रवासियों द्वारा भेजा गया धन सबसे अधिक इन दोनों देशों में ही आता है। भारत में अँग्रेजी शासन की स्थापना के बाद ब्रिटिश नीतियों के कारण भारत के लघु एवं कुटीर उद्योग चौपट हो गये। जिससे लघु एवं कुटीर उद्योगों में लगी भारतीय जनता का दबाव कृषि क्षेत्र पर अधिक पड़ा। जिसके कारण अकाल, भुखमरी, आदि व्याधि फैलीं। इससे बचने के लिए भी लाखों की संख्या में भारतीय गिरमिटिया मजदूर बनने को विवश हो गये। आजादी के बाद से आज तक भारत की जनसंख्या लगातार बढ़ रही है। दूसरी तरफ दूसरे विश्वयुद्ध के बाद विकसित देशों में मानव संसाधन की कमी पड़ी जिसके कारण आजादी के बाद भी लाखों की संख्या में प्रशिक्षित एवं अशिक्षित मजदूर इंग्लैंड, फ्रांस, आस्ट्रेलिया, जर्मनी, डेनमार्क, अमेरिका आदि देशों में गये। जैसे-जैसे इन विकसित देशों में जनसंख्या बढ़ती गयी वहाँ भी रोजगार के संकट उत्पन्न हो गये। इसलिए इन विकसित देशों में बाहर से आने वाले अशिक्षित मजदूरों पर रोक लगा दी गयी है। अब इन देशों में सीमित मात्रा में ही प्रवास की मंजूरी दी गयी है।

प्रवास के परिणाम

प्रवासी जनसंख्या के कारण दोनों स्थानों पर जहाँ से लोग जाते हैं और जहाँ पर जाते हैं के समाज, अर्थव्यवस्था और पर्यावरण को प्रभावित करते हैं। ये प्रभाव पारिस्थितिकी, समाज तथा अर्थव्यवस्था के लिए अनुकूल अथवा हानिकारक हो सकते हैं। उद्गम स्थान और गन्तव्य स्थान, प्रवासी व्यक्ति तथा उसके परिवार, उनकी जनसंख्या तथा जनसांख्यकीय संरचना में संख्यात्मक और गुणात्मक परिवर्तन होता है। सामान्यत: घने बसे और अधिक जनसंख्या वाले प्रदेशों में लोग कम बसे और अधिक संसाधन आधार वाले क्षेत्रों की ओर प्रस्थान करते हैं। इससे जनसंख्या की निरपेक्ष संख्या, घनत्व, वृद्धि, जनन-प्रक्रिया, मृत्यु-दर, आयु, लिंग, शिक्षा और नियोजन में परिवर्तन हो जाता है। आप्रवास के स्थान पर जनसंख्या के घनत्व में वृद्धि के कारण संसाधनों पर दबाव पड़ता है।

सन्दर्भ

जनसंख्या भूगोल, माजिद हुसैन।

भारत का सामाजिक, सांस्कृतिक और आर्थिक इतिहास, चोपड़ा, पुरी, दास, खंड 2।

आधुनिक भारत का इतिहास, एम.एस.जैन, आधुनिक भारत का इतिहास, जे.पी.मिश्र।

फिजी में प्रवासी भारतीय, डॉ. शुचि गुप्ता।

The Indian Mutiny-cum Revolt of 1859 and Trinidad Vol.-1, Part-II, August 1972, J.C. Jha.

46

मजदूरों के आवास करने के कारण और समस्याएँ

ग्रीशा

सम्पूर्ण विश्व में फैले इस कोरोना वायरस ने समस्त देशों को किसी-न-किसी रूप में प्रभावित किया है। परन्तु यदि अपने देश भारतवर्ष की स्थिति पर दृष्टि डालें तो अनेक असुविधाओं का सामना करना पड़ा है सारी जनता को, किन्तु समस्त असुविधओं से अधिक जो प्रवासी मजदूर हैं उन्हें इस कोविड-19 ने पूरी तरह से अस्त-व्यस्त करके रख दिया है। अब प्रश्न उठता है कि ये मजदूर होते कौन हैं? ये प्रवासी कौन हैं? आमतौर पर प्रत्येक व्यक्ति मजदूर है। मजदूर अर्थात श्रमिक। श्रमिक वह है जो श्रम करता है, इस प्रकार मजदूर ऐसे व्यक्ति को कहा जाता है, जो किसी कार्य को किसी भुगतान के बदले में करता है अथवा मजदूर वह है जो किसी अन्य व्यक्ति के लिए अपना श्रम देकर उसका मूल्य पाता है। यह श्रम शारीरिक हो अथवा मानसिक। इस प्रकार प्रत्येक व्यक्ति जीवन-यापन हेतु किसी-न-किसी प्रकार का श्रम करके उसका मूल्य प्राप्त करता है। अब अगला प्रश्न आता है कि ये 'प्रवासी' कौन हैं। 'प्रवास' शब्द का अर्थ है 'अपने मूल स्थान को त्यागकर किसी अन्य स्थान पर वास करना। यानी अपने पैतृक गृह को छोड़कर कहीं अन्य स्थान पर वास करना प्रवास कहलाता है तथा ऐसे ही अन्य स्थान पर निवास करने वाले व्यक्ति को 'प्रवासी' कहा जाता है। अत: 'प्रवासी मजदूर एक ऐसा व्यक्ति है जो अपने श्रम का उचित मूल्य प्राप्त करने के लिए अपने पैतृक या मूल स्थान को त्यागकर कहीं दूसरे स्थान पर जाकर निवास करने लगे।'

आज से पहले अधिकतर हम 'प्रवासी' शब्द का प्रयोग उन भारतीय लोगों के लिए किया करते थे जो दूसरे देशों में रह रहे हैं तथा जो बहुत सम्पन्न व्यक्तियों में से रहे हैं। परन्तु वर्तमान समय में सबसे ज्यादा चर्चा जिस विषय पर रही है वह है प्रवासी मजदूर।

अब विडम्बना ये है कि जो मजदूर-वर्ग है जो 'रोज कमाओ रोज खाओ' पर अपना गुजारा करता है उस मजदूर-वर्ग को प्रवास ही क्यों करना पड़ता है। उसकी आजीविका का साधन उसे वहीं क्यों नहीं मिल जाता, जहाँ का वह मूल निवासी है। इसके कारण सम्भव हैं कि उसे प्रवासी बनना पड़ता है। हमारे देश की 90 प्रतिशत समस्या या

समस्याओं का कारण जनसंख्या की अधिकता है। जनसंख्या वृद्धि मुख्य कारणों में से एक है क्योंकि छोटे-छोटे गाँव अथवा कस्बे कितने लोगों का भरण-पोषण कर सकते हैं जहाँ पर साधन सीमित और मजदूरों की संख्या असीमित है। ऐसे में फिर कितने ही लोग बड़े शहरों की ओर पलायन करने को बाध्य हैं। पूरे देश में कितने ही ऐसे क्षेत्र हैं जो आर्थिक रूप से पिछड़े हुए हैं। रोजगार के साधनों का अभाव है परन्तु मजदूर लोगों की संख्या अधिक है। ऐसे में वहाँ के मूल निवासी मूलभूत आवश्यकताओं की भी पूर्ति नहीं कर पाते तथा 'रोज कमाओ रोज खाओं' की स्थिति का भी निर्वहन नहीं हो पाता। प्रतिदिन कमाने के लिए काम करने की इच्छा के बाद भी काम नहीं मिल पाता तो ये परिश्रमी लोग अपना श्रम बेचने बड़े शहरों में आ जाते हैं।

इन महानगरों के नित नवनिर्माणों में सर्वाधिक श्रम इन्हीं प्रवासी मजदूरों का होता है। यह कहना अनुचित न होगा कि महानगर इन्हीं प्रवासी मजदूरों के कारण बन पाता है। ये प्रवासी अपना अथक परिश्रम देकर सस्ता वेतन प्राप्त करते हैं। अगर कहा जाये कि 'सस्ता वेतन कमर तोड़ काम, यही है प्रवासी की पहचान' तो गलत न होगा। और इनके नाम के सम्मान की बात करें तो वह शून्य है।

भारत की जनसंख्या 2011 के अनुसार भारत में आन्तरिक प्रवासी मजदूरों की संख्या 139 मिलियन है। जिसमें ज्यादातर प्रवासी मजदूर उत्तर प्रदेश, बिहार, मध्य प्रदेश, राजस्थान, बंगाल, झारखंड, व उत्तराखंड से आते हैं, जो दिल्ली, महाराष्ट्र, आन्ध्रप्रदेश, तमिलनाडु, गुजरात व केरल को जाते हैं।

प्रवासी मजदूरों की समस्याओं का अन्त तो है ही नहीं। सबसे विकट समस्या तो यहीं से शुरू हो जाती है कि इन्हें घर ही क्यों छोड़कर प्रवासी ही बनना पड़े। इन्हें कोई भी दूसरा राज्य कभी कुछ नहीं दे पाता। इनके अथक परिश्रम के बदले में थोड़े से वेतन के अतिरिक्त। देश के जितने भी औद्योगिक क्षेत्र हैं, बहुमंजिला इमारतें हैं अथवा उद्योगपतियों-पूँजीपतियों के ठाट-बाट हैं, उनकी नींव इन्हीं प्रवासियों के कन्धों पर कहीं-न-कहीं टिकी है। परन्तु आज तक कहीं कोई उद्योगपति या व्यवसायी ने किसी भी प्रकार की सफलता में इन श्रमिक का आंशिक रूप से भी श्रेय नहीं दिया है। बड़ी-बड़ी स्पीच दी जाती है, कम्पनी के सी.ई.ओ., इंजीनियर तथा सभी उच्च पद आसीन व्यक्तियों के कार्यों की सराहना में। किन्तु वास्तव में जिसने आकार प्रदान किया उसका कहीं कोई नाम भी नहीं लेता है। उसके बाद भी स्थिति यह है कि जब जिस राज्य के मन में आये इन प्रवासी मजदूरों को निष्कासित करने की प्रक्रिया शुरू कर दी जाती है तथा अपने राज्य में जब चाहे प्रवेश वर्जित कर दिया जाता है। देश में स्थापित पूँजीपति, सामन्ती तथा अफसरशाही के गठजोड़ ने प्रवासियों के श्रम का दोहन तो बखूबी किया है परन्तु उन्हें एक सम्मान की जिन्दगी इन शहरों ने नसीब नहीं होने दी।

देखा जाये तो हमारे देश का उच्चवर्ग दूसरे देशों के प्रवासियों को हँसकर गले लगाता

दिख जाता है किन्तु अपने ही देश के दूसरे हिस्से के मजदूर से सौतेले व्यवहार से भी अधिक क्रूर व्यवहार करता है। इस कोविड-19 की मार किसी पर नहीं सिर्फ और सिर्फ प्रवासी मजदूर की कमर पर पड़ी है। इनके चित्रण के लिए शब्द भी नहीं हैं। जैसा कि हम सब अवगत हैं कि ये किस प्रकार 'भूख-प्यास से त्रस्त महिलाओं बच्चों सहित 400-500 किमी. की दूरी पैदल तय करने को मजबूर हैं। इसका कारण यही है कि चाहे ये किसी दूसरे राज्य की समृद्धि में अपना जीवन ही क्यूँ न लगा दें परन्तु इन्हें कोई जगह नहीं दी जायेगी। लौटना ही होगा। वापस वह भी खाली हाथ। न कोई सम्मान मिलेगा न सहारा। केवल श्रम का उपभोग किया जायेगा।

47

प्रवासी मजदूरों की समस्यायें, चुनौतियाँ और समाधान

जय प्रकाश विश्वासी

कोरोना का कहर दुनिया को दहशत में इस कदर ढाल चुका है कि इससे उबरना बहुत ही मुश्किल हो गया है। कोरोना एक महामारी का रूप धारण कर चुका है। दुनिया का कोई ऐसा देश नहीं है जो कोरोना के काल से अछूता रहा हो। दुनिया के हर कोने में इसकी लपटें जनमानस को भयभीत कर रही है। जिधर सुनिये उधर से यही बात आ रही है कि देश और दुनिया ने पहली बार ऐसी त्रासदी के लिए मजबूर हैं। खासकर भारतवर्ष में भी पहली बार ऐसी महामारी आई है जब सारा कुछ ठहर सा गया है। स्थिति ऐसी भयावह बनने की ओर अग्रसर है कि जो जहाँ है वहीं ठहर जाने को बाध्य हैं क्योंकि जिंदगिओं को बचाने के उद्देश्य से लॉक डाउन का आदेश जो देश में लागू है।

इस कोरोना महामारी का प्रभाव तो पूरे जनजीवन पर है परन्तु जो अपनी जीविका के लिए अपना घर-बार छोड़कर कमाने खाने को लेकर बाहर गये है उनकी दशा तो दुर्दशा में तब्दील होती दिख रही हैं जिन्हें प्रवासी मजदूर के नाम से जाना जा रहा हैं। लॉक डाउन के दौरान जो सड़कों पर प्रवासी मजदूर का जन सैलाब उमड़ा उसे देखकर संवेदनात्मक रूप से उनके साथ होना और उनकी स्थितियों पर विमर्श करना आवश्यक ही नही देश के प्रबुद्ध जनों की अहम जिम्मेदारी भी बनती हैं। इसके तहत हम प्रवासी मजदूरों को समस्यायें, चुनौतियाँ और समाधान को रेखांकित करने का प्रयास किये हैं।

लॉक डॉउन के उपरान्त केन्द्र एवं राज्य सरकारों द्वारा प्रवासी मजदूरों को अपने घर लौटने का अवसर तो मिला परन्तु काफी देर हो चुकी थी। जन कवि प्रियदर्शी की कविता 'कुल्हाड़ी से दिन काट रहे हैं[1]' कि पंक्तियाँ भी प्रवासी मजदूरों के दर्द को बयां करती हैं–"बात तो लगती छोटी-मोटी, पर जुड़ी है इससे रोजी-रोटी। मारे जा रहे हैं हम तो नाहक़, बिछा रहे लोग अपनी गोटी, थक चुके है जिन्दगी से, बेचैनी में ही हाँफ रहे हैं।" प्रवासी मजदूरों की समस्यायें तो है ही सम्बन्धित राज्यों के लिए भी ये स्वयं में समस्या के रूप में होंगे। देश की सरकारें बदलती रही और गरीबों, मजदूरों के लिए योजनायें बनती रही, परन्तु धरातल पर नही उत्तर सकी। उसी की देन है कि आजादी के

इतने वर्षों के बाद भी मज़दूरों को एक राज्य से दूसरे राज्य में पलायन जारी है एक दौर था जब 'गरीबी मिटाओ–देश बचाओ' के नारे सुनाई पड़ते थे। कालान्तर में यह विचार बहस से बाहर हो गये, औद्योगिक विस्तार कर साथ मध्यवर्गीय महत्त्वकांक्षायें मजबूत होती गई और देखते ही देखते मजदूर और गरीबों की जगह कथित विकास के नाम पर अन्य कुंडली मारकर बैठ गये। अगर हम पिछले बीस वर्षों की अपनी संसदीय राजनीति को देखे तो शायद ही किसी राजनीति दल के एजेंडे में मजदूर केन्द्र में हो। विकास की हवाई बाते होती रहीं, पैकेज देने की लुभावने नारे दिए जाते रहे, ऊपर-ऊपर मुनाफे का स्वाद गरीबों के कल्याण के नाम पर लिया जाता रहा। आखिर इन योजनाओं से वास्तव में हमारा समाज आगे बढ़ने की जगह गुब्बारे की तरह फूलता रहा, आत्मालोचन की प्रक्रिया से देश कभी गुजरा ही नहीं। अगर मजदूरों, गरीबों के सवालों को लेकर आगे बढ़ा गया तो उन्हें विकास विरोधी या देश विरोधी कहकर दबाया जाता रहा[2]। परिणाम सामने है कि कोरोना की मार ने देश की बुनियाद को हिलाकर रख दिया। प्रवासी मजदूर लाचारी में ही घर वापस लौट रहे है। कई मजदूरों ने तो एक तरह से कसम ही खा लिया है कि हम अपनी जन्मभूमि पर ही भूखे-प्यासे रह लेंगे परन्तु अब बाहर कमाने नही जायेंगे। वे कहे भी क्यों नहीं उन्हें जो तकलीफ हुई है रास्ते में। देश-भर के मजदूर आवागमन के साधन उपलब्ध नहीं रहने के कारण पैदल, रिक्शा-ठेला, साइकिल, ट्रकों आदि से अपने गाँव किसी तरह आ रहे हैं। सड़क हादसों में प्रतिदिन बड़ी संख्या में घायल हुए है, एवं जान गवायें हैं, जैसे झारखंड लौट रहे मजदूरों से भरी ट्रक टकरा गई जिसमें 25 मजदूरों की मौत हो गई, उसी तरह महाराष्ट्र के औरंगाबाद के पास ट्रैन की चपेट में आने से 16 मजदूर कट कर मर गये[3]। मजदूरों के कष्ट की कोई सीमा नहीं रह गई है, पैदल चलते-चलते उनके पैर में छाले पड़ गये, कइयों ने अपनी जान गँवा दी। तब जाकर सरकार की नींद टूटी और मजदूर स्पेशल ट्रेन चलवाई। यहाँ इनकी नीति दोषपूर्ण रही, ये काम पहले हो जाता तो मजदूरों को इतना कष्ट नहीं झेलना पड़ता। पर इससे बड़ी समस्या यह है कि जो लोग अपना घर-बार छोड़कर अपनी जीविका के लिए गये थे, उनमे से लाखों लोग अपना बसेरा भी बना लिये थे। परन्तु इस माहमारी ने उन्हें घर का रास्ता दिखाने को मजबूर कर दिया। प्रवासी मजदूरों के सामने इस समस्या के साथ-साथ आगे आने वाली चुनौतियों पर ध्यान दिया जाए तो स्थितियाँ और भयावह बनती हुई दिख रही है।

एक तरफ़ यह भी कहा जाता है कि हमारा भारतवर्ष गाँवों का देश है लेकिन असलियत किसी से भी छिपा नही है। अर्थव्यवस्था का मजबूत स्तम्भ बनाने की दिशा में ईमानदारी से सार्थक पहल ही नहीं हुए। हमेशा केवल मुआवजा और पैकेजों की बात हो रही। उद्योगों से जोड़ने के बजाय औद्योगिक निवेश के सस्ते दरवाजों की तलाश कर किसानों को ही मजदूर में रूपान्तरित होने के लिए मजबूर किया जाता रहा।

प्रवासी मजदूर वापस लौट कर जहाँ एक ओर कोरोना संक्रमण को रोकने में चुनौती बन रहे हैं वही दूसरी तरफ उनके लिए रोजगार की व्यवस्था करना सरकारों के लिए भी अगली चुनौती बनेगी। यह सभी जानते हैं कि मनरेगा के अतिरिक्त दूसरा ऐसा कोई राष्ट्रीय कार्यक्रम नहीं है जो स्थानीय स्तर पर पलायन को रोकता हो या निचले स्तर की अर्थव्यवस्था को आत्मनिर्भर बनाने की घोषणा तो की गई है, 'लोकल को वोकल' करने की बात की जा रही है।[4]

गैर सरकारी संस्था 'इंडिया माइग्रेशन नाउ' के मुताबिक देश के प्रवासी मजदूरों में उतरप्रदेश के (करीब 33 प्रतिशत) जे बाद बिहार की करीब (15 प्रतिशत) हिस्सेदारी है।[5] आशंका है कि रिवर्स माई ग्रेसन के कारण आने वाले साल दो साल तक इन मजदूरों की बड़े शहरों में पूरी तरह वापसी नहीं होंगी ऐसे में इस पलायन को कृषि या उद्योग-धन्धों में रचनात्मक तरीके से जोड़ने, सार्वजनिक स्वास्थ्य इंफ्रास्ट्रक्चर पर नये सिरे से सोचने, ग्रामीण स्तर पर आर्थिक गतिविधियों को तेज करने और सार्वजनिक खर्च की समुचित व्यवस्था करने की चुनौतियों से जूझना है, वह भी तब, जब इनके उद्योग-व्यवसाय गम्भीर मंदी कि चपेट में है। ऐसे में राज्य एवं केन्द्र सरकारों को अपने संसाधनों, स्किल सेट, विशेषज्ञता के आधार पर वैसा ही नया रोड मैप बनाना होगा। कोरोना ने जरूरी चीज़ों की परिभाषा ही बदल कर रख दिया है, मैन्युफैक्चरिंग और सप्लाई के अलावा राज्य स्तर पर बायोटेक और मेडिकल रिसर्च को लेकर चुनौतियाँ हैं। राज्यों में वयोरोलॉजी और पैडेमिक रिसर्च संस्थानों की बुनियाद रखे जाने की जरूरत है जो एक चुनौती है। मजदूरों को रोजगार देने के लिए अक्षय ऊर्जा तकनीक से सब्जी, फल, वनोपज, दूध पदार्थ को ½'सोलर चीलर', 'सोलर ड्रायर' और 'सोलर कोल्ड स्टोरेज' के जरिए संरक्षित कर कुटीर उद्योग और लघु उद्योगों को गति देने की चुनौती है। इन कार्यों से प्रवासी मजदूरों को जोड़कर ग्रामीण अर्थव्यवस्था का कायाकल्प हो सकता है।[6] प्रवासी मजदूरों के सामने एक और चुनौती आ खड़ी हो गई है वो है पढ़ाने-लिखाने की चुनौती क्योंकि बच्चों की शिक्षा अन्य जगहों पर चल रही थी उसे गाँवों के विद्यालयो में लाना और नामांकन कराना भी चुनौती होती। फिर भी सरकार के तरफ से इसके लिए निर्देश जारी किये गये है।

प्रवासी मजदूरों की समस्यायें और चुनौतियों के साथ समाधान भी विमर्श का विषय बनता है। जब तक समाधान के रास्ते नहीं तलाशे जाते तब तक मजदूरों की समस्यायें और चुनौतियाँ विकास में बाधक बनी रहेगी। इस ओर ध्यान देने पर यह स्पष्ट रूप से दिखाई पड़ता है कि मनरेगा की तरह और कार्यक्रमों को स्थानीय स्तर पर उत्पादन की प्रक्रियाओं से जोड़ा जाना चाहिए, उन्हें रोजगार के स्थायी विकल्प के रूप में विकसित किया जाना चाहिए। सत्ता, पूँजी, रोजगार का तकनिकी रूप से तो केन्द्रीकरण हुआ हैं परन्तु जब तक व्यवहारिक विकेन्द्रीकरण नहीं किया जाता तब तक प्रवासी मजदूरों को कोई स्थायी रोजगार नहीं दिया जा सकता है। उन्हें जब तक जीविका का स्थायी आधार नहीं मिलता

तब तक पलायन को भी नहीं रोका जा सकता है क्योंकि 'मरता क्या नही करता'।

घर लौटे मजदूरों को रोजगार देना मुश्किल नहीं है, इसके लिए राज्यों को केन्द्र सरकार के साथ सामंजस्य स्थापित कर नये ढंग से राजनीति से ऊपर उठकर कार्य करना होगा।

आज संविधान निर्माता बाबा साहब भीमराव अम्बेडकर की प्रासंगिकता और भी बढ़ जाती है क्योंकि वे संविधान निर्माता के साथ एक समाज सुधारक भी थे। उन्होंने देश के संविधान को एक ऐसे सामाजिक दस्तावेज के रूप में आकार दिया है, जिसमें अधिकार, दायित्व के साथ समाज के मुख्यधारा से पिछड़े हुए लोगों को कैसे समान अवसर देकर उन्हें मुख्यधारा में लाया जा सकता है। आज लाखों-करोड़ों गरीब-मजदूरों के पास कल के लिए रोटी नहीं है, वे सरकारों और एनजीओ पर आश्रित हैं। जातियों, वर्गों, के अनुसार सुविधाओं, सेवाओं का बँटवारा लोकतान्त्रिक समाज की सबसे बड़ी बाधा है। हर हाथ को काम देने की नीति बनाती होगी। गुणवतापूर्ण शिक्षा केवल फाइलों में नहीं धरातल पर लानी होगी। बाबा साहब अम्बेडकर ने स्वतन्त्र भारत की सामाजिक, शैक्षिक, आर्थिक, राजनीतिक बेहतरी के वैधानिक उपाय किये, उनपर ईमानदारी पूर्वक अमल करके देश की व्यवस्था-शिक्षा-रोजगार व्यवस्था के लिए कार्य करना होगा तभी समाज के अन्य लोगो के साथ ही प्रवासी मजदूरो का कल्याण होगा।

सन्दर्भ

1. जनजागरण कविता- श्री राजाराम सिंह प्रियदर्शी (वरिष्ठ शिक्षक, मास्टर ट्रेनर, कवि एवं लेखक) भोजपुर, बिहार।
2. सम्पादकीय– डॉ. अनुज लुगुन (प्राध्यापक दक्षिण विहार केन्द्रीय वि वि गया) प्रभात खबर, पृ. 08, 27/05/2020.
3. न्यूज़ पेपर (प्रभात खबर पटना) पृ. 08, 24/05/2020.
4. सम्पादकीय- डॉ. अनुज लुगुन (प्रा०द०बि० केन्द्रीय वि. वि. गया) प्रभात ख़बर, पृ. 08, 27/05/2020.
5. सम्पादकीय- रमापति कुमार (सीईओ, सेंटर फॉर एनवायरमेंट एण्ड एनर्जी डेवलोपमेंट, दिल्ली) प्रभात खबर, पृ. 08, 21/05/2020.
6. सम्पादकीय- रमापति कुमार (सीईओ, दिल्ली) प्रभात खबर, पृ. 08, 21/05/2020.

48

वर्तमान परिप्रेक्ष्य में प्रवासी मजदूरों की स्थिति एक विश्लेषणात्मक अध्ययन

प्रियंका

आज सारा विश्व कोविड-19 के दौर से गुजर रहा है जिसने कई समस्याओं और चुनौतियों को जन्म दिया है, इन समस्याओं में से जो एक सबसे विकट समस्या है वह है प्रवासी मजदूरों की स्थिति को लेकर जिसने एक नयी बहस को जन्म दिया है। हालाँकि पहले भी लोगों का पलायन हुआ है और होते रहा है किन्तु इस पर किसी का भी ध्यान नहीं जाता था, कोविड-19 में यह मुद्दा तब उभरकर सामने आया जब लाखों की तादाद में प्रवासी मजदूर भूख और प्यास से बेहाल होकर हजारों किलोमीटर की दूरी पैदल तय करने पर बेबस हो गये।

कौन हैं ये प्रवासी मजदूर? आमतौर पर जो लोग अपने देश या प्रान्त/राज्य को छोड़कर रोजगार की तलाश में दूसरे मुल्कों या राज्यों में जाकर रहने वाले को प्रवासी कहा जाता है, जो न तो वहाँ के नागरिक होते हैं न जिनके पास राशन कार्ड ही होता है। कोविड-19 में जिन प्रवासियों की बात हो रही है वो भारी तादाद में लगभग करोड़ों में उनकी संख्या है और ये बिहार, उत्तर प्रदेश, उत्तराखंड आदि राज्यों से आते हैं। बेहतर रोजगार और अच्छी जीवन-शैली अथवा सम्मानजनक जीवन की आस में ये बम्बई, महाराष्ट्र, गुजरात, अहमदाबाद, कलकत्ता जैसे महानगरों की ओर पलायन करते हैं, किन्तु शिक्षा और संगठन के अभाव में वहाँ भी उनका जमकर शोषण होता है, सरकार ने कई योजनाएँ इन मजदूरों के लिए बनाये हैं किन्तु जागरूकता के अभाव में ये अपने अधिकारों से वंचित है। हमारी राजनीति और व्यवस्था भी उनके इस हालत के लिए जिम्मेदार है, अभी जिस तरह से प्रवासी मजदूरों को लेकर राजनीति की गयी उससे सारा देश वाकिफ है।

प्रवासी मजदूरों का अपने राज्य से पलायन का कारण–

प्रवासियों की संख्या करोड़ों में है जिस तरह से कोविड-19 में सरकार द्वारा पैसा

पानी की तरह बहाया जा रहा है उससे अगर पहले ही गाँवों में रहन-सहन, अस्पताल, शिक्षा और रोजगार पर विशेष ध्यान दिया गया होता तो आज ऐसे हालात उत्पन्न नहीं होते। मुख्यत: शहरों की तरफ पलायन का सबसे प्रमुख कारण कृषि का गिरता स्तर है, अब लोगों की रुचि कृषि से घटती जा रही है कारण कृषि में निम्न उत्पादन और मुनाफे का अभाव है। भारतीय कृषि क्षेत्र भयावह संकट का सामना कर रही है। महानगरों व शहरों की अपेक्षा गाँवों में सुख-सुविधाओं, उद्योगों, शिक्षा संसाधनों सहित आर्थिक संसाधनों का भी घोर अभाव है। स्मार्ट सिटी की परिकल्पना ने लोगों को अपनी तरफ आकर्षित किया है जिसकी वजह से भारी मात्रा में लोगों का पलायन हुआ है। 139 मिलियन संख्या प्रवासी मजदूरों की है। मनरेगा जैसी योजनाओं में भारी भ्रष्टाचार, सामन्ती मानसिकता कृषि भूमि का असमान वितरण भी भारी हद तक जिम्मेदार है और सबसे ज्यादा जो चीज जो सोच इस पलायन अथवा प्रवास के लिए जिम्मेदार है वह है भौतिकतावादी संस्कृति जिसके गिरफ्त में सारा समाज आ चुका है। बिहार जैसे राज्यों में कारखानों, उद्योगों का अभाव भी यहाँ के लोगों को अन्य राज्यों में जाने को विवश करता है।

प्रवासी मजदूरों की समस्याएँ

प्रवासी मजदूरों की समस्या वास्तव में चिन्ताजनक है, ये वो वर्ग हैं जो देश की आर्थिक विकास में अपना बहुमूल्य योगदान देता है या यूँ कहा जाये कि ये अर्थव्यवस्था के आधार हैं तो इसमें कोई अतिशयोक्ति नहीं होगी, फिर भी इसकी स्थिति बद-से-बदतर है। इसकी स्थिति का आकलन कोविड-19 के अन्तर्गत लगाया जा सकता है। जिन राज्यों के आर्थिक विकास में ये अपना योगदान देते आये हैं उन्हीं राज्यों ने विपदा की घड़ी में उनकी मदद करने, सामाजिक सुरक्षा और देखभाल से इनकार कर दिया। जिन उद्योगपतियों, कारखाने, व्यापारियों के लिए वो खटते थे उन्होंने आश्रय देने से इनकार कर दिया। लाखों की तादाद में प्रवासी मजदूरों की विस्थापन ने 1947 की याद ताजा कर दी, ये दूसरे प्रकार की विभाजन भारत और इंडिया के मध्य विभाजन।

प्रवासी मजदूरों की स्थिति काफी दयनीय है जहाँ ये कार्य करते हैं वहाँ भी इन्हें सम्मान नहीं प्राप्त होता जिसके वो अधिकारी हैं, न तो उन्हें वो सोशल सिक्योरिटी ही प्रदान की जाती है और भी कई लाभों से उन्हें वंचित रखा जाता है। सस्ता वेतन और कमरतोड़ मेहनत– ये है सच्चाई प्रवासी मजदूरों की। खतरनाक उद्योगों में लगे हुए मजदूरों की स्थिति और भी दयनीय है। वर्तमान समय में मजदूरों के समक्ष रोजगार, गरीबी, भूख और स्वास्थ्य का प्रश्न है। प्रवासी मजदूर अपने गाँव-घर को लौट आये हैं मगर आगे वो करेंगे क्या ये सबसे बड़ी समस्या है उनके पास क्योंकि न तो रोजगार की व्यवस्था है न तो कोई उद्योग-धन्धा है ऐसे में सबसे बड़ी समस्या उनके भावी भविष्य को लेकर है।

प्रवासी मजदूरों का अर्थव्यवस्था में योगदान

प्रवासी मजदूरों ने आर्थिक विकास में अपना बहुमूल्य योगदान दिया है। अपने परिश्रम से जहाँ भी जिसके लिए भी वो कार्य करते हैं उनके विकास में अद्वितीय भूमिका निभायी है। प्रवासी मजदूरों ने न सिर्फ उस राज्य में जहाँ वो कार्यरत हैं बल्कि जहाँ वो अपने परिवार को महीने में पैसा भेजते हैं उस राज्य के भी आर्थिक संवृद्धि में अपना योगदान दे रहा है, इस प्रकार दोनों ही राज्य उससे फायदा ले रहे हैं। इस प्रकार प्रवासी मजदूर पूरी अर्थव्यवस्था की रीढ़ हैं, आज उसके थमते ही पूरी अर्थव्यवस्था थम गयी है, उद्योगों नें मजदूरों का अभाव हो गया है, आज लोग इस बात को समझ रहे हैं कि मजदूरों के बिना उद्योग और कारखानों का कोई मोल नहीं है फिर भी उन मजदूरों की कोई कदर नहीं की गयी। हल से लेकर जहाज के कल-पुर्जे तक मजदूर बनाता है ताजमहल से लाल किला तक मजदूर बनाता है। सब्जी, दूध बेचने से लेकर कई कार्य मजदूर करता है, इसके बावजूद मजदूर शब्द को हेय दृष्टि से देखा जाता है। प्रवासी मजदूरों की सबसे बड़ी समस्या उसका अनस्किल्ड होना है, अगर वो शिक्षित एवं स्किल्ड होता तो अपने हित व समाज के लिए और कुछ बेहतर कर पाता और अर्थव्यवस्था में भी गुणवत्ता युक्त योगदान में वृद्धि करता। कोविड-19 की वजह से अर्थव्यवस्था पर व्यापक असर पड़ना लाजिमी था, छोटे-छोटे व्यापारी 91 मिलियन, 40 करोड़ इन्फार्मल सेक्टर में बेरोजगार हुए हैं, इसके साथ-साथ 20 लाख करोड़ सप्लाई चेन बाधित है। सरकार कोशिश कर रही है कि मजदूरों को फिर से काम पर लगाया जाये क्योंकि इसके बिना अर्थव्यवस्था चौपट होने के कगार पर पहुँच गया है। इससे साबित होता है कि मजदूरों का कितना बड़ा योगदान है अर्थव्यवस्था के विकास में। NSSO के आँकड़े के मुताबिक हमारे देश की GDP का 10% हिस्सा इन प्रवासी मजदूरों की वजह से आ रहा है। इकोनोमिक सर्वे 2017 के मुताबिक तीन-चौथाई से भी ज्यादा प्रवासी मजदूर बिहार, उत्तर प्रदेश, उत्तराखंड, मध्य प्रदेश, झारखंड आदि राज्यों से आते हैं। श्रमिकों के वापस न जाने पर अर्थव्यवस्था को हो सकता है भारी नुकसान।

प्रवासी मजदूरों की समस्याओं से निपटने के लिए भावी समाधान

प्रवासी मजदूरों की स्थिति में सुधार करने के लिए बहुत सारे सुझाव हैं, जैसे उन्हें शिक्षित किया जाये, उन्हें स्किल्ड किया जाये ताकि वो अपने अधिकारों से वाकिफ हो सकें और कोई भी उद्योगपति उनका शोषण न कर सके। सरकार को श्रम-कानूनों को सख्ती के साथ लागू करना होगा। मनरेगा को अपनी भूमिका निभानी होगी। अगर श्रमिक वर्ग वापस लौटने का विश्वास दिखाता है तो उसे सामाजिक सुरक्षा के लिए भी उद्योगपतियों अथवा मालिकों से आश्वस्त हो जाना होगा। जहाँ तक हो सके तो गाँवों में ही उन्हें रोजगार के अवसर उपलब्ध कराया जाना चाहिए। सरकार ने हालाँकि लॉकडाउन

में प्रवासी मजदूरों के लिए 1.7 लाख करोड़ रुपये का आर्थिक पैकेज देने की घोषणा की, लेकिन ऐसी सहायता अल्प काल के लिए बेहतर हो सकती है मगर टिकाऊ समाधान पर कार्य करने की जरूरत है। जरूरत है कि कृषि को पुन: उबारा जाये और कृषि उत्पादों पर फोकस किया जाये। प्रवासी मजदूरों के रहने-खाने, स्वास्थ्य आदि पर अमुक राज्य को ध्यान देना चाहिए, जहाँ वो काम करने जाये। सरकार को चाहिए कि शहरों जैसी सुख-सुविधाओं की व्यवस्था गाँवों में भी करे और गाँवों को आर्थिक विकास में आगे लाये। भारत एक कृषि प्रधान देश है जहाँ 70% आबादी आज भी कृषि पर निर्भर है ऐसे में कृषि प्रधान आर्थिक विकास पर हमें फोकस करने की आवश्यकता है।

इस प्रकार कहा जा सकता है कि प्रवासी मजदूरों का आर्थिक संवृद्धि और विकास में बहुमूल्य योगदान है। कोविड-19 ने इस बात को साबित कर दिया कि आम आदमी नजर आने वाले प्रवासी मजदूर भारतीय अर्थव्यवस्था की रीढ़ है, तभी तो कुछ राज्यों में उन्हें आने से रोक दिया गया। आज जहाँ से मजदूर पलायन करने पर मजबूर हो गये इस कोविड-19 में वहाँ का उद्योग-धन्धा पूरी तरह से ठप्प पड़ गया है जिससे भारतीय अर्थव्यवस्था काफी प्रभावित हुई है। ILO के मुताबिक लॉकडाउन की वजह से भारत में 42 करोड़ असंगठित क्षेत्र के लोगों के सामने रोजी-रोटी का संकट उत्पन्न होने की आशंका है, हालाँकि भारत सरकार ने भरपूर कोशिश की है कि लोगों को तकलीफ ना हो। मनरेगा के तहत मिलने वाला 182 रुपये की जगह 202 रुपये कर दिया गया है। एक बात तो तय है कि लॉकडाउन पूरी तरह खुलने पर भी अर्थव्यवस्था को धीमा रहने की सम्भावना है। सबसे ज्यादा श्रमिक निर्माण उद्योग (36.2%), कृषि क्षेत्र (20.4%)। प्रवासी मजदूरों की माँग अक्सर विकसित राज्यों में होती है जिसे आप इंडिया कह सकते हैं और दूसरा भारत जो गरीबी, लाचारी में पलने वाला, मेहनती, परिश्रमी भारत जो शिक्षा और रोजगार के अभाव में भटकने के लिए अभिशप्त रहा है। समय आ गया है कि प्रवासी मजदूरों की स्थिति में सुधार लाने पर विचार हो, सबसे पहले तो उसे सामाजिक सुरक्षा के लिए अग्रसर होना होगा। असंगठित क्षेत्र में श्रमिकों के लिए सामाजिक बीमा योजना भी लायी जा सकती है जिससे विशेष आपदा में उनके लिए सुरक्षा कवच उपलब्ध हो सके, मासिक वेतन सम्बन्धी नियमों का पालन सख्ती से हो इस पर ध्यान देना होगा।

प्रवासी मजदूरों की पलायनवादिता ने सोचने पर मजबूर कर दिया है कि जिस आर्थिक विकास माडल का भारत अनुकरण कर रहा है क्या वह हमारे देश के अनुकूल है। वर्तमान समय में हाथों की जगह मशीनों ने ले ली है, हमने भौतिकतावाद पर आधारित आर्थिक संवृद्धि का रास्ता अख्तियार कर लिया है जो अन्तत: बेरोजगारी को बढ़ावा देती है, मात्र उत्पादन उपभोग पर आधारित यह आर्थिक विकास की अवधारणा पूरी तरह से दोहन और शोषण पर आधारित है। हमारी संस्कृति सादा जीवन उच्च विचार

का पाठ पढ़ाती है। समय आ गया है कि अपने जड़ों की ओर लौटा जाये और अपनी संस्कृति, संस्कार और ग्रामीण संरचना के अनुरूप एक स्वदेशी आर्थिक विकास माडल तैयार किया जाये जो स्वराज्य, सर्वोदय और सद्भावना पर आधारित हो जिसमें सभी सुखी हों स्वस्थ हों। जिसमें न कोई हाथ तरसे न पलायन को मजबूर हो।

सन्दर्भ

1. महात्मा गाँधी– “हिन्द स्वराज”।
2. गाबा ओ.पी.– “पॉलिटिकल थॉट”।
3. इकोनोमिक सर्वे–2017।
4. NSSO रिपोर्ट।
5. योजना
6. वीकीपीडिया.org

49

वर्तमान परिपेक्ष्य में मजदूर कितने सुरक्षित, कितने असुरक्षित

क्षत्रिय दीपिका जितेन्द्र

वर्तमान समय में सम्पूर्ण विश्व कोरोना जैसी महामारी से जूझ रहा है। इस वायरस की शुरुआत चीन के वुहान से हुई और बहुत तेजी से यह वायरस सम्पूर्ण विश्व में फैल गया और इसने करोड़ो-लोगों को अपनी चपेट में ले लिया। अब तक लाखों लोग अपनी जान गँवा चुके हैं। आज भी यह क्रम थमा नहीं है। हालाँकि चीन ने इसके संक्रमण पर कुछ काबू पा लिया है किन्तु अन्य देशों में संक्रमण के आँकड़े लगातार ऊपर की ओर जा रहे हैं। 24 मार्च, 2020 के दिन आदरणीय श्री प्रधानमन्त्री मोदी जी ने मध्यरात्रि के बाद सम्पूर्ण राष्ट्रव्यापी लॉकडाउन की घोषणा की थी। जहाँ एक ओर लाखों लोग अपने घरों में कैद हो गये वहीं दूसरी तरफ हमारे समाज का वह समुदाय जो सदैव से ही शोषित रहा है वह अपने घर से बेघर हो गया। यह समुदाय कोई और नहीं बल्कि हमारे समाज का वह मजदूर-वर्ग है जिस पर सभी प्रकार की आर्थिक उन्नति टिकी हुई है। हमारे देश के विकास में मजदूरों का अहम् योगदान है हमें इस बात को नहीं भूलना चाहिए। यदि वर्तमान समय में इनकी स्थिति पर चिन्तन किया जाये तो इनकी स्थिति अत्यन्त गम्भीर नजर आयेगी। कोरोना महामारी के इस संकट काल में मजदूर-वर्ग के कुछ छुए-अनछुए पहलुओं के अध्याय खुल गये। लॉकडाउन होने के पश्चात मानो मजदूरों पर जैसे समस्याओं का पहाड़ ही टूट पड़ा हो और उनके समक्ष खाद्य एवं स्वास्थ्य सुरक्षा का संकट खड़ा हो गया।

हालाँकि देखा जाये तो यह पहली ऐसी महामारी है जिसने सर्वप्रथम समाज के प्रभुत्व वर्ग को अपनी चपेट में लिया, परन्तु इसका भयानक दुष्परिणाम गरीब व मजदूर लोगों को ही भुगतना पड़ा। गुजरात, महाराष्ट्र, केरल, पंजाब, हरियाणा, कर्नाटक आदि राज्यों में कोरोना महामारी के कारण सर्वाधिक दुर्दशा असंगठित क्षेत्र के मजदूरों को झेलनी पड़ी। उत्तरी राज्यों के ग्रामीण क्षेत्र से लोग काम-काज की तलाश में विकसित प्रदेश की ओर रुख करते हैं और ये प्रवासी मजदूर कमाई करके खाने की सुरक्षा के साथ कुछ धनराशि एकत्रित करते हैं जिसे वे अपने खेती के कार्य के लिए उपयोग में ले सके। ये

मजदूर अपनी रोजी-रोटी कमाकर अपना व अपने परिवार जनो का पेट पाल रहे थे। इस महामारी में सर्वाधिक शारीरिक और मानसिक प्रताड़ना इन्हें ही झेलनी पड़ी। लॉकडाउन के कारण अत्यधिक संख्या में मजदूर बेरोजगार हो गये क्योंकि सभी मशीनें बन्द होने लग गयी थीं और इनकी रोजी-रोटी का जरिया छीन लिया गया था। परिवहन सुविधाएँ बन्द होने के कारण ये मजदूर-वर्ग सैकड़ों मील दूर अपने वतन के लिए पैदल ही निकल पड़े। मजदूरों को अपने घर खासकर बिहार, उत्तर प्रदेश, मध्य प्रदेश, झारखंड, राजस्थान लौटने के लिए विवश होना पड़ा। निःसन्देह इसके लिए सर्वाधिक जिम्मेदार वे राज्य सरकारें हैं जहाँ ये मजदूर कार्य करते थे। इन मजदूरों की दयनीय स्थिति का हृदयस्पर्शी वर्णन मशहूर गीतकार गुलज़ार ने अपनी कविता में किया है–

> "महामारी लगी थी
> घरों को भाग लिये थे सभी मजदूर कारीगर
> मशीनें बन्द होने लग गयी थीं शहर की सारी
> उन्हीं से हाथ-पावों चलते रहते थे
> वरना जिन्दगी तो गाँव ही में बो के आये थे
> वो एकड़ और दो एकड़ जमी और पाँच एकड़
> कटाई और बुनाई सब वहीं तो थी...।"[1]

इस महामारी में सबसे बड़ा संकट तो समाज के इन श्रमिक मजदूरों के जीवन पर आ गया जिन्हें कोरोना महामारी के अतिरिक्त भी अनेक समस्याओं का सामना करना पड़ रहा है। इन परेशानियों का सामना करते-करते इन्हें अपनी जान तक गँवानी पड़ गयी। इन दिनों बीती हुई घटनाओं पर दृष्टि डाली जाये तो ऐसा लगता है जैसे इनके जीवन का कोई महत्त्व ही नहीं है। सरकार की प्राथमिकता में मजदूर-वर्ग कहीं भी नजर नहीं आता। इस महामारी के समाप्त होने पर अर्थव्यवस्था के पुनर्निर्माण हेतु मजदूरों की आवश्यकता तो है परन्तु इनकी मृत्यु से सरकार को कितना लगाव है उसे वर्तमान परिप्रेक्ष्य में साफ़-साफ़ देखा जा सकता है। समाज का वह समुदाय जिसके योगदान के बिना देश का विकास होना असम्भव है इस वर्ग के लोगों को इन दिनों खून के आँसू बहाने पड़े और इसकी जिम्मेदार वे राज्य सरकारें हैं जो इन्हें इनका बकाया वेतन का भुगतान कराने में समर्थ न रह सकीं और न ही इनके रहने के लिए मकान मालिक पर दबाव बना सकीं। सबसे महत्त्वपूर्ण, राज्य सरकारें इनका खाना मुहैया कराने भी असफल रहीं। राज्य सरकारों ने इन श्रमिक मजदूरों को इनके हाल पर ही छोड़ दिया और ये मजदूर लोग एक-एक पायी के मोहताज हो गये। कोरोना वायरस के कहर के कारण लाखों-करोड़ों लोगों के समक्ष दो जून की रोटी की समस्या खड़ी हो गयी थी। अन्ततः विवश होकर इन मजदूरों को अपने घर तक पहुँचने के लिए सैकड़ों किलोमीटर पैदल यात्रा करनी पड़ी। इन दिनों

रोज ऐसी तस्वीरें हमारे सामने आयीं जिनमें गरीब और मजदूर अपने घर की ओर दौड़े जा रहे हैं किन्तु शहर से गाँव तक का यह सफर बहुत ही कठिन था। कुछ को अपनी मंजिल मिली और कुछ लोगों को अपनी जान से हाथ धोना पड़ा। एक तरफ तो सरकार इनकी गुहार नहीं सुन रही थी और दूसरी तरफ बिना भोजन के इस महामारी के सामने लड़ना मजदूरों के लिए मुश्किल हो रहा था। अतः ये मजदूर अपनी जान को हथेली पर रखकर पैदल ही अपने घर पहुँचने का निर्णय कर लेते हैं।

कुछ दिनों पहले औरंगाबाद में रेल की पटरियों पर सो रहे मध्य प्रदेश के 16 मजदूरों की मालगाड़ी के नीचे आ जाने से मृत्यु हो गयी थी। कथित तौर पर वह महाराष्ट्र से मध्य प्रदेश स्थित अपने-अपने घर पहुँचने के लिए पैदल ही आ रहे थे। अधिक थक जाने के कारण वे पटरियों पर ही सो गये और इस भयानक घटना के शिकार बने। प्रश्न यह उठता है कि इन लाखों-करोड़ों मजदूरों को सैकड़ों किलोमीटर चलने के लिए विवश होना पड़ा, पुलिस के भय से रेलवे ट्रैक से यात्रा करने वाले मजदूरों की मृत्यु हो गयी, सड़कों पर एवं स्टेशनों पर गर्भवती महिलाओं का प्रसव हो जाता है तो इसके लिए किसे जिम्मेदार ठहराया जाये? मजदूरों की मृत्यु का हिसाब राज्य सरकारों को चुकाना ही होगा। मजदूरों द्वारा ली गयी कसम कि नमक-रोटी खा लेंगे परन्तु अब पुनः वापस लौटकर नहीं जायेंगे। भविष्य की वह चेतावनी है जिससे कई राज्यों की कम्पनियों का अस्तित्व खतरे में पड़ गया है।

अब तक जितने भी मजदूर पैदल, साइकिल, रिक्शा या ऑटो आदि से घर लौट रहे हैं उन सभी का यही आरोप है कि लॉकडाउन के पश्चात मालिकों ने उनकी सहायता करने के स्थान पर उनका बकाया पैसा देना भी आवश्यक नहीं समझा और एक महीना पूर्ण होते ही घर का किराया न दे पाने के कारण मकान मालिकों ने उन्हें घर से बाहर निकाल दिया। राशन-पानी खत्म होने के बाद मजदूरों के खाने के लाले पड़ गये, कुछ दिनों तक इधर-उधर से खाने-पीने का मिलता रहा परन्तु बाद में वह भी बन्द हो गया। ऐसे हालात में इनके पास अपने घर लौटने के अतिरिक्त अन्य कोई मार्ग शेष नहीं बचा था। राज्य सरकारें अपनी करनी को छुपाने के लिए केन्द्र सरकार एवं बेबस मजदूरों पर आरोप मढ़ रही थीं। यदि राज्य सरकारों ने इन श्रमिक मजदूरों के खाने-पीने का प्रबन्ध किया होता एवं रहने के लिए मजबूत व्यवस्था की होती तो इन मजदूरों को अपने मासूम भूखे बच्चों एवं गर्भवती पत्नी के साथ सैकड़ों किलोमीटर की लम्बी पैदल यात्रा करने के लिए विवश ना होना पड़ता।

इन मजदूरों की त्रासदी यहीं पर समाप्त नहीं होती। मजदूरों के लिए जो मजदूर श्रमिक स्पेशल ट्रेन चलायी गयी थी जिससे वे अपने घर पहुँच सके उनमें लगभग सभी मजदूरों का यही आरोप है कि रेल टिकट के अतिरिक्त भी उनसे पैसे वसूल किये गये और सैकड़ों किलोमीटर की लम्बी यात्रा में उन्हें कुछ भी खाने के लिए नहीं दिया गया।

अब सवाल उठता है कि जब केन्द्र सरकार ने साफ शब्दों में यह कहा था कि कोई भी राज्य सरकारें किसी भी श्रमिक को पैदल यात्रा न करने दे तो राज्य सरकारें उन्हें रोकने में अक्षम क्यों? केन्द्र सरकार यह ऐलान क्यों नहीं करती कि किसी भी श्रमिक को रेल किराया नहीं देना है और यदि उनसे पैसे वसूले जायेंगे तो उसकी जाँच कराकर कड़ी कार्रवाई की जायेगी। हमारे देश का वह समुदाय जिसने बड़े शहरों को अपने परिश्रम से और बड़ा किया आज उसका ही स्वयं का जीवन संकट में क्यों है? जब हमारे देश में हर आवश्यक एवं गैर-आवश्यक चीजों के लिए कानून बन जाता है तो क्या मजदूरों की सुरक्षा हेतु किसी कानून की आवश्यकता नहीं है? क्या उन्हें अपने अधिकार नहीं मिलने चाहिए? संविधान की दृष्टि से देखा जाये तो प्रवासी मजदूरों के लिए एक नहीं बल्कि दो कानून बने हुए हैं। प्रथम कानून अन्तरराज्यीय प्रवासी मजदूर अधिनियम (1979) एवं द्वितीय स्ट्रीट वेंडर्स एक्ट (2014) बने हुए हैं। अन्तरराज्यीय प्रवासी मजदूर अधिनियम के मुताबिक कोई कम्पनी दूसरे राज्यों से आये मजदूरों को काम पर रखती है और ऐसे मजदूरों की संख्या 5 या उससे अधिक हो तो ये अधिनियम उस कम्पनी पर लागू होता है, परन्तु इससे बचने के लिए कम्पनियाँ मजदूरों को कांट्रेक्टर के जरिए भर्तियाँ कराती हैं ताकि वो खुद को इस कानून से बचा सकें। कांट्रैक्टर मजदूरों से 11-11 महीने का कांट्रैक्ट करा लेते हैं और इसी कारण मजदूर कम्पनी का हिस्सा नहीं बन पाते एवं सरकार की योजनाओं से वे वंचित रह जाते हैं। स्ट्रीट वेंडर्स एक्ट के मुताबिक सड़कों पर दुकान लगाने वाले जिन्हें स्ट्रीट वेंडर कहा जाता है उन्हें सरकारी लाइसेन्स मुहैया कराया जाता है ताकि उनका रिकार्ड सरकार के पास हो। इस नियम के तहत यह सुनिश्चित किया जाता है कि उन्हें कोई परेशान न कर सके। हालाँकि वास्तविकता यह है कि देश में लाइसेन्सी स्ट्रीट वेंडर्स से अधिक गैर-लाइसेन्सी स्ट्रीट वेंडर्स की संख्या है जो दूसरे राज्यों से आते हैं। ये मजदूर पुलिस के रहमो-करम पर अपनी दुकान लगाते हैं। इन लोगों का सरकार के पास कोई रिकार्ड नहीं होता।

वर्तमान परिस्थिति को देखें तो कानून इनके साथ खड़ा नजर नहीं आता, इनके मालिकों ने इनसे मुँह फेर लिया है, डॉक्टरों के पास इनके लिए वक्त नहीं है तो आखिर ये मजदूर करते भी क्या? अतः भूखे प्रवासी पैदल ही अपने घर को निकल पड़े। इनमें कुछ मजदूर कोरोना जैसी महामारी से पीड़ित हो गये, कुछ हादसे का शिकार हो गये। मौजूदा हालात को भाँपते हुए यह स्पष्ट तौर पर कहा जा सकता है कि वर्तमान परिप्रेक्ष्य में मजदूर कहीं भी सुरक्षित नजर नहीं आते। अतः केन्द्र सरकार एवं राज्य सरकारों को मिलकर मजदूर-वर्ग की सुरक्षा के लिए उचित कदम उठाने चाहिए।

मजदूर-वर्ग के यथार्थ को उजागर करती 'किशनू झा' की कविता की पंक्तियाँ इस प्रकार हैं–

"तन से बहता रोज पसीना,
हर दिन होता दुर्लभ जीना।
खाने की तो बातें छोड़ो,
मुश्किल जिसको पानी पीना।
मन में जिसके टूटे सपने,
हर उम्मीद अधूरी है।
मजदूरों की किस्मत में,
जीवन-भर मजदूरी है।"[2]

सन्दर्भ ग्रन्थ

https://theprint.in/features/of-course-the-migrant-laboures-will-go-back-home-for-that-is-where-their-lives-are-gulzar/423524
http://kishnujha.blogspot.com

50

वर्तमान परिप्रेक्ष्य में मजदूर कितने सुरक्षित कितने असुरक्षित

सोनबाई देवराज रविया

प्रस्तावना

मनुष्य अपने जीवन-निर्वाह के लिए भिन्न-भिन्न प्रवृत्तियाँ करता है, अतः श्रम मानव जीवन का अभिन्न अंग बना रहा है, जब से स्थायी जीवन की शुरुआत हुई होगी कृषि, पशुपालन में जीवन व्यतीत करते-करते कई क्रान्तियाँ हुईं, और उसमें से ज्यादा पाने की लालसा जागृत हुई होगी फिर आगे चलकर गाँवों से शहरों का निर्माण हुआ, किन्तु सोचने वाली बात है कि जिनके पास श्रम करने के सिवाय कोई चारा नहीं है वे धनवान लोगों के पास अपना श्रम बेचकर कमाने लगे होंगे, और इस तरह मालिक और मजदूर की प्रथा चली होगी।

मजदूर जिसका पर्याय ही है मजबूर, जी हाँ कोई कभी अपने शौक से मजदूर नहीं बनता उनको मजबूरन मजदूर बनना पड़ता है।

किसी भी राष्ट्र के विकास-कार्य में उस देश के श्रमिकों-कारीगरों का बड़ा योगदान रहा होता है, किन्तु जो मेहनतकश इन्सान अपना पूरा जीवन व्यतीत कर देता है उनकी झोली में सिवाय मुसीबतों के कुछ नहीं होता। हम सब जानते हैं कि, पूरे विश्व में जो नवनिर्माण हुआ है सब कारीगरों की मेहनत का परिणाम है, हमारे देश का औद्योगिक एवं नगरीय विकास हो पाया है उसके पीछे इन श्रमिकों का योगदान है। सबीर हका जो की जन्मजात मजदूर है उन्होंने कहा है कि–

> मैं कभी साधारण बैंक कर्मचारी नहीं बन सकता था
> खाने-पीने के सामानों का सेल्समैन भी नहीं
> किसी पार्टी का मुखिया भी नहीं
> न तो टैक्सी ड्राइवर
> प्रचार में लगा मार्केटिंग वाला भी नहीं

मैं बस इतना चाहता था
कि शहर की सबसे ऊँची जगह पर खड़ा होकर
नीचे ठसाठस इमारतों के बीच उस औरत का घर देखूँ
जिससे मैं प्यार करता हूँ
इसलिए मैं बाँध काम मजदूर बन गया।

सबसे ज्यादा श्रम करते हैं ये मजदूर, कोई अपनी मर्जी से नहीं बनते मजदूर, न चाहते हुए भी नियति के हाथों उनको मजबूरी में ही मजदूरी करनी पड़ती है।

इस वक़्त के चलते पूरे विश्व में जो महामारी चल रही है, पूरा विश्व कोरोना जैसी संसर्गजन्य बीमारी से लड़ रहा है तब भारत के परिप्रेक्ष्य में देखें तो लोक-सम्पर्क सम्पूर्ण रोकने के लिए 24 मार्च से पूरे देश में लॉकडाउन लागू कर दिया गया, अब कोई कहीं से आ न पाये, कोई कहीं पे जा न पाये सारे काम बन्द हो गये, सब घरों में बैठ गये, तब सवाल पैदा हुआ कि जो मजदूर औद्योगिक कामों में, गृहनिर्माण-कार्य, बहुमंजिला इमारतें, रास्तों का निर्माण ऐसे बहुत सारे कार्यों में जुटे हुए थे, जो दूसरे राज्यों में रोजगारी हेतु गये हुए थे उनका क्या होगा जो अपने घरों से बहुत दूर बसे हुए थे, परिवारों के साथ अकेले भी रह रहे थे, ऐसे में जब बन्द का एलान हुआ तब उन मजदूरों के लिए जिस परिस्थिति का निर्माण हुआ वह अकल्पनीय है, जिस पर गुजरती है वही जानता है, कमाने की वजह छूट गयी, रोजी-रोटी छिन गयी, जहाँ पर रहते थे वहाँ किराया न देने की वजह से लोगों ने भगा दिया, मन में एक डर बैठ गया अब घर कैसे जायेंगे, हालाँकि सियासत और तन्त्र ने उनके लिए निर्णय लिये, किराया माफ़ करने को कहा, मुफ्त में राशन देने को कहा, उनके खाते में रुपए जमा करने को कहा किन्तु, इन लोगों को समझने और समझाने में सब नाकामयाब रहे, परिणामस्वरूप हुआ यूँ कि, मजदूर जहाँ पर थे वहीं से अपने वतन की ओर पैदल रवाना हो गये, किसी के रोके रुके भी नहीं और मुश्किल हालातों में ऐसे फँसे की निकलना नामुमकिन हो गया, शहरों से निकल गये मजदूर कोरोना के संक्रमण से ज्यादा भूख से व्यथित थे क्योंकि रोजी-रोटी छूट गयी, वे बेरोजगार बन गये, और घरों की ओर जा रहे थे, कई मजदूर थे जो रेल की पटरियों से जा रहे थे जब रात को सोये हुए थे तब उनके ऊपर से रेल के गुजर जाने से कई मजदूर रौंद दिये गये, रोटी ज्यों-की-त्यों पड़ी रही और कुचले हुए जिस्म और लहू के छींटे इस वक़्त मुझे ईरानी मजदूर सबीर हका की कुछ पंक्तियाँ याद आ रही हैं, उन्होंने कहा है कि -

क्या आपने कभी शहतूत देखा है,
जहाँ गिरता है, उतनी ज़मीन पर
उसके लाल रस का धब्बा पड़ जाता है।

गिरने से ज्यादा पीड़ादायी कुछ नहीं।
मैंने कितने मजदूरों को देखा है
इमारतों से गिरते हुए,
गिरकर शहतूत बन जाते हुए।

पैदल रास्ता काटते जब कुछ दूर गाँव रहा तब कितने छोटे बच्चों की जानें चली गयीं, और कई बुजुर्गों को पीठ पर लादे जवान बच्चे चले तो कहीं पर कोई लड़की अपने अपाहिज बाप को हरियाणा से बिहार तक साइकिल पर ढो लाती है, ऐसी घटनाओं का ब्यौरा हो सकता है किन्तु जिनपे गुजरी है वे मजदूर ऐसे हालातों को जी लिये अब जब गाँवों में पहुँचे तो वहाँ के डरे हुए ग्रामीणों ने गाँव में आने से रोका, कहीं पर बड़े पेड़ों पर कवारेंटीन किये गये तो कहीं पर गाँव के बाहर खेतों में रहने को मजबूर हुए, और वक़्त के चलते जब इतना सफ़र कट के आये तो कोरोना से संक्रमित भी हुए, कई राज्यों ने उनके लिए स्पेशल ट्रेनें चलवायीं तो किसी ने बसों की व्यवस्था कर दी, इन सब के बीच जो अनगिनत मजदूरों को तकलीफें हुईं, किसी सगर्भा मजदूरन ने रास्ते में बच्चे को जन्म दिया तब फिर से सबीर हका ने एक मुलाकात में जो बात की थी उसकी याद आती है– "मैं थका हुआ हूँ। बेहद थका हुआ। मैं पैदा होने से पहले से ही थका हुआ हूँ। मेरी माँ मुझे अपने गर्भ में पालते हुए मजदूरी करती थी, मैं तब से ही एक मजदूर हूँ। मैं अपनी माँ की थकान महसूस कर सकता हूँ। उसकी थकान अब भी मेरे जिस्म में है।"

इसी पीड़ा को सबीर ने तो महसूस किया था, वो जी गया था इस पीड़ा के साथ।

तो जो महिलाएँ माहवारी से गुजरी होंगी उनकी तकलीफें भी कम नहीं होंगी, हालाँकि सब हालातों में भी वे मजदूरी तो करते ही हैं न?

इतना ही कहाँ काफी था अब जब जब जैसे-तैसे करके अपने घरों को पहुँच गये तब एक दूसरी समस्या सामने आयी, रोजगार कहाँ से पायें? वापिस शहरों में जाने को कहा तो सब भड़क उठे, लाचार-बेबस इन मजदूरों से सियासत और तन्त्र ने भी कोई कमी न छोड़ी, दुगुना किराया लिया।

इतिहास में एक काला पन्ना होगा, एक दर्दनाक चित्र होगा मजदूरों के पैरों के छाले, पटरियों में कुचले गये जिस्म, और लहू के छींटे, घरों को जाते हुए बेबस मजदूरों की आँखों से बहते हुए आँसू...

जिस बहु मंजिला इमारत का निर्माण करते हैं, उसको तैयार होने के बाद उसमें कोई घुसने नहीं देता, जिस उद्योग में जी-जान से काम करते हैं उस उद्योग की बनी चीजें उसे नसीब नहीं होतीं, रुखी-सूखी खाकर फिर काम पर लग जाने वाले, रोटी, कपड़े, मकान, शिक्षण, तबीबी, जैसी जीवन जरूरी बातों से वंचित और कई मजबूरियों से जूझते इन लाचार बेबसों की आवाज कब हमारे कानों तक पहुँचेगी? कब हमारी रूह काँप उठेगी?

हमारी और उनकी परिस्थिति के अलग होने की चिन्ता प्रस्तुत करती हुई गोपाल जसानी की एक कविता देखें–

"तेरा-मेरा खुदा अलग...
तुझे उसने शान्ति बक्श दी,
फिर मुझे क्यूँ सवालों से भर दिया?
तेरा-मेरा वजूद अलग...
तेरी चौखट आजाद है
मेरा कमरा क्यूँ डर से भरा?
हमारा मजहब भी नेक कैसे हो सकता है?
सोच हमारा खुदा एक कैसे हो सकता है?
तेरी-मेरी भूख भी अलग...
तेरे घर में रोज सजती है थाली,
और मेरा बर्तन क्यूँ रहता है खाली?
तेरे-मेरे गुनाह भी अलग...
तेरी गलतियाँ अगले जन्म के इन्तजार में सूख जाती हैं,
मेरी भूल शाम तक सब कुछ लूट जाती है।
तेरे-मेरे बच्चे भी अलग...
मेरे आधे नंगे, फटे, टूटे, सूखे,
और तकदीर तेरे बच्चों पे खुद को लुटाये
गवाह कौन रहेगा पता नहीं,
पर जरूर तेरा मेरा-खुदा अलग होगा।

गोपाल जसानी

सन्दर्भ

1. google.
2. न्यूज़।
3. बड़ा कोश।

51

वर्तमान स्थिति में प्रवासी मजदूर

श्वेता सिंह

"जिसने सब के घर बनाये, आज उसी को घर नहीं"
"मजदूरों को जो मजदूरी का तजुर्बा ना होता
तो आज ना हवामहल और ना ताजमहल होता"

मजदूर को राष्ट्र निर्माता कहा जाता है, क्योंकि बिना मजदूर के कोई भी स्ट्रेक्चर खड़ा नहीं हो सकता। इंजीनियर नक्शा बनाता है, प्रारूप तैयार करता है लेकिन इन सबको सूरत एक मजदूर ही प्रदान करता है| ट्रेन से लेकर हवाई जहाज तक, आकाश से जमीन तक मजदूर की मेहनत के बिना आगे बढ़ना सम्भव नहीं है।

हम बड़े-बड़े अविष्कार करते है लेकिन उन अविष्कारों को मूर्त रूप देता है एक मजदूर। 1 मई 1986 को अमरीका में 10 से 12 घंटों तक काम लिए जाने, न खाने रहने की व्यवस्था के विरोध में आन्दोलन हुआ जिसमें बहुत से मजदूर मारे गये। तब कहीं 8 घंटे काम और खाने की व्यवस्था की गयी। अत: इस दिन को मजदूर दिवस के रूप में मनाया जाने लगा।[1]

अगर यह कहा जाये,कि दुनिया को चलाने में मुख्य भूमिका मजदूरों की होती है तो यह कहना गलत नहीं होगा। 1 मई को दुनिया के कई देश मजदूर दिवस मानते हैं। भारत में पहली बार 1 मई 1923 को हिन्दुस्तान किसान पार्टी ने मद्रास में मजदूर दिवस मनाया था। इस दिन सर्वप्रथम चंद्रा बेदी नाटियार ने सुप्रीम कोर्ट के सामने मनाया मजदूर दिवस। 1 मई को 80 से ज्यादा देशों में राष्ट्रीय छुट्टी होती है। इस दिन को लेबर डे, नई दिवस, श्रमिक दिवस और मजदूर दिवस भी कहा जाता है, ये दिन पूरी तरह श्रमिकों के लिए समर्पित है। मजदूर जिसे श्रमिक भी कहा जाता है। मानवीय शक्ति के द्वारा जिसमें दिमागी कार्य, शारीरिक बल और प्रयासों से जो कार्य करने वाला होता है, उसे ही मजदूर कहा जाता है। कार्य करने के उपरांत जो कार्य को अपनी मेहनत के द्वारा अपनी मानवीय शक्ति को बेच कर करे, उसी का नाम है मजदूर। भारतीय मजदूर संघ भारत का सबसे बड़ा केन्द्रीय श्रमिक संगठन है। इसकी स्थापना भोपाल में महान

विचारक स्व. दत्तोपंत ठेंगड़ी द्वारा प्रख्यात लोकमान्य बाल गंगाधर तिलक के जन्म दिवस 23 जुलाई 1955 को हुई। यह देश का पहला मजदूर संगठन है, जो किसी राजनैतिक दल की श्रमिक इकाई नहीं, बल्कि मजदूरों का, मजदूरों के लिए, मजदूरों द्वारा संचालित अपने में स्वतन्त्र मजदूर संगठन है।

प्रवासी यह शब्द covid19 में बहुत ही प्रचारित और प्रसारित हुआ है। प्रवासी अन्तर्देशीय, अन्तरप्रांतीय और एक ही प्रान्त में हो सकते हैं। आमतौर पर वे लोग जो अपने देश या प्रान्त राज्य को छोड़कर रोज़गार की तलाश में दूसरे मुल्कों राज्यों प्रान्तों में जाकर रहते हैं उन्हें प्रवासी कहा जाता है। प्रवासी एवं रिफ्यूजी में फ़र्क इतना है कि प्रवासीजन अपनी इच्छा से लोकतान्त्रिक प्रक्रियाओं का इस्तेमाल करते हुए दूसरे क्षेत्रों में जाते हैं तो जबकि रिफ्यूजी युद्ध या किसी विषम परिस्थितियों के कारण। हालाँकि पिछले वर्षों में इन दोनों के बीच का अन्तर काफ़ी कम हुआ है। प्रवासी भी उतनी ही विषम परिस्थितियों में शहरों से जा रहे हैं जितने युद्ध हो या आन्तरिक युद्धों की चलते रिफ्यूजी बनते हैं। सम्भवतः यही कारण है कि प्रवासी बदतर जीने के हालात, निम्नतर वेतन, नगण्य सेवा शर्तों, शून्य सामाजिक सुरक्षा के बावजूद काम करने के लिए तैयार हो जाते हैं। अमरीकी, कनाडाई, ड्राइवर या रिक्शा चालक से लेकर अफ्रीकी रेहड़ी, पटरी चालक या अरब मुल्कों की भवन निर्माण से लेकर अन्य कार्य करने वाले प्रवासी हो या भारत के विभिन्न शहरों में गाँवों से आने वाले प्रवासी मजदूर। इनमें से बहुत सारे लोग उन्हीं देशों या शहरों की कच्ची कॉलोनियों, पुनर्वास बस्तियों या झुग्गी-झोपड़ियों में बस जाते हैं तथा उसी शहर की नागरिकता ग्रहण कर लेते हैं तथा धीरे-धीरे उनका गाँवों से रिश्ता ख़त्म हो जाता है।

औद्योगिक विवाद अधिनियम (1947) की परिभाषा के अनुसार ही आज तक यह फैसला किया जाता है कि कौन मजदूर है जिसके कानूनन कुछ अधिकार हैं। औद्योगिक विवाद अधिनियम के दफा 2 (एस) में मजदूर की परिभाषा इस प्रकार दी गयी है: "मजदूर (प्रशिक्षु समेत) कोई भी ऐसा व्यक्ति है जो मजदूरी या वेतन के बदले, किसी उद्योग में शारीरिक, अकुशल, कुशल, तकनीकी, कार्यकारी, क्लर्क या सुपरवाइज़र का काम करता हो, चाहे काम की शर्तें स्पष्ट या अन्तर्निहित हों, और किसी औद्योगिक विवाद के निपटारे के लिए, इस अधिनियम के तहत वह व्यक्ति भी शामिल है जिसे उस विवाद के सन्दर्भ में निलम्बित, बरखास्त या जिसकी छंटनी की गई हो, या जिसके निलम्बन, बरखास्तगी या छँटनी की वजह से वह विवाद पैदा हुआ"।

मोटे तौर पर प्रवासी मजदूर को परिभाषित करने में माइग्रेशन स्टडीज़ के विभेद दो एवं परिभाषाओं में नहीं पड़ते हुए प्रवासी उन्हें माना जा सकता है जिनका शहरों में अपना घर न हो एवं उनके पास शहर का राशनकार्ड, नागरिकता इत्यादि न हो |

वार्टर ने अपने अध्ययन के आधार पर मजदूर वर्ग की परिभाषा में कहा है कि वे

लोग निम्न वर्ग में आते हैं जो वास्तव में निर्धन होते हुए भी ईमानदार होते हैं, जिनके पास आय का साधन नहीं और जो कि अन्य लोगों की कृपा पर चलते है और जिन्दा रहते हैं|

"मजदूर" और उसके अधिकारों की परिभाषा देने वाले कानून/अधिनियम ज्यादातर कई दशकों पुराने कानून हैं, जिनमें उन विभिन्न क्षेत्रों या विभिन्न प्रकार के संस्थानों की कोई गणना नहीं है, जिनमें आज बड़ी संख्या में लोग नौकरी कर रहे हैं। इन विभिन्न क्षेत्रों में नौकरी कर रहे लोगों के अधिकारों और काम की हालतों को इन अधिनियमों में से किसी के तहत भी सुरक्षा नहीं दी गयी है। जब-जब इन अधिकारों की मांग उठी है या उनके बारे में सवाल उठाये गये हैं या उनके सम्बन्ध में कोई विवाद उभर कर आया है जिसे हल करना पड़ा है, तो मामला अदालत की समझदारी पर छोड़ दिया गया है।

नई सरकारी शिक्षा व्यवस्था का उद्देश्य था साक्षर बनाना परन्तु मजदूरों की पुनः उत्पादन से ज्यादा इसे बनने नहीं दिया गया है। ग्रामीण अर्थव्यवस्था की सामंती भूपति, अफ़सरशाही गठजोड़ एवं उस पर आधारित राजनीतिक ने दलितों, आदिवासियों, जनजातियों, गरीबों को प्रवासी बनने पर मजबूर किया है।

नव उदारवाद एवं बाज़ारवाद ने अपने शहरों को एक ख़ुशहाल वर्चुअल इमेज में तब्दील करने का कार्य किया है तथा गाँवों को शहरों के समक्ष नीचा प्रस्तुत किया है। भारत सरकार का सौ स्मार्ट सिटी बनाने का लक्ष्य भी उसी वर्चुअल इमेजिंग का ही प्रचार है। सरकार की ग्रामीण विकास की योजनाये मनरेगा इत्यादी फिसड्डी साबित हुई है। स्किल इंडिया और मेक इन इंडिया नारे शापित हुए हैं। ज्यादातर प्रवासी जनस्किल मजदूर और संगठित क्षेत्र के विशाल महा समुद्र में शामिल हुए हैं तथा संगठित एवं सर्विस सेक्टर की श्रेणी में सम्मिलित हुए हैं। आम तौर पर रोज़ कमाओ, रोज़ खाओ जैसी स्थिति है। ज़ाहिर साबित है कि पचास दिनों का लॉकडाउन एवं सामाजिक दूरी इन प्रवासियों के लिए आफ़त साबित हुई है और शायद पैदल चलकर जाने वाले प्रवासियों के लिए अब 'अब लौ नसानी–अब न लसैहों' जैसी चीज़ ज़हर सी बन गयी है|

कार्ल मार्क्स ने समझाया कि सभी प्रकार के श्रम को सभी मजदूरों द्वारा मानसिक और शारीरिक काम के मेल के रूप में देखना चाहिये। उन्होंने लिखा कि–

"पूँजी के तले श्रम की असली अधीनता के विकास के समय से, या विशेषकर पूँजीवादी उत्पादन के विकास के समय से, व्यक्तिगत मजदूर नहीं बल्कि सामाजिक रूप से जुड़ी हुई श्रम की क्षमता ही सम्पूर्ण श्रम की प्रक्रिया का असली कार्यकर्ता है और चूँकि पूरी उत्पादकता की प्रक्रिया में योगदान देने वाली अलग-अलग श्रम क्षमतायें अलग-अलग तरीकों से योगदान करती हैं,... एक अपने हाथों में से ज्यादा, एक अपने दिमाग से ज्यादा, एक प्रबन्धक, इंजीनियर या तकनीशियन बतौर, दूसरा पर्यवेक्षक बतौर, तीसरा शारीरिक श्रमिक बतौर, या सिर्फ सहायक बतौर, तो श्रम क्षमता के काम ज्यादा से ज्यादा हद तक उत्पादक काम के दायरे में शामिल होते हैं और उन्हें करने

वाले उत्पादक मजदूरों में शामिल होते हैं, जो सीधे तौर पर पूँजी द्वारा शोषित मजदूर हैं और जो पूँजी की उत्पादन प्रक्रिया तथा पूँजीपति के मुनाफे पैदा करने की प्रक्रिया के पूर्ण रूप से अधीन हैं। अगर हम कार्यशाला को चलाने वाले सम्पूर्ण मजदूर को देखें, तो उसका बहुतरफा काम साफ़-साफ़ समझ सकते हैं... जो एक सम्पूर्ण उत्पाद है, जो साथ ही साथ अनेक सामग्रियों की कुल मात्रा है और इस सन्दर्भ में यह कोई फर्क नहीं पड़ता कि व्यक्तिगत मजदूर, जो इस पूर्ण मजदूर का एक निहित अंग मात्र है, खुद प्रत्यक्ष तौर पर शारीरिक श्रम करता है या उससे दूर रहता है।" ("पूँजी के उत्पादन की प्रक्रिया पर मार्क्स मार्क्स के नोट्स, पूँजी के अध्याय 6 का मसौदा, प्रत्यक्ष उत्पादन प्रक्रिया के परिणाम: 1864 में लिखित; मार्क्स-एंगेल्स संग्रहीत रचनायें, ग्रन्थ 34।)

भारत में सामंतवाद से पूँजीवाद का बहुत कम ही साधन मौजूद है। आम तौर पर हम मॉरीशसदाब, बेकन, डिनर, मार्क्स, लिनन, रोजर इत्यादी विद्वानों के अध्ययनों की नक़ल पर आधारित रहे हैं राज्य के चरित्र निर्माण में अर्ध पूँजीवादी और सामंती राज्य के ही सामान्य कारण से बहुतों ने अपना पिंड छुड़ा लिया है। उत्पादन के साधनों एवं उत्पादन के सम्बन्धों की मशीनीकृत व्याख्या होती रही है।

प्रवासी मजदूर शहरों में अन स्किल्ड या सेमी स्किल्ड मजदूर के रूप में आते हैं। इन मजदूरों का प्रवास तीन महीने से लेकर वर्षों तक का हो सकता है। संगठित क्षेत्र की फैक्टरियों की अतिरिक्त और संगठित क्षेत्र के लगभग समूचे मजदूर प्रवासी ही होते हैं। सब्ज़ी वाला, रेहड़ी वाला, थैला वाला, अख़बार बाँटने वाला, भवन निर्माण का कार्य करने वाला, इलेक्ट्रीशियन, प्लंबर, घरेलू कानगार, रिक्शावाला, लोडिंग अनलोडिंग का कार्य, साफ़ सफ़ाई वाला, ड्राइवर, दर्ज़ी, टेंट मजदूर, कूड़ा चुनने वाला, होटलों में काम करने वाला, दूध पहुँचाने वाला, पंजाब, हरियाणा, जम्मू में कृषि के काम, कपास की खेती, गन्ने की खेती में काम करनेवाले हैं। इनके अतिरिक्त सर्विस सेक्टर के ज्यादातर कर्मचारी, ईकॉमर्स के ज्यादातर सप्लाई बॉय होते है।

कुल मिलाकर शहर की पूँजीपति, अमीर, उच्चवर्ग एवं मध्यमवर्ग को हर प्रकार की सुविधा एवं सम्पन्नता का एहसास कराने वाले प्रवासी मजदूर ही होते हैं। सस्ता वेतन, कमरतोड़ काम यही है प्रवासी की पहुँचान और ऊपर से न कोई सम्मान। देश में स्थापित पूँजीपति, सामंती, अफ़सरशाही के गठजोड़ ने प्रवासी मजदूरों की श्रम का दोहन तो किया ही है उन्हें सम्मान की ज़िन्दगी भी नसीब नहीं होती है। भारत में जाति एवं धर्म सुधारक हो कि एक लम्बी फ़ेहरिस्त है परन्तु दुर्भाग्य जनक रूप से प्रवासियों का कोई मार्टिन किंग भी अभी पैदा नहीं हुआ है।

स्टेट ऑफ़ वर्ल्ड पॉपुलेशन रिपोर्ट के अनुसार दुनिया की आधी आबादी शहरों में रहने लगी है। भारत की जनगणना सन् 2011 के अनुसार भारत में आन्तरिक प्रवासी मजदूरों की संख्या 139 मिलियन है। जिसमें ज्यादातर प्रवासी उत्तरप्रदेश, बिहार,

मध्यप्रदेश, राजस्थान, बंगाल, उत्तराखंड, झारखंड से आते हैं एवं दिल्ली, महाराष्ट्र, आँध्रप्रदेश, तमिलनाडु, गुजरात एवं केरल को जाते हैं।

सन् 2011 के पश्चात शहरों की तरफ़ पलायन कृषि अर्थव्यवस्था की भयावह संकटों के चलते ही तेज़ी से बढ़ रहा है। श्रम कानूनों को लगातार केन्द्र एवं राज्य सरकारों के द्वारा कमज़ोर किये जाने के बावजूद भी बदतर स्थितियों में प्रवासी मजदूर काम करने को विवश हुआ है। ऐसे आंकड़े प्रचुरता में उपलब्ध है जो दर्शाते हैं कि शहरों में ये प्रवासी पेट पालने के अतिरिक्त कुछ ज्यादा नहीं कर पा रहे हैं। शहर की मुख्य फ़ीडर बने रहने के बावजूद भी उनको कोई ज्यादा आर्थिक लाभ नहीं है।

अब प्रवासी कामगार बाहर नहीं जाना चाहता क्योंकि जिनके कारण भारत के कई राज्यों कि अर्थव्यवस्था का विकास हो रहा था उनकी लॉकडाउन के दौरान सबसे ज्यादा दुर्गति हुई। जिस शहर को वे अपना समझ रहे थे वहाँ मिले अपमान तिरस्कार ने उनके सोचने की दिशा और दशा बदल दी।

जब लॉकडाउन की पीड़ा को बर्दाश्त नहीं कर पाये तो वे सरकारी घोषणाओं को सुनकर जीवन को दाँव पर लगाकर अपने गाँव की उम्मीदों की यात्रा पर निकल पड़े। जो पहुँच गये, अपनी बात पर खड़े होकर कह रहे हैं, दस पैसा कमाकर जीयेंगे, लेकिन परदेस नहीं जायेंगे। अपनों के पास पहुँचने में जो परेशानी उन्होंने झेली उसका दर्द वे इस जन्म में शायद ही भूला पायेंगे। लॉकडाउन में भारत के तमाम राज्यों से श्रमिकों का लौटना जारी है। यह पलायन मजदूरों, कामगारों पर काफ़ी भारी पड़ रहा है।

महामारी लगी थी
घरों को भाग लिए थे सभी मजदूर, कारीगर
मशीनें बंद होने लग गयी थी शहर की सारी
उन्हीं से हाथ पाँव चलते रहते थे
वर्ना ज़िन्दगी तो गाँव ही में वो कि आए थे।
वो 1 एकड़ और 2 एकड़ ज़मीन और पाँच एकड़
कटाई और बुआई सब वही तो थी
ज्वारी, धान, मक्के, बाजरे सब।
तो बँटवारे, चचेरे और ममेरे भाइयों से
फ़साद नाले पें, परनालों पें झगड़े
लठैत अपने, कभी उनके।
वो नानी दादी और दादू के मुक़दमे
सगाई, शादियाँ, खलियान
सूखा, बाढ़, हर बार आसमा बरसे न बरसे।
मरेंगे तो वहीं जाकर जहाँ पर ज़िन्दगी है

यहाॅ तो जिस्म ला कर प्लग लगाए थे।
निकाले प्लग सभी ने
चलो अब घर चलें'– और चल दिए सब
मरेंगे तो वहीं जाकर जहाँ पर ज़िन्दगी है!

गुलज़ार की कविता
[मरेंगे तो वहीं जाकर, जहाँ पर जिन्दगी है]

दो जून की रोटी की तलाश में अपनों को छोड़ इन लोगों ने कभी सोचा नहीं था की ज़िन्दगी इतनी भयावह होगी। जैसे ही लॉकडाउन हुआ, जीवन की परिभाषा बदल गई। जहाँ नौकरी कर रहे थे वहाँ मालिकों का व्यवहार बदल गया है, उन्होंने ही मरने को छोड़ दिया। न पैसे दिए और ना राशन। जो नौकरी पेशा थे, रोज़ खाने कमाने वाले थे वे दो वक्त की रोटी के लिए तरस गये थे। जो कुछ बचाकर रखा था वो राशन पानी में ख़त्म हो गया जब जीवन पर संकट मंडराने लगा तब उनके समक्ष घर वापसी का ही लक्ष्य था।

जब जीवन खतरे में पड़ता दिखाई देता है तो मौत का खौफ कम हो जाता है। शायद इसी कारण देश के अलग-अलग हिस्सों में रहने वाले इन मजदूरों-कामगारों ने अपने गाँव-घर का रुख किया| उन्हें यह पता नहीं था कि कैसे और कब घर पहुँचेंगे। वे तो बस इतना जानते थे कि अपने गाँव जाना है अपने परिवार के पास पहुँचना है, इस पराये शहर में भूखों मरने से बेहतर है, घर जाने के रास्ते में मर जाना। किसी ने साइकिल खरीदी तो किसी ने अपने मित्रों के साथ मिलकर जुगाड़ (मोटरयुक्त रिक्शा) खरीदी तो कोई अपने बीवी-बच्चों समेत पैदल ही निकल पड़ा। बाद में जब श्रमिक ट्रेन चलाई जाने लगी तो जो कुछ पढ़े-लिखे थे उन्होंने सरकारी प्रावधानों के तहत दौड़-धूप कर ट्रेनों में जगह पा ली लेकिन ट्रेन की सवारी के लिए की गई व्यवस्था पर जिन्हें भरोसा न था या फिर काफी प्रयास के बाद भी जिनके लिए नतीजा सिफर रहा वे पैदल ही चल दिये।

दिल्ली के चाँदनी चौक में दिहाड़ी मजदूर का काम करने वाले सहरसा जिले के नवहट्टा के रामप्रवेश कहते हैं, "वहाँ रहना मुश्किल हो गया था। गाँव के ही अपने साथियों के साथ चंदा कर बीस हजार रुपये जुटाए और एक जुगाड़ गाड़ी खरीदी। शुक्र है यहाँ तक पहुँच गया, अब जो भी करेंगे हम सब यहीं करेंगे।" 17 दिनों में पुणे से साइकिल से चलकर नवादा जिले के नरहट पहुँचे रणजीत का दर्द भी कुछ वही है– कहते हैं, "कामकाज ठप, पैसे खत्म, लग रहा था यहाँ रहा तो मौत तय है। सोचा, भूखे मरने से बेहतर है रास्ते में मर जाऊँ, यही सोचकर पुणे से चल दिया।"

मालिकों का दुर्व्यवहार

ऐसा नहीं है कि समस्या केवल रोज कमाने-खाने वालों को ही हुई, वे लोग भी इससे दो-चार हुए जो किसी-न-किसी कम्पनी या फैक्ट्री में सुपरवाइजर या स्किल्ड होने के

कारण अन्य पदों पर काफी दिनों से तैनात थे। ये लोग थोड़े सक्षम थे लेकिन मालिकों के दुर्व्यवहार से अपमानित होकर इन लोगों ने घर का रूख करना ही वाजिब समझा। अहमदाबाद से मोटरसाइकिल से अपने छह साथियों के साथ मुजफ्फरपुर पहुँचे राजीव चौधरी कहते हैं, "वहाँ एक टेक्सटाइल मिल में हम सब काफी दिनों से काम कर रहे थे। लॉकडाउन होते ही फैक्ट्री मालिक ने हमें तत्काल परिसर खाली करने की हिदायत देते हुए फैक्ट्री के छह माह तक बन्द रहने और इस अवधि में काम किये बिना तनख्वाह नहीं देने की बात कही। अपमानित महसूस करते हुए हम सभी ने घर लौटने का निर्णय किया और 2200 किलोमीटर की दूरी तय कर घर तक चले आये।" लखनऊ से बाराबंकी जाते हुए मजदूर जो चिलचिलाते धूप में 40 किलोमीटर चलते हुए चले जा रहे हैं|

सरकार की अव्यवस्था

सरकार की व्यवस्था ने भी मजदूरों-कामगारों को पग-पग पर परेशान किया। जो पढ़े-लिखे थे वे घर लौटने के लिए रजिस्ट्रेशन के लिए परेशान रहे। जिन अफसरों के नंबर कोर्डिनेशन के लिए सार्वजनिक किये गये, वे बन्द ही रहे और जो किसी तरह श्रमिक ट्रेन में सवार होने में कामयाब रहे उनके अनुभव भी बेहतर नहीं रहे। राजस्थान के जयपुर व कोटा से पटना के दानापुर स्टेशन पहुँचे श्रमिकों के अनुसार उनके साथ दोयम दर्जे का व्यवहार किया गया। कोटा से लाये गये छात्रों को बढ़िया भोजन दिया गया जबकि उन्हें खराब, कई लोगों ने इसकी शिकायत की और खाना फेंक दिया, कई श्रमिक ट्रेनों में तो रास्ते में खाने को कुछ भी नहीं दिया गया, बिहार सरकार द्वारा तय व्यवस्था के अनुसार विद्यार्थियों से रेल भाड़ा नहीं लिया गया जबकि कामगारों को टिकट खरीदना पड़ा। यह बात दीगर है कि उन्हें क्वारंटीन अवधि पूरा होने के बाद किराये की राशि वापस की जायेगी और पाँच सौ रुपये अतिरिक्त भी दिये जायेंगे, बेंगलुरु से ट्रेन खुलने के बाद रेलवे की ओर से रास्ते में बस एक बार भोजन दिया गया। इसके बाद दानापुर में ही भोजन मिला, थोड़ी परेशानी तो हुई लेकिन घर पहुँचने की खुशी के आगे यह कुछ भी नहीं थी, अब यहाँ अगर कुछ न कर सके तभी फिर लौटने की वे सोचेंगे।"

पुनः लौटने पर गहन विचार

घोर अनिश्चितता के बीच जिस अमानवीय कष्ट को उठाकर प्रवासी मजदूर-कामगार अपने गाँव की दहलीज तक पहुंचे हैं, उससे तो लगता है कि वे अब शायद ही बाहर का रुख करना चाहेंगे। ए.एन. सिन्हा इंस्टीट्यूट के समाजशास्त्र विभाग के अध्यक्ष डॉ. डी एन प्रसाद वे कहते हैं, "यह संक्रमणकाल है, प्रवासियों के ये उद्गार भावनात्मक हैं, लॉकडाउन के कारण अप्रत्याशित स्थिति बन भी आई है। इस परिस्थिति में उन्हें न तो नैतिक और न ही आर्थिक सपोर्ट मिल रहा है। संकट के समय में भावनात्मक शक्ति

प्रबल होती है जो सामूहिकता का बोध दिलाती है, इसलिए इन्सान अपने लोगों के बीच जाना चाहता है ताकि उसकी मानसिक व भावनात्मक जरूरतें पूरी हो सके।" डॉ. प्रसाद कहते हैं, "अभी जो कुछ दिख रहा वह परिस्थितिजन्य है। जैसे ही इमोशनल ब्रेकडाउन होगा वैसे ही यथार्थ का बोध होगा। संक्रमणकाल खत्म होते ही बदलाव आना तय है।"

एक स्थानीय पत्रकार कहते हैं, "प्रवासी मजदूरों को रोजगार नहीं, खाने का जरिया नहीं और सरकार पर भरोसा नहीं। जैसे हालात ने उन्हें जिस तरह सबकुछ दाँव पर लगाकर सड़कें नापने को विवश किया ठीक उसी तरह की परिस्थिति अगर यहाँ भी बनेगी तो उल्टे पाँव उन्हें लौटने में देर नहीं लगेगी।" अनुमान के मुताबिक पाँच लाख से ज्यादा स्किल्ड व नन स्किल्ड कामगार लौटने वाले हैं। जो बाहर मजदूरी कर रहा था, थो वो सरकारी या गैर सरकारी काम में मजदूरी कर लेगा लेकिन स्किल्ड लोगों का क्या होगा। किसी राज्य सरकार के पास कोई आंकड़ा नहीं है कि देश के कितने कामगार बिना रोजगार कितने दिनों तक जीवन-यापन कर सकते हैं। कैसे भूल सकते हैं कि सहरसा स्टेशन पर तीन-तीन दिन इन्तजार करने के बाद रोजी की तलाश में महानगरों का रूख करने वालों को किसी ट्रेन में जगह मिलती थी। पलायन और रोजगार के अवसर में तो कहीं सामंजस्य है ही नहीं वाकई, सब कुछ रोजी-रोजगार के अवसर सृजित होने पर ही निर्भर करेगा, अपार कष्ट झेलकर अपने गाँव पहुँचे ये कामगार जब क्वारंटीन अवधि पूरी कर अपनों के बीच होंगे तो उन्हें सुकून तो जरूर मिलेगा। लेकिन उनका सुकून कितना दीर्घकालिक होगा, कहना मुश्किल है|

वेतनभोगी मजदूर कोई गुलाम नहीं है। वह पूरा समय मालिक की सेवा में नहीं बिताता है। वेतनभोगी मजदूर दिन के कुछ निर्धारित घंटों के लिए अपनी श्रम शक्ति को बेचता है। दिन के बाकी घंटे उसका अपना समय है, आराम करने तथा परिवार के साथ बिताने के लिए। अतः काम के घंटों पर सख्त, कानून से निर्धारित सीमा और साप्ताहिक अवकाश सभी वेतनभोगी मजदूरों का अधिकार है, चाहे वह उत्पादन में काम करता हो या हिसाब-किताब करने में या बिक्री विभाग में। कुछ मजदूरों को इस अधिकार से वंचित करना सम्पूर्ण मजदूर वर्ग पर हमला है।

प्रत्येक रोज़गार शुदा मजदूर को काम के बीच में पर्याप्त अवकाश, स्वास्थ्य सेवा, महँगाई के लिए मुआवज़ा, इत्यादि का अधिकार है। महिला मजदूरों को पुरुषों के समान काम के लिए समान वेतन पाने का अधिकार है। उन्हें प्रसूति की पर्याप्त छुट्टी, काम की जगह पर शिशु पालन सुविधाओं और देर तक काम करने पर सुरक्षित यातायात सुविधाओं का अधिकार है।

सभी रोज़गार शुदा मजदूरों को अपना यूनियन और संगठन बनाने तथा मालिक के साथ सामूहिक सौदा करने का अधिकार है। उन्हें हड़ताल करने का अधिकार है, जो कि उनका एक हथियार है यह सुनिश्चित करने के लिए कि मालिक अपना फर्ज़ पूरा करे।

मिसाल के तौर पर, काम के घंटों की सीमा का विषय देखें। फैक्टरी अधिनियम के दफा 51 के तहत यह कहा गया है कि "किसी भी बालिग मजदूर को फैक्टरी में 48 घंटे प्रति हफ्ते से ज्यादा काम करने की जरूरत या इजाज़त नहीं होनी चाहिए।" इसका यह मतलब है कि मजदूर इससे ज्यादा घंटे काम कर सकता है जिसके लिए उसे विशेष ओवरटाइम दिया जाता है, परन्तु मजदूर पर यह दबाव नहीं डाला जा सकता कि वह हफ्ते में 48 घंटे से ज्यादा काम करे। यह सभी वेतनभोगी मजदूरों का अधिकार है। पर बहुत से मजदूरों को कर्मचारी का दर्जा देकर इस अधिकार से वंचित किया जाता है। शिक्षकों, डाक्टरों और सेवा क्षेत्र में नौकरी करने वाले बहुत से लोगों को इससे अधिक समय तक काम करना पड़ता है, जिसके लिए उन्हें कोई मुआवज़ा नहीं मिलता।

कोविड 19 के कारण हमें ऐसा ज्ञात हो रहा है कि प्रवासियों की संख्या करोड़ों में है। हाल ही में कोटा के छात्रों को लेकर हुए विवाद चर्चित है। कोविड 19 से लड़ने के लिए सरकार पानी की तरह पैसा बहाया रही है अगर उसी पैसे के एक हिस्से का इस्तेमाल देश के सभी ब्लॉकों में अस्पताल, स्कूल एवं सड़क बनवाने का कार्य किया जाता या भवन निर्माण क्षेत्र में लगाया जाता तो 5 करोड़ मजदूरों को रोज़गार मिल रहा होता।

"अमीरो के लिए गर्मी बढ़ गई है, परन्तु मजदूरों का तो जीवन गर्मी से घिर गया है।"

उच्च संस्थानों को अपने उद्योगों में लगे कर्मचारियों को सामाजिक दूरी का ध्यान रखते हुए कार्य में संलग्न कराना चाहिए। औद्योगिक क्षेत्रों की इस गिर्द बहुमंजिली इमारतें हमारी योजना का हिस्सा होते तो उद्योग भी चल रहे होते और कोरोना से लड़ाई भी लड़ रहे होते हैं परन्तु स्थिति यह है कि पैदल चल रहे श्रमिक वर्ग महिलाओं एवं बच्चों समेत भूख और प्यास से त्रस्त पगार से वंचित पुलिस की लाठियों के लिए अभिशापित, प्रवासियों के पैर के छालों को देखकर ऐसा लगता है कि मालिकों ने उन्हें मजदूर की बजाय इस्तेमाल की वस्तु समझा। इसके साथ ही सरकार ने बुरी तरह उनका शोषण किया है।

उत्तर प्रदेश सरकार ने प्रवासी मजदूरों को रोज़गार मुहैया कराने के लिए बड़ा क़दम उठाया है। राज्य सरकार ने माइग्रेशन कमीशन प्रवासन आयोग गठित करने का निर्णय लिया है। सरकार ने यह भी स्पष्ट किया है कि कोई भी राज्य जो इन कामगारों को अन्य राज्यों से अपने राज्य में रोज़गार के लिए मदद करनावाना चाहते हैं, उसे राज्य सरकार से इसकी अनुमति लेनी होगी। सर्वे के अनुसार 23, लाख से अधिक प्रवासी मजदूर अपने अपने राज्य लौट चुके हैं। कई मुख्यमंत्रियों ने निर्देश दिया है कि इन मजदूरों के लिए माइग्रेशन कमिशन का गठन किया जाएगा। आदित्यनाथ ने अधिकारियों को यह भी निर्देशित किया है कि प्रवासी श्रमिकों को बीमा करवा दिया जाएगा ताकि उनका जीवन सुरक्षित हो| अन्य मंत्रियों ने सुझाव दिया कि उनकी नौकरी की सुरक्षा सुनिश्चित करने की योजना भी शुरू की जाए।

कृषि को लाभगत व्यवसाय बनाना–अधिकतम श्रमिक कृषि के अलाभकारी हो

जाने के कारण बाहर जाने हेतु बाध्य होते है, अतः कृषि के लाभकारी बनने के उपरांत ऐसी यह समस्या कम होगी तथा उन्हें कृषि सम्बद्ध गतिविधियों के विषय में जानकारी देनी चाहिए।

न्यूनतम फ्लोर लेवल इनकम की अवधारणा–प्रस्तावित श्रमिक संहिता में वर्णित न्यूनतम फ्लोर लेवल इनकम या मिनिमम वेज की अवधारणा को लाना होगा जिससे, क्षेत्रीय मजदूर मूल्य के अन्तर को कम किया जा सके।

ग्रामीण आय को बढ़ाना–प्रधानमंत्री ग्राम सड़क योजना तथा मनरेगा जैसी योजनाओं को बढ़ावा देकर ग्रामीण आय को बढाकर अनैक्षिक माइग्रेशन को रोकना चाहिए |

कानूनी ढांचा मजबूत करना–श्रम कानूनों को संहिताबद्ध कर उनके प्रभावी कार्यान्वयन को सुनिश्चित किया जाये |

सामाजिक सुरक्षा योजनायें–सरकार द्वारा श्रम योगी मानधन जैसी योजनाओं का समुचित उपयोग कर प्रवासी श्रमिको की सामजिक सुरक्षा को प्रतिबद्ध करना चाहिए।[2]

भारत सरकार ने बहुत से कदम उठाए है, जिनका विवरण निम्न है–

- भारत सरकार ने मजदूरों को अपने घर पहुँचाने के लिए भी कदम उठाये हैं, उन्हें हवाई यात्रा व रेल की सुविधा भी दी जा रही है।
- सरकार ने गरीबों के लिए 1.70 लाख करोड़ का पैकेज का ऐलान किया जिसका नाम प्रधानमंत्री गरीब कल्याण योजना है।
- सरकार ने पीएम किसान योजना के तहत 8.70 लाख किसानों के खातों में 2000 रुपये की किश्त डाली।
- सरकार ने महिलाओं को राहत देने के लिए जनधन अकाउंट धारक 20.5 करोड़ महिलाओं के खाते में अगले तीन माह तक 500 रुपए देने का फैसला किया है। देश में 63 लाख महिला स्वयं सहायता समूहों के लिए कोलेट्रल फ्री लोन का अमाउंट 10 लाख से 20 लाख रुपये कर दिया गया है।
- वित्त मंत्री ने कहा है की सरकार अगले तीन माह तक एमप्लायेर एवं इम्प्लाई दोनों की ओर से इपीएफ कंट्रीब्यूशन देगी।
- आत्मनिर्भर भारत बनाने की योजना, लोकल से वोकल बनाने का प्रयास भी किया है।
- वित्त मंत्री ने कंस्ट्रक्शन वर्कर्स की मदद के लिए वेलफेअर फंड बनाया है, जिसमें 3.5 करोड़ रजिस्टर्ड मजदूरों के लिए 31000 करोड़ का फंड उपलब्ध है।

ऐसे बहुत-सी योजनाएँ व सुविधाएँ सरकार ने मजदूरों के लिए उपलब्ध कराये है, जिनका उपयोग मजदूरों को करना चाहिए।

सन्दर्भ

1. मजदूर विकिपीडिया [www.google.co.in]
2. प्रवासी मजदूर [www.dhyeyaias.com]
3. अन्किल्ड मजदूर [ichowk.in]
4. मजदूर कौन ---[cgpi.org]

52

प्रवासी मजदूरों की समस्या, चुनौतियाँ और समाधान

डॉ. रूपश्री एस. होसमाठ

प्रस्तावना

वर्तमान परिस्थिस्तियों में भयंकर महामारी की त्रासदी से आज पूरा विश्व गुजर रहा है। जहाँ जीवन थम-सा गया है। अतः महामारी के कारण हर एक मनुष्य और जीव का जीवन चिन्ताजनक बन गया है। वह अपने जीविकोपार्जन के लिए हर दिन मानव कई सारे चुनौतियों से लड़ रहा है। वह अपने जीवन का निर्माण करने के लिए नये सपनों के साथ गाँव को छोड़कर शहरों की ओर चले आ जाते हैं। आज महामारी के कारण उनकी दुर्दशा ऐसी हो गयी है।

आज ये सब देखते हुए सुप्रीम कोर्ट ने निर्देश दे दिया कि वह उनके घर पहुँचाने के लिए उन्हें ट्रेन-बसों की व्यवस्था करें जिसका किराया नहीं लिया जायेगा बल्कि उनका खर्चा राज्य सरकार ही भर देगी। बिहार, गुजरात, दिल्ली के मुख्य राज्यों से जो प्रवासी मजदूरों के लिए श्रमिक स्पेशल गाड़ियों की व्यवस्था किये हैं, साथ में उन्होंने जरूरी चिकित्सा सम्बन्धी सुविधाओं की व्यवस्था की है। जो सुनिश्चित करें कि यथाशीघ्र रेल या बसों से उनके गृह या राज्य भेजा जाये। यात्रियों के लिए भोजन-पानी सभी गाँव पहुँचाने तक ज़िम्मेदारी सरकार ने ली लिया है। सरकार ने सतर्क होकर सब कदम उठा लिये हैं। अर्थात कोरोना त्रासदी के समय से हम सब गुजर रहे हैं। प्रवासी मजदूरों के लिए ये चिन्ता का विषय रहा है कि इस त्रासदी में सामाजिक-पारिवारिक पहलू पर उनके प्रति गाँव या घर में कितनी सहज स्वीकार्यता होगी? यह एक व्यावहारिक और विचारणीय मुद्दा है यह कटु सच है कि उनके अपनो के पास पीड़ा के दौर में भी उलाहने देने और दूरियाँ बनाने के कारणों की एक लम्बी फेहरिस्त होगी। यह भी संक्रामक बीमारी के डर ने दूरियाँ बनाने का बहाना दे दिया है। इन दिनों ऐसी कई खबरें भी आयी हैं, जो गाँव लौटे मजदूरों के प्रति अपने-परायों के उपेक्षा भरे व्यवहार की बानगी बनी हैं। कई मजदूरों ने कहा कि उनके घरवाले उनके साथ अजनबियों जैसा बर्ताव कर रहे हैं। गाँववाले उनसे दूरी बना रहे हैं इतना ही नहीं संक्रमण फ़ैलाने के डर से करीबी लोग भी उन्हें गाँव नहीं

आने की सलाह दे रहे हैं। हालाँकि कमाई बन्द हो जाने के चलते प्रवासी श्रमिकों के पास अपने घर गाँव जाने के अलावा और कोई रास्ता नहीं है। प्रवासी श्रमिक मजदूर ने बेरोजगारी के कारण आत्म-हत्या का शिकार हो रहे हैं। क्योंकि जीविकोपार्जन के लिए पैसे नहीं हैं, दूसरी ओर हम देख सकते हैं कि जो नगरों के आर्थिक तथा सामाजिक आधार स्तम्भ बने हुए थे वह आज अपने गाँव पहुँच गये हैं। इससे पूरे विश्व-भर में आर्थिक विकास घटता जा रहा है।

प्रवासी मजदूर शहर की ओर बढ़ना चाहते हैं, लेकिन शहर-भर में महामारी की परिस्थिति उभरकर सामने आ रही है। जिससे लोगों का जीवन दिन-ब-दिन चिन्ताजनक बन गया है। अर्थात प्रवासी मजदूरों का जीवन निर्वहन करने में परेशानी हो रही है। इसी तरह की समस्या से आज पूरा विश्व सामाजिक बेरोजगारी आर्थिक रूप में गुजारा करना पड़ रहा है। जो बड़े-बड़े शहरों में कारखानों में जो उत्पादन करने वाले प्रवासी मजदूर अपने घर लौटने के कारण उनकी प्रगति भी नहीं हो पा रही है।

जो मजदूर अपने गाँवों में खेती करते थे वह नयी आशा के साथ या नयी जिजीविषा के साथ शहरों की ओर चल पड़े। लेकिन आज इस संक्रमित महामारी के कारण मजदूरों का जीवन डावाँडोल हो गया है। जहाँ लॉकडाउन के कारण नौकरी भी चली गयी। आवास और रोजी-रोटी के लिए तरसना पड़ रहा है जिसके कारण वह निराशा के साथ अपने घर लौटने के लिए तैयार हो गये। प्रवासी मजदूरों का दर्द महसूस करते हुए केन्द्र सरकार ने उनकी हालत के अनुसार सभी प्रवासी जिसमें घर लौटते लोगों को मुफ्त अनाज तथा रोजगारों के बारे में सोचते हुए ये कदम उठाने की कोशिश कर रहे हैं।

हालाँकि अभी हमें सिर्फ लौटने वाले प्रवासियों की ही चिन्ता नहीं करनी है अर्थात यह भी सोचना है कि न केवल भारत में बल्कि दुनिया-भर में रोजगार एवं उत्पादन के भविष्य पर इसका क्या असर होगा? उसके साथ ही विदेश से लौटे मजदूरों की भी आज बेरोजगारी बढ़ गयी है। आज मजदूरों के न होने का कारण देश के अलग-अलग क्षेत्रों में कार्य निर्माण में असुविधा हो रही है। आज कहीं-न-कहीं मजदूरों की महत्ता समझ में आ गयी है। ये मजदूरों जैसे भी निहायत बुरी परिस्थितियों में अपना जीवन व्यतीत कर रहे हैं। औद्योगिक क्षेत्रों के लिए कोई सरकारी आवास या परिवहन की सुविधा नहीं है।

प्रवासी मजदूर आज घर तो लौटे हैं, हम सोच सकते हैं कि एक सुअवसर है। अब हम अपनी ग्रामीण अर्थव्यवस्था को पूर्वजीवित कर सकते हैं। आज हमारी दुनिया तेजी से बढ़ रही है, क्योंकि हमारे सामने प्रकृति की पूँजी का पुनर्निर्माण करने का एक सुनहरा अवसर है पानी, जंगल, भूमि, बागवानी और आजीविका में निवेश के माध्यम हैं। हमें ग्रामीण नवीकरण के लिए आजीविका प्रदान करने के लिए कुछ योजनाओं के रूप में देखना चाहिए कि कृषि के दौरान ग्रामीण अर्थव्यवस्था को पूर्व अपने उत्पादन से पुन्जीर्वित करना चाहिए। जिससे ग्रामीण और शहरी के बीच एक नया समझौता करना

होगा, जिससे किसानों का ही मुनाफा हो। लौटे प्रवासी मजदूरों को गाँव में रोजगार देने की योजना बनायी गयी।

भारत सरकार ने प्रवासी श्रमिकों के गाँव में आजीविका के साधन के लिए 'गरीब कल्याण रोजगार अभियान' की शुरुआत करने जा रही है जिससे वह आत्म-निर्भर बन सकें। जिसके साथ 'जल जीवन मिशन', 'प्रधानमन्त्री ग्राम सड़क योजना', 'प्रधानमन्त्री ग्रामीण आवास योजनायें' जुड़ी हैं।

इन सबके कारण आज महामारी की त्रासदी का रूप प्रवासी मजदूरों की स्थिति देखने से पता चलता है कि वह सब बेरोजगार बन गये हैं। अब गाँव तो चले गये हैं, इनमें सकारात्मक और नकारात्मक श्रमिक दोनों शामिल हैं। केन्द्र सरकार का कहना है कि उसने सम्बन्धित राज्य सरकारों के साथ मिलकर प्रवासी श्रमिकों की कौशलता के साथ किसी-न-किसी प्रकार कार्यकुशल बना पाये हैं।

उपसंहार

आगे भी कई विसंगतियों के मोर्चों पर लड़ाई लड़नी है। दुनिया को हिला देने वाली इस त्रासदी से जीवन का आर्थिक सामाजिक-पारिवारिक या मनोवैज्ञानिक कोई पहलू नहीं बचा है। ऐसे में रोज कमाने, रोज खाने वालों की मुसीबतों का तो कोई अन्त नहीं दिखता, न शहरों में और न गाँवों में। लिहाजा सरकार और समाज को मिलकर इस संकट का हल तलाशना होगा। अन्यथा इससे गाँव-समाज में रंजिशों का एक व्यापक दौर शुरू हो सकता है।

लेखकों के परिचय

अरुण होता, प्रोफ़ेसर एवं अध्यक्ष, हिन्दी, पश्चिम बंगाल राज्य विश्वविद्यालय, बारासत, कोलकाता-700126, मोबाइल : 9434884339

रसाल सिंह, प्रोफेसर एवं अध्यक्ष, हिन्दी एवं अन्य भारतीय भाषा विभाग, जम्मू केन्द्रीय विश्वविद्यालय, सम्पर्क- 8800886847

डॉ. धीरजभाई वणकर, अध्यक्ष, हिंदी विभाग, जी.एल.एस. (सद्‌गुणा एंड बी.डी.) कॉलेज फॉर गर्ल्स, अहमदाबाद (गुजरात)

डॉ. सूरज भान सागर, एसो. प्रो. एवं अध्यक्ष–हिन्दी विभाग, एन.आर.ई.सी. कॉलिज, खुर्जा (बुलन्दशहर) – 203131, मो. 9219765596

अर्जुन सावेदिया, नगला टीन, पोस्ट- धाँधूपुरा, आगरा- 282006, मोबा. न.- 9410255666

डॉ. प्रोमिला, असिस्टेंट प्रोफेसर, हिन्दी विभाग, अँग्रेजी एवं विदेशी भाषा विश्वविद्यालय, हैदराबाद-500007, मो.-8977961191

प्रो.(डॉ.) अनुसुइया अग्रवाल, डी. लिट्. प्राध्यापक एवं विभागाध्यक्ष हिन्दी, शा. म. व. स्नातकोत्तर महाविद्यालय, महासमुन्द (छत्तीसगढ़) मो. नं. 9425515019 ईमेल- agrawaldransuya@gmail.com क्लब वार्ड, पो. एवं जिला- महासमुन्द (छत्तीसगढ़) पिन- 493445

प्रा. डॉ. मनीष वाघेला, अध्यक्ष हिन्दी विभाग, डॉ. वि.आर. गोढाणिया महिला महाविद्यालय, पोरबन्दर (गुजरात)

Dr. Sunita, Assist. Professor, Deen Dayal Upadhyay Studies Centre, Central univesity of Himachal Pradesh, Email : sunitabodh21@gmail.com

पुरुषोत्तम शाकद्वीपी, लैंडमार्क ट्रेजर टाउन, टावर नम्बर 02, फ्लैट नम्बर 101, प्रताप गौरव केन्द्र के पास, देवाली, उदयपुर, राजस्थान, मो. 09649092060, mail- purush5659@gmail.com

(हि.प्र.), सम्पर्क नं. 88940-91086, ई. मेलः-priyankarana9786@gmail.com

मंजू भट्ट, सहायक प्राध्यापक, लाल बहादुर शास्त्री शिक्षा, महाविद्यालय बलौदा (छ.ग.), मो. न. 9479029995, Email- manubhatt04@gmail.com

डॉ. महेंद्र कुमार उमर, प्रवक्ता भूगोल विभाग दूधनाथ नाथ सिंह स्मारक महाविद्यालय मड़ियाहू जौनपुर उत्तर-प्रदेश भारत

बाबुलाल भूरा ग्रन्थपाल शासकीय महाविद्यालय चन्द्रशेखर आजाद नगर भाबरा जिला अलिराजपुर मध्य प्रदेश मोबाइल नम्बर 9179231752

डॉ. गुलाब चन्द पटेल, कवि लेखक अनुवादक, अध्यक्ष, महात्मा गाँधी साहित्य सेवा मंच, गाँधीनगर गुजरात, मो. 88497 94377, ईमेल :gulabchandpatel15072@gmaildotkom

Dr. Shivang Kumar Prabhudas Jalsanwala, Doctarate in Economics, Veer Narmad South Gujarat University, Surat, Gujarat, INDIA

प्रभुदयाल यादव, सहायक प्राध्यापक, समाजशास्त्र विभाग बरकतउल्ला विश्वविद्यालय, भोपाल, (म. प्र.) 462026 (भारत) मो. 9826442314, E-mail, pdyadav1983bhopal@gmail.com

Dr. Shivang Kumar Prabhudas Jalsanwala, TGT, Saraswati Vidyalaya and Jr College of Science Thane (West) Maharashtra

अशोक कुमार, शोधार्थी, इतिहास एवं भारतीय संस्कृति, वनस्थली विद्यापीठ, वनस्थली (राजस्थान), ईमेल-Ashokkumarthilor@gmail.com, Mobil 9541389079

ग्रीशा, शोधार्थी, चौ. चरण सिंह विश्वविद्यालय, मेरठ, मो.नं. : 8006369268 E-mail : agrimamit23@gmail.com

जय प्रकाश विश्वासी, यूजीसी (नेट), jpvishwasi843@gmail.com, Mob--9934461108

प्रियंका, शोध छात्रा, राजनीति विज्ञान विभाग, पटना विश्वविद्यालय, पटना।

क्षत्रिय दीपिका जितेन्द्र, एम.फिल. शोध छात्रा, आर्ट्स एंड कॉमर्स कॉलेज, बालासिनोर (गुजरात)

सोनबाई देवराज रविया, पी-एच.डी. छात्र, कच्छ यूनिवर्सिटी भुज, सम्पर्क नम्बर 9687389491

डॉ. रूपश्री एस. होसमाठ, हिन्दी विभाग, के.एल.इ.एस. निजलिंगप्पा डिग्री कॉलेज, राजाजीनगर, बेंगलुरु-560010. कर्नाटक, दूरभाष 9845236673 roopashrimath@gmail.com

श्वेता सिंह, ठाणे (मुंबई), मो. नं. 9930326437